国家级一流本科专业建设成果

Preschool Appropriate Practices
Environment, Curriculum, and Development (Fifth Edition)

幼儿园自主性区域活动
环境、课程与儿童发展
（原著第五版）

［美］贾尼丝·J.贝蒂（Janice J. Beaty）／著

邱学青　杨恩慧　等／译

中国轻工业出版社

图书在版编目(CIP)数据

幼儿园自主性区域活动：环境、课程与儿童发展／(美)贾尼丝·J.贝蒂(Janice J. Beaty)著；邱学青等译.—北京：中国轻工业出版社，2021.1（2025.1重印）

ISBN 978-7-5184-3055-0

Ⅰ.①幼… Ⅱ.①贾… ②邱… Ⅲ.①学前教育-教学研究 Ⅳ.①G612

中国版本图书馆CIP数据核字（2020）第112955号

版权声明

Copyright © 2019 by Wadsworth, a part of Cengage Learning
Original edition published by Cengage Learning. All Rights reserved.
China Light Industry Press Ltd. / Beijing Multi-Million New Era Culture and Media Company, Ltd. is authorized by Cengage Learning to publish, distribute and sell exclusively this edition. This edition is authorized for sale in the People's Republic of China only (excluding HongKongSAR, Macao SAR and Taiwan). No part of this publication may be reproduced or distributed by any means, or stored in a database or retrieval system, without the prior written permission of Cengage Learning.

保留所有权利。非经中国轻工业出版社"万千教育"书面授权，任何人不得以任何方式（包括但不限于电子、机械、手工或其他尚未被发明或应用的技术手段）复印、拍照、扫描、录音、朗读、存储、发表本书中任何部分或本书全部内容。中国轻工业出版社"万千教育"未授权任何机构提供源自本书内容的电子文件阅览、收听或下载服务。如有此类非法行为，查实必究。

责任编辑：张天怡　　责任终审：腾炎福
策划编辑：高　君　　责任校对：刘志颖　　责任监印：吴维斌

出版发行：中国轻工业出版社（北京鲁谷东街5号，邮编：100040）
印　　刷：三河市鑫金马印装有限公司
经　　销：各地新华书店
版　　次：2025年1月第1版第11次印刷
开　　本：787×1092　1/16　印张：28.5
字　　数：260千字
书　　号：ISBN 978-7-5184-3055-0　定价：88.00元
读者热线：010-65181109
发行电话：010-85119832　　010-85119912
网　　址：http://www.chlip.com.cn　　http://www.wqedu.com
电子信箱：1012305542@qq.com
版权所有　侵权必究
如发现图书残缺请拨打读者热线联系调换
242233Y1C111ZYW

译 者 序

决定翻译《幼儿园自主性区域活动：环境、课程与儿童发展》（*Preschool Appropriate Practices: Environment, Curriculum, and Development*, Fifth Edition）一书，是因为被这本书的两个地方打动了：一是封面标注的"第五版"，一本书能持续出版到第五版，足以说明作者的持续研究与用心，不断有新的观念和实践研究经验，由此撰写出有专业深度、广度的好书；二是目录所呈现的章节，有理念，有实践，都是我们幼儿园教师当下非常关心又特别需要的具体实践内容。阅读本书，读者可以了解美国幼儿园区域活动实践工作者的实践经验，进一步了解教师如何促进儿童自主的学习。

全书基于教师在环境支持中的角色，围绕如何创建自主性学习环境，如何确定儿童的发展水平、观察记录、回应支持、树立榜样等互动的方式，如何制订课程计划等，为教师指导儿童在游戏中的学习提供有效策略。

学前儿童主要通过与环境中的材料、活动和人的实际互动来建构自己的知识经验。丰富的环境是支持儿童学习的重要基础和保障，本书为幼儿园教师呈现了如何创设充满儿童文化的环境，保证儿童通过游戏来学习。为了帮助教师吸引儿童在环境中进行自我探索，全书的13个章节中，有10个章节专门介绍了幼儿园不同的学习区：积木区、戏剧游戏区、图书区/阅读区、倾听区、书写区、美术区、音乐区/舞蹈区、大肌肉运动区、操作区/数学区、科学区。

书中提及的环境中不仅有与儿童年龄、发展阶段相适应的丰富材料，还有多种多样适宜的活动和人。其中，大量活动案例呈现了教师如何保证每个学习区都充满有趣的活动，吸引儿童以游戏的方式探索它们，快乐且深入地参与学习，并获得可持续的有效发展，具体包括：如何创设学习区，如何观察儿童的发展水平，如何更好地支持每个学习区的儿童，从而为教师指导每个学习区做出了示范。

此外，值得借鉴的是，作者结合全美幼儿教育协会（National Association for the Education of Young Children，NAEYC）的认证指标在各章呈现并讨论了如何达成每个标准。教师将学习如何通过观察儿童与材料的互动以及如何在"儿童互动表"上记录此类信息来确定儿童所处的发展水平。同时，教师也将学习到如何解释收集的数据，并为儿童个人和小组制订计划。

本书形式活泼，排版新颖，开章有学习目标，使读者能够预期如何使用和应用新的知识和技能；图表丰富，内容清晰，重点突出；推荐了300多本儿童图画书，并展示了如何利用图画书与多个课程领域相结合，引导儿童开展学习活动。每章末尾有小结，重述关键概念，既能加深教师对章节的理解，又可帮助教师将学习到的创意运用于实践。

这是一本融游戏理念与实践于一体，传播国外先进的游戏教育理念，帮助教师树立科学的幼儿游戏观念，保障幼儿享有充分的游戏权利，为教师指导幼儿游戏提供有效策略的专业参考书。它适合国内职前、职后幼儿园教师以及幼教管理人员阅读，也适用于各种幼儿教育培训等。

全书是团队集体智慧的成果，翻译历时一年多，参与初译的人员有：台湾"中央大学"在读博士生蒋美霞（序言）、福建幼儿师范高等专科学校陈莹（第1章）、中国石油大学胜利学院王雪菲（第2章）、苏州幼儿师范高等专科学校林艳娟（第3章）、长治学院续润笑（第4章）、南京晓庄学院王丹丹（第5章）、温州大学高瑾（第6章）、南京师范大学在读硕士生陈贝贝（第7章）、盐城幼儿师范高等专科学校杨恩慧（第8、9章）、杭州市西湖区文苑幼儿园赵艳（第10章）、德州职业技术学院步宁（第11章）、海南师范大学教育学院王春燕（第12章）、太原幼儿师范高等专科学校郭泉秀（第13章）。全书由邱学青、杨恩慧审校；在读研究生陈诺、仝庆娟、胡美、李倩玮、孙玉姣、产婵婵等同学参加了部分校对工作；全书最后由邱学青定稿。感谢为本书付出辛勤劳动的编辑和出版社同人，以及为本书提供部分照片的北京小花玩舍日托中心和山东省淄博市市直机关第二幼儿园。

邱学青
2020年6月于南京

序　言

本书提出了一种独特的方法来发展学前儿童课程，即教师是"学习的促进者"，儿童是"自主的学习者"。研究表明，7岁以下的儿童可以通过与环境中的材料、活动和人的实际互动来建构自己的知识。因此，这个年龄段的儿童要想学习，他们就必须拥有特别丰富的环境，并且环境中要充满与他们的文化、年龄和发展水平相适宜的材料、活动和人。

本书通过13个章节描述了这样的环境，其中10个章节聚焦于学习区，重点关注学前儿童生活中的10个重要主题：积木、戏剧游戏、图书和阅读、倾听、书写、美术、音乐和舞蹈、大肌肉运动活动、操作和数学、科学。为了吸引儿童进行自主探索，每一章都充满了有趣的活动，以促进儿童的身体、认知、语言、社会性、情绪情感和创造力的发展。幼儿教师将学习如何创设这样的环境，让儿童快乐地开始并深入地参与自主性学习。

对学前儿童来说，"参与"意味着"游戏"，他们通过游戏来学习。在教师创设好学习区后，3—5岁的儿童便能够以游戏的方式独自探索它们。作为自主性学习环境，这些学习区将满足所有儿童的兴趣和需求，包括有特殊需要的儿童。

作为"学习的促进者"，幼儿教师将了解如何创设学习区，如何为儿童树立行为的榜样，如何观察儿童的发展水平，如何更好地支持每个学习区中的儿童，以及如何达成《早期儿童学习标准》（Early Learning Criteria）。幼儿教师还将了解到，如何通过观察儿童与材料的互动、儿童与同伴的互动来确定儿童的发展是处于操作水平、熟练水平还是意义水平，也将了解到如何在"儿童互动表"上记录此类信息。教师还可以使用"大肌肉运动能力检核表"（Large-Motor Checklist）。之后，教师将了解到如何解读收集到的数据，并为儿童个人和小组制订计划。

本书新增内容

相较于本书之前几版，本版做了很多改进，呈现了令人激动的新面貌，包括许多新照片以及其他许多新特点，具体如下。

- 学习目标：每章开头提出了与该章主题相关联的学习目标。
- 儿童图画书：本书呈现了300多本儿童图画书，并且所有的图画书都可以在儿童的学习活动中起到导入作用。
- 发展适宜性实践（Developmentally Appropriate Practice，DAP）：本书在谈到发展适宜性时提出，需要注意文化和语言要素，从而确保实践上的发展适宜性。
- 全美幼儿教育协会认证指标：每章都呈现了全美幼儿教育协会的认证指标，并讨论了如何达成每项指标。
- 新主题：本书阐述了很多新主题，包括高科技工具的使用，作为建筑师和工程师的积木建构者，在线图书，无字图画书，乐队音乐，踩高跷以及外太空。

每章的其他具体变化

第1章 自主性学习环境

- 讨论了通过游戏来进行早期学习，如银行街课程方案。
- 讨论了全美幼儿教育协会关于早期教育项目的标准和认证指标。
- 探讨了儿童发展和发展适宜性实践的重要性。
- 阐述了如何创设自主性环境，以便儿童取用学习区中的材料。
- 对信任自我、同伴、教师和环境展开了讨论。

第2章 教师的角色

- 讨论了教师在自主性环境与传统教室中所承担角色的不同。
- 基于多姆布罗、贾布朗和斯特森的研究（Dombro，Jablon，& Stetson，2011），探讨了教师与儿童之间的有力互动，以及支持性的问题和表述。
- 讨论了通过观察儿童与学习材料、活动的互动来确定儿童的发展水平。
- 探讨了用于观察和记录的新技术的优缺点。
- 讨论了在儿童活动时如何回应儿童以及何时与其互动。

- 进一步讨论了如何成为儿童行为的榜样。

第 3 章　积木区

- 积木是幼儿园课程的主题。
- 儿童作为积木建筑的设计师应对积木带来的挑战。
- 积木区是"工程师"的所在地，儿童可以根据图画书来设计塔楼和桥梁。
- 实地考察结束后，教师在积木区的角色。
- 用以激发儿童建构灵感的书籍。
- 与缺乏自信的儿童以及具有破坏性的儿童互动。

第 4 章　戏剧游戏区

- 儿童在戏剧游戏中的学习。
- 数码设备（儿童照相机和录音机）在戏剧游戏中的使用。
- 借助图书激发儿童玩怪兽幻想游戏。
- 使用新的驾驶类书籍将戏剧游戏与其他学习区相整合。
- 讨论了超级英雄游戏。
- 把残疾儿童纳入进来。

第 5 章　图书区 / 阅读区

- 呈现了有关支持学前儿童阅读及其重要性的研究。
- 探讨了将图书放在每个学习区，并且每天给儿童阅读两次。
- 讨论了图画书以及最新的图片如何吸引儿童。
- 讨论了文字醒目的图画书。
- 促进友谊的新书。
- 将书中角色作为榜样，以及有关情绪情感的最新书单。

第 6 章　倾听区

- 有目的地倾听。
- 对教室进行隔音处理。
- 高科技设备和有声读物。
- 故事表演、故事剧和单词发音游戏。

- 如何选择和使用在线图书。
- 在线图书的优点。
- 教师在在线图书程序中的作用。

第7章　书写区

- 在纸上做记号对儿童的意义。
- 尊重涂鸦是书写的基础。
- 台式电脑及其使用。
- 轮流和交互式书写。
- 书写故事。
- 无字图画书。

第8章　美术区

- 美术让儿童的思维看得见。
- 有关颜色混合的讨论。
- 蜡笔在儿童书中扮演的角色。
- 讨论美术家艾瑞·卡尔（Eric Carle）。
- 绘画作品中的情绪情感和促进情绪情感的书籍。
- 有关颜色的新书。

第9章　音乐区/舞蹈区

- 使用图书来促进儿童唱歌和跳舞。
- 使用镜子来促进儿童跳舞。
- 用双手敲击出音乐。
- 促进儿童乐队音乐的图书。
- 有关歌曲的图画书。
- 有关夜曲的图画书。

第10章　大肌肉运动区

- 让身体有缺陷的儿童参与大肌肉运动活动。
- 教室内的行走活动，包括踩高跷。

- 促使儿童在教室内假装开车（拖拉机、工程车辆和送货车）的新书。
- 在教室内修建一条新道路。
- 蹦床和跳跃比赛。
- 进一步讨论了伸展运动，包括瑜伽伸展运动。
- 有关棒球和足球的新书，以促进投掷小站的使用。

第 11 章　操作区 / 数学区

- 对按照形状排序展开了讨论。
- 诸如《圆》(Round) 和《城市形状》(City Shapes) 这样的新书促使儿童在教室里玩形状旅游的游戏。
- 堆叠环等材料有助于儿童理解顺序。
- 了解机械计数、理解计数和一一对应之间的差异。
- 玩儿童计数书中的倒数游戏。

第 12 章　科学区

- 教师是儿童探索行为的榜样。
- 在戏剧游戏区中了解白天和黑夜。
- 在积木区中利用小汽车和斜坡探索运动。
- 在暴风雨中体验可怕的声音。
- 通过阅读《阿达想当科学家》[①] 和《被压扁的科学家夏洛特》(Charlotte the Scientist Is Squished) 了解科学方法。
- 了解减少恐惧（例如，害怕黑暗）的科学方法。
- 假装成宇航员，体验外太空的黑暗。
- 使用透写桌来"追踪卫星"。

第 13 章　课程计划

- 根据观察为儿童制订计划。

此外，有关学习区的各章节继续描述了教师（促进者）在儿童自主性课程中

[①] [美] 安德里亚·贝蒂，著．[美] 大卫·罗伯茨，绘．范晓星，译．北京：新星出版社，2017。——译者注

的作用。为了给每个儿童提供适合他们发展的活动,教师要学会使用一种独特的观察工具,即"儿童互动表"。最后,教学人员要学习使用课程网络图来规划整体的课程。

本书特点

本书的以下特点,有助于读者学习本书内容。

- 学习目标:每章开头的学习目标强调了学习者在处理和理解本章的信息时需要了解的内容。阅读完本章后,读者要能够表明如何使用习得的新知识和技能。
- 全美幼儿教育协会的标准与认证指标:每章内容都与全美幼儿教育协会关于优质早期教育项目的认证指标相关。文中注明了每章所涉及的具体指标。
- 儿童图画书:本书中,儿童的图画书被用于导入儿童的学习活动。通过阅读本书,读者将了解如何在所有的学习区使用图画书来支持儿童多个课程领域的活动。
- 本章要点:每章末尾的小结简要回顾了该章的关键概念。读者可借此确保自己理解了本章内容,也可以使用它来帮助自己实施本章的观点。
- 试一试:读者可以在自己的班级中实施这些发展适宜性活动。

目　录

第1章　自主性学习环境 / 001

教师与儿童的期望 / 003
  一次全新的体验 / 003
  理念 / 003

我们对教与学的认识 / 004
  幼儿园教室里的教学 / 004

有关儿童早期的研究 / 005
  通过游戏进行早期学习 / 006

发展适宜性实践 / 007
  儿童发展的重要性 / 008

早期教育项目的标准与认证指标 / 009

创设自主性学习环境 / 010

创设学习区 / 012
  感知有哪些活动 / 013
  学习区的标牌、地图和一日活动
    计划表 / 014
  自主选择活动并深度参与
    其中 / 017

建立信任感 / 017
  信任自己 / 018
  信任教师 / 019
  信任同伴 / 021
  信任环境 / 023

为学习创造条件 / 026

第2章　教师的角色 / 029

自主性学习环境中的教师 / 031

儿童的发展水平 / 031
  确定儿童的发展水平 / 032

3-M 互动观察法 / 033
  实用的观察方法 / 035

互动的不同阶段 / 036
  操作：互动的第一阶段 / 036

  熟练：互动的第二阶段 / 037
  意义：互动的第三阶段 / 038
  互动时长 / 039
  教师的任务 / 040

观察儿童与材料的互动 / 040
  观察和记录 / 041
  回应 / 042

观察儿童与他人的互动 / 042

    无所事事 / 042

    旁观 / 043

    独自游戏 / 043

    平行游戏 / 043

    合作游戏 / 043

倾听儿童 / 044

记录观察结果 / 045

    记录的频率 / 046

    儿童互动表 / 046

用于观察与记录的新技术 / 049

回应工作和游戏中的儿童 / 050

    有力的师幼互动 / 051

通过评论反映儿童的行为 / 052

    支持性问题和表述 / 053

为儿童树立行为榜样 / 055

    学习的促进者 / 056

    发现答案 / 056

    示范关爱 / 057

第3章　积木区 / 063

积木在课程中的角色 / 065

创设积木区 / 066

    积木的摆放 / 067

    积木区的大小 / 068

    积木配件 / 069

    积木区的标牌 / 071

促进儿童发展的积木活动 / 071

    促进身体发展 / 071

    促进社会性发展 / 075

    促进情绪情感发展 / 076

    促进认知发展 / 078

    促进语言发展 / 082

    实地考察 / 084

    促进创造力发展 / 086

教师在积木区的角色 / 088

    操作水平 / 088

    熟练水平 / 089

    意义水平 / 089

    观察社会互动水平 / 089

评价儿童的互动 / 091

    解读儿童的互动 / 092

与不自信的儿童互动 / 093

    介入 / 093

    全纳 / 094

与建构者以及具有破坏性的儿童
互动 / 095

    改变游戏方向 / 095

    整合使用积木 / 095

    用语言表达 / 095

    爱护材料 / 096

    与建构者互动 / 096

第4章 戏剧游戏区 / 099

幼儿园教室里的戏剧游戏 / 101
  性别角色 / 102

创设戏剧游戏区 / 105

戏剧游戏中数码产品的使用 / 107
  数码相机 / 107
  数码录音机 / 108

促进儿童发展的戏剧游戏 / 108
  促进社会性发展 / 108
  促进情绪情感发展 / 112
  促进认知发展 / 114
  促进语言发展 / 116
  促进创造力发展 / 117

通过阅读把戏剧游戏与其他学习区
  整合起来 / 119

超级英雄游戏 / 121

  超级英雄游戏的价值 / 121
  学习亲社会行为 / 122
  全纳 / 123

教师在戏剧游戏区的角色 / 124
  观察 / 125

通过观察互动水平评价儿童的
  发展 / 125
  操作水平 / 125
  熟练水平 / 126
  意义水平 / 126

成为失控游戏的协调者 / 126
  改变游戏方向 / 126
  扩展游戏情节 / 127
  扮演游戏角色 / 127
  停下来，与儿童讨论 / 127

第5章 图书区／阅读区 / 131

幼儿园教室里的图书 / 133
  每天朗读两次 / 133
  图画书 / 134

创设图书区／阅读区 / 135
  使用明亮的颜色和柔软的枕头 / 135
  图书陈列 / 136
  图书与儿童 / 137

读写萌发 / 137
  文字意识 / 138
  环境中的文字 / 138
  文字醒目的图画书 / 139

  阅读萌发 / 140

幼儿园教室里的阅读 / 141
  可预测的图画书 / 142
  意义提取者 / 143

家庭阅读 / 143
  图书聚会 / 144

促进儿童语言发展的图书 / 144
  词语和发音游戏 / 145
  模式游戏 / 146
  意义游戏 / 147

XI

促进儿童社会性发展的图书 / 148

    友谊 / 150

促进儿童情绪情感发展的图书 / 151

教师在图书区的角色 / 153

精挑细选适宜的图书 / 154

每天为儿童个人或小组儿童阅读

    图画书 / 154

提供儿童可以参与的、有趣的

    图书拓展活动 / 157

第 6 章　倾听区 / 163

幼儿园教室里的倾听 / 165

    有目的地倾听 / 165

创设倾听区 / 166

    高科技设备 / 167

    有声读物 / 168

为什么要创设倾听区 / 169

语音意识的发展 / 170

大声朗读有关发音游戏的图书 / 170

    故事表演 / 171

倾听有声读物 / 172

单词发音游戏 / 173

    观察儿童的反应 / 173

    单词小侦探 / 174

倾听在线儿童读物 / 175

    将在线图书程序整合到

    学习区 / 178

教师在在线图书程序中的角色 / 178

在倾听区假装打电话 / 179

倾听区的木偶 / 181

第 7 章　书写区 / 185

书写能力是一种自然的发展 / 187

书写萌发 / 187

    涂鸦 / 188

幼儿园教室里的书写 / 190

创设书写区 / 192

    书写区的设备 / 193

    书写区的墙壁 / 196

涂鸦和模仿书写 / 197

    随意涂鸦 / 198

有控制地涂鸦 / 198

命名涂鸦 / 199

令人惊讶的发现 / 199

熟练 / 200

仿写字母 / 200

意义 / 200

字母意识 / 201

    姓名 / 201

    最初写的字母 / 202

    以名字为主题的图画书 / 203

促进儿童认知发展的书写活动 / 204

 字母 / 204

 自然地萌发 / 205

 字母意义水平 / 205

促进儿童身体发展的书写活动 / 206

 小肌肉动作 / 206

 用手指涂写 / 206

 打孔机 / 206

促进儿童社会性发展的书写活动 / 208

 集体便笺 / 208

 信箱 / 208

 轮流 / 209

 互动式书写 / 209

促进儿童语言发展的书写活动 / 210

 制作清单 / 211

 写日志 / 211

 讲述和阅读故事 / 213

 无字图画书 / 213

教师在书写区的角色 / 216

 观察儿童的发展水平 / 216

 书写区的使用 / 217

第 8 章 美术区 / 221

幼儿园教室里的美术 / 223

 美术是一种交流方式 / 223

 美术让思维看得见 / 223

 美术是一种表达方式 / 224

 操作媒介 / 224

绘画技能的发展 / 225

 基本图形 / 225

 最初的人形 / 226

创设美术区 / 227

 画架 / 227

 儿童可用的材料 / 228

美和美学 / 229

 公告栏 / 229

 大自然的美 / 230

 儿童身上的美 / 230

 数码摄影 / 231

 手掌拓印 / 232

促进儿童身体发展的美术活动 / 233

 小肌肉动作 / 234

 大肌肉动作 / 237

促进儿童认知发展的美术活动 / 237

 颜色 / 237

促进儿童语言发展的美术活动 / 239

儿童图画书中的现代美术 / 240

 美术家 / 241

 谈论美术作品 / 241

促进儿童情绪情感发展的美术活动 / 244

 玩水 / 244

 玩面团 / 244

 雕塑 / 246

 黏土 / 248

 绘画作品中的情绪情感表达 / 248

促进儿童创造力发展的美术活动 / 249

教师在美术区的角色 / 250

 评价 / 252

第9章 音乐区 / 舞蹈区 / 257

幼儿园教室里的音乐 / 259

 自由探索 / 259

儿童音乐能力的发展 / 260

 早期发展 / 260

 音乐智能 / 260

 学前儿童的音乐 / 261

 儿童音乐能力的自然发展 / 261

创设音乐区 / 263

 个性化的音乐创作 / 264

 音乐材料 / 265

促进儿童情绪情感发展的音乐活动 / 265

 倾听 / 266

 录制鞋子音乐 / 267

 鞋子的声音 / 268

 脚印 / 268

 认可多元文化 / 269

韵律和舞蹈 / 269

 唱歌和跳舞 / 270

 全纳 / 271

 鞋子音乐 / 272

 舞蹈剪影 / 273

促进儿童身体发展的乐器 / 274

 听名拍手 / 275

 打鼓 / 275

 乐队音乐 / 277

 节奏乐器 / 277

 最喜欢的乐器 / 279

促进儿童社会性发展的歌唱活动 / 280

 不自在地唱歌 / 280

 音乐手指游戏 / 281

 播放音乐光盘 / 281

 木偶戏 / 282

促进儿童语言发展的歌曲和歌曲图画书 / 283

 歌曲 / 284

 歌曲图画书 / 286

促进儿童认知发展的音乐活动 / 287

 声音探索 / 289

促进儿童创造力发展的音乐活动 / 289

 夜曲 / 289

教师在音乐区的角色 / 291

 评价：观察儿童的发展水平 / 292

 树立热爱音乐的榜样 / 292

第10章 大肌肉运动区 / 297

幼儿园教室里的大肌肉运动活动 / 299

 久坐不动的社会 / 299

大肌肉运动区的重要性 / 300

大肌肉运动技能的重要性 / 301

创设大肌肉运动区 / 301
　　身体技能小站 / 303

室内行走 / 304
　　"溜冰场"上走一走 / 305
　　学动物走路 / 306
　　滑冰和滑雪 / 306
　　全纳 / 307

室内奔跑 / 307
　　跑步垫和环形跑道 / 307
　　快跑 / 309

室内骑行与驾驶 / 309
　　骑三轮车 / 309
　　驾驶车辆 / 311
　　车道 / 312

室内跳跃 / 312
　　跳跃小站 / 313
　　蹦床小站 / 314
　　投篮小站 / 314
　　单脚跳跃小站 / 315
　　蛙跳小屋 / 315

室内平衡和弯腰 / 315
　　平衡和弯腰小站 / 315

　　弯腰 / 317

室内爬行 / 317
　　爬行小站 / 317
　　隧道 / 318
　　肢体交叉运动 / 318

室内伸展运动 / 319
　　伸展 / 319

室内抛接 / 320
　　投掷小站 / 320
　　投喂动物 / 321
　　接球小站 / 321

室内攀爬 / 322
　　攀爬角 / 323

创意运动 / 325
　　圆形跳舞区 / 325
　　全纳 / 325

教师在大肌肉运动区的角色 / 326
　　观察儿童的大肌肉运动水平 / 327
　　小站保留多久 / 328
　　把跳跃小站变成"月球的
　　表面"/ 328

第11章　操作区/数学区 / 333

学前教育中的数学 / 335

对待数学的态度 / 335

学前儿童的发展 / 337
　　操作的重要性 / 337

创设操作区/数学区 / 337

给架子贴上标签 / 339

数学丰富的环境 / 339

学前儿童的数学概念 / 340
　　分类 / 341
　　排序 / 344

　　模式 / 345
　　感知和理解数 / 347

促进儿童身体发展的数学活动 / 349
　　给卡片打孔的实地考察活动 / 350
　　增强手指力量的材料 / 351

促进儿童认知发展的数学活动 / 351
　　数字游戏 / 352
　　计数游戏 / 353
　　计数物品 / 353
　　电脑数字程序 / 354

促进儿童语言发展的数学活动 / 355

促进儿童社会性发展的数学活动 / 356

促进儿童创造力发展的数学活动 / 356
　　称体重和量身高 / 357

教师在操作区/数学区的角色 / 358
　　反思性思维 / 358
　　观察儿童的发展水平 / 359

在"儿童互动表"上做记录：
　　评价 / 361

在操作区/数学区与儿童互动 / 363

介绍一个新活动 / 364

第12章　科学区 / 369

幼儿园教室里的科学 / 371
　　科学是"发现" / 371

感官探索 / 372
　　视觉 / 372
　　听觉 / 373
　　嗅觉 / 374
　　味觉 / 375
　　触觉 / 375

好奇心 / 377
　　探索行为的榜样 / 377

创设科学区 / 378
　　使科学个性化 / 378

科学的方法 / 381
　　一个关于雪花的实验 / 382
　　抓住一片雪花 / 383
　　记录他们的发现 / 384

　　读一首著名的诗 / 384
　　自发性活动 / 386

促进儿童认知发展的科学活动 / 386
　　一个关于影子的实验 / 387
　　制作影子 / 387
　　制作老鼠木偶 / 387
　　制作动物手影 / 388
　　一个主题引发另一个主题 / 389

促进儿童情绪情感发展的科学
　　活动 / 389

促进儿童语言发展的科学活动 / 392
　　认养一棵树 / 392
　　雏鸟或小蝙蝠活动 / 394
　　整合学习区的活动 / 395
　　记录 / 395

促进儿童社会性发展的科学活动 / 396

　　罐子里的宠物 / 396

　　回到教室 / 397

　　蚂蚁农场实验 / 398

促进儿童创造力发展的科学活动 / 400

　　假装自己是昆虫 / 400

　　小组户外活动 / 402

　　教师在科学区的角色 / 402

　　记录 / 402

　　　　师幼讨论 / 403

第 13 章　课程计划 / 409

为即将发生的事情做计划 / 411

为儿童制订个人计划 / 411

　　创建个性化的课程网络图 / 412

制订整体计划 / 413

　　创建另一个课程网络图 / 414

实施计划 / 416

　　积木区 / 416

　　美术区 / 417

　　音乐区 / 417

　　图书区 / 417

　　书写区 / 418

　　操作区/数学区 / 418

　　科学区 / 418

　　戏剧游戏区 / 418

　　大肌肉运动区 / 418

课程网络图的优势 / 419

　　保存网络图 / 419

邀请儿童参与主题计划 / 419

　　儿童建造桥梁 / 420

　　桥梁课程网络图 / 421

　　儿童制作桥梁书 / 423

月计划会议 / 423

　　学习区的结合 / 424

基于 3-M 观察为儿童制订计划 / 424

解释记录的信息 / 425

　　梅纳的互动情况 / 425

为儿童个人制订计划 / 427

周计划会议 / 428

个人学习目标 / 428

大组活动：圆圈时间 / 430

　　帮助儿童集中注意力 / 430

每日总结会议 / 431

结语 / 431

XVII

第 1 章　自主性学习环境

学习目标

阅读本章之后，你将能够：

1. 了解幼儿园教室里教师与儿童的期望。
2. 讨论并领会我们对于教与学的认识。
3. 回顾有关儿童早期的研究，识别其对幼儿园教室所产生的影响。
4. 描述发展适宜性实践，并解释其重要性。
5. 理解并应用全美幼儿教育协会关于早期教育项目的认证指标。
6. 解释自主性学习环境的重要性，并知道如何创设自主性学习环境。
7. 了解如何创设学习区，包括如何布置学习区，以帮助儿童了解都有哪些活动可以选择以及自主选择活动的重要性。
8. 帮助儿童信任自己、教师、同伴以及环境。
9. 了解如何为学习创造条件。

教师与儿童的期望

作为幼儿教师，我们正在竭尽全力引导幼儿度过他们人生最初的集体学习生活。我们渴望成功。我们希望孩子们脸上洋溢着笑容来到幼儿园（见图1.1），我们希望自己成为卓越的教师，为3岁、4岁及5岁儿童提供优质的教育。我们希望能够帮助他们解决所有的问题，满足他们的所有需求。

一次全新的体验

对孩子们来说，这是一次全新的体验。他们满怀期望地走进教室。"老师会喜欢我们吗？""我们能够达成老师对我们的期望吗？""我们会喜欢幼儿园吗？"

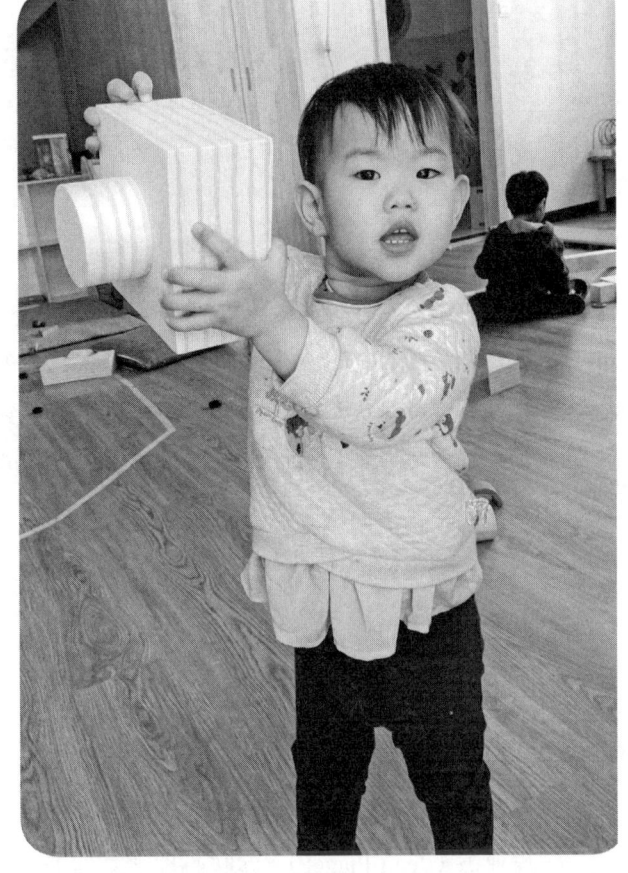

图1.1　我们希望孩子们脸上洋溢着笑容来到幼儿园

对我们来说，这也是一次重要的经历。我们能够提供家长和我们自己均期待的优质教育吗？我们能够管理由15~20个活泼好动的孩子组成的班级吗？我们能够满足那些有特殊需要以及说不同语言的孩子的需求吗？

理念

本书所阐述的理念，可以让教师和儿童都获得这样一次学习体验。它从教师的角度讨论了学习心理学及其缘由。它提出将教室转变为积极的、有吸引力的学习环境。在这样的学习环境中，教师可以自由地探索他们的想法，拥有不同背景、种族、能力的儿童可以自由地选择并完成必要的学习任务。它还建议你为班级中不同年龄、学习水平的儿童提供适宜的活动与材料。我们称它为"适宜性实践课程"。全美幼儿教育协会认证指标 9.A.09.a 也谈到了这样的环境。

> 9.A.09.a 教师创设对儿童友好且易用的环境，它包含多元文化材料等元素，可以促进儿童对多样性的欣赏，同时尊重所服务家庭的文化传统、价值观和信仰。

在《教学方法与空间：幼儿园教室的设计灵感》（*Pedagogy and Space: Design Inspirations for Early Childhood Classrooms*，Zane，2015，p.15）一书中，作者强调创设使每个身处其中的人都能感到自己受欢迎和被关怀的环境。当你阅读本书时，请试着站在儿童的角度思考。怎样才能让儿童感受到环境是友好的、舒适的？他们会选择参加哪种活动？他们希望从你那里得到什么样的支持？当你把这些问题的答案作为行动指南时，孩子们就会感受到你对他们的关心，并以你所期待的方式做出回应。

我们对教与学的认识

研究表明，幼儿对学习活动的参与越直接，学习就越有效。瑞士心理学家让·皮亚杰（Jean Piaget）、苏联心理学家列夫·维果茨基（Lev Vygotsky）以及后继的其他认知心理学家均指出，当幼儿以游戏化的方式运用感官积极地探索材料与活动时，他们将学得最好。

幼儿教师也完全认同这一点。无论什么时候，当他们创设的环境能够让幼儿直接、自主地接触材料时，各种令人兴奋的互动就会发生。事实上，幼儿深深地沉浸在与他们最喜欢的材料和活动的互动之中，教师很难把他们从活动中拉出来。

幼儿园教室里的教学

对于这一观点，你可能会非常赞同，同时也可能会产生疑问："这真的是教学吗？如果我创设的环境可以让幼儿自主且深入地参与活动，那么我应该做什么呢？难道教师不应该教学吗？"

回答是："当然应该。"但是，幼儿园教室中的教学是一项非常特殊的技能，面对的是一群非常特殊的受众。幼儿教师是幼儿学习的指导者与促进者,这就意味着教师所创设的环境要能够促使幼儿进行自主学习。7岁以下的儿童通过直接与环境中的材料、活动以及人互动来建构自己的知识。因此,这个年龄段的儿童要想学习,他们就必须拥有一个材料和活动丰富的环境,以及充分了解他们的文化、年龄和发展阶段的人。

然后,教师必须观察儿童如何与材料互动(见图1.2):他们用材料做了什么?他们是如何使用或错误使用材料的?哪些材料是他们最喜欢的?哪些材料是被他们忽视的?教师如何才能更好地帮助和支持儿童学习?教师要成为儿童身边的学习促进者,而不是站在教室前面"讲台上的圣人"。

图 1.2 教师必须观察儿童如何与材料互动

有关儿童早期的研究

皮亚杰的研究(1962)关注儿童如何获得知识,并将知识划分为三种类型。

1. 物理知识(儿童以感知运动方式观察与体验到的客观现实)。

2. 逻辑—数理知识（关于事物间关系的心智结构，如儿童头脑里进行的大小与图形分类）。

3. 社会—习俗知识（社会约定俗成的常规，如数字、字母的名称等）。（Kamii，1990）

儿童首先通过与环境中的物品和人进行实际互动，然后再经由心智加工处理来获得这三种知识。与此同时，他们还会运用已有知识来检测新知识，从而产生新的心智结构或者使心智结构得到修正。所有儿童在其早期认知发展的过程中都会经历这一知识建构的自然过程。

苏联心理学家列夫·维果茨基的研究（1978）为这一知识获得观补充了重要的细节。他将儿童通过直接经验获得的自发性概念，与他们在学校这一社会环境中习得的科学概念进行了区分。

他还指出，成人的指导有助于儿童的学习，但这要取决于儿童在其"最近发展区"内的技能发展。"最近发展区"是儿童独立活动时达到的水平和在他人帮助下达到的水平之间的距离（Berk & Winsler，1995，p.5）。

通过游戏进行早期学习

儿童在游戏中获得最初的知识。早期教育专家一致认为，游戏是幼儿思考与解决问题的首要方式。你甚至可以说，游戏是儿童的工作。换句话说，儿童的游戏并不像成人那样主要是为了娱乐，而是为了学习。

基于这些发展理论，美国认知心理学家杰罗姆·布鲁纳（Jerome Bruner，1966）建构出一种学习理论。他对婴幼儿所进行的相关研究，不仅说明了早期学习的重要性，更证实了照护者为婴幼儿的技能获得提供社会支持的重要性。照护者（即教师）帮助儿童参与游戏、活动，并在游戏与活动中回应儿童，这是十分必要的。

表 1.1　早期教育项目的成功要素

- 自主建构知识的儿童
- 有助于儿童进行探索性游戏的环境
- 能帮助儿童通过游戏获得技能的促进者（教师）

本书正是以这些认知心理学家、其他重要研究人员以及早期教育实践者的研究发现为基础。意大利教育家玛利亚·蒙台梭利（Maria Montessori）是最早提出使用儿童尺寸的家具和美丽的材料创设环境的早期教育倡导者。如果环境是"美丽的、安全的、有序的",那么儿童就能够充分自由地开展自己的活动(Bullard,2017,p.11)。

本世纪初,美国的一些实践者,如帕蒂·希尔·史密斯(Patty Hill Smith)提出要创设一种供儿童自由使用大型木质积木进行建构的环境。之后,她的这一观点被单元积木的设计者卡洛琳·普瑞(Caroline Pratt),以及银行街课程方案的发起者露西·斯普拉格·米切尔(Lucy Sprague Mitchell)与哈丽雅特·约翰逊(Harriet Johnson)秉承。最近,银行街项目的哈丽雅特·库法罗(Harriet Cuffaro)延续了在开放的环境中使用单元积木开展建构活动的传统,从而在每个课程领域支持儿童的学习。

发展适宜性实践

作为早期教育领域最重要的专业组织,全美幼儿教育协会在为期两年的相关研究基础上,于1986年发表了一份关于在早期教育项目中开展发展适宜性实践的立场声明。这份声明为课程、学习活动、成人与儿童的互动、家园关系以及儿童发展评价的适宜性提供了框架。它包括课程目标、教学策略、指导、语言方面的适宜或不适宜问题,以及0—8岁儿童在认知、身体、审美发展等方面的适宜或不适宜问题。

这样一份全国性立场声明的发布,缘于近年来早期教育项目正式教授学业技能趋势的日益增强。练习册和作业本开始在幼儿园出现。在许多早期教育项目中,教师主导的活动也开始逐渐取代儿童的自由游戏。

进行过相关支持性研究的权威人士或者组织需要站出来反对这种不适宜的实践。于是,全美幼儿教育协会挺身而出。其为期两年的研究表明,对儿童开展正式的学业教育的趋势是对早期学习的误解(Bredekamp,1986,p.4)。

学前儿童的身体和认知还没有得到足够的发展,他们还不能从正式的学业教育中受益。他们要通过游戏来学习。即使在今天,依然有许多教育工作者不理解游戏在幼儿发展与学习中的重要作用。对幼儿来说,游戏是一种自发的、开放的、多感官参与的、以过程为导向的活动。伴随着儿童的发展,他们的游戏也逐渐从功能性游戏向象征性游戏、规则性游戏发展;游戏的类型取决于他们的发展阶段(Gestwicki,2017,pp.35-38)。

儿童发展的重要性

在有关发展适宜性实践的立场声明中,全美幼儿教育协会明确表明,早期教育项目的质量主要取决于儿童发展知识在该项目的早期教育实践中的应用程度,也就是项目的发展适宜性程度(Bredekamp & Copple,1997)。这份声明的修订版也强调,早期教育项目要具备发展适宜性,就必须注重以下内容。

1. 年龄适宜性,即意识到并理解儿童成长与变化中可预测的顺序性。
2. 个体适宜性,即意识到儿童之间的个体差异,并对其做出回应;能根据儿童的能力发展现状提供相适宜的材料和活动,促进其进一步发展。
3. 文化适宜性,即意识到群体文化差异对儿童发展的影响。

科普尔与布雷德坎普(Copple & Bredekamp,2009)还提出,发展适宜性实践需要教师更加了解儿童,从而帮助儿童实现既具有挑战性又可以达成的目标。他们在《早期教育项目中的发展适宜性实践》(*Developmentally Appropriate Practice in Early Childhood Programs*)中列出了12项重要的"儿童发展与学习的原则"(见表1.2)。

表 1.2 儿童发展与学习的原则

1. 儿童发展与学习的所有领域(身体、社会性与情绪、认知)都是重要的,而且各领域密不可分。
2. 儿童发展与学习的许多方面都显而易见地遵循着一定的顺序,后续能力的发展要建立在先前能力发展的基础上。
3. 对不同的儿童来说,他们发展和学习的速度各不相同;对儿童个人来说,他们在不同领域的发展和学习速度也不尽相同。
4. 发展和学习是生理成熟和经验相互作用的结果。
5. 早期经验具有深远的影响,某些类型的发展与学习存在着最佳时期。

（续表）

> 6. 儿童的发展指向更高的复杂性、更强的自我调节能力以及更强的符号表征能力。
> 7. 与成人之间安全、稳定的关系，以及与同伴之间的积极关系，有助于儿童更好地发展。
> 8. 儿童的发展与学习受多元社会与文化背景的影响。
> 9. 儿童的学习方式是多样的；教师要采用多种教学策略以有效支持儿童多样化的学习。
> 10. 游戏是发展儿童的自我调节能力以及促进其语言、认知与社会交往能力发展的重要手段。
> 11. 当儿童面临稍微高出他们当前能力的挑战时，发展与学习才能得以推进。
> 12. 儿童的体验引发了学习动机，塑造了学习品质，如坚持性、主动性与灵活性。

注：改编自 Copple and Bredekamp，2009，pp. 10–15。

本书接下来的章节依据这些原则阐述了理念与活动。要想成功地对儿童开展适宜性教育实践，教师应该从熟悉表1.2开始。

当教师创设的环境能使儿童独立参与其中时，教师就可以自由地观察儿童，也能记录下那些需要特殊帮助和支持的儿童。然后，教师就可以为这些儿童提供帮助。对教师来说，这就是适宜性实践。

当幼儿被给予自主选择活动的自由时，他们就会快乐且深入地投入学习。当教师面向全班幼儿说话时，虽然幼儿会安静地坐着倾听，但是对幼儿来说，他们的认知、身体、社会性及情绪情感并不是以这种方式发展的。为了更好地理解周围的世界以及他们在其中所扮演的角色，幼儿需要以个人或小组的形式独立地动手操作材料和设备。对幼儿来说，这就是适宜性实践。

早期教育项目的标准与认证指标

随着学前教育在全国范围内得到重视，美国的大多数州遵循从学前班到12年级的标准制定趋势，为学前儿童制定了学习标准。如果使用得当，这些标准将有助于众多早期教育项目明确对儿童的共同期待（Gronlud & James, 2008）。我们要结合"儿童发展与学习的原则"（见表1.2）来看待这些标准，而不能用它们来取代发展适宜性实践。

为确保高质量的早期教育，全美幼儿教育协会制定了自己的认证指标。这些指标所涉及的领域如表1.3所示。其中，有关物质环境的标准如指标9.A.04所示。

表1.3 全美幼儿教育协会关于早期教育项目的标准与认证指标

- 关系
- 课程
- 教学
- 儿童发展评价
- 健康
- 教师
- 家庭
- 社区关系
- 物质环境
- 领导与管理

9.A.04 幼儿园室内外环境全天为不同年龄的儿童提供适合其发展的材料和设备，包括：（a）戏剧游戏的材料；（b）感官材料，如沙子、水、面团、颜料和积木；（c）支持读写、数学、科学、社会研究和其他课程领域目标实现的材料。

创设自主性学习环境

为了以适宜的方式为儿童提供满足其需要的课程，我们可以创设自主性学习环境。也就是说，我们为儿童准备和布置的教室环境要能够让儿童进行以下活动。

1. 感知都有哪些活动。
2. 自主选择活动。
3. 进行深度学习。

在一间精心规划的教室里，学习环境本身就是课程的基础，设备和材料的选择与安排则为即将发生的一切做好了准备。聪明的教师了解幼儿的学习方式，懂得如何安排环境，以促使幼儿将精力投入到他们最感兴趣的学习区。然后，教师借助幼儿对材料和活动的游戏化探索，发挥学习区的教学作用。

我们必须精心创设这种环境，以便儿童个体可以自主使用它而无须我们过多指导（见图1.3）。我们必须确保，环境中的材料和活动能最大程度地满足不同兴趣和能力的儿童的发展需求。我们也要确保每个学习区独立存在的同时，又能以一种适宜的方式被整合到整个课程中。

图1.3　我们必须精心布置环境

创设学习区

最有效和最高效的教室布置方法是将教室划分为特定的区域,即学习区。当学习区创设适宜时,它们就会通过材料、活动与儿童"对话",从而使儿童了解每一个学习区的目的及其使用方法。这些在全美幼儿教育协会认证指标 9.A.12 中有所体现。

> 9.A.12 设计与布置室内空间,以便:(a)容纳单个、小组和全班儿童;(b)形成不同的学习区,并以支持儿童游戏和学习的方式提供、摆放材料。

无论是在有学习区的班级工作的教师,还是在没有学习区的班级工作的教师,他们都认为学习区为儿童提供了探索、实验及建构知识的机会(Bottini & Grossman, 2005, p.277)。因此,教室空间应鼓励而非限制儿童日常体验的可能性,这一点是非常重要的。福图纳蒂(Fortunati)补充说,即使在一个没有参照物的过大空间中,儿童也不应感到不知所措,而是应该感到舒适,能找到自己的方向,并能独立行动。学习区便提供了这些可能性。此外,学习区还为儿童的运动、社会交往、自主选择及问题解决提供了机会。

适宜性实践课程的首要任务就是创设这种自主性学习区。为此,你应该怎么做呢?首先,你必须了解你所在机构支持的课程领域。就主题而言,通常包括语言艺术、社会研究、科学、数学、体育、美术及音乐。从儿童发展的角度出发,可以将这些课程领域描述为:社会性、情绪情感、身体、认知、语言和创造力。

接下来,你必须将这些课程领域或儿童发展的主题转化为学习区。也就是说,你要为每个课程领域规划物理空间。教室的布置以及在其中发生的一切构成早期教育项目的课程。因此,本书将各课程领域转化为学习区,并按照章节进行了编排,如表 1.4。

表 1.4　发展适宜性教室中的学习区

- 积木区
- 戏剧游戏区
- 图书区 / 阅读区
- 语言区
- 书写区
- 美术区
- 音乐区 / 舞蹈区
- 大肌肉运动区
- 操作区 / 数学区
- 科学区

本书有关各学习区的 10 章内容均从儿童发展的六个主要方面进行探讨。例如,"第 3 章　积木区"通过儿童自主探索积木、与积木互动,讨论了儿童在社会性、情绪情感、身体、认知、语言以及创造力等方面的发展（见图 1.4）。

家长同样需要了解学习区。布拉德（Bullard, 2017, p.21）指出,一些家长常常将练习册与学习联系起来。家长可以通过教师寄给他们的笔记和照片,了解儿童在学习区中是如何学习的。此外,他们还可以参加"家庭之夜"活动,通过与孩子们一起探索学习区来加深了解。

感知有哪些活动

正如全美幼儿教育协会认证指标 3.A.07 所说,自主性教室能够让幼儿发现自己在其中可以从事哪些活动。通过

图 1.4　你可能将积木区设在戏剧游戏区旁边

使用隔板、便携式屏风、架子、桌子、窗帘等，教师可以将活动空间划分成特定的学习区，从而帮助儿童了解在何处进行何种活动。

> 3.A.07 教师和儿童一起以可预测的方式摆放教室材料，以便儿童知道在哪里可以找到材料以及应该把它们放回到哪里。

例如，靠墙摆放的两个积木架子并不能真正界定积木区。但是，当把这两个架子从墙边移开，并将它们与墙面垂直摆放时，便能明确地表明该区域为积木区。你可以采用类似的方式对教室中的所有学习区进行界定。本书接下来有关学习区的章节将会告诉你怎么做。

同样重要的是，你所提供的活动对每个幼儿来说都是可行的。布里兰特与曼昆（Brillante & Mankiw, 2015, p.15）认为，真正可行的课程应能促进所有儿童积极参与，而无关其能力与语言。这样的课程反映了"所有的儿童都被珍视"这一理念。如此一来，儿童的不同学习能力和学习风格在适宜性实践课程中都得到了理解和尊重。

学习区的标牌、地图和一日活动计划表

儿童可以通过图片和标牌识别出可以做什么。贴在每个学习区墙壁上或隔板上的彩色标牌都必须与儿童的视线平齐。使用彩色美术纸制作的标牌更具吸引力。制作学习区标牌的一种方法是，先将代表该区域的物品描摹到彩纸上，然后沿着物品的外沿将其剪下来，贴在一张顶部印有指定区域名称的白色大纸上。

例如，在不同颜色的纸上描摹出各种类型的单元积木（半圆形、斜坡形、拱形、圆柱形）。然后，将它们剪下来粘贴在积木区的指示牌上，看起来就像积木拼贴画一样。积木区的指示性文字可以使用彩色美术纸剪贴，也可以使用彩色记号笔书写。

另一种方法是为每个学习区都制作一个标志。例如，用橙色拱形代表积木区，用蓝色磁盘代表语言区，用紫色拼图块代表操作区/数学区，等等。你也可以给标志赋予一种颜色，从而给每个区域指定一个颜色代码。另外，请同时使用文字和图片制作标志，因为儿童需要了解我们是如何使用文字和图片来代表事物的名称的。

如果教室中有双语学习者，那么用两种语言同时注明学习区的名称是非常重要的。这种做法会使双语学习者感受到，他们在学习区是受欢迎的。同时，双语标牌也有助于儿童理解文字的功能及其是如何传达意义的（Salinas-Gonzalez, Arreguin-Anderson, & Alanís, 2015, p.25）。

你也可以自己设计学习区的标牌。例如，给每个学习区拍照，并将照片贴在标牌上。你可以到专业图书馆找一些与学习区相关且带插图的书，然后扫描并放大其中一张插图，将其作为学习区的标牌。另外，你也可以使用儿童读物中的相关图片作为学习区的标牌。

标牌可以很有趣。让儿童参与进来，与你一起制作标牌。他们或许会用不同颜色的纸分别为每个学习区制作一个圆锥形木偶。他们也可能给每个标牌系上一个气球或者悬挂一根丝带。如果标牌足够吸引儿童，可想而知，该学习区的活动就会吸引儿童。谁不想在一个以即将倒塌的高塔作为标牌的积木区参与建构活动呢？

你在环境准备方面所花费的时间是非常值得的，也是最激励人心、最有意义的，它促使儿童想要独立使用环境。在力图使教室环境对所有儿童具有吸引力的同时，也要使它对你自己产生吸引力。

一旦这些学习区的标牌被确定下来，你就可以制作一张大的带插图的教室平面图，并把它张贴在教室的门口附近，这样儿童和访客便可以辨识出各个学习区（见图1.5）。注意，一定要把它贴在与儿童视线平齐的高度。

儿童对地图很感兴趣。这张平面图就是他们教室的地图，他们需要学习看懂它。首先，可以向儿童个人或小组介绍这张地图，解释它是什么以及如何使用它。贴在平面图上有关学习区标志的彩色小贴画，可以帮助儿童将平面图上的学习区与教室中有类似标志的学习区匹配起来。无论你给学习区贴上什么标志，在教室平面图上都要使用相同的标志，这样儿童才能很容易地识别出这些学习区。

对儿童来说，这张平面图就是一种符号：它代表或象征着班级教室。儿童喜欢学习"阅读"他们教室的平面图。他们为自己能够向家长或访客指出平面图中各种标志所代表的学习区而感到自豪。这只是儿童在开展适宜性实践课程的教室中所要了解的众多符号中的一种而已。

对儿童和访客来说，另一种符号表征则是一日活动计划表。它可以是一张带有插图的表格，在该表中可以用有关学习区标志的小贴纸表示学习区。另外，这张计划表要可以很容易地从墙上被摘取下来，供儿童在晨间圆圈活动时讨论。儿童也可以学着"阅读"这份计划表，了解当天教室里会发生什么。这也是让他们意识到在自主性环境中可以自主选择做什么的另一种方式。让他们试着将计划表上代表学习区的符号与各学习区的实际标志相匹配。

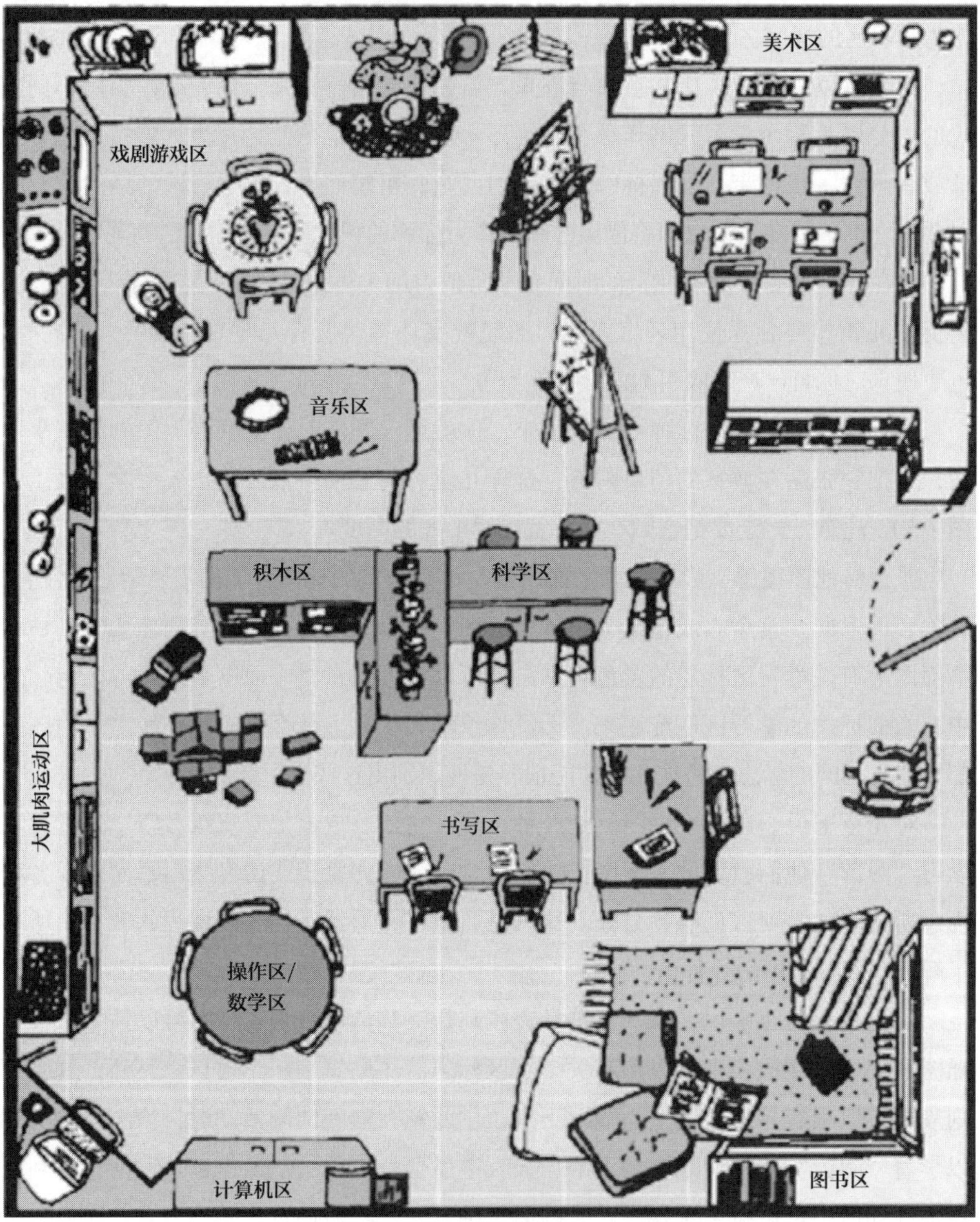

图 1.5　教室平面图

一张带插图的计划表应体现出，儿童在一天中的每个时间段里都可以做什么。计划表可以分为这样几个部分：来园、活动、点心时间、户外活动、午餐、午睡、活动以及离园。计划表中的每个部分都将以插图的形式展示每个学习区的具体活动。

你将计划表贴在公告栏上，就要每日更换或者移动用于代表不同学习区的标志。为了使这张计划表对儿童来说更有意义，可以让他们移动上面的标志。

一旦你开始为儿童制定这样一张能供他们每天"阅读"的计划表，那么这张计划表就将成为教室中的一个动态部分，而不是一张钉在墙上供管理者检查的、永恒不变的活动列表。每天一贯的活动安排有助于儿童获得安全感。

自主选择活动并深度参与其中

为什么要让儿童自主选择活动？教师给他们指定学习区和活动岂不是更简单吗？或许吧。大多数3—5岁儿童会接受教师的指定，毕竟他们已经习惯了成人告诉他们该做什么。为什么这个项目会有所不同呢？

这个项目的不同之处在于，它以当前研究和儿童发展理论为基础。当前研究和儿童发展理论指出，只有当儿童深度参与自主性学习时，学习效果才最佳。深度参与的前提是，他们必须对活动感兴趣，而教师指定的活动可能并不会引起儿童的兴趣。

儿童自己选择的活动更有可能深深地吸引他们。此外，支持儿童自主选择活动的环境对他们独立性的发展至关重要。在以儿童为中心的教室里，儿童对自己的成功有更高的期望，更少依赖成人的许可和认可，也更愿意尝试有挑战性的学业任务（Gestwicki，2017，p.18）。

当儿童第一次走进幼儿园教室时，他们可能会看到许多让他们感兴趣的材料和活动。但是对儿童来说，要想选择参与其中一项活动，他们必须首先建立起对自己、教师、同伴以及教室的信任感。对刚开始离开家庭生活圈的3岁儿童来说，一间全新的教室、一大群活泼的同伴、一两位陌生的教师会令他们倍感压力。

建立信任感

儿童学会相信自己、教师、同伴以及环境是非常重要的。若要在教室中感到轻松自在，儿童就必须建立起对自己、教师、同伴以及环境的全方位的信任感。他们需要从建立自信开始。

信任自己

首先，儿童需要认识到，他们在教室里可以相信自己。也就是说，他们需要学会自信。"我们知道应该在教室里做什么吗？""我们能在这些活动中取得成功吗？""老师会喜欢我们吗？""其他同伴会喜欢我们吗？"……不管他们是否表达出来，大多数儿童都有这些问题、疑惑甚至恐惧。

幼儿需要在你所提供的活动中获得成功，建立自信（见图1.6）。一直观察每个儿童的发展水平，你就能为他们提供多种具有不同难易程度的活动。同时，你也会考虑到那些有特殊需要的儿童以及来自多元文化背景的儿童。

图1.6　儿童需要从成功中获得自信

自我调节的方法

支持儿童选择自己感兴趣的活动，这将把他们引向正确的方向。耐心地等待那些尚未准备好参与活动的儿童，使他们有机会在这个吸引人的新环境中进行自主选择，建立自信。如果他们想要参与的活动已经被别人占用，那么你可以提供一种自我调节的方法，帮助他们轮流参与活动，理解别人的需求（见表1.5）。

表1.5　自我调节的方法

- 选择板
- 用颜色编码的门票
- 名牌
- 儿童的照片
- 学习区项链
- 用颜色编码的衣夹
- 彩色小木片

儿童非常以自我为中心，他们总是站在自己的角度看待周围的一切。然而，你在教室中必须要服务十几个甚至更多的儿童。所以，当同一时间内有多个儿童想要玩某一种材料或某一项活动时，你就需要用更多的时间来规范儿童的行为。

不过，你可以通过创设教室环境来促使儿童调节自身的行为。学会使用自我调节策略的儿童，相信自己有能力独立探索环境。

例如，你可以为每个学习区的儿童提供用颜色编码的门票。每个学习区允许多少个儿童进入，就提供多少张门票。将门票放在选择板上的插袋里。举例来说，假如积木区有六张橙色门票，那么儿童就可以在积木区入口处的插袋里取出这些门票。当他们打算离开该区域时，他们就需要将门票归还到选择板上的插袋里。此外，儿童也可以用积木区的橙色门票与数学区持有蓝色门票的小朋友进行交换。

儿童也很喜欢使用名牌。把名牌塑封好，然后粘上一个魔术贴，或者在名牌的一端打一个孔，把它挂在学习区入口处的钩子上或者压在魔术贴的扣件上。每个学习区的挂钩与扣件数量，有助于控制进入该学习区的儿童数量。儿童可以从选择板上的挂钩或扣件上取下自己的名牌，然后把它挂在自己选择的学习区里。此外，也可以使用每个儿童的塑封照片作为名牌，它们同样可以作为一种自我调节的方法。

另外一种供儿童进行自我调节的方法是使用学习区项链。当儿童进入某一学习区时，他们可以佩带一种用该学习区的标志符号或者颜色代码做成的项链。当离开该学习区时，他们需要摘下项链并将其放回到该学习区入口处的挂钩上。用颜色编码的衣夹、小木片、棋子都可以被儿童当作自我调节的工具，帮助他们获得进入学习区的入场券。

你还可以充分发挥自己和儿童的聪明才智来设计其他的自我调节工具，帮助儿童自主选择活动，从而使他们在这个令人兴奋的新环境中建立自信。

信任教师

儿童需要认识到，他们可以信任教师，教师允许他们自主选择活动并支持他们的选择（见表1.6）。他们还要相信，教师不会试图改变他们的想法或者安排他们从事其他的活动（例如，"卡洛斯，那些拼图对你来说太难了，你为什么不玩这个桌面游戏呢？"）。教师不仅会支持他们自主选择，还支持他们从事自己所选择的活动。

表1.6 信任教师

- 允许儿童自主选择
- 支持儿童的选择
- 无条件地接纳儿童
- 给予帮助而非干预
- 适当地提供替代性选择
- 促进同伴互助
- 给予儿童充裕的时间参与活动
- 很高兴看到儿童的家长

假设卡洛斯选择了一个对他来说太难的活动，敏锐的教师会密切关注他的进展。当他看起来需要帮助时，教师可以在不干预他的情况下提供帮助；当他看起来需要调整活动方向时，教师可以通过提供替代性选择的方式来帮助他；当他看似需要同伴支持时，教师可以建议他和另一个儿童一起参与活动。但是，如果他更喜欢独自活动，教师就要接受他的偏好。

无论卡洛斯在教室里做什么，教师都要无条件地接纳他。当卡洛斯完成了自己所选择的任务时，教师要为他的成功而感到高兴，同时帮助他继续从事别的活动。即使在卡洛斯失去自我控制的时候，教师也不会以敌对的态度对待他。无论在任何情况下，教师都要支持他。即使卡洛斯的所作所为惹恼了教师，教师也不会失去控制。教师会帮助卡洛斯回到正确的轨道，既不会指责他，也不会让他心存愧疚。

让儿童信任教师的另一种方法是，给予他们充裕的时间操作他们所选择的材料、参与他们所选择的活动。教师常常为了图方便或者为了他们对儿童的特殊期待而控制活动时间。但是，儿童需要更多的时间来理解活动和在活动中学习。真正的学习是需要时间的。

例如，是让班级中的每个儿童每天都有机会使用手提电脑重要，还是让部分儿童有更多的时间使用手提电脑上的新程序自主建构知识更有意义？当儿童看到教师对他们自主调节探索活动的时间持接纳的态度时，他们就会对教师建立信任。

让儿童信任教师的其他方法涉及，教师对每个儿童所在家庭的态度和行为。教师与儿童的家长见面时，脸上是否露出快乐的表情（见图1.7）？当儿童谈论他们的家庭时，教师是否表现出兴趣浓厚的样子？教师是否允许甚至鼓励儿童从家里带玩具到幼儿园？帮助幼儿完成从家庭到学校的艰难过渡，是幼儿教师必须为每个幼儿提供的一项重要服务。

图1.7　在会见儿童家长时，教师要表现出快乐的样子

当儿童从自身经历中了解到他们可以信任教师时，他们就会自由地选择活动并进行深度学习。

信任同伴

对刚入园的幼儿来说，对同伴建立信任同样重要（见表1.7）。在入园后的前几天或前几周，他们很想知道其他儿童如何看待他们。如果其他小朋友不喜欢他们，怎么办？如果其他小朋友不和他们玩，怎么办？对一个由两三个幼儿组成的小团体来说，让一个陌生人长时间地加入到他们中间是很困难的。事实上，很多幼儿更容易与成人建立关系，因为他们最初的经验主要就是与成人照护者打交道。

表 1.7　信任同伴

- 加入小组游戏
- 在同伴旁边玩平行游戏
- 完成教师布置的任务
- 与同伴一起操作电脑
- 教师支持每个儿童

我们能做些什么呢？如果儿童决定加入同伴的活动，那么教师就应该帮助他们融入同伴。例如，如果儿童已经准备好在积木区与其他儿童一起建构，或者与小伙伴一起操作电脑，或者要加入戏剧游戏但不知道怎么做，那么教师就要给予儿童相应的帮助。

对处于这个年龄段的一些儿童来说，加入别人正在进行的游戏尤其困难。他们要么因为太害羞而不好意思加入，要么因为太蛮横而不被别人接纳，敏锐的教师需要帮助这些儿童找到一种折中的方法（Beaty，2017，p.240）。

加入别人正在进行的游戏

或许害羞的马琳娜可以和另外一个儿童一起帮助教师完成一项任务。如果这两个孩子能和睦相处，那么他们或许就可以一起搭积木或者操作电脑。如果马琳娜还未准备好面对一组人，那么教师可以在开展小组活动的儿童旁边为马琳娜安排一个类似的活动。当学前儿童正准备加入正在进行的小组活动时，这样的平行游戏被认为是最有效的方式之一（Anderson & Robinson，2006）。

另一方面，当儿童蛮横地想要强行加入小组活动时，教师可以通过让他们为教师完成一项涉及与小组儿童打交道的任务来帮助他们获得参与小组活动的机会（例如，"你可以帮忙清点一下'杂货架'上的物品数量，并告知'收银员'吗？"）。

自信且信任教师的儿童通常很乐意参加小组活动（见图1.8），他们所需要的就是教师帮助他们加入小组活动。当其他儿童看到你在支持这些儿童时，他们或许也会主动地给予支持。由此，儿童将建立起对同伴的信任，从而自由地选择活动，并自主地进行深度学习。

图 1.8　信任教师的孩子通常乐意加入小组活动

信任环境

最后，如果要让幼儿自主选择并深度参与教室内的活动，那么他们就必须建立对环境的信任（见表 1.8）。

表 1.8　信任环境

·知道可选择什么
·自由探索教室
·辨识出熟悉的材料
·看到令人兴奋的新材料
·对材料感兴趣
·能自主选择
·有时间深度参与活动

正如前面所提到的，创设让幼儿理解并知道如何使用的环境是第一步。给予儿童自主探索材料的自由和深入学习的时间，将极大地增强他们对于环境的信任。

当幼儿意识到可以自主选择后，他们需要对材料产生兴趣。儿童熟悉这些材料吗？它们适合儿童的年龄和发展水平吗？实施适宜性实践课程的教师会在教室里添置一些与儿童家中的材料相似的材料。

对 3 岁、4 岁及 5 岁的孩子来说，教室里虽然有许多新鲜的、与众不同的、具有挑战性的活动，但也要有一些他们所熟悉的活动。玩水和玩面团或许是幼儿在家中最先玩的游戏。来自纳瓦霍①文化的美洲原住民儿童对编织很熟悉，西班牙裔儿童对烹饪玉米饼很熟悉。教师可以在学年初为儿童组织一些类似的常见活动，使幼儿放松下来，然后随着时间的推移，在玩水、玩纱线或者玩面团等游戏中增加新的花样。

配有厨房家具的娃娃家是另一个可以帮助他们对环境建立信任的学习区。稍后，还可以增加其他戏剧游戏区。垫子、地毯、墙饰、摇椅、照片和枕头等家用物品都是适宜的配置，因为它们有助于幼儿对幼儿园产生像家一样的感觉。

如果班级中有来自少数族裔或多元文化家庭的儿童，那么教室的陈设也要反映这一特点。如果合适，墨西哥披肩、美洲原住民毛毯、加勒比地区编织垫、渔网、纸灯笼等物品也可以用来装饰教室的墙面。如果班级中有身体残疾的儿童，那么你准备的材料就需要有特殊的旋钮或把手。

这些材料会令幼儿兴奋吗？把自己想象成一个刚走进新教室的 3 岁、4 岁或者 5 岁的孩子，你想玩什么材料？儿童会被形状、大小适宜且五颜六色，或者看似能用来做很"酷"的东西的材料吸引（见图 1.9）。

他们喜欢用桌子、硬纸箱或者大块布料搭建自己的小屋和秘密基地（Hancock & Carter，p.67）。

没有资金购买新材料的教师可以自己制作材料。自制材料往往是最好的，因为它们是为了满足特定的需求而制作的，因此使用频率也更高。准备一些不同大小的空食品盒（如麦片盒、调料盒、糖盒、盐盒、茶叶盒、米箱），让幼儿给它们涂色，然后将杂志上的照片剪下来贴在上面。这些盒子可以用来做什么呢？收纳科学区的材料？装饰娃娃家？当作百宝箱？让儿童自己决定吧。表 1.9 列出了儿童可以从家里带到幼儿园的一些废旧物品。

---

① 纳瓦霍，美国最大的印第安部落。——译者注

图 1.9 教室里的材料可以用来做很"酷"的东西

表 1.9 家庭中的废旧物品

- 旧杂志、旧海报
- 纸巾与纸巾筒
- 空盒子：麦片盒、调料盒、纸巾盒、火柴盒、鞋盒
- 咖啡罐
- 调味瓶与调味盒
- 透明塑料瓶和带盖的广口瓶
- 塑料挤压瓶
- 带盖的黄油容器
- 聚苯乙烯泡沫塑料托盘
- 大小不同的纸袋和塑料袋

充满关怀的教室

如果你希望学习环境帮助儿童建立信任，那么它一开始就要传递一个重要的信息：教室是一个充满关怀的地方（见表1.10）。精心布置的教室环境要能够让儿童了

解都有哪些材料和活动，同时也可以使他们自主选择自己感兴趣的材料和活动。此外，还可以准备一些让儿童感到像在家里一样舒适的材料，如在阅读区提供一些毛绒动物玩具，在戏剧游戏区提供一些需要被照顾的不同肤色的玩偶，在休息时间提供一个装有小汽车、人偶和动物玩偶的"百宝箱"，供儿童选择、玩耍。墙上的图片要与儿童的视线平齐，积木区护壁板上的图案要让儿童即使坐在地板上玩耍也能看得到。角落里的一张软椅是儿童在心情不佳时独处的私密空间。

表 1.10　充满关怀的教室

- 可自主选择的材料
- 让幼儿感到像在家里一样舒适的材料
- 具有抚慰作用的毛绒动物玩具
- 不同肤色的玩偶
- 与儿童视线平齐的图片
- 用于放松的私密空间
- 可借给儿童带回家过夜的玩具和图书
- 架起家和幼儿园之间的桥梁

有些班级会为儿童提供一个装小玩具的篮子，儿童可以一次借一个玩具带回家玩一晚。有的机构甚至还会多准备一套儿童图画书，借给儿童带回家看一晚。

这种方式在家和幼儿园之间架起了桥梁，进而帮助儿童建立起对环境的信任。

鼓励儿童将幼儿园里的一样材料带回家，第二天再带回到幼儿园。这种做法不仅能让儿童对第二天充满期待，还让儿童意识到家庭和幼儿园正在为他们的福祉而共同努力。

为学习创造条件

自主性学习环境是动态的，它通过提供有准备的适宜性学习区来满足不同儿童的兴趣和需求，从而为儿童的学习创造机会。在这样适宜的环境中，儿童可以通过与环境中的人、物的互动而开启令人兴奋的学习冒险，建构自己的知识。教师首先要观察儿童，之后才能为儿童的持续成长与发展提供适宜的活动与支持。当儿童与教师在充满信任与关怀的氛围中共同工作时，适宜性实践课程就会自然而然地生成、发展。

本章要点

1. 基于10个学习区布置教室

    （1）列出每个学习区以及相关的学习区

    （2）制作一张学习区的平面图

2. 帮助儿童了解可从事的活动

    （1）提供图片与标牌

    （2）使用标志

    （3）把照片作为标牌

    （4）制作一张带插图的教室平面图

    （5）制作一张带插图的一日活动计划表

3. 培养儿童自我调节能力的方法

    （1）使用门票

    （2）使用名牌

    （3）使用每个儿童的照片

    （4）使用学习区项链

4. 培养儿童对教师的信任

    （1）无条件接纳儿童

    （2）给予儿童充裕的参与时间

    （3）会见儿童家长时表现出愉快的样子

    （4）避免纠正儿童的语言

    （5）允许儿童把家里的玩具带到幼儿园

5. 培养儿童对同伴的信任

    （1）帮助儿童加入他人正在进行的游戏

    （2）邀请儿童完成一项涉及其他小伙伴的任务

    （3）帮助儿童在小组活动旁边玩平行游戏

6. 培养儿童对环境的信任

（1）准备一些与家庭中材料相似的材料

（2）自制材料

（3）展示充满关怀的教室

（4）在角落里放一张软椅作为私密空间

（5）提供可借给儿童带回家过夜的小玩具

（6）提供可借给儿童带回家过夜的图画书

试 一 试

1. 制作一份教室平面图来展示学习区。

2. 为学习区设计图片和标牌。

3. 制作一份带插图的活动计划表来呈现一日活动的安排。

4. 为儿童提供一种自我调节的方法来帮助他们选择教室里的活动。

5. 根据"充满关怀的教室"段落中的建议，在你的教室中实践其中一个方法。

第 2 章　教师的角色

学习目标

阅读本章之后,你将能够:

1. 理解教师在自主性学习环境中的角色。
2. 了解并确定儿童的发展水平。
3. 使用 3-M 互动观察法观察儿童之间的互动。
4. 描述操作、熟练和意义三种互动水平,确定互动时长并完成教师自身的任务。
5. 观察儿童与材料的互动。
6. 观察儿童之间的互动。
7. 倾听儿童。
8. 在"儿童互动表"上记录观察结果。
9. 运用新技术来观察和记录。
10. 回应工作和游戏中的儿童。
11. 用评论和问题来反映儿童的行为。
12. 为班级中的儿童树立行为榜样。

自主性学习环境中的教师

自主性学习环境中的教师，其角色不同于传统教室中的教师。第 1 章已经阐述了如何创设可供儿童自主选择活动并进行深度学习的环境。通过阅读第 1 章，你已经了解到如何通过培养儿童对自己、教师、同伴和环境的信任来帮助他们独立选择活动。

在自主性学习环境中，教师必须完成两项最重要的任务：（1）根据课程目标和儿童的发展水平提供适宜的课程材料和活动；（2）支持儿童使用材料。在学习环境发挥教学作用的早期教育项目中，教师的主要任务如下。

- 提供适宜的学习材料。
- 支持儿童使用材料。

对此，教师应该怎么做呢？后面的章节将讨论教室中每一个学习区的理念和活动。本章则讨论：

- 教师如何确定儿童的发展阶段，以便为儿童提供与他们的发展水平相适宜的活动和材料？
- 在自主性环境中，教师如何支持儿童的互动？

儿童的发展水平

我们已经认识到，随着儿童年龄的增长，他们身体的成长与发育遵循着明确的时间顺序（见图 2.1）。与此同时，我们也意识到，儿童的心理、智力、社会性、语言和创造力也经历了一定的发展阶段，但是各个年龄段和阶段的发展是不平衡的。

图 2.1 儿童遵循明确的时间顺序而发育

有些儿童比其他儿童发展得更迅速，有些儿童则表现出发展滞后。我们应该如何帮助他们呢？

例如，一个3岁儿童能使用扩充句，而另一个3岁儿童只能说"小儿语"。我们怎样才能满足教室中这两个儿童的不同需求呢？再比如，一个儿童实际年龄是5岁，但其社会性发展水平可能仅相当于3岁儿童。我们怎样才能了解这些呢？我们如何知道应该怎么做呢？

为了提供适宜的材料和活动，以促进班级中每个儿童的成长和学习，教师有必要评估每个儿童的发展水平。

确定儿童的发展水平

当前，有很多关于儿童发展水平的论述。研究人员已经对儿童的身体、认知、社会性、情绪情感、语言及创造力等方面的发展进行了研究，他们开发了大肌肉运动评量表、自我概念测量表、人格投射技术、感知运动调查问卷、语言量表、学习档案、观察检核表以及其他许多用于评估儿童发展水平的工具。

上述许多技术或者工具都是可信的，有些甚至是非常优秀的，尤其是当它们被训练有素的人员有目的地运用时。但是，这些技术或者工具极少能够满足幼儿教师或即将成为幼儿教师的学前教育专业学生的实际需要。

幼儿教师需要使用适宜的工具来确定每个儿童的发展水平，以便提供适合每个儿童的材料和活动。这些材料和活动应该符合儿童当前的兴趣和能力水平，激发并延长儿童参与活动的热情。同时，其难度也不宜过高或过低，要对儿童的身体和智力的发展有一定的挑战性（见表2.1）。这确实是一个需要思考的大问题！

表 2.1　适宜的课程材料

- 符合儿童的兴趣与能力水平
- 激发并延长儿童参与活动的热情
- 挑战儿童的身体和智力
- 既不太难，也不太易

对训练有素的观察者来说，使用清单、量表、调查问卷都是可以的。但是对大多数教师来说，他们更倾向于使用简单、可靠、即时的方法来测量儿童的发展水平（见表 2.2）。他们会寻找一些易于发现的线索，以便立即将其转化为适合特定儿童的课程。对忙碌的幼儿教育工作者来说，容易使用、不费时的观察方法意义重大。

表 2.2　适宜的观察工具

- 简单、可靠、可现场使用
- 包含易于发现的课程线索
- 易于操作
- 合理且不费时

3-M 互动观察法

3-M 互动观察法具有可行性，它是基于皮亚杰和维果茨基的研究而开发的。该方法聚焦于幼儿在教室中自发地与材料、活动进行的探索性互动，换句话说，就是聚焦于幼儿的游戏（见图 2.2）。

婴儿、学步儿和学前儿童摆弄东西，不仅仅是为了好玩，更是为了弄

图 2.2　3-M 互动观察法聚焦于儿童与材料的自发性互动

清楚这些东西是什么以及它们是如何运作的。大多数观察过儿童游戏的研究者都会注意到，儿童多么专注地努力从事自己所选择的任务，就好像他们是在从事一项令人着迷的工作。确实如此。

蒙台梭利认为，儿童在有准备的环境中自主选择的活动就是"工作"——儿童特有的工作。建构主义者将其称为"游戏"，但也同样重视儿童自选的活动（Chattin-McNichols，1992，p.160）。

仔细观察学前儿童的工作或游戏活动，你就会注意到他们与新材料互动的不同阶段（见图2.3）。首先，儿童会胡乱摆弄材料，以了解如何使用它们或能用它们做什么。然后，他们开始自发地以"适宜"的方式反复练习使用这些材料。最终，大多数学前儿童将进入与材料互动的新水平，赋予材料某种意义或创造性地发掘材料的新用途（见图2.4）。

图2.3　仔细观察儿童如何与材料互动

图 2.4　儿童在与材料的游戏性互动中建构知识

实用的观察方法

本章改编了有关儿童认知发展的一些知识，并将其转化为易于应用的观察方法，以帮助学前教育专业的学生和幼儿教师确定儿童在区角活动中的发展水平。我们将这种方法称为"3-M 互动观察法"：操作（manipulation）、熟练（mastery）和意义（meaning）。

我们发现，对于确定儿童与材料、活动的互动水平，这一方法既实用又很有价值。它是规划和创设自主性学习环境，以便儿童自主选择和开展活动的关键；它也能让教师有时间与儿童个人或小组儿童一起工作。此外，它还揭示了儿童个体的发展水平，为他们提供了机会与适合他们年龄和发展阶段的材料互动。

正如皮亚杰的研究向我们所揭示的那样，儿童确实建构了自己的知识，同时他们在与环境互动以及自身逐渐成熟的过程中经历连续的发展阶段；这一发现也已经得到大多数心理学家和儿童保育专家的认同。对幼儿来说，他们的知识建构主要是通过与环境中的物品、活动以及人进行游戏性互动来实现的。

对幼儿教师来说，这些发现最重要的一个方面是，儿童如何与环境中的物品、活动和人互动进而习得知识。这是确定儿童发展水平的关键。我们很快就意识到，几乎在所有情况下，儿童的发展都要经历某些连续的、可观察的互动阶段，它们与儿童的成熟程度和经验水平直接相关。如果教师能够识别这些阶段，他们就能了解儿童的发展水平，并像全美幼儿教育协会认证指标 4.D.08 所建议的那样，利用有关儿童发展的信息来设计课程。

> **4.D.08** 教师观察并记录儿童的工作、游戏、行为和互动以评估他们的发展情况，进而设计和调整课程及教学。

互动的不同阶段

0—7 岁儿童在与环境中的物品和活动进行游戏性互动时，会经历三个明显的阶段（见表 2.3）。一些心理学家使用探索性游戏、练习性游戏和象征性游戏来描述这三个阶段。在此，我们将它们翻译成三个更有意义且更适用于观察学前儿童的词汇：操作、熟练、意义，即 3-M。

表 2.3　互动阶段

1. 操作：儿童摆弄物品。
2. 熟练：儿童一遍又一遍正确地使用物品。
3. 意义：儿童赋予物品以意义。

操作：互动的第一阶段

操作是互动的第一阶段，是指儿童开始探索不熟悉的物品或活动。因为儿童不知道这些东西的用途，所以他们会采用各种各样的方法进行尝试，直到他们知道可以用它们做什么以及如何操作它们为止。婴幼儿最初都是通过感知运动来操作物品的。例如，小婴儿会拿起拨浪鼓放到嘴里、扔掉它、用脚踢它，再把它捡起来放到嘴里。他们还会用它拍打婴儿床，在听到拨浪鼓发出的有趣声音后，他们就重复拍打。这就是儿童与物品互动过程中的操作阶段。

认知心理学家有时也将这种操作称为"探索性游戏"。他们指出，运用身体摆弄材料的第一阶段便是操作性游戏（Frost, Wortham, & Reifel, 2005, p.90）。本书将这一阶段称为"操作"。无论年龄大小，所有儿童在使用新材料时都会经历这一阶段。观察一下，你所在班级的儿童使用新材料做了什么吧。

以单元积木建构活动为例，处于操作阶段的儿童常常会用积木将容器装满，然后再将积木倒出来。他们尝试采用各种方法操作积木，但并没有真的用它们进行建构。

在戏剧游戏中，处于操作阶段的儿童会使用各种奇怪的，有时很有趣的方式来使用新材料，直到他们弄清楚这些材料是如何工作的以及可以用它做什么为止。他们可能会对着医生听诊器的"听诊头"说话或大喊大叫，好像听诊器是麦克风一样。

在美术活动中，教师可以很容易地识别出儿童所处的操作阶段。刚开始时，他们可能会把一种颜料泼在另一种颜料上，直到泼满整张纸，或者用同一种颜色胡乱地涂鸦。对学前儿童来说，书写活动的操作阶段始于涂鸦，虽然很多儿童都已经意识到美术活动中的涂鸦和书写活动中的涂鸦是不同的。

熟练：互动的第二阶段

一旦儿童能够控制媒介或者材料，他们就会自发地进入熟练阶段，很少再回到操作阶段。认知心理学家通常将这一阶段称为练习性游戏，是指儿童一次又一次地重复一个动作的倾向，就像他们在练习或训练自己一样（见图2.5）。

处于熟练阶段的儿童会把积木一块块地堆叠成塔状，然后推倒再重新搭建，如此反复。他们也可

图 2.5 处于熟练阶段的儿童会一遍又一遍地重复相同的动作

能在地上把积木排成一长排,然后再排与之平行的另一长排。

在戏剧游戏中,度过了操作洋娃娃和摇篮阶段的 2 岁儿童可能会将洋娃娃放在摇篮里,给它盖上毯子并摇晃它,然后再将所有东西从摇篮中取出并多次重复上述过程。

当儿童通过操作某一艺术媒介进而能够控制它时,他们就会一遍又一遍地重复相同的动作。例如,在画纸上画一条又一条的平行线,用面团做一排又一排的"饼干",或者在用面团做的生日蛋糕上插上几十根"蜡烛"(螺丝钉),直到插不下为止。

处于这一阶段的学前儿童在书写活动中会一遍又一遍地重复相同的涂鸦,在建构活动中会重复搭建相同的积木建筑,在戏剧游戏中会重复扮演相同的角色。他们似乎在自发地练习新技能,直到掌握它为止。认知心理学家指出,这种练习性游戏甚至可以是心智上的,例如,重复提出相同的问题。

为什么幼儿会一遍又一遍地重复相同的行为,以致有时让家长和幼儿教师心烦意乱?埃尔金德(Elkind)指出,蒙台梭利和皮亚杰都曾观察过幼儿的重复性动作行为。他们都认为,这些行为并非是毫无意义的、乏味的,而是在幼儿智力的发展中发挥着至关重要的作用(Chattin-McNichols,1992)。

意义:互动的第三阶段

当儿童通过操作阶段最终控制了媒介,并通过熟练阶段满足了内心的练习冲动时,儿童与材料的互动就会进入更高的阶段。这时,如果他们的认知能力发展得足够好,他们就将给活动赋予意义。

观察儿童如何做到这一点,是非常有趣的。通常情况下,即使在完全不同的机构中,同处于"意义"这一互动阶段的儿童在使用相同的材料时也会自发地采用相同的方式。

例如,儿童会用单元积木搭建同类型的建筑;大多数儿童在戏剧游戏中会通过打针来扮演医生;世界各地的儿童运用绘画材料自发画出的第一个人物形象是"蝌蚪人"——火柴棍般的手臂和腿附着在大大的脑袋和身体上;不同幼儿园的儿童在掌握了相同的电脑程序后,会制作出几乎相同的游戏(Beaty & Tucker,1987)。我们人类似乎都是用同一个模子刻出来的,不是吗?

大多数学前儿童与材料的互动不会跨越熟练阶段直接到达意义阶段,因为他们的认知还没有发展到足以支持他们给物体或活动赋予意义的地步。另一方面,随着时间的推移，大多数学前儿童会通过主动与教室里的材料和活动互动，逐步经历这三个阶段。

就画画而言，处于操作阶段时，他们可能是任意地涂抹颜料。之后，在熟练阶段，他们会反复地用线条和椭圆形来填满整张画纸。最后，在意义阶段，他们会画人。作为观察者，如果你能识别出儿童的互动阶段，你就能了解儿童的发展水平。约翰逊、克里斯蒂和约基（Johnson, Christie, & Yawkey, 1987）及其他研究者认为，儿童参与的游戏类型与其认知发展水平是相匹配的（p.8）。

这样一来，你只需观察儿童在某一学习区工作和游戏的情况，就能识别出他们正处于三个互动阶段中的哪一阶段：是操作阶段、熟练阶段还是意义阶段？这将告诉你，他们达到了什么样的发展水平。这种方法真的奏效吗？这三个阶段适用于繁忙的幼儿园教室中的所有活动吗？试试看吧。

互动时长

儿童会在每个互动阶段停留多久？"视需要而定"是我们能给出的最佳答案。观察你班上的儿童，记录下他们在积木区从"填充—倾倒"这类操作性活动到熟练阶段的反复搭建高塔或道路需要多长时间。你会发现，时间可能因人而异。

3-M互动阶段与儿童的年龄有一定的关系，换句话说，儿童年龄越小，他们在互动的早期阶段停留的时间似乎就越长。成熟和练习在其中起着同样重要的作用。儿童需要机会、时间与熟悉或不熟悉的材料及活动进行互动。由于不同的儿童在这三个互动阶段的发展速度不同，因此要给予每个儿童必要的时间供他们进行这类自发的、自我教授的学习活动。

也许你会问，由教师直接教年幼的儿童使用积木进行建构或使用颜料画画岂不是更有帮助吗？这样一来，儿童可以更快地经历这些阶段，赶上处于更高发展水平的同伴。但是，事实并非如此。儿童是在与环境中的材料、活动及人进行互动的过程中建构自己的知识的。

教师向儿童演示如何做并不会增进他们的理解，实际上还可能降低儿童自身的成就感。他们需要以自己的方式独立地从事这些活动。这就是创设自主性学习环境的全部意义。"告知"不是"教学"。在自主性学习环境中，教师所承担的任务完全不同。

教师的任务

学习环境准备就绪,儿童选择了自己喜欢的活动,每个人都很忙。现在,教师需要做些什么呢?在这样的教室中,教师或教学团队要完成六项任务(见表2.4)。

表 2.4 教师的任务

- 观察和倾听学习区中的儿童
- 记录观察结果
- 回应工作或游戏中的儿童
- 在适当的时候就他们的工作提出一些问题
- 在适当的时候向儿童提出一些建议
- 必要时与个别儿童一起工作

观察儿童与材料的互动

当教师在教室里四处走动时,他们首先需要做一些一般性观察,以确保儿童喜欢自己所选择的活动。然后,教师开始对特定儿童进行具体观察以了解他们的进展,倾听他们在说什么,并确定他们的参与程度。

你的"观察者眼睛"有多敏锐呢?你要重点关注儿童在用材料做什么以及儿童彼此之间在做什么(见图2.6)。在自主性学习环境中,正是这种持续的、聚焦性观察揭示了课程是否有效。之前,教师精心布置环境和提供材料,以满足儿童学习和发展的需要(见第1章)。现在,他们需要了解儿童是否真的能够以有意义的方式参与活动。

图 2.6 观察者需要密切关注儿童在用材料做什么以及儿童彼此之间在做什么

观察和记录

你要寻找什么呢？首先，试着确定儿童与材料的互动处于哪一个阶段。当你看到 3 岁的乔斯把所有的积木从架子上拿下来，装上一辆大型的木质自卸卡车，然后再把它们倒出来时，你就会意识到，他在积木建构活动中正处于操作阶段。你可以在"儿童互动表"上把你的观察记录下来。

当你看到朗达在一张画纸上画满蓝色圆圈，然后撕下那张纸，又开始在另一张画纸上画蓝色圆圈时，你就会意识到她正处于绘画技能的熟练阶段，因为她一遍又一遍地重复着同样的行为。

雅各布在拼拼图时遇到了困难。他拿起一块拼图，强行将它和另一块拼起来。当他无法立即将它们拼起来时，雅各布没有旋转这块拼图去匹配，也没有将它换个地方试试，而是放下了这块拼图，然后拿起另一块进行尝试。很快，他就沮丧地推开了桌上的所有拼图。雅各布实际上是在拼拼图，而不是随意地摆弄拼图，因此你会发现，雅各布已经度过了拼图游戏的操作阶段。如果他挣扎了一段时间后最终拼对了,那么你可能会看到他又重复拼拼图,就像处于熟练阶段的儿童常做的那样。对此,你是否应该介入呢?这取决于当时的情况以及你对雅各布玩拼图游戏的了解。

回应

你可以和雅各布一起坐一会儿,一次递给他一块拼图,并鼓励他用不同的方式尝试每一块拼图。此外,根据你之前对雅各布以及他使用拼图情况的观察,你会发现,这个拼图对他来说可能太难了。因此,你可以鼓励他尝试一个更简单的拼图。无论发生什么,一定要记录下雅各布所付出的努力。

观察儿童与他人的互动

除了收集有关儿童与材料互动的观察性数据外,你可能还想要了解儿童是如何与他人进行社会性互动的。也许,你想观察由帕顿(Parten,1932)描述的一些社会性游戏(见表2.5)。

表 2.5　帕顿的游戏分类

- 无所事事
- 旁观
- 独自游戏
- 平行游戏
- 合作游戏
- 规则游戏

无所事事

初入幼儿园的儿童,刚开始时可能是无所事事,而不是参与活动。他们可能会待在一个地方,围着教师转,或者只是在教室里闲逛。敏锐的教师明白,这些儿童在参与教室中的活动之前需要时间去获得自信。教师需要将这一发现记录在观察表上。教师可以给儿童提供建议,但不能强迫儿童参与活动。

旁观

当无所事事的儿童在教室里感到自在时，他们可能会旁观其他儿童在做什么，但不加入他们。如果教师意识到这种行为是儿童社会性技能发展的下一步时，他们就不会对此小题大做，强迫儿童参与活动，而是鼓励他们自主选择一项自己想要尝试的活动。但是，如果儿童不想尝试，教师就让他们独处吧。

但是，并不是所有的旁观行为都表明，儿童正从不成熟阶段向较高的社会互动水平迈进。安德森和鲁宾逊（Anderson & Robinson，2006，p.13）指出，对儿童来说，旁观行为起着重要的信息收集作用，而这一点从未被人们充分理解或思考过。

你需要在观察表中记录下儿童是参与了游戏，还是把大部分时间都用在观看别人的游戏以了解他们正在做什么。

独自游戏

独自游戏是社会性互动的第三种水平。许多幼儿都独自游戏，尤其是年龄较小或经验不足的儿童。然而，在美术活动中，即使处于熟练或意义阶段的更成熟的儿童，也经常喜欢自己涂涂画画或制作东西。你应该记下这一点，然后观察这些儿童是否与他人互动。一些更成熟的儿童会跳过独自游戏阶段，直接从旁观行为（收集信息）过渡到平行游戏。

平行游戏

当儿童越来越能意识到别人在做什么时，他就会靠近他人进行平行活动。幼儿园教室里进行的许多游戏都具有这种平行的性质。例如，两个儿童并肩用积木搭建房子，但不以任何方式互动。一些平行游戏者将这种游戏作为一种方式，帮助自己融入旁边儿童的游戏。观察玩平行游戏的儿童是很有意思的事情，睁大眼睛看看他们身上发生了什么。

合作游戏

教师很容易就能识别出合作游戏。例如，几个儿童在一起玩同一材料，每个儿童都参与其中或者跟随其他人的决定，这就是合作游戏。教师可以将这种互动记录在"儿童互动表"上。如果继续观察，教师将有可能注意到一些游戏者又返回到平行游戏。安德森和鲁宾逊（2006，p.12）发现，在同一段游戏中，儿童可能会出现多

次的游戏转换，尤其是在进入或者退出平行游戏方面。

倾听儿童

你的"观察者耳朵"有多灵敏呢？你需要在儿童与材料及他人互动时仔细留意儿童在说什么。你也可以遵循全美幼儿教育协会认证指标 4.D.07 的要求，与儿童进行交谈和互动。有些儿童似乎是在自言自语，以"自我对话"的方式一遍又一遍地低声说着他们正在做什么；有些儿童则可能对着旁边的人讲话、向他们问问题、发表自己的观点或提出建议，有时他们会等待别人的答复，有时则不会；还有一些儿童可能与其他儿童进行真正的对话。

| 4.D.07 | 教师与儿童交谈、互动，鼓励儿童使用语言，从而评估儿童的优势、兴趣与需求。 |

无论在以上哪种情况下，儿童的语言都给你提供了线索，帮助你了解他们的思维或发展水平（见图 2.7），就像全美幼儿教育协会认证指标 4.D.07 所指出的那样。儿童的语言可以帮助你确定他们是否需要在自选活动中进行更多的练习，或者他们是否准备好了用新材料来扩展他们的学习。你可以在不引起儿童注意的情况下，试着用录音设备记录他们的谈话。

观察儿童的行为、倾听他们的对话，是自主性学习环境的另一个组成部分。儿童可以掌控自己的学习，因此教师需要花更多的时间进行观察及倾听，以便为儿童制订计划。从对儿童的观察中，教师可以为表 2.6 中的问题找到答案。

图 2.7　儿童的语言给你提供了了解他们发展水平的线索

表 2.6　寻找答案

1. 儿童处于哪一个互动阶段（操作、熟练还是意义）？
2. 儿童的社会性参与如何（无所事事、旁观、独自游戏、平行游戏还是合作游戏）？
3. 教师接下来应该做什么（介入、评论、提出问题、提供新材料，还是什么都不做）？

记录观察结果

重要的是，你要在儿童活动期间把对儿童的观察当场记录下来。事后再记录可能会错失时机。即使只有一个儿童，也会发生很多事情。你要把所见所闻都记录下来，因为你几乎不可能记住所有的事情。

记录的频率

作为幼儿自主学习的促进者,你的任务是尽可能多地观察和记录每个儿童。否则,你怎么知道你的课程是否有效?你怎么清楚接下来要为儿童计划什么?

一方面,你或者儿童可能想日复一日地重复某些活动。另一方面,科学区可能需要扩大。乔斯可能需要一套桌面积木和盒子,让他在准备好真正进行建构之前拥有操作积木的经验;朗达可能需要一叠纸和一盒水彩,从而更多地练习使用画笔和颜料;雅各布可能需要更简单的拼图,并且在他尝试的时候,需要你坐在他的旁边。如果没有观察、记录,你怎么会知道这些甚至更多呢?

在适宜性实践课程中,教师不是站在教室前面讲话,而是在教室里来回走动,观察儿童如何与材料、活动互动。最重要的是,教师需要记录下每个儿童是如何使用这些材料、如何与同伴互动,以及如何谈论这些材料的。教师可以用传统的纸笔进行记录,也可以使用一些高科技工具。

儿童互动表

使用观察工具收集数据,有助于观察者关注儿童行为的具体方面。因为你关注的主要是学习区中儿童与材料以及儿童之间的互动,所以收集此类数据的观察表特别有帮助。在每个学习区中,观察者都可以使用一张"儿童互动表"来观察个别儿童,或者观察某一天中在特定学习区的所有儿童(见表 2.7)。

表 2.7　儿童互动表

儿　童_____	观察者_____
学习区_____	日　期_____

儿童与材料的互动	
操作阶段 （儿童漫无目的地四处摆弄材料）	行为/语言
熟练阶段 （儿童有目的地反复使用材料）	行为/语言
意义阶段 （儿童以新颖且具有创造性的方式使用材料）	行为/语言

儿童之间的互动	
独自游戏 （儿童独自操作材料）	行为/语言
平行游戏 （儿童挨着别人玩同样的材料，但不参与别人的游戏）	行为/语言
合作游戏 （儿童与其他儿童一起共同玩相同的材料）	行为/语言

教师应该把大量空白的"儿童互动表"放在柜子、隔板上面，或者附在写字板上，以便记录一天中每个学习区里的儿童都在做什么。教师可以为学习区里的每个儿童单独准备一张观察表，也可以使用一张观察表记录该学习区内所有儿童在特定时间的行为。

如果儿童从一个学习区换到另一个学习区，那么你可以在那个学习区使用另一张观察表来记录儿童的言行。对多个观察者来说，在同一张观察表上累积观察数据也是很有帮助的。如果你用一张观察表记录某一学习区里所有儿童的情况，那么这张表就需要留在该学习区。在这种情况下，你需要评估的是该学习区的创设，观察它为儿童提供的服务怎么样，而不是观察个别儿童的互动状况。

在"儿童互动表"的反面记录

你可以在每一张"儿童互动表"的反面记录儿童的成就和需求，以及你对儿童或该学习区的计划。你可以在观察的同时把这种补充性信息记录下来，也可以稍后再记录，比如，在一天结束的时候。所有收集到的数据都可以在一天结束时用于回顾（见图 2.8），从而为你和其他教职员工提供关于儿童和学习区的反馈。此外，正如第 13 章所讨论的那样，这些观察数据也是每周或每月会议上教师为儿童个人制订计划的基础。

接下来的各章都会讨论"儿童互动表"在学习区中的使用，同时也会举例说明教师在儿童与材料、其他儿童互动时需要观察的多种行为。解释观察结果和制订计划便是第 13 章的内容。

图 2.8　在一天结束的时候，教师回顾所有收集到的数据

用于观察与记录的新技术

纸笔记录在对儿童的观察中是不是过时了？使用新技术的教师告诉我们，使用新工具既能带来积极的结果，也会带来消极的结果。

使用平板电脑、数码相机、数码摄像机、智能手机、音乐播放器、电子笔或智能笔等电子设备，可以很轻松地观察和记录儿童（Donohue，2015）。使用以上一种或多种工具可以给教师带来很多好处（见表 2.8）。

表 2.8 新工具给教师带来的好处

- 关注儿童，而不是做笔记
- 反复查看观察记录
- 发现原本错过的儿童行为
- 收集用纸笔记录时可能错过的儿童口头语言
- 有更多的时间进行反思和获得新认识

教师可以将用数码技术所做的记录上传到笔记本电脑上，进行妥善保管。使用电子笔进行的记录，本身就可以转录到电脑上（Bates，2013）。有关个别儿童的视频资料，可以供教学团队随时回顾并为儿童计划适宜的活动。事实上，教师利用高科技设备所能开展的令人兴奋的活动是无止境的。它们有缺点吗？在购买这些新工具之前，幼儿园和教师需要了解使用它们可能存在的问题。

- 价格高昂。
- 需要得到家长的许可才能给儿童录像。
- 需要花费比以往更多的时间来回顾观察记录。
- 使用平板电脑或其他工具可能会分散儿童的注意。

幼儿总是乐于尝试新事物。但是，他们在日常生活中碰到的许多新的电子玩具并不一定适合处于现阶段的他们。对我们教育者而言，也是同样的道理。在使用新

电子设备之前，我们都必须认真思考一些问题（见表2.9）

表 2.9　使用新的观察技术带来的问题

1. 有必要使用新设备吗？
2. 有必要花费这么多钱吗？
3. 它的质量高吗？
4. 它比以前的方法好吗？
5. 它的使用会影响教学、幼儿园和儿童吗？

接下来的章节将探讨儿童在各学习区使用高科技工具和玩具的情况。我们需要意识到，适合6岁儿童的可能不适合3—5岁的儿童，因为他们的成熟程度和发展水平不同。

回应工作和游戏中的儿童

在自主性学习环境中，教师不仅要观察和记录儿童的行为，还要回应学习区中的儿童。这些回应可能是口头上的，也可能是行为上的，目的是让儿童在他们所选择的活动中得到支持、鼓励和指导。教师要记住，他们的作用不是传统意义上的"教学"，而是促进儿童的学习，使他们在与材料和同伴的互动中进行学习。

正如全美幼儿教育协会认证指标2.B.01.b所暗示的那样，师幼互动同样是教室中的重要组成部分。就教师来说，他们需要一定的技巧和实践经验才能恰当地回应儿童。有人可能会问，这真的是教学吗？是的。在自主性学习环境中，教师通过与儿童互动进行教学，而不是站在教室前面的讲台上进行"教学"。他们通过评论、提问、建议以及向儿童个人和小组提供信息来激励儿童的学习。他们观察儿童与材料、同伴的互动，然后鹰架儿童，从而帮助儿童达到新的高度。

> 2.B.01.b　儿童全天有各种机会与培养他们社交能力的教学人员互动。

格斯特维奇（Gestwicki，2017）认为，教师不是被动的儿童观察者。他们应使用各种教学策略来实现教育目标（见表2.10）。除了与儿童互动之外，他们还要为儿童制订计划、布置环境和组织活动。他们会向儿童示范、演示，挑战儿童和帮助儿童取得进步。事实上，在学习活动中，教师是儿童的合作者。可以说，发展适宜性教室中的教师认识到了，学习并不只是发生在他们张开嘴巴进行教学的时候！

表 2.10　支持儿童的教学策略

- 观察、计划、布置和组织
- 评论、提问、建议和提供信息
- 示范、挑战以及帮助儿童改变方向
- 在学习活动中与儿童合作
- 鹰架儿童，以帮助其达到更高的水平
- 帮助儿童建立小组以及伙伴关系
- 必要时提供直接指导

有力的师幼互动

在儿童和教师的生活中，师幼互动比以往任何时候都更加重要。它们既会影响儿童对自我的感知以及他们的学习方式，也会影响教师对自己的看法以及教学方式。多姆布罗、贾布朗和斯特森对师幼互动进行了研究，并将其称为"有力的师幼互动"[①]。在有力的师幼互动中，教师有意识地与儿童建立联系，同时说或者做一些事情来引导儿童向前迈进一小步（p.13）。

有力的师幼互动是适宜性实践课程的核心，有助于师幼之间建立"相互尊重的关系"。你与儿童之间的每一次有力互动，都有助于他们对自己产生积极的感受，并与你建立积极的关系。加拉格尔和梅耶（Gallagher & Mayer，2008）的研究表明，与教师建立了积极关系的儿童往往会认识更多的字母，有更好的数学成绩，并表现出更高的语言能力和读写能力。而这种有力的师幼互动就可以从你和你教室里的儿童开始。

有力的师幼互动是什么

"有力的师幼互动"是由什么构成的？多姆布罗、贾布朗和斯特森用"认可""个人""尊重"以及"接纳"等词汇来描述这种互动。"认可"是指对儿童所做

[①] 由多姆布罗、贾布朗和斯特森撰写的《有力的师幼互动：促进幼儿学习的策略》一书中文版已由中国轻工业出版社于 2018 年出版。——译者注

的事情表现出感兴趣和欣赏的态度;"个人"是指与儿童谈论对他们来说重要的话题;"尊重"是指在参加儿童的活动之前征得他们的同意;"接纳"是指承认儿童的情绪,并指导他们管理自己的情绪(p.13)。

教师经过深思熟虑做出的回应,要能挑战儿童的思维,增强他们的自信,促进他们的学习。因此,很明显,教师在适宜性实践课程中对儿童的回应不是闲聊或空洞的赞美(见图2.9)。相反,教师的评论是经过深思熟虑的、能反映儿童行为的陈述。教师也可以采用措辞严谨的开放式问题来了解儿童正在做什么和思考什么,或者帮助儿童重构自己的想法。这对儿童和教师而言都很重要。

图 2.9　教师的评论应支持儿童正在做的事情,而不是探听或空洞地表扬

通过评论反映儿童的行为

当教师在操作区/数学区观察时,他注意到阿德里安娜正在认真地排列所有的多米诺骨牌,以便使一张多米诺骨牌上的一个方块中的圆点或者空白部分与下一张多米诺骨牌上的圆点或空白部分相匹配。阿德里安娜必须探究一定长度的多米诺骨牌后,才能找到点与点或者空白部分与空白部分相匹配的多米诺骨牌。教师以前从未

见过她表现出这样的水平,因此很想知道她以前是否玩过多米诺骨牌游戏,比如在家里。但是在评论之前,教师需要花更多时间观察,并认真思考自己将要说什么。

教师可能会问:"阿德里安娜,是谁教你玩多米诺骨牌的?"这个问题假设阿德里安娜玩多米诺骨牌是由别人教的,但事实可能并非如此。也许阿德里安娜是自学的呢?

支持性问题和表述

教师知道,他的表述和问题首先应该支持儿童正在做的事,而不是探听或试图引出"正确"的答案。同时他也知道,空洞的赞美对儿童正在做的事并没有什么帮助。教师意识到,对儿童所做之事给予支持的最好方法之一就是对所见进行具体的评论,这会促使儿童以一种既阐明自身经验又能使教师获得深入了解的方式进行回应。例如,"阿德里安娜,我看到你正把具有相同点数的多米诺骨牌放在一起。你有一长排相互匹配的多米诺骨牌"。

虽然这句话听上去很平淡,没有特别的溢美之词,但教师的语气表达了他的兴奋之情。阿德里安娜微笑着抬起头,回答道:"我找到了所有的多米诺骨牌,足足有6块。我弟弟还数不到6呢,他只有2岁。"然后,她继续寻找,将更多的多米诺骨牌排到了排尾。教师的评论反映出他看到了儿童正在做什么,这是有所助益的(见表2.11)。

表 2.11 评论的益处

- 总结儿童在做什么(让教师和儿童明确事实)
- 促使儿童做出回应(让教师深入了解儿童的想法)
- 让儿童知道,教师正在关注他(对他所取得的成就感到满意)
- 鼓励儿童继续活动

教师在"儿童互动表"的"熟练阶段"一栏中快速记下:"阿德里安娜正在准确地匹配一长串多米诺骨牌。"在表背面的"成就"部分写道:"按照点数匹配多米诺骨牌;第一次。"在"需要"部分写道:"与其他孩子一起玩。"最后,在"计划"部分写道:"建议她明天和别人一起玩多米诺骨牌。"

熟练阶段

教师意识到，教室操作架上的多米诺骨牌从未被当作一种游戏来使用，大多数儿童只是在操作水平上对它们进行堆叠或排列。教师明天将会摆放一张桌子，在上面放上多米诺骨牌，如果阿德里安娜依然对多米诺骨牌感兴趣，那么她可以和其他可能选择这个游戏的儿童玩这个游戏。对儿童来说，这并不是一种关乎输赢的规则游戏，而是一个让他们能在熟练水平上练习匹配技能的机会。

意义阶段

随后，教师想知道阿德里安娜最终将如何在意义水平上"玩"多米诺骨牌，也许是自创游戏。教师知道，他需要为阿德里安娜找到其他的数字和匹配游戏来扩展她的学习。但更让他兴奋的是，他想看看第二天还会有谁来玩操作区/数学区的多米诺骨牌游戏，谁会像阿德里安娜那样展现出匹配的能力。这是多么有力的师幼互动啊！

开放式问题

在观察了儿童的行为后，教师的另一种回应方式是提出一个能引起儿童描述他们工作的问题，即"开放式问题"。教师不要问直白的"封闭式问题"，如"阿德里安娜，你在做什么？"被打断的阿德里安娜甚至可能不会回答这类问题，或者她可能只回答说："我在玩。"开放式问题要好得多，如"阿德里安娜，你为什么要用那样的方式排列多米诺骨牌？"教师也可以挑战儿童："阿德里安娜，你还能用什么方法把这些多米诺骨牌排成一排呢？"表 2.12 列出了教师在学习区口头回应儿童工作的目的。

表 2.12　教师的回应

- 给予儿童支持和鼓励
- 挑战儿童的思维
- 扩展儿童的学习
- 帮助制定下一个策略

教师要避免使用诸如"太好了，蒂雷尔"或"我喜欢你那样做"之类具有评判性的语言。相反，应具体而客观地描述儿童正在做的事情，如"蒂雷尔，你今天把积木堆得真高！你是怎么让它们保持平衡的？"

避免比较

教师应该避免将一个儿童与另一个儿童比较，但是可以将一个儿童当前的行为与他之前的行为进行比较，例如，"蒂雷尔，你今天搭积木的平衡性比昨天还要好"。教师希望蒂雷尔回应自己，这样他便可以在观察表上记录蒂雷尔的思维发展迹象。基于对蒂雷尔的早期观察，教师也可以这样回应："你还可以用其他什么方法堆积木？"蒂雷尔可能已经习惯了教师提出这种挑战，并欣然接受它。另一方面，他可能还没有搭建好"塔"，因为处于熟练阶段的儿童在获得进一步发展之前需要对某一特定技能进行一定程度的重复练习。

何时互动

教师没有必要在每次观察儿童时都做出回应。当教师在教室里来回走动时，他们会仔细观察、记录每个儿童的行为和语言。之后，教师需要凭借自己对时机的把握来判断何时通过评论或问题与儿童互动，何时无须互动。深入参与某一项活动的儿童可能不想被打断，但有些儿童可能需要帮助或指导，以继续某项活动或开始一项新活动。

当一天结束，教师回顾所记录的内容时，他将对需要与哪些儿童互动、需要对哪些儿童进行评论以及最好不要打扰哪些儿童有一个清晰的了解。就拿登泽尔来说，他终于不再围着教师转了，第一次和其他儿童一起坐到了水桌旁玩水。教师如果这时进行评论，就可能将登泽尔的注意力重新转回到教师身上，这是很愚蠢的做法。经验和班级互动实践是教师了解何时回应儿童，以及何时让儿童独处的最佳途径。

为儿童树立行为榜样

在自主性学习环境中，教师的另一项重要任务是为儿童树立行为方面的榜样。例如，教师需要确保自身的行为、语言和情感正是他们希望孩子们所效仿的（见表2.13）。

表 2.13　教师的行为

> - 当儿童失控时，要沉着应对
> - 如果希望儿童充满好奇心，教师自己就要对周围的世界感到好奇
> - 反映了他们希望儿童在说话方面养成哪些习惯

亨德里克等幼儿教育家提醒我们，教师的自我控制很重要，这样才不会给儿童提供可以模仿的不良行为（Hendrick，2003，p.259）。

这里呈现的适宜性实践课程遵循三个贯穿全书的主题思想。

1. 让学习环境来教学，因为尚不识字的学前儿童在独立探索教师提供的自选活动时学得最好。
2. 让教师成为学习的促进者。教师观察儿童在学习区的发展水平，用回应支持儿童的成长及学习，以及在教室的各个区域为儿童提供行为方面的榜样。
3. 让早期教育项目展现充满尊重的关系。以教师为榜样，以支持和鼓励的方式与他人互动。

学习的促进者

要想成为儿童学习的促进者，教师需要尽可能设身处地地站在儿童的立场上。为了树立学习者的榜样，教师需要了解学习者在自主性探索环境中的感受（见图2.10）。他们需要从 3 岁、4 岁或 5 岁儿童的角度尝试（或思考如何尝试）各种活动。

当儿童第一次遇到材料时，他们会做什么？他们将如何发现这些材料的使用方法？他们想要回答什么样的问题？他们会向同伴或教师寻求什么帮助？

发现答案

教师可以通过观察儿童做什么或问什么来发现以上这些问题的答案。然后，他们便知道如何作为儿童学习的榜样。当儿童问教师如何玩多米诺骨牌而教师自己也不知道如何玩时，教师可以像儿童一样做出回应："我们创编个游戏吧。你想怎么玩呢？"当有儿童询问了一个教师也不熟悉的数学或科学问题时，教师也可以回答："让我们看看能否一起找到答案。我们从哪里开始呢？"

在这样的教室中，教师就像儿童一样，对探寻事物的原理和用途充满好奇。教师的行为是儿童学习的榜样。最重要的是，教师要像第一次遇到新事物或产生新想法的儿童那样显现出巨大的热情。学习是人生最伟大的冒险之一，你应尽可能地让它惊险又刺激！

图 2.10　教师需要了解学习者的感受

示范关爱

教师需要做好准备，并带头示范关爱行为（见表 2.14）。儿童需要学着关爱自己、关爱他人以及关爱周围的环境。他们的行为是他们关爱方式的映射。他们如果关爱自己，就会表现得自信、乐于助人、快乐、富有合作精神。他们会帮忙收拾玩具，在饭后进行清理。他们会遵循健康、安全的做法，不做对自己有害的事情，如跑下楼梯或不洗手就吃饭。

表 2.14 示范关爱行为

- 快乐、乐于助人、富有合作精神
- 整洁、干净、衣着得体
- 保持环境的清洁和美丽
- 对儿童所做的事表现出欣喜和兴趣
- 认真倾听儿童在说什么
- 像朋友一样与儿童交谈
- 玩得愉快

如果儿童互相关爱,他们就会一起工作和游戏。为此,教师必须经常带头关爱他人。幼儿教育者加拉格尔和梅耶(Gallagher & Mayer,2006,p.46)强调,教师示范充满尊重的社交行为非常重要。这既可以提醒儿童遵守社交规则,也能引导儿童从他人的角度看问题。

例如,当一个儿童需要教师帮忙时,教师可以告诉他,自己正在帮助另一个儿童,结束后再来帮他。教师可以问问这个儿童,他愿意和教师一起帮助另一个儿童吗?当他们都帮助了另一个儿童后,教师可以和另一名儿童一起来帮助他。这就是在示范关爱行为。

如果儿童关爱环境,他们就会保持室内外环境的良好状态,不破坏材料,并且帮忙收拾和清理材料。

关爱自己

教师可以在所有方面为儿童树立行为上的榜样。不过,教师首先要关爱自己。你要表现得快乐、自信、享受工作。你的穿着应该富有吸引力,无论是牛仔裤还是连衣裙,都应该干净、整洁和得体。儿童喜欢色彩鲜艳的衣服。你可以穿一件色彩鲜艳的上衣或衬衫,以显示你喜欢把自己打扮得漂漂亮亮的。

对成人来说,与充满活力的儿童一起工作是一件消耗体力的事情。教师可以通过营养的饮食和充足的睡眠来保持身体健康,从而精力充沛地应对一天的活动。

关爱儿童

教师需要表现出对他人的关爱。首先,你可以通过对儿童所做的事、所说的话、所穿的衣服以及他们家庭中所发生的趣事表现得很感兴趣来表示对他们的关心（见图2.11）。你也需要对儿童的健康、困扰儿童的事情和儿童家庭所面临的问题表示关心。这些行为都可以帮助儿童意识到，教师关爱他们。

认真倾听

通过认真倾听儿童说的话，与儿童像朋友般交谈而不是"居高临下"地与儿童讲话，教师可以让儿童感受到教师对他们的关爱。教师也可以表现出对教室里其他人的关爱，例如，以他们希望别人对待他们的方式来对待助理教师和实习教师。

关爱环境

最后，教师需要表现出对教室环境、建筑物和户外活动场地的关爱，

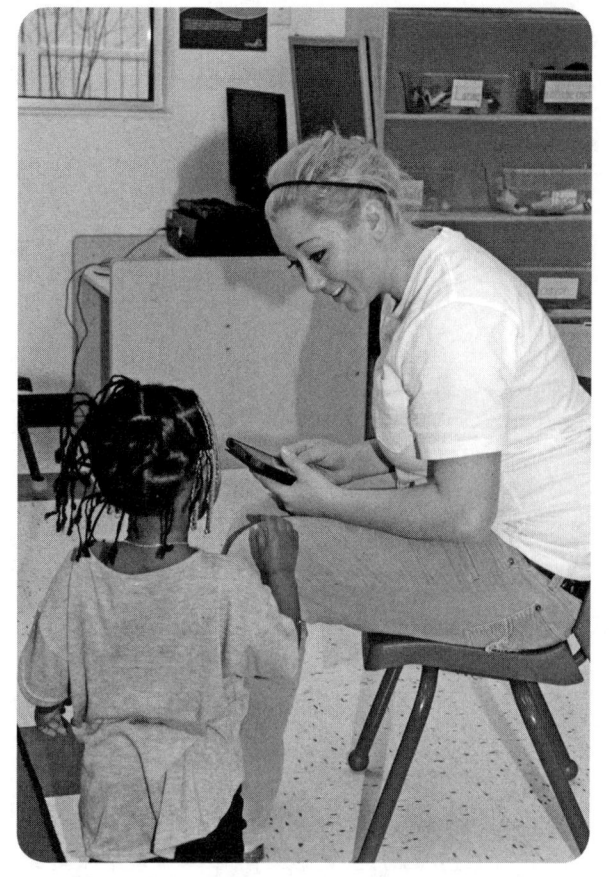

图 2.11　教师需要对儿童所做的事表现出欣喜和感兴趣

帮助它们保持干净、有序和美观。你能做些什么来让学习环境更加美丽呢？也许一棵植物或一幅画就能把它装饰得漂漂亮亮。此外，墙壁上的彩色悬挂物或书架上明亮的装饰贴纸都会有所帮助。

整理时间，你可以带头帮忙收拾材料，并把它们以富有吸引力的方式摆放在架子上。儿童可以帮忙在户外活动场地上种树，或者是为他们即将展示的艺术作品制作边框。

后面各章节为关爱自己、关爱他人、关爱环境提供了大量的建议。当教师和儿童一起朝着这些目标努力时，适宜性课程几乎就会自行生成！

本 章 要 点
---

1. 确定儿童的发展水平

   （1）观察儿童与材料、活动自发进行的探索性互动

   （2）使用 3-M 互动观察法观察儿童的互动水平：操作水平、熟练水平和意义水平

   （3）观察工作或游戏中的儿童，辨认他们处于三个互动阶段中的哪一阶段

   （4）注意儿童彼此之间如何互动

   （5）当儿童互动时，认真倾听他们在说什么

2. 记录观察结果

   （1）现场记录对儿童的观察

   （2）记录儿童如何使用材料、如何与同伴互动以及如何交谈

   （3）记录儿童是如何通过与环境中的材料、活动以及人进行互动来建构知识的

   （4）描述有力的师幼互动

   （5）理解许多新技术可能适用于大班孩子，但不适合小班和中班孩子

   （6）使用观察工具来关注儿童行为的特定方面

   （7）在观察的同时或一天结束时记录重要信息

   （8）基于记录的数据为儿童制订个人计划

3. 回应儿童

   （1）给予儿童支持、鼓励和指导

   （2）确保你与儿童的互动有助于他们对自己产生积极的情感，并与你建立积极的关系

   （3）评论要能反映你具体看到的情况

   （4）提出的问题要能促使儿童描述自己的工作

   （5）避免使用评判性语言

4. 为儿童树立行为榜样

   （1）把自己放在儿童的位置上

   （2）做好准备，带头示范关爱行为

   （3）表现得快乐、自信

   （4）对儿童所做的事表现出欣喜和兴趣

（5）认真倾听儿童

（6）避免"居高临下"地与儿童谈话

（7）以希望别人对待自己的方式来对待助理教师及实习教师

（8）为学习环境增添美丽

试 一 试

1. 观察并详细记录你班级中三个处于操作水平的不同儿童的例子，并由此判断他们的社会互动水平。
2. 观察并详细记录你班级中三个处于熟练水平的不同儿童的例子，并指出他们的社会互动水平。
3. 记录处于意义水平的儿童，并试着在纸上或录音设备上捕捉他们的对话和行为。他们表现出怎样的社会互动水平？
4. 你会如何回应你在上述第 1 题中记录的儿童？为什么？
5. 你会如何为上述第 2 题中记录的儿童树立学习榜样？为什么？

第 3 章　积木区

学习目标

阅读本章之后，你将能够：

1. 描述积木在幼儿园课程中的角色。
2. 了解积木区的创设和配备原则。
3. 明确积木活动如何帮助儿童发展身体、社会性、情绪情感、认知、语言和创造力方面的技能。
4. 定义教师在积木区的角色。
5. 通过儿童与材料的互动来评估儿童的学习。
6. 与缺乏自信的儿童互动。
7. 与建构者以及具有破坏性的儿童互动。

积木在课程中的角色

长期以来，积木建构活动一直是学前儿童和幼儿教师最喜欢的活动。儿童喜欢积木的光滑触感，喜欢用积木建构时发出的碰撞声，喜欢自己建造的巨大建筑物。教师不必告诉儿童该做什么或怎么做。对于积木的使用，没有对错之分。

教师也喜欢积木建构活动，因为儿童喜欢它们，而且可以在没有教师的帮助下独立建构。积木区是教室内的活动区，一旦被创设好就能独立存在。

不过，就在不久前，积木还主要局限于3—5岁孩子，6岁孩子不再将其作为主要的游戏材料。今天，重大的变革正在发生。随着人们意识到幼儿在与三维材料的实际互动中学得最好，积木又盛行起来。

使用发展适宜性课程的教师意识到，积木游戏远比我们看到的复杂得多。儿童通过玩积木不仅可以建构知识，还可以促进他们成长和发展的每一个方面，而这一点是其他学习活动难以做到的。积木有助于儿童的身体、认知、语言、社会性、情绪情感和创造力等各领域的发展。事实上，来自美国纽约银行街教育学院的知名学者哈里特·K.·库法罗（Harriet K. Cuffaro）博士曾称，单元积木是儿童早期课程的主题（NAEYC，2015，p.7）。

光滑的木质单元积木是当今大多数幼儿园积木建构活动的基础。单元积木由卡罗琳·普瑞于1913年发明，至今已有一百多年的历史。在观察儿童用她所设计的积木搭建了各种各样的建筑后，她又设计了标准单元积木、半单元积木、两倍单元（标准单元长度的两倍长）积木、四倍单元（标准单元长度的四倍长）积木等共20种不同形状的积木（见图3.1）。滕克斯发表了一篇名为《单元积木100周岁生日快乐》（*Happy 100th Birthday*, *Unit Blocks*, Tunks, 2013）的文章，以庆祝这些宝贵的材料在世界各地幼儿园教室中的使用。

在积木建构过程中，儿童学习了取放、堆叠和平衡积木等身体技能，同时也学习了分享与合作等社交技能。他们的语言技能在交流与倾听的过程中得到拓展，他们的创造力也在设计、搭建了不起的建筑物的过程中得到增强。所有这些都促使他们对自我产生积极的感觉，认为自己是有价值的人。至于他们的认知发展，几乎每一项认知技能（从分类到计数到解决问题）都可以在由知识渊博的教师支持下的积木区获得。

图 3.1　单元积木

积木是儿童每天都要使用的材料。具有创造性的教师创设积木区，并提供适当的配件，以确保这个重要的课程领域能最有效地满足每个儿童的需求。敏锐的教师会观察儿童正在用积木做什么，以及他们怎样谈论积木。这样的教师知道如何重新规划和丰富这个课程区域，以便令人兴奋的学习活动每天都能发生。

创设积木区

如果想要儿童自发参与积木活动，那么积木区就需要被布置得有吸引力和有效。与教室里的其他学习区一样，如果儿童能够很容易地看到积木区都有哪些材料，并且材料很充足，还有足够的空间来有效地使用材料，那么他们就会选择和积木打交道。

在架子上放置数量充足的单元积木是很重要的。许多幼儿园因为积木太少而无法使两个或者两个以上的儿童同时进行有效的建构活动。因此,对你而言,订购大量不同类型的积木以适应积木区的空间和孩子的需求是很重要的。

如果你希望儿童搭建出一个大型建筑物,以此来培养他们在所有领域的重要技能,那么你需要提供大量的积木。不过,你也没有必要购买所有形状的积木。大量采购六种基本形状的单元积木才是最明智的选择。虽然单元积木价格昂贵,但是考虑到它们给教学或者儿童的学习所带来的益处,你就会发现自己付出的每一分钱都是值得的。

积木的摆放

仅次于积木数量的另一个重要因素是积木的摆放。教师应将积木纵向摆放在与儿童等高的架子上,方便儿童取放积木(见图3.2)。儿童必须很容易地看到都有哪些积木、选择它们,并能在建构完成后把它们放回到架子上的合适位置。这样摆放积木不仅是班级管理的细节体现,更是自主性环境中一个必要的学习安排。

图 3.2 把积木纵向摆放在架子上,方便儿童取放

积木活动是儿童自学形状和大小等认知概念的有效方法。因此,儿童需要清楚地看到积木的大小和形状。此外,积木还能教会儿童分类和匹配技能。因此,儿童

需要把积木的形状与积木架上的标签相匹配,从而把积木归还到正确的地方。

同理,教师应该把积木纵向摆放在架子上,而不是把它们放在盒子、箱子或手推车里。木质手推车和箱子看起来很吸引人,但在实际使用时,它们往往是混合堆放积木的"垃圾场",导致儿童无法轻易地发现、选择或使用积木。如果你想让真正的学习发生在学习区,那么你就必须摆放好材料,便于儿童使用。如果你希望儿童带着敬意使用这些材料,那么你就必须通过精心安排和储放这些材料来表达你自己对材料的尊重。

积木区的大小

积木区本身应该是宽敞的,地上铺着地毯,边沿环绕着积木架。大多数教室里的积木区都铺有地毯,因为儿童要坐在地板上进行建构活动。但是在许多教室里,教师并没有用积木架将积木区与其他学习区分隔开来。在这些教室里,积木架靠墙而立,这就使得积木区成为各类人员(行人、奔跑的人甚至骑着大型木质车辆的人)通行无阻的开放空间。

教师要以富有创意的方式摆放积木架,而不是让它们靠墙而立。将积木架拉出来,把它们摆放在积木区的两侧作为边界。可以将底部有轮子的架子放到一侧,这样在班级实地考察活动结束后,当有很多孩子想在积木区进行建构时,教师就可以移动架子创造出一个更大的空间(Smith & Ammentorp,2013,p.11)。

在这样的区域进行建构活动,儿童冒着建筑物被意外或故意推倒的风险。对此,你可能会说:"儿童不就是喜欢推倒建筑物吗?"是的,他们确实会推倒自己搭的建筑物——通常是带着好玩或者学习的目的——但是要推倒建筑物应该是儿童自己做出的选择,而不是局外人的选择(见图3.3)。

图 3.3 推倒积木应该是儿童自己做出的选择

在整理时间，那些搭建了精美、复杂建筑物的儿童通常会选择让他们的建筑物保持原样，而不是把它们推倒，然后把积木收放好。既然如此，教师可以请这些儿童帮忙为建筑物做一个标签，例如，"请让贾马尔的建筑物保持原样"，以提醒其他儿童。

虽然6岁的儿童喜欢用保留下来的建筑物玩游戏，但是大多数3—5岁儿童都会把他们的注意力集中在建筑物的建造过程上，而不是建筑物这一建造的成果上。

积木配件

你可能想知道，除了积木之外，积木区还应该包含什么？积木区或其他学习区应该包含哪些材料，取决于你希望该区域发生什么，以及你希望儿童学习什么。你希望儿童在积木区搭建大型的、充满创意的建筑物吗？如果是，那么你就需要提供充足的单元积木供他们选择和使用。

你可能想在大肌肉运动区存放一些大型空心积木，因为作为建构材料，它们的用途完全不同于单元积木。另一方面，大型塑料积木也可能适合该学习区，它们可以偶尔用来代替木质单元积木。

你希望儿童在建构活动中发挥想象力进行假装游戏吗？如果是，那么你需要在积木区存放一些能够支持实地考察及其他学习区主题的配件，以促进这种创造力的发展。你希望儿童在他们搭建的建筑物中表征他们所参与过的实地考察、听过的故事，或者经历过的园外专家的来访吗？如果是，那么你需要在积木区储存一些特别的配件以促进儿童开启这种假装活动。表3.1列出了儿童在玩积木时喜欢使用的一些小玩具。

表 3.1　积木配件

人物玩具	
·家庭成员	·消防员
·社区工作人员	·园丁
·儿童和婴儿	·小丑
·残疾人	·机场工作人员
·建筑工人	·环卫工人
·医护人员和患者	·农民

（续表）

动物玩具	
·农场里的动物	·恐龙
·森林里的动物	·海洋生物
·动物园里的动物	·濒危物种
交通工具玩具	
·汽车	·飞机
·卡车	·宇宙飞船
·拖拉机	·轮船
·工程车	·交通标志
·救护车	
其他玩具	
·娃娃家里的家具	·超市里的物品
·小型餐饮和烹饪用具	

这些积木配件的尺寸和材质不同。有些是纯木质的，没有经过任何雕琢；而大部分都是用木头或塑料精加工而成的。从这些人物玩具的皮肤颜色和外貌特征看，有白种人、非裔美国人、印第安人、阿拉伯人和亚裔美国人等多种族人群。

安装了腿部支架、挂着拐杖或者坐着轮椅的人物玩具，把真实的生活带进了教室。因此，请务必将这类人物玩具也纳入积木区，就像在戏剧游戏区投放多种族玩具娃娃一样。动物系列玩具包括农场里的动物、森林里的动物、动物园里的动物和恐龙等。卡车和汽车玩具也有各种尺寸和形状。最好将可驾驶的大型木质卡车存放在大肌肉运动区，以免发生积木建筑被撞倒的事故。

技能和概念

你所选择投放的材料，应该基于你希望积木区发生什么，以及你想让儿童学习哪些具体的技能和概念。你不需要随时为儿童准备好所有的配件。例如，当你和儿童参观了消防站后，你可以在积木区投放消防车和消防人员玩偶。

如果你的预算不允许你购买这么多的人物和动物玩具，那么你可以从玩具目录上扫描相关图片并将其剪裁下来，然后将它们贴在硬纸板或泡沫塑料板上。

积木区的标牌

正如第 1 章所述，学习区应该用图文结合的标牌进行标记。把代表积木区的彩色标志或图片张贴在积木区入口处与儿童视线平齐的醒目位置。当你与儿童讨论积木区有哪些活动可以选择时，要经常使用该区域的名称并指向该区域的标志，这样儿童很快就能理解这些文字。同样的标志也应该以缩略图的形式出现在"一日活动计划表"和"教室平面图"中。

此外，你还应该使用图文结合的标签来标记每一个积木架和配件架。在彩纸上描摹出每一块积木的形状，然后把它剪下来粘在白色标牌上，或者直接贴在架子上。同时，应该把积木的名字写在标签或架子上。当你和儿童谈论积木时，要经常使用这些名称，这样儿童很快就会讨论"斜坡积木""单元积木"和"四倍单元积木"了。不要认为这些词语太难，儿童记不住。只要你使用这些词语，儿童自然就会很乐意地使用它们。

至于配件的标签，如果你把一系列小汽车、卡车和飞机玩具分门别类地存放在架子上的托盘或篮子里，那么你就把标签直接贴在每个托盘或者篮子上。你可以像描摹每种积木一样，沿着每种玩具的边缘将其描摹下来并将其制作成标签。如果你想把人物或车辆玩具分别摆放在架子上，那么你就需要将每个标签贴在摆放玩具的相应位置，同时也需要附上每个玩具的书面名称。架子上的每一个配件都应该被贴上标签。儿童需要看到有关他们所玩物品的文字和图片。

如果班级中有很多儿童讲第二种语言，那么图片上就需要有用该语言书写的玩具名称。

促进儿童发展的积木活动

积木活动可以促进儿童的身体、社会性、情绪情感、认知、语言和创造力的发展。记住，在每个发展领域都有很多可以增进儿童技能的积木活动。

促进身体发展

儿童无论是与大型积木还是小型积木互动，都能促进其大肌肉动作、精细动作以及手眼协调能力的发展（Hansel，2017，p.12）。当儿童把积木从架子上拿下来和放回去时，其手臂和双手力量就得到了强化。当儿童拿起细小物品并将其放到适当的位置时，他们手指的精细动作就得到了增强。在搭建房子和高塔的过程中，使积木保持平衡可以促进儿童手眼协调能力的发展（见图3.4）；把小的人物玩具和配件放在房子和高塔摇摇欲坠的位置，也同样有助于儿童手眼协调能力的发展。这些都是儿童在积木区经常自发开展的活动（见表3.2）。

图3.4　保持积木的平衡，促进了阅读和书写所需的手眼协调能力的发展

表3.2　积木促进儿童的身体发育

- 通过捡拾积木增强手指力量
- 在整理游戏中强化手腕力量
- 在建造桥梁时发展手眼协调能力
- 在搭建高塔时发展平衡能力
- 跟着有关积木的身体律动歌曲，进行跳跃

教师还可以通过其他方式让儿童参与促进身体发育的积木建构活动，尤其是当他们根据观察结果确定了儿童的互动水平时。表 3.3 列出了处于不同互动水平的儿童可能表现出的一些行为。

互动水平

尽管所有的儿童似乎都会经历操作、熟练、意义这三种水平，但是他们的速度不同。儿童停留在某一水平上的时间长短，主要取决于他们的年龄、经验以及他们的建构水平是否有一个新的"突破"。如果教师完全放手让儿童自己搭建积木，那么他们就会通过与积木互动来学会如何使用积木，正如表 3.3 所示。由于许多学前儿童已经有了在家中玩积木的经验，因此他们可能从熟练水平开始。儿童通常会表现出某一水平上的一些动作，但不是全部动作。

表 3.3　积木区的活动：互动水平

操作水平

- 把大部分积木从架子上拿下来
- 把容器装满积木，再将积木倒出来
- 把积木放在盒子里和手提包里，然后推着或带着它们到处走
- 沿着地面推积木，但不用它们来搭建

熟练水平

- 把积木叠高
- 把积木排成一排
- 让积木一排一排地立着
- 把积木排成两排
- 把第二排积木叠放在第一排上，就像一面墙
- 按规律摆放积木，比如，矮—高、矮—高
- 把一块积木架在两块直立的积木之间（"架桥"）
- 重复"架桥"模式
- 围合：用积木把一个空间围起来

（续表）

> **意义水平**
> - 搭建一个建筑物（通常稍后会给它命名）
> - 搭建道路和桥梁
> - 用富有创意的模式搭建带有围墙的建筑
> - 用纵横交错的积木建造高楼大厦
> - 搭建隧道
> - 在建筑物内放置人物玩具、动物玩具或车辆玩具
> - 搭建有确定名字的建筑物，如房子、动物园、跨河大桥等

积木整理游戏

虽然大部分的积木建构活动是儿童自发开展的，但是你可能想通过自己发起的活动来引发或激励儿童进行某种操作。整理积木是一项提高儿童身体技能的绝佳活动。如果你想加强儿童的手部和腕部力量，那么你可以让儿童一次托举两三块积木把它们送回到积木架上。运用这种方式，他们最多一次可以成功运送多少块积木？

下面的身体律动歌曲《积木》是在积木区用来促进儿童身体发展的另一类小组活动。作为一项由教师主导的小组活动，它可以在积木整理环节结束后开展。儿童唱歌时每次做的动作都可以不一样。也许当他们唱到"积木，积木，积木"时，他们更喜欢跳三次而不是拍三次手。另外，儿童也可以手拿两块积木，在唱到最后一句时让它们互相敲击三下。你也可以询问儿童，他们还想做哪些动作。

积　木

高塔、隧道，

桥梁、船闸，

你怎么建造它们

积木，积木，积木！

洋娃娃的房子，农夫的房子，

一条马路，一个盒子，

你怎么把它们建造出来，

积木，积木，积木！

> 有些人轻轻地堆叠，
> 有些人重重地碰撞，
> 倒塌的是，
> 积木，积木，积木！
> 快把它们捡起来，
> 别老盯着时钟看，
> 当你建构时，
> 积木，积木，积木！

（每节唱到前三句时，小朋友围成一圈走；唱到最后一句时，小朋友停下来拍三次手）

对那些室内没有大肌肉运动区的班级来说，积木区也可以成为发展儿童的协调性、力量和灵活性的地方（Newburger & Vaughn，2006，p.4）。

促进社会性发展

在积木区，儿童需要学习的社交技能包括：加入他人正在进行的游戏、成为领导者或听从他人的领导、轮流游戏、合作游戏以及培养乐于助人的亲社会技能。

加入小组游戏

儿童可以自学这些社交技能。积木区是儿童自发地练习社交技能的绝佳场所。一些儿童可能会联手进行建构游戏，其他儿童则可能试图加入这个游戏，但被拒绝了。在幼儿园教室中，这种情况并不罕见。幼儿之间的互动往往很短暂，因此他们经常需要加入新的群体，但是已建立的群体可能不欢迎新人加入。

教师不应强迫积木区的建构者接纳其他儿童。相反，教师可以帮助其他儿童通过采用不同的策略来获得游戏的参与权。全美幼儿教育协会认证指标2.B.05提出了这一要求。早期教育研究者提出了一些行之有效的策略，表3.4列出了其中的一部分策略。

2.B.05　儿童应该有各种机会发展加入社交群体的技能。

表 3.4 获得小组积木游戏参与权的策略

·在小组附近静静地徘徊（旁观）
·模仿邻近小组的游戏行为（平行游戏）
·再次尝试加入小组

来源：Beaty，2017，p.261.

对想要加入小组游戏的局外人（儿童）来说，依次使用这三种策略尤其有帮助。当儿童在小组附近徘徊时，他们可以更好地了解小组同伴正在做什么。然后，他们可以在小组旁边模仿小组同伴的行为，搭建相似的建筑物。最后，这些局外人开始与小组同伴谈论他们正在做什么，这通常是获得参与权的关键。与此同时，这些局外人可能也会对这种平行的积木游戏感到很满意。

当你观察儿童的游戏时，你可能会认为，某些难以接纳其他游戏伙伴的儿童需要听取新的观点来改变原有的认识。在适当的时候，你可以给孩子们读图画书《这是我们的房子》（*This Is Our House*，Rosen，1996）。书中讲述了一群儿童把一个硬纸箱带到操场上作为他们的房子，但是乔治想把这个硬纸箱据为己有。他把其他儿童一个接一个地从箱子里赶了出去，直到最后他不得不去洗手间时，所有人又都迅速挤进了这个硬纸箱房子。当乔治回来后发现房子里没有他的地方了，于是他决定这个房子是属于大家的。请问问你的小听众们，他们会怎么做。

你也可以利用这个故事来导入教室内或者操场上的真实活动。例如，把一个大硬纸箱带到操场上，让儿童把它当作自己的房子。在教室里，一个装着人物玩具的小硬纸箱也能起到同样的作用。

促进情绪情感发展

在积木区，儿童的情绪情感也能得到发展（见表3.5）。儿童在建构活动中或者在与他人一起游戏中所经历的每一次成功，都能极大地增强他们对自己的好感——积极的自我意象。此外，在教师的帮助下，儿童还能学会以积极的方式调节不良情绪。当然，在积木游戏的过程中，如果事情失去了控制，那么教师就需要在"三关爱"规则的指导下帮助儿童学会关爱自己、关爱他人以及关爱环境和材料。

表 3.5　积木促进儿童的情绪情感发展

- 在建构活动中获得成功
- 有良好的控制感
- 推倒建筑物以释放恐惧
- 应对不良情绪
- 和平解决积木游戏中的冲突
- 学会尊重他人

冲突

为了帮助儿童了解其他人如何应对不良情绪，教师可以带领他们阅读图画书《吉吉和露露之间的大战》(*Gigiand Lulu's Gigantic Fight*, Edwards, 2004)。这本书讲述的是吉吉和露露两个小朋友在学校总是做同样的事情，直到有一天吉吉撞倒了露露用积木搭的房子，于是一场大战开始了。最后，她们两个人都宣布再也不和对方说话。请问问你的小听众们，接下来会发生什么？如果他们是吉吉和露露，他们会怎么做？阅读故事的后半部分，看看结局是怎样的。你的小听众们会用同样的办法解决问题吗？如果有人把他们搭的积木撞倒了，会发生什么？

韦尔豪森和基弗（Wellhousen & Kief, 2001, p.95）讨论了积木是如何从几个方面促进儿童情绪情感发展的。他们告诉我们，建造和推倒积木可以给儿童带来一种控制感。玩积木没有对错之分，因此积木可以把儿童的个人经历转化成三维表征。

经历过轰炸或建筑物被毁的儿童经常建造高楼，然后把它们推倒，然后再重建再推倒，一遍又一遍……这种建造再推倒的反复过程能够帮助他们释放恐惧。例如，9.11事件摧毁了美国纽约市的双子塔，在此之后的几周时间里，教师们说，许多儿童会建造积木塔然后再把它们推倒。

儿童在玩积木游戏时，如果发生冲突怎么办？纽伯格和沃恩（Newberger & Vaughan, 2006, p.119）告诉我们，当有足够的空间和足够的积木用于建构时，冲突就会减少。他们建议在游戏时间中，积木空间应占活动室总面积的三分之一。可移动的架子可以使这一点成为可能。在"第 4 章　戏剧游戏区"中，我们将进一步讨论儿童自己解决冲突这一问题。

促进认知发展

长期以来，积木游戏一直与幼儿的认知发展有关。为了发展智力，儿童需要对大小、形状以及整体和部分等概念有相应的经验。此外，他们还需要有计数、排序、匹配、分类、预测和解决问题等方面的经验。积木游戏为他们提供了获得所有这些学习经验的机会。

单元积木特别适合幼儿获得这些经验，因为它们是依照数学单位的分数和倍数而精心设计的。短积木就是半单元积木。两个半单元积木连到一起就是一个单元积木。长度是单元积木两倍的积木被称为二倍单元积木。长度是单元积木四倍的积木被称为四倍单元积木。儿童会了解这些积木的名字，因为他们听到了你和其他教师称呼这些积木的名字。最终，他们会明白一个单元的意思就是"1"，二倍单元的意思就是"2"，四倍单元的意思就是"4"。

一一对应

积木建构游戏可以促使儿童掌握的另一个数学概念是一一对应。幼儿最初学数数是通过死记硬背。后来，他们通过使用具体的三维材料来了解每个数字的含义。幼儿可能会死记硬背到7，但是如果让他们取7块积木，他们可能就不理解7个实际的物品意味着什么了。在积木区，你需要使用特定的名称和具体的数字来表示儿童正在使用的积木及其数量。例如，"路易斯，你能给蒂奥5块半单元积木吗？"

积木建构活动中的挑战

当儿童独立建构时，他们需要解决感知方面的问题：正确地将积木安放到特定的空间。通常，儿童很难选择合适长度的积木作为两根立柱之间的桥梁。要想解决这个问题，儿童要么找到足够长的积木来连接两根立柱，要么将两根立柱彼此靠近使短积木能将它们连接起来。在发展适宜性实践课程中，建议你使用相关主题的图画书来引发特定学习区的活动。

《这就是泰尼维利小镇》[①] 就是这样一本可以作为引子的图画书。把这本书读给儿童听，书中说泰尼维利这个小镇太拥挤了，以至于没人能到达他们所想要去的地方。邀请儿童猜一猜导致问题（桥上交通堵塞）的原因以及该镇计划采取的措施（建造

[①] [美] 比格斯，著绘．宝百人，译．北京：中信出版社，2017．——译者注

新的桥梁）。邀请儿童建造积木桥梁，以此来练习他们的建构技能。

在积木区，儿童会采用试误的方法来解决这类感知上的挑战。通过这些活动，他们能够学会如何判断长度和宽度，同时也能了解到建构方面的问题可以采用多种方式解决，而且他们可以成功地解决这些问题（见表3.6）。

表 3.6　积木促进儿童的认知发展

- 学习大小和形状以及部分和整体
- 学习一一对应
- 解决架桥中的感知问题
- 独立应对积木挑战
- 成为积木"建筑师"或"工程师"

成人也会遇到建构方面的问题。在积木区，一定要给你的小建筑师们读一读图画书《亨利盖了一座小木屋》[①]。这是一个简单且令人快乐的故事，讲述了亨利如何白手起家在树林里建造一座小木屋。他先设计了小木屋的草图，然后砍了12棵树，把木头锯成了方形的横梁，并把横梁嵌进了角柱里，最终小木屋的结构基本成型了。

在亨利建造小木屋的时候，他的朋友们都从城里赶来提出自己的建议。他们说小木屋的每个部分看起来都很小（在书中的每一页下面都有这么一行字），亨利告诉他们，它比看上去要大得多，并继续建造直到最终建成了小木屋。当他想试试房子的大小时，会发生什么呢？朋友们感到惊讶吗？你可以把这本书作为积木区建构活动的引子，将其放在积木区以鼓励儿童建造自己的小木屋。

此外，《乔伊想当建筑师》[②]这本图画书也可以用来引发"积木挑战活动"（表3.7列出了一些可以引发积木挑战活动的其他书籍）。书中讲述了一个了不起的建筑师（小男孩乔伊）用桃子和苹果建造了教堂。此外，有一天他们全班去野餐，结果他们刚走过一座老栈桥踏上小岛，老栈桥就塌陷了。在阅读乔伊想出的办法之前，你可以停下来问问孩子们，乔伊和同伴会怎样回到对面的岸上？如果是他们，他们会怎么做？让他们尽己所能建造更多的桥梁，而且一定要给他们建造的桥梁拍很多照片。

[①] [美]约翰逊，著绘. 柳漾，译. 桂林：广西师范大学出版社，2019。——译者注
[②] [美]贝蒂，著. [美]罗伯茨，绘. 杨轶，译. 北京：新星出版社，2016。——译者注

表 3.7　可以引发积木挑战活动的书籍

- 《梦想：建筑庆典》(*Dreaming Up: A Celebration of Building*, Hale, 2012)
- 《城市形状》(Murray, 2016)
- 《罗西想当工程师》①
- 《小小建筑师》②
- 《这就是泰尼维利小镇》

每天邀请一名儿童当建筑师"乔伊"。当儿童假装成某一位建筑师时，其积木建构活动就成为个性化活动。成为一名建筑师，这句话也就有了真正的意义。

通过阅读《梦想：建筑庆典》这本图画书，你可以把真正的建筑师介绍给儿童。这本书展示了建筑物的照片，而这些建筑物是由世界各地的 14 位著名建筑师设计的。每幅照片的右边页面都有一首配图的押韵诗，图中展现了幼儿用他们自己的材料建造的类似建筑。你可以邀请儿童从这些建筑中选择一个，并尝试用积木重建它。然后，他们就可以在这一天假装自己是那位建筑师。

你认为，让学前儿童现在就考虑从事这样的职业为时尚早吗？美国著名的建筑师弗兰克·劳埃德·赖特（Frank Lloyd Wright）甚至更早就开始了他的"职业生涯"。他的母亲在他出生之前就在他的房间里张贴了一些著名建筑物的照片，后来给他买了一套光滑的枫木材质的积木，让他自己动手搭建。他做到了。之后，每当他设计新建筑的时候，他总能记起那些积木留在手指上的感觉（Wright, 1977）。现在你应该明白了，幼儿的积木不仅仅是用来玩的。

你也可以在积木区设计一些其他积木挑战活动供儿童自主应对，从而支持他们的认知学习。当儿童学习形状时，你可以将《城市形状》这本书作为儿童利用积木形状进行搭建的导入书籍。在积木区的地板上用不透明胶带贴出圆形或方形，或者把各种积木的剪纸贴在地板上，让儿童在上面搭建。一定要确保剪纸的大小跟积木的大小相匹配。儿童能找到合适的积木放在剪纸上面，进而搭建高塔吗？

这些活动应该与班级内的其他活动结合起来开展，比如，儿童在其他学习区也学习圆形或正方形，而不是只在积木区学习。也许儿童会在书写区描摹圆形，在图书区阅读有关圆形的书籍，而在音乐区歌唱有关圆形的歌曲。

---

① 本书中文版已由新星出版社于 2016 年出版，中文名为《罗西想当发明家》。——译者注
② [加]瑞特切，著绘. 曾候花，译. 石家庄：河北少年儿童出版社，2012。——译者注

自主性学习环境需要提供一个整合性课程，每个学习区都要支持其他学习区正在进行的活动，正如全美幼儿教育协会认证指标 2.A.12 中所呼吁的那样。

> 2.A.12 课程指导教师为儿童参与游戏（包括戏剧游戏和积木游戏）进行规划，并将游戏整合到学习主题中。

工程

学前儿童也能成为工程师吗？是的，确实可以。一项旨在让学习变得更有意义、更少抽象的新运动正在进行中。积木本身是抽象的物体，但当把它与其他积木组合在一起搭建出某些东西时，它们就变得有意义了。林德曼和安德森（Lindeman & Anderson，2015，p.38）告诉我们，当儿童玩积木的时候，他们实际上是在运用设计技术——这就引出了工程！

设计技术被人们用来创造某些东西，以帮助人们解决问题。儿童知道，使用设计技术的人被称为工程师。但是，有人曾经把学前儿童称为工程师吗？是的。安德里亚·贝蒂创作了一本精彩的图画书《罗西想当工程师》。故事中，罗西收集了各种各样的小玩意来制造有用的东西。但是，她最大的一项发明是一架奶酪直升机，它还真的飞行了一小会儿，然后才坠毁。

罗西受到了打击，准备永远放弃工程设计。但是，她的太姨奶奶罗斯却欢呼起来，她觉得罗西成功了，虽然只是短暂的成功。现在，正是开始下一次尝试的时候。所有的工程师一开始都可能有失败的经历，传说就连爱迪生在发明电灯之前也经历过几百次失败。

这正是你班里的积木工程师们需要学习的一课。如果一开始他们没有成功，那么就尝试、再尝试。现在是时候把整个积木区改造成一个以工程师为主的区域了，儿童在这里可以尽情地设计不会倒塌的高塔和大桥。你可以用《罗西想当工程师》这本书来导入活动，每个儿童都可以选择当一天罗西，他们会搭建什么呢？

积木整理

积木整理游戏是另一种帮助儿童学习排序、分类和匹配技能的方法。当你介绍一个新的积木整理游戏时，请在一周或更长的时间里都开展这个游戏，直到儿童真正理解它。如果你将积木整理活动创编成一个你自己也会参与的游戏，那么这个游戏就可能成为儿童当天最喜欢的活动之一。何必让整理积木活动成为一件苦差事呢?

儿童喜欢教师和他们一起坐在地板上,用游戏的方式开心地整理积木。其中一个游戏是用玩具车将所有积木都运回积木架上。

你还可以创编其他类似的积木整理游戏。在游戏中使用手偶或动物玩偶是很有趣的。你有只吃四倍单元积木的恐龙吗?把它放在积木架上,让儿童喂它,它能吃多少?你或者你班里的孩子还能想到什么游戏?每隔一周就换一个不同的游戏吧!

儿童的观察技巧

积木区的儿童将会看到很多建筑物的图片和照片,这些图片和照片有可能是你张贴在该学习区的,也有可能是你曾经给他们阅读的图画书中出现过的。但是,一个真正的三维立体建筑是什么样的呢?它和图片有什么不同吗?儿童了解吗?他们能向你讲述吗?

《小小建筑师》这本图画书可以让儿童获得各种各样的观察经验。那个洞里有什么?儿童了解到,建筑物最底层的部分是它的地基。书中的主人公看着工人们往洞里浇筑混凝土,然后是地板,再然后是墙壁,等等。

带儿童到外面去看看真实的建筑。然后,把这本书放到图书区,让儿童进行建构活动。他们可能很快就会把地板、墙壁、柱子和拱门放到自己的建筑物里,同时还会使用学到的新词汇。

有关积木的研究

最后,有研究表明,积木建构活动是一个重要的"大脑刺激器",因为它具有重复性。大脑中的神经通路会在重复使用中得到增强。不管是重复地堆叠积木再把它推倒,还是把积木排成一长排,都有助于加强这些神经通路(Wellhousen & Kieff, 2001, p.26)。

促进语言发展

不管你是否有意促进,儿童的语言在积木区都会得到发展。当儿童在一起建构时,他们喜欢聊天。听听他们在说什么,你将了解到他们所扮演的社会角色,知道他们谁是领导者、谁是追随者;了解到他们对于大小、形状和数字的认知情况。同时,你还一定会了解到他们是如何处理语言的。

他们会使用扩展句吗？他们是否会用正确的语序提问？他们是否会使用新的词汇，如"拱门""摩天大楼"？哪些儿童参与了对话？哪些儿童似乎总是听众？

语言研究

大多数关于积木游戏中语言使用情况的研究表明，儿童在积木区的口语质量高于戏剧游戏区（Wellhousen & Giles，2005/2006）。此外，帕特（Pate，2009）发现，作为阅读和写作的基础，口语是通过对话培养的，而这些对话通常由教师引导，然后由儿童延续下去。

也许是因为儿童在积木区有更多的自由来即兴创作故事背景和角色，所以这让他们有更多的机会进行大量的口语输出。通过向他们提问一些开放式的问题，比如，"这里发生了什么"，你可以引发儿童用更丰富的词汇进行更详细的描述。一定要用手持录音设备录下他们所说的话。

儿童的房子

在给儿童阅读有关房子的图画书时（见表3.8），你可以让他们讲讲他们自己房子的故事。例如，可以让儿童口述一些关于他们房子的事情，你帮他们写下来。你也可以将儿童对自己房子的谈论录下来，稍后再听。

表 3.8 关于房子的图画书

- 《亨利盖了一座小木屋》
- 《如果让我建造一座房子》（*If I Built a House*，Van Dusen，2012）
- 《祖母的绿色老房子》（*Ma Dear's Old Green House*，Patrick，2004）
- 《玩乐女士》（*Play Lady*，Hoffman，1999）
- 《泥房子》（*This House Is Made of Mud*，Buchanan，1991）
- 《杰克建造的房子》（*This Is the House that Jack Built*，Taback，2002）
- 《这是我们的房子》（*This Is Our House*，Rosen，1996）

让儿童为他们的建筑物拍照，然后记录下他们对该建筑物的描述，这样当照片被打印和装裱时，就可以在照片下面加上说明文字。

为了激发儿童进行故事创作，你可以给他们阅读一些有关别人房子的书籍作为引子，如《泥房子》和《祖母的绿色老房子》。前一本图画书讲述了一座土坯房的故

事,后一本图画书讲述了两个非裔美国孩子每年夏天都会到祖母的美丽的老房子拜访的故事。

你还可以和儿童一起阅读《杰克建造的房子》这本经典的图书。这本书的最后几页呈现了48座不同的房子,以及犄角皱巴巴的牛、衣衫褴褛的男人、孤苦伶仃的少女的插图……很快,儿童就会脱口而出这些奇妙的新词汇!因此,把这些书放在积木区供儿童继续阅读和建构吧。

实地考察

当儿童实地考察建筑物时,你可以鼓励他们当考察结束后在积木区将这些建筑物表征出来。在实地考察过程中,给儿童和建筑物拍照。考察结束后,把这些照片张贴在积木区儿童坐下来时视线可及的地方,以提醒并激发他们用积木来表征考察的经历。

你班上的许多儿童可能还没有达到用积木表征事物的水平。对他们来说,最重要的可能是搭建的过程,而不是最终搭建好的作品。

儿童也喜欢谈论他们的实地考察活动。想想他们将习得哪些新词语。在考察过程中,他们还有哪些机会来拓展词汇呢?(参见全美幼儿教育协会认证指标2.D.04.c)在考察结束后的几天中,你可以通过提供考察地点的图片和新的建构配件来扩展儿童的学习。你可以向儿童提及积木区的这些新配件,也可以询问儿童他们能在积木区找到哪些新东西。将新词汇复印在卡片上,然后把卡片放在这些新配件旁边(见表3.9)。

2.D.04.c 儿童有各种机会通过实地考察来发展词汇。

表3.9 实地考察结束后,教师在积木区的角色

- 提供考察地点的图片
- 提供新的建构配件
- 观察儿童在搭建什么
- 与儿童口头交流考察经历
- 帮助儿童明确他们在做什么
- 帮助儿童使用新学到的词语

有些儿童可能想根据这次考察经历搭建一些东西。然而，他们做什么取决于他们自己而不是教师。在儿童建构的过程中，你可以观察他们在做什么，并与他们进行口头交流，以帮助他们明确他们正在做的事情以及新词汇的意思。汉塞尔还指出，在游戏中使用积木可以帮助儿童理解阅读和书写中使用的抽象符号（Hansel，2017，p.10）。

每次外出考察回来后都可以给儿童读一本有关建筑的书，从而引发儿童在室内开展建构活动。《城市形状》这本书的封面上是一个正在使用望远镜的女孩。阅读完这本书后，儿童可能也想要制作一个纸管"望远镜"，以便他们下次外出时可以用来观察建筑物（见图3.5）。表3.10列出了一些你可以提供给幼儿的实地考察地点和积木建构配件。

图3.5 儿童制作纸管"望远镜"，以便下次实地考察时随身携带它观察建筑物

表 3.10　促进积木建构的实地考察

实地考察地点	玩具配件
·机场	·飞机、人偶、汽车
·海滩	·人偶、纸伞、小盒子、船
·马戏团	·动物园的动物、马、人偶、卡车、纸帐篷
·建筑工地	·施工车辆、工人、毛根、绳子、水管
·药店	·人偶、小盒子、塑料瓶
·农场	·农场动物、人偶
·消防站	·消防车、人偶、塑料软管
·加油站	·汽车、卡车、塑料油管
·医院	·人偶、急救车、小担架
·湖边	·人偶、船、钓鱼竿、绳子
·博物馆	·恐龙、人偶
·公园	·人偶、小树、玩具屋
·宠物店	·动物、人偶、小盒子
·超市	·人偶、迷你食品、盒子、瓶子
·餐厅	·人偶、迷你食物、桌子
·动物园	·动物园的动物、人偶、列车

促进创造力发展

儿童的创造力与他们的想象力和假装能力有关。他们提取已有的信息，并以新的方式加以利用。学前儿童正处于创造新形式、新思想、新词汇、新结构、新事物的最佳时期，因为他们不会像年龄较大的儿童那样，拘泥于成人为使儿童符合自己的期望所制定的条条框框。因此，只要我们允许，他们就可以自由地尝试和发现。

积木区是儿童发展创造力的绝佳场所，因为它的材料是非结构化的，儿童可以按照他们喜欢的任何方式来使用它们。事实上，在积木区，教师最有效的干预策略就是袖手旁观！让儿童自己动手搭建。你可能想知道，如果教师置身事外，那么前面提到的所有活动该怎么办呢？

举例来说，可以在实地考察结束后，或者在所有学习区开展整合性主题活动时，抑或积木整理时间，开展前面提及的活动。除此之外，应该尽量减少教师发起的活动。

当积木区没有什么特别的事情发生时，教师可以鼓励儿童进行某种形式的假装。也许当小建筑师们假装自己是别人时，他们就可以用更富有想象力的方式来使用积木了。为了鼓励儿童在积木区的假装行为，教师可以给小建筑师们阅读一本书作为引子（见表3.11），然后让他们独自进行假装游戏，正如全美幼儿教育协会认证指标2.J.06.b 所提到的那样。

表 3.11　用于假装游戏的书籍

- 《建造一座桥》（*Building a Bridge*，Begaye，1993）
- 《城市形状》
- 《如果让我建造一座房子》
- 《乔伊想当建筑师》
- 《小小建筑师》
- 《罗西想当工程师》
- 《当我用积木建造时》（*When I Build with Blocks*，Alling，2012）

> 2.J.06.b　为儿童提供多种开放性机会和材料（如玩偶、娃娃家的各种食物），让他们通过戏剧来创造性地表达自己（此处的戏剧是广义上的概念，包括戏剧游戏或假装游戏）。

幼儿很喜欢《当我用积木建造时》这本图画书。书中每一页都有一个用单元积木搭的作品及其建构者。儿童可以从书中看到用积木搭的火箭、火车、海盗船和桥梁等简单的建构作品。他们自己也能搭一个吗？可以将这本书留在积木区，以备儿童稍后自己阅读。

《如果让我建造一座房子》是一本充满了天马行空想象的图画书，它也适合用来开展假装游戏。仅仅翻看几页就会让儿童兴奋不已，因为他们会在书中看到一座颠倒的房子、一座机器人的房子，甚至一座鸡蛋房子。不过，更让儿童感到兴奋的还是杰克房子的内部构造：它有一个蹦床客厅、一间玻璃球卧室，还有一间墙上挂着一卷很大画纸的画室。

请你的小听众们也建造自己的房子吧。一定要在积木区投放一篮子稀奇古怪的配件来支持他们的奇思妙想。正如纽伯格和沃恩（Newberger & Vaughan，2006，p.6）告诉我们的那样，儿童的假装行为激发他们在计划和建构各种积木作品时把想象力发挥出来。

之后，关于他们的建构作品，儿童能讲些什么故事呢？他们可能想要把他们的故事口述给你听，也可能把它们记录在平板电脑或智能手机上。他们还可以为自己的作品拍照，然后把照片连同故事一起贴在剪贴簿上，从而让图书区的所有人都能看到。

教师在积木区的角色

如前所述，教师的角色是创设积木区，让儿童自主选择积木建构，因此有趣的、令人兴奋的事情就会在该学习区发生。在学习区创设完成后，教师应该退后一步，在自选活动时间观察积木区以及其他学习区里的儿童。

如第2章所述，教师需要首先观察儿童与积木的互动水平。在积木区，操作、熟练和意义这三种水平通常是显而易见的。

操作水平

处于操作水平的儿童除了不用积木进行建构以外，他们几乎会使用积木做所有的事情：把积木从架子上取下来，带着积木到处跑，把积木堆成一堆，用积木将纸箱、卡车等容器装满，然后再倒出来，然后再装满，再倒出来。处于这一水平的儿童通常是小组中年纪最小或者经验最少的儿童，所以你需要给予他们操作时间来适应这些积木。

熟练水平

处于熟练水平的儿童喜欢一遍又一遍地重复同一种建构技能。如果他们学会了塔式结构中的垂直堆叠，那么他们就会建造很多很多塔。将积木水平排列成长排、墙壁或道路是此阶段儿童喜欢的另一种游戏。一旦儿童通过自学掌握了"架桥"的技巧——将一个积木架在另外两个积木之间，他们的积木建构水平就得到了进一步提升；不久，他们就会一遍又一遍地重复架桥的模式来建造复杂的墙或者塔。

儿童用积木表达个性的方式就像成人用铅笔涂鸦一样与众不同。前面描述的有关平衡和认知的堆叠活动对处于熟练水平的儿童特别有吸引力。

意义水平

处于意义水平的儿童会将他们所学到的技能应用到建造真正的建筑中。他们可能在一开始就给建筑命名，也有可能等到他们完成之后再决定这些建筑物叫什么（见图 3.6）。因为学前儿童仍处于与环境中的事物互动的"过程"阶段，所以对他们来说重要的是做，而不是最终的结果。然而，他们很快就会意识到，成人似乎更关心最终的结果：建筑、图片和故事。因此，他们迫于压力通常也会给他们的建筑起个名字，甚至编个故事。

处于意义水平的儿童，可能是唯一能够熟练地用积木表征他们在实地考察中看到的建筑物的人。然而，他们的建构作品主要还是源自他们自身的创作冲动，而不是真实建筑的实际形状。

观察社会互动水平

积木区的儿童在游戏中表现出明显的社会互动水平。有些儿童是旁观者，有些儿童独自游戏，有些儿童平行游戏，另外一些儿童则以团队的形式合作。当你在积木区观察时，你可以在"儿童互动表"上记录下所有参与其中的儿童的行为和言语（见表 3.12），或者专注于某一个特定的儿童。

图 3.6 儿童或许在开始搭建时就为他们的建筑命名

表 3.12 儿童互动表：积木

儿　童	爱德华、里克、杰克、罗比	观察者	D.B.
学习区	积木区	日　期	4/5

儿童与材料的互动

操作阶段　　　　　　　　　　　　　　　　　　　　　　　行为 / 语言

（儿童漫无目的地四处摆弄材料）

　　杰克跟着其他男孩进入积木区，从对面的架子上取出不同的积木，把它们装到翻斗车里，然后又将它们倒出来。

（续表）

熟练阶段	行为/语言
（儿童有目的地反复使用材料） 　　里克把单元积木排成与积木架平行的一长列，一直排到爱德华的建筑前。然后，他又开始排另一长列，与第一列平行；他两次对爱德华说："看我在做什么！"	
意义阶段	行为/语言
（儿童以新颖且具有创造性的方式使用材料） 　　爱德华正在搭建一座小木屋形状的方形四角建筑，他每次从架子上取下一块积木；他把玩具小人放在最上面，并回应里克："小心我的房子，这是一个空间站。"	
儿童之间的互动	
独自游戏	行为/语言
（儿童独自操作材料） 　　杰克独自游戏，不靠近其他男孩。（罗比旁观，不玩游戏）	
平行游戏	行为/语言
（儿童挨着别人玩同样的材料，但不参与别人的游戏） 　　里克和杰克平行游戏，互相交谈，但不参与对方的积木建构活动。	
合作游戏	行为/语言
（儿童与其他儿童一起共同玩相同的材料）	

评价儿童的互动

　　你可以通过在"儿童互动表"上记录观察结果来评价儿童在积木建构过程中的发展。

一位教师基于自己在积木区的观察，评价了两个 4 岁男孩里克和爱德华以及两个 3 岁男孩杰克和罗比的发展情况。

他们的参与状况如下：

爱德华正在靠近积木架的地方搭建一个方形的小木屋—— 一座四角的建筑，他从架子上一次取下一块积木。里克正在把单元积木排成与积木架平行的一长列。当排到了爱德华的建筑前时，他又开始排与第一列平行的另一长列。他对爱德华说："看我在做什么！"爱德华回答说："小心我的房子，这是一个空间站。"然后，爱德华把玩具小人一个接一个地放在他的房顶上。

杰克走进积木区，开始从另一个架子上一个一个地取出不同的积木，然后把木质翻斗车往后倒，再把积木全都装进去，然后又把它们倒出来，再装进去。当里克第二次说"看我在做什么"时，杰克自言自语地重复里克的话："看我在做什么！"与此同时，罗比跟在杰克后面进入了积木区，但他只是站在那里看着杰克和其他人，并没有参与搭建。教师将整个事件记录在了"儿童互动表"上（见表 3.12）。

解读儿童的互动

在离开该学习区之前，教师在表格的背面写下了她的解读和建议。其他教师将在一天或一周结束时注意到这位教师的解读和建议，并在教职工计划会议上将其纳入对个别儿童的计划中。这位教师所给出的解读和建议如下。

成就

爱德华可以进行创意搭建。

里克在熟练水平上表现良好。

杰克仍处于操作水平。

需求

帮助爱德华与他人一起进行建构活动。

罗比需要参与建构活动。

计划

寻找另一个处于意义水平的儿童，以便和爱德华一起搭建。

试着让罗比参与积木建构活动，但不强迫他；他刚入园，还缺乏自信。

与不自信的儿童互动

当你通过观察了解到个别儿童的发展和社会性水平时,你就可以为这些儿童制订计划。大多数儿童在没有成人干预的情况下也能很好地参与积木活动。然而,对一些从来没有参与过建构活动的儿童来说(也许是因为他们不知道如何参与),你可能需要进行介入。

介入

你以观察者的身份停留在积木区,是吸引儿童进入该区域的有效手段(见图3.7)。幼儿经常选择在教师所在的区域活动,因为他们希望得到教师的关注。如果他们不来,你可以邀请他们。如果他们仍然拒绝,你不应该强迫他们,因为他们可能

图3.7 教师帮助一位不自信的儿童开始活动

还没有准备好。针对这种情况,你可以在图书区给个别儿童读一本有助于他们开展假装游戏的书(见表3.11)。你最终将会意识到,哪些儿童一开始就能做到完全独立进行建构活动。

如果这些不自信的儿童是女孩,那么你可以给她们读一读《建造一座桥》这本书。它讲述了安娜和胡安妮塔两个女孩的故事。她们在入学的第一天有点紧张,她们的老师亚齐夫人给了她们一盒紫色和绿色的积木让她们玩,并说这些积木很神奇。

起初,她们分别独自建造了自己的紫色或绿色小桥。但是,当她们把积木摆在一起时,奇妙的事情发生了:她们发现她们可以建造一座大桥,即使积木的颜色不同也没关系。当她们愉快地一起乘坐校车回家时,她们一致认为,差异可以让事情变得不可思议。

但是,对于那些经教师邀请才来到积木区的不自信的儿童,刚开始时你可以从架子上取下积木搭建自己的大楼。你也可以从搭建一个简单的结构开始。为了让那些不情愿的儿童开始搭建,你有必要先为他们树立积木建构的榜样。另一方面,害羞或不自信的儿童可能需要更直接的方法。例如,"罗比,你能在架子上再找一块像这样的积木吗?就是这个。它被称为单元积木。你能把单元积木放在这座楼上吗?把它放在你认为应该放的地方。很好。谢谢。我们还需要更多这样的单元积木。"一旦儿童参与进来,你就可以悄悄地退出活动。

全纳

如果不自信的儿童身有残疾,那么你可能需要调整介入方式来适应这种情况。韦尔豪森和克劳瑟(Wellhousen & Crowther,2004)指出,一些有特殊需要的儿童在构建三维结构并纳入玩具车辆、动物和人物方面往往会存在一些特殊困难。对此,你可能需要扮演一个更直接的角色,通过示范具体的建构技巧来引导他们开始建构。刚开始,他们可以试着把积木反复堆高再推倒,然后再试着给小汽车铺一条路、一个坡道,或者给玩具动物搭个围栏。

你可以给孩子们读《玩乐女士》这本书,它讲述了不同儿童在一起和睦相处的故事。故事中,西班牙裔男孩米格尔住在海湾街一所带小院子的大房子里,他的隔壁邻居玩乐女士简·黑泽住在有着大院子的小房子里(由公共汽车改装的)。玩乐女士的院子里长满了鲜花、水果和蔬菜,还有一条"泥巴河",她允许附近的孩子在她的院子里玩耍。凯拉是一个非裔美国女孩,她把破碎的盘子、玩偶和时钟"种植"在玩乐女士的院子里。曼迪是一个坐轮椅的女孩,她用木板在梨树下建造了一座"力量城堡"。

但是有一天,不知名的陌生人摧毁了玩乐女士的地方,并在她的房子(公共汽车)上写道"滚回家"。玩乐女士很震惊。孩子们认为,干这件事的人肯定从来都没有自己的"玩乐女士"。他们请父母和附近的成人帮忙清理这个地方,修理坏了的公共汽车窗户,擦掉冒犯性的文字。然后,他们写上"你是这片土地的女王""玩乐女士万岁"的标语来欢迎"玩乐女士"。你的小听众们对这个故事怎么看?他们会怎么做?

与建构者以及具有破坏性的儿童互动

你可以对具有破坏性的儿童做出多种回应,包括:改变游戏方向、整合使用积木、引导儿童用语言表达和教育儿童爱护材料。

改变游戏方向

在对一个具有破坏性的儿童进行干预之前,你应该先观察发生了什么。如果儿童是因为积木游戏结束了而进行破坏,那么你可以通过询问或给出具体的建议来引导活动转到一个新的方向。例如,你可以这么说:"埃琳娜、莎拉,我看到你们俩已经把桥搭好了。想想,你们还能在桥附近搭些什么呢?是的。修路是个好主意。另外,哪种车辆和哪些人会使用你们修建的桥梁和道路呢?"

整合使用积木

有些破坏性事件是由积木本身或者是缺少积木引起的。你有足够的积木可以让几个儿童同时进行大型建构吗?如果没有,那么你就可以预料到儿童会因为积木而打架,或者儿童会推倒其他儿童搭建好的建筑。滕克斯(2009,p.4)告诉我们,要有足够的积木来满足儿童的建构需要。不然,你可以考虑将各个教室的积木集中起来全都装在手推车里,然后把它们从一个班级运到另一个班级使用。

用语言表达

如果破坏性事件更多地与情绪有关而不是与积木有关,那么你就可以让每个儿童都说说发生了什么。把情绪用语言表达出来往往能缓和紧张的气氛。另一方面，如果儿童真的失控了，你就需要以坚定且实事求是的态度介入，并需要重申班级的关爱规则。例如，"埃琳娜、莎拉，在教室里我们要彼此关爱，不能相互推搡。我不允许你们这么做。让我看看你们如何友好地玩耍。"

爱护材料

如果儿童的破坏行为是乱扔积木，那么你的干预需要强调以下内容："埃琳娜、莎拉，我们要爱护教室里的材料，不乱扔积木。让我看看你们是如何用积木进行搭建的。"你也可以给儿童树立一个榜样："姑娘们，积木是用来搭建的，不是用来乱扔的。我要用它们进行搭建，如果你们也想搭，你们可以坐在我旁边帮助我。"

如果她们已经完全失控了，你就需要把她俩带到一边，安静地和她们坐在一起，直到她们能够平静地倾听和交谈。这种方法比让儿童坐在"暂停椅"上要有效得多，因为大多数儿童认为坐"暂停椅"是一种惩罚。幼儿需要学会控制自己的情绪和行为，而不是为此受到惩罚。纽伯格和沃恩（2006）也建议把乱扔积木的儿童从积木区带走，告诉他们积木不是用来扔的，球和沙包才是，想扔就去扔它们。

与建构者互动

你也将通过观察了解到，何时以及是否应该与建构者互动。你应该注意每天与每个儿童进行个别化互动。这种互动可能发生在儿童用积木进行建构的时候，但要确保不要打断儿童的活动。另一方面，如果你觉得需要对一些事情做出评论，那么这时可能就是非常合适的介入时间。

进行评论

正如第2章所述，在进行评论之前请仔细观察和倾听。你的评论可以给儿童提供支持、鼓励或指导。它们应该是具体的，不带评判性的。你可以反映你看到了什么，你也可以问一个问题来明确你所看到的。例如，"贾斯敏，今天你用了架子上的大部分积木去搭建你的大楼。你是怎么使那些圆柱保持平衡的？"

当你在积木区观察和回应儿童时，你将更多地了解到以下内容。

- 当儿童能够自由地使用非结构化材料时，他们会表现出惊人的创造力。

- 积木以及它们给你的班级所增添的有价值的学习机会。
- 如何使用积木为儿童打造既有效又激动人心的课程。

本章要点

1. 创设积木区
   （1）在积木架上存放足够多的单元积木
   （2）将积木纵向摆放在与儿童等高的架子上
   （3）准备一个宽敞的区域，并在地面铺上地毯，用架子作为分界线
   （4）投放一些配件，以支持实地考察活动和其他学习区的主题
   （5）把玩具目录上的人物剪裁下来贴在硬纸板上
   （6）用图文结合的标签来标记积木架和配件架
2. 利用积木活动促进儿童的身体发育
   （1）把人物玩具放在建筑物上的不稳定位置
   （2）将积木上下叠放，方便收拾整理
3. 利用积木故事和活动促进儿童的社会性发展
   （1）通过使用不同的策略帮助儿童参与建构活动
   （2）阅读有关获得游戏参与权的书籍
4. 利用积木故事和活动促进儿童的情绪情感发展
   （1）遵守"三关爱"规则：关爱自己、关爱他人以及关爱环境和材料
   （2）读一本书，然后让儿童说说他们将如何解决自身的问题
5. 利用积木故事和活动促进儿童的认知发展
   （1）使用积木特定的名称和数量
   （2）用胶带在地板上贴出圆形和正方形
   （3）在地板上粘贴积木剪纸
6. 开展积木整理游戏
   （1）假装方形积木是推土机
   （2）将积木与其标签相匹配，将它们装入翻斗车
7. 利用积木活动促进儿童的语言发展
   （1）提问开放式问题

（2）把儿童口述的建构故事记录下来

（3）让儿童记录他们的建构故事

（4）在积木区表征实地考察时看到的建筑

（5）将图片或照片张贴在儿童坐下来时视线可及的地方

8. 利用积木活动促进儿童的创造力发展

（1）在积木区带领儿童阅读一本有关假装游戏的图画书

（2）投放人物玩偶和娃娃家的道具等用于假装游戏

（3）在儿童搭建完大楼后，阅读一本书

9. 与积木区的儿童互动

（1）站在积木区吸引不自信的儿童

（2）为不自信的儿童读一个积木故事

（3）为不自信的儿童树立积木建构的榜样

（4）为有特殊需要的儿童量身定制干预措施

（5）提出具体建议，为已经瓦解的活动重新确定方向

（6）帮助具有破坏性的儿童用语言表达情绪

（7）重申班级的关爱规则

（8）将几个班级的积木整合到一起使用

试 一 试

1. 在积木区的架子上，用图片和文字标明每种类型的积木和配件。

2. 连续三天观察并记录三个不同儿童在积木区的行为、互动和谈话。评估他们的发展水平和游戏的社会性水平，并说明你是如何确定这些水平的。

3. 和儿童一起实地考察某个建筑物或建筑工地。在积木区开展后续活动，比如在积木区投放新的积木配件来支持实地考察、在积木区张贴建筑物图片、给儿童阅读关于建筑和建构的图书，等等。记录儿童使用积木做了什么。

4. 当圆形、正方形、长方形和三角形等认知概念出现时，将胶带放在积木区供儿童表征这些形状。将儿童的行为记录下来。

5. 创编一个新的积木整理游戏，连续开展一周并记录结果。

第 4 章　戏剧游戏区

学习目标

阅读本章之后,你将能够:

1. 描述戏剧游戏在幼儿园课程中的作用。
2. 创设戏剧游戏区。
3. 决定如何在戏剧游戏区使用数码产品。
4. 明确戏剧游戏如何促进儿童的社会性、情绪情感、认知、语言和创造力的发展。
5. 通过阅读相关书籍将戏剧游戏融入其他学习区。
6. 了解超级英雄游戏以及如何引导它的开展。
7. 理解教师在戏剧游戏区的角色。
8. 通过观察幼儿的互动水平来评估其参与程度。
9. 成为失控游戏的协调者。

幼儿园教室里的戏剧游戏

戏剧游戏是幼儿参与的最复杂、也是最重要的游戏之一。在戏剧游戏（有时也被称为社会戏剧游戏）中，幼儿通过假装来探索周围的世界。他们进行以下"假装"。

- 假装角色。
- 假装地点。
- 假想场景。

所有这些活动都是幼儿自发进行的，没有成人的指导，甚至没有观众！

爱德华兹（Edwards，2006，p.192）指出，社会戏剧游戏是儿童与他人一起进行社会角色扮演的一种游戏，是指两个或两个以上的儿童扮演相关角色，彼此互动的假装游戏。全美幼儿教育协会认证指标 2.L.04 提到了这一点。

2.L.04 儿童有机会通过游戏和材料来探索家庭和工作场所中的社会角色。

许多成人难以理解幼儿喜欢玩戏剧游戏的原因，因为戏剧游戏是一个短暂的现象——在儿童4—6岁时达到高峰，7岁以后逐渐消失。大多数成人早已忘记自己曾经对假装世界的短暂探访，他们对任何热衷幻想的人都心存怀疑，即使是年幼的孩子。假装或者幻想，难道不是对现实的某种逃避吗？对幼儿来说，假装成其他人真的有益吗？

对幼儿来说，戏剧游戏并非逃避现实，并且我们可以肯定的是，假装成别人对幼儿是有益的。对7岁之前的儿童来说，假装游戏是他们为未来现实生活所做的必要准备。想象和假装是所有幼儿天生就拥有的富有创造性的工具，他们以此来探索周围的世界。通过假装成别人，他们更加了解自己；通过假装身处他处，他们更加了解自己所处的地方。这是一个悖论，但却是事实。

性别角色

儿童游戏研究者多萝西和杰尔姆·辛格（Dorothy & Jerome Singer，1992，p.64）发现，与那些似乎自相矛盾的儿童相比，参与假装游戏的人，也就是参与皮亚杰称之为象征性游戏的人，显得更快乐和更爱笑。如果是女孩，她们经常假装成妈妈、宝宝、姐姐、阿姨、祖母、护士、医生（有时）、教师或女超人。如果是男孩，他们经常假装成爸爸、哥哥、叔叔、医生、警察、修理工、消防员、赛车手或者诸如超人或蜘蛛侠之类的男性英雄角色。

"等一下"，成人的大脑说："这难道不是性别歧视吗？"根据成人的参照框架，这些角色可能确实存在性别歧视，但必须记住，幼儿并非在成人的参照框架下做事情。这些角色都是幼儿为了探索自己的世界而自发选择的。毕竟，女孩们正在探索她们所察觉到的女性角色，从而了解当女孩或女人的感觉。当然，有些女孩也会尝试扮演她们心目中的赛车手或蝙蝠侠等男性角色，就像男孩会尝试扮演他们心目中的女性角色一样。近来，越来越多的男孩扮演"全职爸爸"的角色，喜欢在厨房里玩（见图4.1）。幼儿教师应该接受幼儿想要扮演的任何角色，只要它不是暴力的或者会伤害他人的角色就可以。

你可能还会想，幼儿通过假装能学到什么呢？事实上，戏剧游戏可以促进幼儿各个方面的发展，一张有关幼儿可以获得哪些发展的可能性列表似乎能够更好地回答这一问题。通过参与戏剧游戏，幼儿可以学到表4.1所示的所有内容。

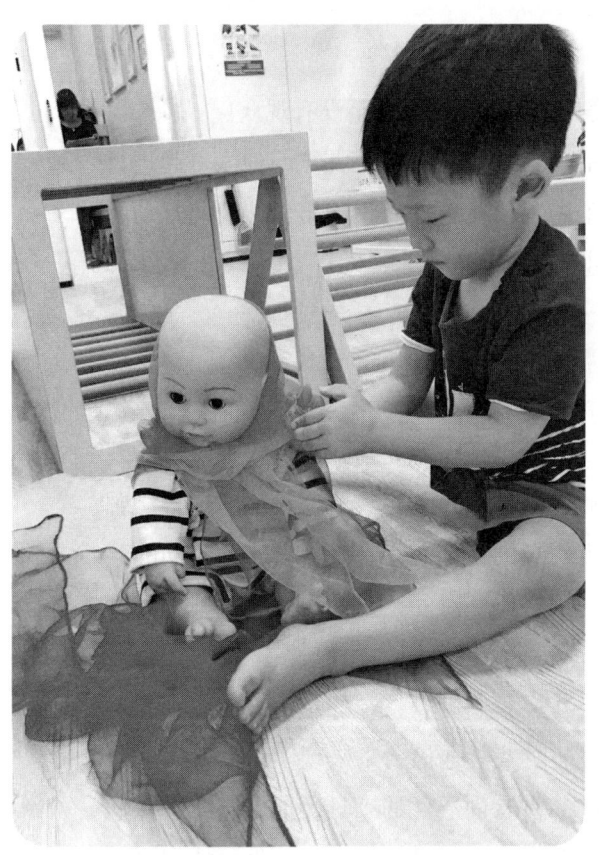

图 4.1 近来，越来越多的男孩扮演"全职爸爸"的角色

表 4.1　戏剧游戏对幼儿发展的作用

社会性发展
- 合作
- 分享
- 社会角色
- 亲社会价值观（如诚实、服务、忠诚、真实）
- 加入小组
- 等待轮流
- 成为一名领导者
- 与强势的领导者打交道
- 协商
- 与意见不一致的人沟通

认知发展
- 工作、薪酬、秩序、时间等概念
- 旅行、交通、建筑等概念
- 疾病、医生、急救等概念
- 家庭成员、工人的角色
- 问题解决
- 抽象思维
- 计划

语言发展
- 与他人对话
- 站在不同角色的立场讲话
- 理解许多新词汇的含义和用法
- 用语言表达感受
- 用语言代替动作

情绪情感发展
- 积极的自我概念
- 以他人可接受的方式表达强烈的感受
- 控制消极情绪
- 处理冲突

（续表）

身体发展
·掌握一定的运动技能（如跑、跳、攀爬、骑三轮车等）
·倒东西和搅拌
·穿上衣服并扣紧扣子，穿好鞋子
创造力发展
·发散思维
·解决问题的新方法
·新的想法、情节、人物

在与他人一起进行戏剧游戏的过程中，幼儿学会合作和变通。他们很快就意识到，为了让游戏顺利进行，他们可能需要妥协、变换方法、接纳别人的想法或者满足其他儿童的愿望（见表 4.2）。对那些习惯了随心所欲的儿童来说，游戏本身的乐趣使得大多数牺牲都是值得的。

表 4.2　戏剧游戏中的学习

幼儿学到：
·妥协
·变换方法
·接纳别人的想法
·满足其他儿童的愿望

戏剧游戏可以使幼儿选择成为任何人。无论是男孩还是女孩，他们都可以当老板、开汽车、在空中翱翔、迟到、吃想吃的东西、命令别人——只要他们能与其他游戏伙伴协商好。因此，对那些在现实生活中明显受制于成人的儿童来说，戏剧游戏为他们在成人世界里感受到的无助提供了一个强有力的发泄口。

假装游戏使幼儿常常探索新想法和解决问题的新方法，这促进了他们抽象思维、创造力、灵活性、沟通能力以及与同伴和睦相处能力的发展。当然，并非每个儿童都能轻松地玩戏剧游戏。但是，那些能玩高度复杂的假装游戏的儿童似乎拥有更高的发展水平。有证据表明，幼儿的高幻想倾向与创造力有关（Garvey，1977，p.97）。

创设戏剧游戏区

戏剧游戏区与其他学习区有所不同。戏剧游戏区不是一个由装满材料的架子和用于探索材料的桌子组成的区域,而是更像一个供儿童自发开展假装游戏的舞台。因为幼儿戏剧游戏中的许多角色是以家庭为中心的,所以应该有一个娃娃家来激发这种角色扮演。

配有儿童炉灶、冰箱、水槽、桌子和椅子的传统厨房区域仍然被认为是最适合开展戏剧游戏的环境之一。在这一区域,你还可以放置一面全身镜、一个摇篮或一张婴儿床、两部玩具手机、一个熨衣板、一把高脚椅和一辆童车。位于角落的存储区,可以放置适合儿童的扫帚、拖把、簸箕、水桶和吸尘器,从而为角色扮演增添其他的可能性。

可以把杯子、锅碗瓢盆和炊具挂在钉板上,并且钉板上有每件物品的轮廓图或图案,以便儿童匹配、归还这些物品。可以把各种餐具存放在带格子的收纳箱或抽屉里,这可以为儿童提供更多的整理和分类机会。如果你选择使用购买来的道具,那么可以提供诸如塑料水果、蔬菜甚至比萨之类的塑料食品。不过,一定要购买来自不同文化背景(如墨西哥、日本等)的塑料食品。此外,一定要有不同种族和性别的玩偶可供儿童选择,同时要包括适用于残疾玩偶的设备。

可以把道具服装单独挂在挂钩上,把帽子挂在钉板上或帽架上,把手提包、腰带、钱包、鞋子、珠宝和其他装扮道具放在带有图示标签的陈列架上,以便儿童选择和归还。道具服装应该多种多样,包括连衣裙、短裙、上衣、宽松长裤、衬衫、夹克和背心等。道具服装的尺寸应适合儿童。此外,这些道具服装应该包括代表班级儿童不同文化背景的服装。

你还应该提供一些有关建筑工人、邮递员、医生、护士、厨师、警察、消防队员、宇航员、飞行员和兽医穿的工作服和帽子,并且它们的尺寸要适合儿童。如果你负担不起所有这些开销,那么至少要购买帽子。此外,也可以提供拐杖、支架、眼镜、医疗包和建筑工具等其他道具。

戏剧游戏区的第二个区域可以是一个普通的客厅,里面有椅子、适合儿童的沙发或长凳、一张带台灯(无灯泡或电线)的桌子以及一个玩具电话。可以用装有各种道具的矮架子将这一区域与厨房隔开。此外,伸缩式柜台也是一个很有价值的道具。如果这个区域具有足够的灵活性，它就可以充当无数个游戏场景（见表4.3）。

表 4.3 戏剧游戏场景创设

·机场	·洗衣店
·银行	·邮局
·理发店/美容店	·雨林
·公共汽车站或火车站	·维修店
·营业厅	·餐厅
·收银台	·科学博物馆
·医务室	·鞋店
·消防站	·超市
·加油站	·售票处
·医院	·动物园或宠物店

至于该区域的其他道具，则随着你和儿童想要开展的假装游戏的不同而变化。如果儿童想要开鞋店，你就可以准备（或由家长提供）一些空鞋盒、袋子和旧鞋子。此外，还要提供一台玩具收银机。如果儿童想要开超市，你就可以邀请儿童帮忙收集空食品盒、易拉罐和瓶子。如果儿童想要玩办公室游戏，那么书写区的旧打字机就可以发挥用途。

如果活动室的大小不足以为第二个戏剧游戏区提供所需的空间，那么你可以考虑使用阁楼。儿童可以同时使用阁楼和阁楼下面的空间进行假装游戏。有些班级建造了阁楼，有梯子、台阶或攀爬架供儿童上下活动。格林曼（Greenman, 2005, p.228）告诉我们，阁楼或高台可以帮助儿童从不同的角度审视这个世界。站在高处让孩子们有机会从不同的角度探索世界。

阁楼为那些富有创造力的儿童提供了一个全新的视角来进行假装游戏（见图4.2）。它能作为一座堡垒吗？一座城堡吗？一艘海盗船吗？一艘宇宙飞船吗？一座瞭望塔吗？一个俱乐部吗？

图 4.2 阁楼给儿童提供了假装游戏的新视角

戏剧游戏中数码产品的使用

如今，在自主性学习环境中的每一个活动区几乎都有数码产品的身影。例如，在戏剧游戏区，数码产品可以被儿童用作游戏场景的一部分，或者被教师用来记录儿童的活动。在这些数码产品中，数码相机和数码录音机尤其有用。但是，一定要确保每个家庭都知道教室中计划录制的视频和音频，并且签署授权同意书。

数码相机

当儿童协商角色或者选择穿什么服装时，教师可以使用数码相机为他们拍照或录像。教师们经常使用智能手机的摄像功能来记录这些场景。之后，他们可能会把照片打印出来，用于班级故事书、教师工作计划或者评估儿童学习的新技能。其中，有些照片可能还会被贴在展示墙上，放在教师档案和家长简讯中。至于视频，教师可以把它们回放给儿童,供儿童讨论他们扮演的角色。

当然,儿童也需要有自己的数码相机来拍摄同伴、自己以及他们所创设的游戏场景。儿童可以将这些照片打印出来,放在他们的日志、故事、游戏和项目活动中。表 4.4 列举了几款儿童可用的数码相机(Beaty,2017)。

表 4.4　儿童数码相机

- 绘儿乐(Crayola)儿童数码相机
- 费雪(Fisher-Price)儿童数码相机
- 探索(Discovery)儿童数码相机
- 伟易达(VTech)儿童数码相机
- 宝丽来(Polaroid)儿童数码相机

数码录音机

在戏剧游戏中,教师可以将数码相机或小型数码录音机隐藏起来,以便在不打断儿童对话的情况下进行录音。稍后,教师可以回放这些对话,让幼儿进行评论。

教师还可以准备一些具有建设性的玩具,例如,儿童很喜欢使用的一种小录音夹,他们可以把它夹在游戏场景的物品上录制 10 秒钟的对话。儿童也可以使用便携式 USB 录音机来给自己录音。

促进儿童发展的戏剧游戏

戏剧游戏可以促进儿童的社会性、情绪情感、认知、语言和创造力的发展。

促进社会性发展

在幼儿能够自发参与戏剧游戏之前,他们需要达到一定的社会性发展水平,使他们能够参与到这种合作性游戏中。儿童发展专家指出,儿童的社会性行为似乎是根据儿童自身的成熟程度以及他们与其他儿童的相处经验而经历一定的发展顺序。正如第 2 章所述,首先是无所事事或旁观行为,然后逐渐发展为独自游戏,接下来是平行游戏，最后是合作游戏。

这些社会性行为不仅出现在儿童的戏剧游戏中，还出现在班级的其他活动中。有时，儿童是独自游戏者或游戏的旁观者，可能是因为他们在教室里感到不自在。这种情况经常发生在 3 岁儿童身上，因为他们更习惯家庭环境以及与成人交往，而不是在教室中与一群活泼的同龄人在一起。

有时，儿童是独自游戏者或游戏的旁观者，可能是因为他们是双语学习者，或者因为他们发展不成熟，尚未掌握一定的认知和语言技能，不能与一群儿童玩假装游戏。而有些时候，儿童不愿意参加小组戏剧游戏，仅仅是因为他们不知道怎么玩。他们没有扮演角色以及与其他儿童玩假装游戏的经验，或者不知道如何加入一群有经验的游戏者中。

你可以在戏剧游戏区提供活动，进而帮助这类儿童加入到假装游戏中。此外，你还要帮助来自不同文化背景的儿童融入到教室活动中。虽然戏剧游戏是儿童自发的游戏，但是你可以通过提供道具和初始活动来帮助儿童游戏。

伊斯贝尔和雷恩斯（Isbell & Raines，2003，p.250）描述了在戏剧游戏中，儿童是如何通过互动和交流创建一个由创意、想象和行为组成的共同体的。小组游戏需要儿童不断地进行认知、社交和情感交流。当儿童调整自己的行为以适应小组时，他们就会获得协商与合作的技能。戏剧游戏能促进儿童的社会性发展，因为它需要互动、协商与合作。霍尔（Hall，2015，p.32）补充说，戏剧游戏区中儿童的数量对其社会性发展至关重要，因为儿童越多，互动就越多。

以出行为主题的戏剧游戏

以出行为主题的戏剧游戏对大多数学前儿童来说都很有吸引力，因为他们都曾有乘坐小汽车、公共汽车、火车或地铁出行的经历。对新入园的儿童或说双语的儿童来说，这也是非常有吸引力的活动。他们可以轻松地以乘客的身份加入游戏。对他们而言，当乘客要求不高又不用说话。正如全美幼儿教育协会认证指标 3.G.04 所提倡的那样，这是帮助这些儿童加入游戏的一种方式。

3.G.04　教师帮助儿童进入并维持游戏。

为了发起这样的活动，你可以邀请一组儿童进入戏剧游戏区，为他们读一本有关乘坐交通工具出行的图画书作为导入，例如，有关校车的图画书（见表 4.5）。

表 4.5　有关校车的图画书

- 《校车停，校车行》(*Bus Stop, Bus Go*, Kirk, 2001)
- 《奇克船长》(*Captain Cheech*, Marin, 2008)
- 《我是你的公交车》(*I'm Your Bus*, Singer, 2009)
- 《小小校车》(*The Little School Bus*, Roth, 2002)
- 《皮特猫：公交车上的轮子》(*Pete the Cat: The Wheels on the Bus*, Dean, 2013)

《校车停，校车行》讲述了一个简单的故事。每当书中的亮黄色校车停下来接小乘客时，它就会横跨书的两页纸。小乘客们使用气泡式对话框传递着简单而令人兴奋的话语。儿童在听故事的时候需要坐得近一些，这样才能看到当小乘客的脚趾头被踩到时，校车走道上的混乱场面：汤米的沙鼠跑掉了，每个人都试图利用午餐食物抓住它。问问听故事的儿童，他们如果遇到这种情况，会怎么做。

如果儿童想要拥有自己的校车，问问他们打算怎么办。不但要准备一个驾驶座椅（一端装有方向盘的固定座椅）供驾驶员在前排操作，还要准备一排供乘客坐的椅子，一个接一个地排在驾驶座椅后面。当儿童扮演角色玩校车主题游戏时，你可以邀一两名旁观者与你一起作为乘客加入游戏。

看到教师加入游戏，害羞的儿童有时也会参与到小组游戏中。"来吧，玛丽萨、乔斯，让我们在校车离开前上车吧。"你应该和这些儿童一起游戏，直到他们感到轻松自在再离开。也许你很想多待一会儿，因为和儿童一起玩是一件很愉快的事情，但是请记住，当儿童自主游戏时，他们从戏剧游戏中才能获益最多。

你也可以建议儿童，在出行之前收拾行李。如果这样，你就需要在戏剧游戏区为儿童准备一些行李道具，如购物袋、航空行李袋、书包、运动包、背包，当然还有服装。此时，双语学习者就有事可做了，而不仅仅是坐在"汽车座椅"上。你甚至可以在戏剧游戏结束之前听到他们讲英文单词，之后和他们聊聊你给他们读过的故事，看看他们理解了多少。

《奇克船长》是儿童很喜欢的一本有关校车的图画书，很容易引发儿童的校车主题游戏。书中，儿童将他们的校车改造成了一艘"帆船校车"来和真正的船比赛。校车司机奇克驾驶着帆船校车，载着鲨鱼、螃蟹、章鱼展开了一场激动人心的冒险之旅。虽然这是一本英文书，但是很多双语学习者认为书中的角色是西班牙人，然后很愉快地加入戏剧游戏。你可以问问听故事的儿童，他们对于比赛的输赢有什么感受。

领导者和追随者

戏剧游戏中的其他社会角色涉及领导者和追随者。要想开展戏剧游戏并使之持续下去，必须要有领导者。在戏剧游戏中，领导者不是由教师任命的。教师应期待从小组中自发地产生一个或几个领导者，他们将通过提出主题、确定角色（或分配角色）来为游戏做好准备。此外，他们在游戏过程中还会补充细节。领导者通常会被小组成员接纳，而且只要游戏进行得很顺利或者领导者不太严苛，领导者就会一直当下去。在幼儿的戏剧游戏中，情节通常如下这样展开。

埃米莉：我们一起玩"校车"游戏吧！我来当司机。

罗　莎：不行。你昨天当了司机，今天轮到我当司机了。

埃米莉：好吧，我下次当司机。

（罗莎坐在驾驶席上，大声喊着"呜——呜——"发动了汽车。）

罗　莎：我们要出发啦！让孩子们上车，告诉他们快点！

埃米莉：我不是老师。（她坐在罗莎后面的椅子上。）萨拉，你来当老师，让孩子们上车。

萨　拉：我是乘客。（她坐在埃米莉后面。）我今天要去商场购物。

罗　莎：你不能去商场。这是一辆校车，你要去学校。（罗莎发出发动机的响声。）

萨　拉：那你快点，不然我们就迟到了。

埃米莉：小姑娘，请坐在你的座位上。汽车开动的时候，你必须坐下来。如果你不坐下，我就举报你。（一直坐着的萨拉听到后咯咯笑了。然后，她站了起来，在埃米莉转过身对她怒视的时候又很快坐下了。）

这个游戏片段体现了领导者是怎样自发产生的。在这个游戏片段中，不止有一个领导者。为了决定谁当"司机"，儿童必须进行协商。最初的领导者是埃米莉，不过，她后来同意下次当司机。但是，她不同意扮演罗莎指定给她的角色——"教师"（如她自己所说），虽然萨拉加入游戏后，她很快就表现得像个教师。在这个简短的游戏片段中，萨拉扮演了追随者角色，她接受了罗莎和埃米莉制定的大部分游戏规则。

由此，我们可以明显看出，在学前儿童中，领导者和追随者的角色并没有分得很清楚。为了使游戏进行下去，领导者必须践行一种有商有量、相互迁就的领导风格，即理解团队中其他人的感受，并在必要时做出妥协。

最成功的领导者是那些能够很轻松地扮演领导者和追随者两种角色，接受别人的意见但又有自己的新想法，同时和其他儿童玩得很开心的儿童（见表4.6）。只要不被领导者太过强势地控制，有些儿童似乎非常乐意当追随者。

表4.6　成功的领导者角色

- 知道他人的感受
- 践行相互谦让的领导风格
- 接受别人的意见
- 有自己的新想法
- 必要时做出妥协
- 不强势控制
- 玩得开心

多次一起游戏之后，儿童能够了解到在他们特定的小组中最有效的方法是什么，以及他们能玩到什么程度。如果领导者过于苛刻且不愿妥协，那么游戏很容易就会结束，儿童也会随之离场。

当你认识到儿童在自发的戏剧游戏中实践了真实生活时，戏剧游戏在儿童生活中的重要作用就显而易见了。

促进情绪情感发展

与自主性学习环境中的其他活动一样，戏剧游戏能够帮助儿童更有效地理解社会角色。戏剧游戏并非总是顺利的、愉快的，儿童之间经常会有争执和分歧。教师的介入也许能暂时解决问题，但儿童必须学会控制情绪，与同伴互动，而不是被动地接受成人的解决方案。

霍尔（2015，p.34）认为，戏剧游戏能够帮助幼儿学会调节自己的情绪，控制自己的行为，练习应对策略。与此同时，它还可以培养儿童对他人的同理心。

有些儿童可能会害怕那些负责保护他们的成人，比如警察。如果是这样，那么你可以给他们阅读一个或者创编一个有关警察帮助小朋友的故事。你也可以邀请一名警察到班级中来，同时你一定要准备一套警服，以便儿童稍后在戏剧游戏中使用

（见图 4.3）。

常见的冲突

学前儿童在戏剧游戏中最常发生的冲突之一，就是他们总是试图按照自己的方式来玩。学前儿童的认知发展处于自我中心水平，他们每个人都认为所有的事情都以自己为中心。事实上，游戏小组中的每个儿童并非都可以按照自己的方式玩，所以他们在戏剧游戏过程中很容易发生矛盾和冲突。这也意味着，他们有巨大的潜力去学习如何解决情绪问题。

我们已经指出，最有效的领导者能够找到解决冲突的办法，以安抚游戏者并使游戏继续进行下去。有些儿童起初不允许别人的愿望凌驾于自己的愿望之上。他们为什么会这样？他们可能认为自己的感受才是最重要的。他们似乎不能从其他儿童的角度看问题，而戏剧游戏中的角色扮演能够使儿童发展出观点采择能力。

图 4.3　准备一套警服供儿童在戏剧游戏中使用

这就是戏剧游戏的意义所在：从另一个人的角度看问题。那些坚持己见、不能接受他人意见的儿童，很快就会发现自己被排除在游戏之外。他们会发现，激烈的冲突似乎不能解决任何问题，只会引来教师用他的办法解决问题。但是当教师一离开，其他儿童又会拒绝与他们一起玩耍。

冲突的解决

自己解决问题的儿童，往往能想出非常有创意的解决办法。当儿童因为都想扮演某一角色而发生分歧时，有经验的游戏者会进行协商和做出让步。就像埃米莉和罗莎，她们没有采取争吵或拒绝游戏的方式就解决了谁来当司机的问题。而其他儿童通过观察有经验的游戏者如何处理问题，也可以学到如何协商和让步。然后，他们再通过亲身尝试来发现哪些方式有效，哪些方式无效。

你可以在戏剧游戏区外开展一些活动，以帮助儿童考虑多种解决游戏冲突的方

法。例如，你可以给儿童阅读有关游戏冲突的故事，然后和他们讨论故事中的冲突是如何解决的。以《咬人大王布奇奇》①这本图画书为例，书中讲述了布奇奇每次到小女孩（故事的主人公）家做客、与小女孩一起玩时，都会粗暴地对待可怜的小女孩，并假装自己是一头生气的恐龙要活生生地吃掉她。最终，这个小女孩学会了保护自己。当布奇奇再次来到她的房间时，她假装是一位古生物学家，手里拿着铲子，准备寻找恐龙并挖出它们的骨头。与你的小听众们讨论他们将如何解决这样的游戏冲突。

欺凌行为

在《以强欺弱永不会赢》（*Bullies Never Win*，Cuyler，2009）这本图画书中，杰茜卡每天都被布伦达·贝莉欺负，直到她最终学会了保护自己。读完这本书后，问问小听众们谁愿意扮演故事中的角色并再现这个故事。准确地说，这并不是一个戏剧游戏，但是这样的故事再现可能成为女孩们戏剧游戏的情节。

总之，戏剧游戏为儿童提供了许多机会来解决自身的情绪问题以及与同伴的冲突。通过扮演这里所讨论的一些角色，儿童不仅学会了如何控制自身那些不被人接受的行为，也学会了接纳自己。全美幼儿教育协会认证指标1.C.05也谈到了有关欺凌的问题。

1.C.05　教师应引导那些欺负、孤立或者伤害他人的儿童学习遵守班级规则。

促进认知发展

上文提到的一些解决问题的方法，也可以被归入认知发展的范畴。儿童的认知能力需要发展到一定程度，才能够从别人的角度看问题，或者按照上文建议的方式解决问题。他们也需要通过尝试按照自己的思维方式解决现实问题来发现哪些方式有效和哪些方式无效。显然，儿童的发展是整体性的，某一特定的课程有助于促进他们多方面的发展。

伊斯贝尔和雷恩斯（2003，p.250）讨论了，儿童在戏剧游戏中如何通过互动产生一套共同的想法。通过戏剧游戏，幼儿开始适应小组同伴，同时也发展了独立思

---

① [美]波特纳顿，著．[美]拉特曼，绘．漆仰平，译．南昌：二十一世纪出版社，2018。——译者注

考的能力。

实地考察

戏剧游戏在促进儿童认知发展方面的另一项重要贡献在于，帮助儿童理解有关世界的概念或者一般概念，以及世界是如何运转的。戏剧游戏可以作为儿童实地考察的延伸活动，帮助他们概念化并理解其在考察中遇到的新事物。

例如，许多幼儿园都会带幼儿到消防站进行实地考察。在那里，儿童可以看到消防车、消防梯、水管，用于高层建筑的升降机，警铃和警报器，以及消防员的防护靴、防护服和头盔等。有时，他们还会看到消防犬。当儿童回到幼儿园教室后，他们会讨论在消防站看到的事物。对此，你可以将有关儿童在消防车上的照片放在戏剧游戏区。然后，你可以为他们阅读一本有关消防站的书，引发他们对此次实地考察进行更多的讨论和思考。最后，你可以在戏剧游戏区投放一些消防类道具，以便儿童围绕这次经历开展角色扮演和假装游戏（见图 4.4）。

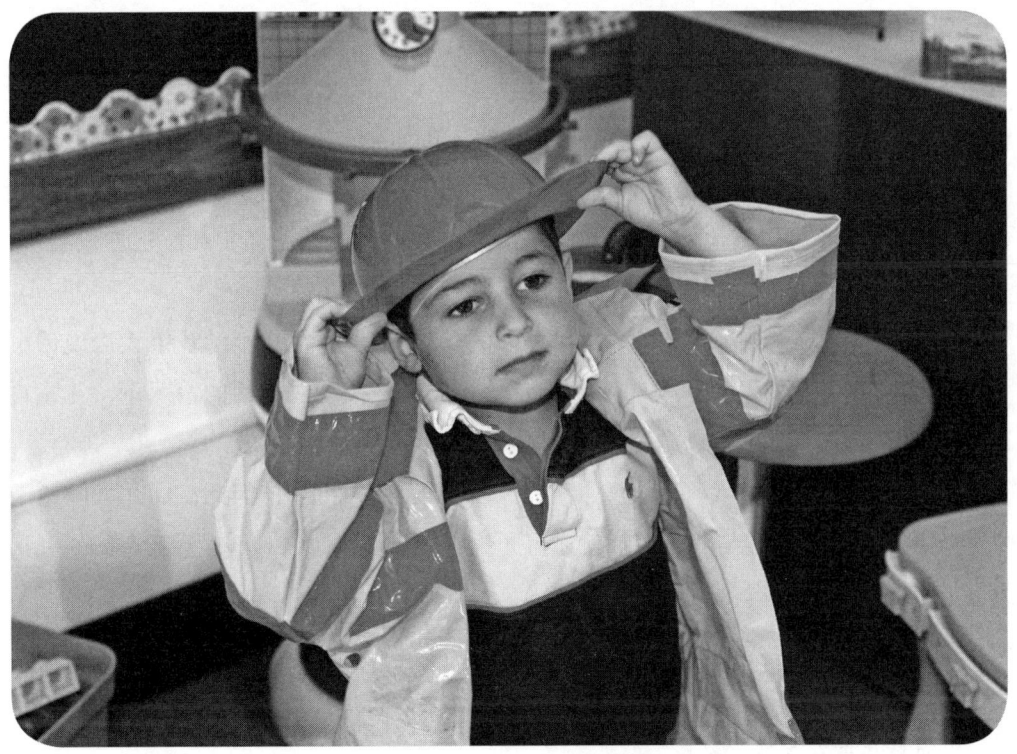

图 4.4　儿童可以使用消防类道具玩假装游戏

《这是消防员》(*This Is the Firefighter*,Godwin,2009)是一本帮助儿童理解消防员这一职业的书。该书以卡通人物形象展示了消防员生活中的一天,语言押韵。读完这个故事之后,你可以拿出一些消防类道具,例如,仿真消防帽或者纸质消防帽、消防队长的帽子、警铃、防护靴、雨衣以及一小节软管。如果儿童在消防站看到了消防犬,那么你可能还需要提供一个玩具消防犬。如果儿童愿意,他们也可以将椅子排成一排当消防车,或者创编一个新的游戏情节。有关消防员的其他图画书见表4.7。

表 4.7 有关消防员的图画书

- 《超级恐龙系列:恐龙救援队》①
- 《消防员拥抱母亲》(*Even Firefighters Hug Their Moms*,MacLean,2002)
- 《消防站》(*Firehouse*,Teague,2010)
- 《明戈小姐与消防演习》(*Miss Mingo and the Fire Drill*,Harper,2009)

促进语言发展

儿童参与的每一个戏剧游戏都为他们提供了语言发展的机会,因为他们会倾听周围的谈话,参与讨论和协商,并且以所扮演角色的身份讲话。参与戏剧游戏的儿童不仅要代表自己所扮演的角色讲话,还要以其他游戏角色的身份讲话。如果儿童是游戏的领导者,那么他们还需要确定游戏主题、计划游戏情节、补充游戏细节,并且要随着游戏的进展向其他儿童解释游戏情节的发展脉络及其变化。

多萝西·辛格和杰尔姆·辛格(1990,p.141)指出,在戏剧游戏中大声说话可以使儿童听到自己的发音。换句话说,在没有成人直接与之对话的情况下,儿童自己在假装游戏中所说的话为其语言发展提供了持续的刺激。

几乎所有的假装游戏都为儿童提供了倾听和表达的机会,因此,幼儿教师给予儿童充足的时间深入参与戏剧游戏就显得尤为重要。加维(Garvey,1977)的研究揭示了,以下几种假装行为最受幼儿欢迎。

- 治疗病人。
- 消除威胁,躲避"危险"。

---

① [英]黛尔,著. 华星,译. 石家庄:河北少年儿童出版社,2014。——译者注

- 收拾行李。
- 旅行。
- 购物。
- 烹饪。
- 进餐。
- 修理汽车。
- 打电话。
- 太空旅行。

语言类道具

语言类道具在戏剧游戏中起着重要的作用。例如，戏剧游戏区如果没有电话，就不会产生打电话的游戏。为了促进对话的发生，你需要提供两部玩具电话，让儿童可以假装接打电话。

正如全美幼儿教育协会认证指标 2.E.05.a 所指出的那样，儿童在戏剧游戏区要能看到书面语言。戏剧游戏区应该创设一种富含印刷品的环境，例如，挂在墙上的真实日历、放在玩具电话旁边的真实电话簿和记事本、放在杂志架上的杂志和报纸（成人的过期刊物就很好），等等。在这里，儿童可以假装阅读和书写。

儿童可以假装成送报纸的人，把报纸送到客厅。看看你的家里，还有哪些有关书面语言的材料可供儿童在假装游戏中使用？

> 2.E.05.a 儿童在美术区、戏剧游戏区和其他学习区可以随时获得书写材料，进行书写活动。

促进创造力发展

大多数戏剧游戏情节的产生和发展都依赖于儿童的创造力（见图 4.5）。当需要激发儿童的创造力时，你可以通过阅读一些相关书籍来使儿童产生源源不断的创造灵感。

你会为儿童读些什么书呢？想想儿童最感兴趣的事物。恐龙怎么样？过去儿童很喜欢恐龙，但现在流行的是怪物，如食人魔、僵尸、狼人以及吸血鬼。他们从哥哥姐姐那里、电子游戏中、电视里和万圣节上听说过这些怪物。现在，他们还可以在图画书中了解它们。

许多成人会对儿童接触怪物这种可怕的事物而感到担心。这对儿童来说是不是太可怕了？对成人来说也许是这样。但在儿童的世界里，越大越可怕越好。他们喜欢控制最可怕的怪物，就像他们控制恐龙那样。一切都是假装的，但是他们假装得真像。

幻想游戏

幻想游戏，是指儿童扮演一个虚构的英雄，或者在一个幻想的情境中做他们自己。幻想是想象思维的一部分。当儿童凭借他们的想象力在脑海中创造出虚构的或不可能的形象或概念时，幻想就发生了。假装成怪物就是如此，儿童在扮演这样的角色时需

图4.5 这个班级的儿童发明并制作了他们自己的宇宙飞船

要发挥他们的创造力。

教师可以为儿童阅读《找麻烦的怪兽》这本书（见表4.8）。书中讲述了每天晚上，附近的怪兽都会爬进威妮弗雷德·施尼茨勒的卧室吓唬她，有的怪兽对她咆哮，有的则向她打嗝。但是威妮弗雷德一点也不怕，她觉得这些怪兽很可爱。不过，这些怪兽让她没法睡觉，而她需要睡觉。她该怎么办呢？

表4.8 有关幻想游戏的图画书

- 《当心你的怪兽》（*Mind Your Monsters*，Bailey，2015）
- 《找麻烦的怪兽》（*Monster Trouble*，Fredrickson，2015）
- 《我想成为一只大恐龙》（*I Wanna Be a Great Big Dinosaur*，McKenzie，2015）

这时暂停阅读，先让小听众们看看书中吓人的图片。然后，问问他们会怎么办。

他们想到的办法会像威妮弗雷德的"用有黏性的绳子设置一个陷阱"那样有创意吗?所有的办法都没用,直到一只小怪兽意外撞到了她,然后她亲了它。哇!这就是答案,怪兽讨厌亲吻!

如果你的小听众们喜欢这个故事,那么你可以帮他们把戏剧游戏区变成"睡前怪兽咆哮"的场景,并提供围巾、毛巾、纸面具等道具。看看儿童想象的怪兽的花招和为怪兽设置的陷阱多么富有创意。你也可以给儿童读一读《当心你的怪兽》这本书,它讲述了僵尸、狼人和吸血鬼入侵沃利居住的小镇,以及沃利最终是如何摆脱这些怪兽的故事。

不过,儿童对恐龙的兴趣也并没有完全消失,正如我们在《我想成为一只大恐龙》中了解到的那样。故事中的小男孩想成为一只大恐龙,恐龙则想成为一个小男孩。如果能将这个故事表演出来,那就太棒了!请为儿童准备好硬纸盒、剪刀和靴子。让他们想想,他们还可以假装成哪些巨大、吓人的怪物呢?

阅读这些富有想象力的故事,能够激发儿童运用创造力去创编自己的冒险经历,然后再将其表演出来。这样的幻想游戏有助于培养儿童的创造力,而这种创造力反过来又会增强儿童在戏剧游戏区与其他儿童进行角色扮演的能力。

最终,这样的经历将有助于儿童分清幻想和现实。比弗、怀亚特和杰克曼(Beaver, Wyatt, & Jackman, 2018, p.174)强调,儿童尝试使用各种方法来区分幻想和现实既适宜又具有重要的发展意义。幻想游戏则可以帮助儿童进行这种区分。

通过阅读把戏剧游戏与其他学习区整合起来

虽然并不一定非要通过阅读来引发幼儿的戏剧游戏,但是一些教师发现,阅读是将戏剧游戏整合到其他学习区的最好方式。喜欢巴士驾驶场景的儿童常常会被埃米莉所发出的那种汽车声音吸引。

你可以收集各种有关驾驶的图画书(见表4.9),然后从中选出最能满足儿童兴趣的一本。在《谁在驾驶》这本图画书中,左边页面画着一排4只不同装扮的动物,下面写着"谁在驾驶",右边页面则是一辆无人驾驶的交通工具……后面几页依次是消防车、豪华汽车、赛车、拖拉机、敞篷车、吉普车和飞机。儿童需要在翻页之前猜一猜下一页是哪只动物在开车。

表 4.9 有关驾驶的图画书

- 《改装的仓鼠赛车》(Hot Rod Hamster, Lord, 2010)
- 《极速前进》(Max Speed, Shaskan, 2016)
- 《嘟嘟车的轮子》(The Wheels on the Tuk Tuk, Sehgel & Sehgel, 2015)
- 《谁在驾驶》(Who Is Driving, Timmers, 2007)
- 《但愿我会开卡车》(With Any Luck, I'll Drive a Truck, Friend, 2016)

这是一个认知游戏,其主要线索就是动物们的着装。有些儿童能立即抓住这些线索,有些儿童则是盲目猜测,他们在之后的阅读中仅凭记忆来猜。但是,儿童真的很喜欢书中每一辆车的发动机发出的声音,并很快在戏剧游戏的驾驶场景中模仿这些声音,例如,呜呜、噗噗、突突。

他们连续很多天都保持着椅子和驾驶座一排排摆放的样子来玩游戏:"司机"模仿书中的某一交通工具发出一种声音,然后由"乘客"来猜测他们乘坐的是哪种车。"司机"想在开车时穿上真正的工作服,所以儿童们很快就开始轮流装扮成消防员、赛车手、农民和飞行员(见图 4.6)。

之后,这个游戏延伸到了积木区、倾听区以及操作区/数学区。在积木区,儿童把积木当作交通工具,把动物玩具当司机;在倾听区,儿童录制和回放各种交通工具的声音;在操作区/数学区,教师和儿童一起利用交通工具的剪纸玩乐透纸牌游戏。

另一本充满有声词汇和问题的驾驶类图画书是《改装的仓鼠赛车》。书中,一只小仓鼠要去废车场为自己

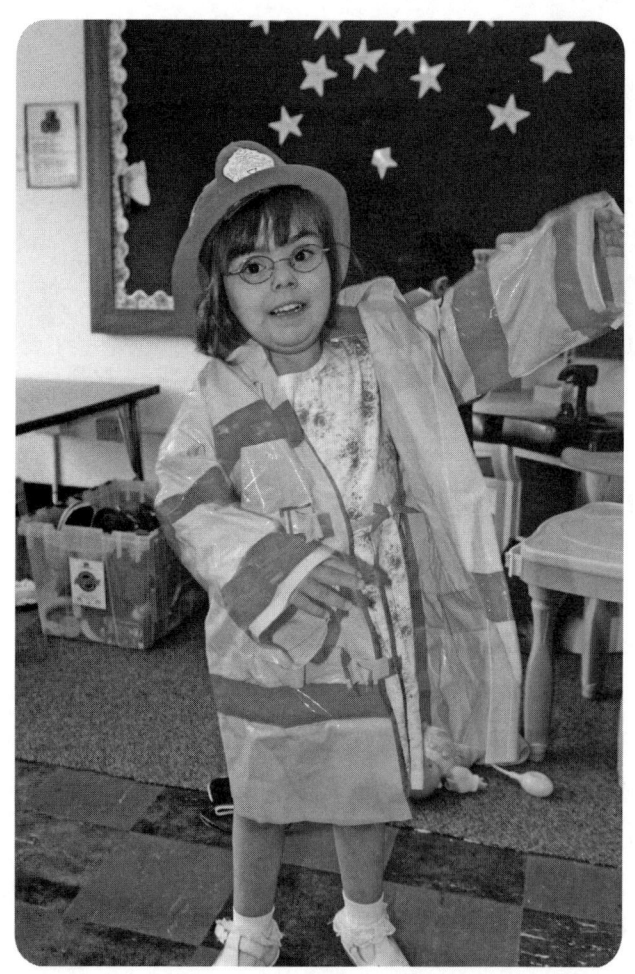

图 4.6 女孩可以驾驶消防车吗?当然可以!

改装一辆赛车。书中每两页就会向读者呈现一幅小仓鼠要为它的赛车选择的配件插图，同时向读者提出问题："你会选择哪一个？"读者必须翻到下一页才能找到答案。除了可以在戏剧游戏区或积木区开展更多的戏剧游戏之外，这个故事还可以被整合到美术区，让儿童画出自己的改装车。书中的问题都是开放的认知类问题，没有对错之分。儿童需要推理（一种高水平的思维）出问题的答案，就像小仓鼠一样。

教师需要及时了解儿童的最新兴趣，这样你才会发现《极速前进》是一本很适合用来导入儿童活动的图画书。书中，马克斯跳进了他的超级秘密赛车里，伴随着"啊—呜—啊—呜—啊—呜—呜"的声音飞了起来。当然，小听众的心也跟着飞了起来！很快，他们就会在美术区制作马克斯的头盔，在积木区搭建超级秘密赛车，在戏剧游戏区开始令人兴奋的冒险。表 4.9 还列出了一些有关驾驶的其他书籍。邀请儿童猜一猜，嘟嘟车是印度的一种公共交通工具吗？

超级英雄游戏

很多儿童喜欢扮演他们在电视上看到的角色，尤其是那些"超级英雄"，如蝙蝠侠、超人、神奇女侠和蜘蛛侠等。许多幼儿教师并不希望儿童玩这些。他们认为，超级英雄游戏往往会演变成吵闹的追逐打闹游戏，所以不适合在幼儿园教室里玩。这个问题涉及两个方面：在幼儿园教室里，是否应该允许超级英雄游戏存在？如果允许，儿童可以从中获得什么？

超级英雄游戏的价值

教师应首先考虑超级英雄游戏是否有价值。卡通动画可以把我们社会所信奉的一些基本价值观教给儿童，例如，谁是好人，谁是坏人；好人为什么好，坏人为什么坏；好人会怎样，坏人会怎样，等等。但是，卡通动画的处理往往比较刻板，它的人物都是一维的，要么是好人，要么是坏人。超级英雄通常是好人，他们英俊、强壮、忠诚、乐于助人、无私，随时准备与邪恶力量做斗争，而且总是胜利者。坏人通常长相邪恶、强壮、自私、不忠、阴险狡诈，他们总是向好人发起挑战，但最终是失败者。

这种卡通动画和早期的童话故事一样，不是真实的生活。它们以一种非常夸张和有力的方式传播价值观。霍夫曼（Hoffman，2004，p.5）指出，在超级英雄游戏中，儿童不只模仿成人的活动，还会通过扮演具有传奇色彩的人物来探索他们自己内在的恐惧、希望和热情。如果儿童能在戏剧游戏区的超级英雄游戏中学到这些亲社会价值观，那么你应该考虑允许儿童玩这类游戏。

这类游戏能在幼儿园获得一席之地吗？如果它可以避免失控，如果它内在的暴力倾向能被冲淡和控制，那么答案就是"能"，或者至少是"有可能"。

当然，无论是否被允许，儿童都会尝试玩超级英雄游戏，因为这类游戏反映了他们内心深处的一些东西。想想你自己的孩童时期，你会被这些卡通动画吸引吗？你的孩子会被它们吸引吗？然后，你就会意识到，超级英雄对儿童来说确实是强有力的象征。当你明白了这些象征代表了社会的积极价值观，并且能对它们加以控制进而将其引入亲社会的方向时，你可能就会考虑让儿童在教室中玩超级英雄游戏了。

学习亲社会行为

如果你决定允许儿童玩超级英雄游戏，你就需要通过一些规则和限制将儿童引到亲社会行为学习的方向上。当儿童开始玩这类游戏时，你可以坐下来和他们聊聊他们的超级英雄，说说这些超级英雄有哪些值得称赞的亲社会行为。

- 他们对朋友忠诚。
- 他们是无私的。
- 他们会帮助弱者。
- 他们会站出来对抗邪恶力量。

问问孩子们，他们能像这些超级英雄一样吗？该怎么做呢？人们是不是必须通过暴力和斗争才能得到自己想要的？如果想成为超级英雄，还能做些什么呢？如何在教室里扮演超级英雄？他们不能做什么？如果事情失控了该怎么办？如果你能和儿童谈谈这些价值观和行为问题，那么超级英雄游戏就有可能帮助儿童学会各种亲社会行为。

你可以借助《瓢虫仙子和大黄蜂》这本图画书来开启活动。这本书讲述了露露和山姆的故事，其中露露穿着红底黑点的靴子，披着红底黑点的翅膀，像瓢虫一样；山姆则像黄蜂一样穿着黑黄相间的条纹衬衫，他俩在操场上玩。故事中，其他儿童想要加入他俩的游戏，但因为都想扮演瓢虫仙子而发生了争吵。后来，露露和山姆这两位超级英雄找到了阻止争吵的方法。儿童喜欢扮演昆虫形象的超级英雄（见图4.7），就像表4.10系列图书中的角色一样。所以，请准备一些相关的服装道具。

表4.10　有关昆虫形象的超级英雄图书①

- 《瓢虫仙子》
- 《瓢虫仙子和大黄蜂》
- 《大黄蜂的神奇冒险》
- 《瓢虫仙子和虫虫小分队》
- 《瓢虫仙子和狗狗宾果》

全纳

残障儿童能扮演超级英雄吗？当然能！就像他们可以参与你所组织的其他活动一样，坐在轮椅上的儿童也可以选择扮演龙。披上纸做的翅膀，展开想象，这些儿童也能像龙一样突袭一切事物。你还可以为这类儿童以及其他感兴趣的儿童读一读《如果我有一条龙》（*If I Had a Dragon*，Ellery & Ellery，2006）。这本图画书讲述了主人公莫顿想要养一条龙作为宠物的故事。

所有儿童都应有机会（但不是被强迫）扮演超级英雄，穿上披风或者戴上有犄角的发带、羽毛或大耳朵就可以成为具有神奇力量的角色。你可以为他们读一读《瓢虫仙子和虫虫小分队》这本书，书中蜻蜓女孩、蝴蝶女孩和大黄蜂男孩的形象可以为儿童提供服装道具方面的参考。此外，你还可以为儿

图4.7　儿童喜欢扮演昆虫形象的超级英雄

①[美]戴维斯，著．[美]索曼，绘．印姗姗，译．北京：中国对外翻译出版有限公司，2015。——译者注

童提供一个装满各种超能力物品的篮子，如能量手环、魔法纽扣、徽章、勋章、旧手表或金色的旧手机等。

爱德华兹（2006）提醒我们，要提前向有视觉障碍的儿童描述环境中的物品，从而帮助他们了解什么时候、在哪里以及怎样参与游戏。

教师在戏剧游戏区的角色

戏剧游戏区本身是由两个相对独立的部分（娃娃家和客厅区）组成，因此教师在戏剧游戏区的角色也是双重的。教师必须永久设立娃娃家，以吸引儿童扮演他们最熟悉的角色：母亲、父亲、兄弟、姐妹、婴儿和祖父母。

然后，教师应该观察儿童，看看哪些儿童在合作玩游戏，哪些儿童在玩平行游戏或者在等待加入小组游戏的机会，哪些儿童远离小组独自进行假装游戏。此外，教师还应该通过观察来评估儿童的互动水平（见表 4.11）。

表 4.11 戏剧游戏：互动水平

操作水平
· 取出许多道具但不用
· 以不恰当的方式摆弄道具
· 拿着道具到处走
· 不用道具进行装扮
熟练水平
· 假装进行熟悉的生活常规
· 反复扮演同样的角色或情节
· 逼真地使用相同的道具或服装
· 重复相同的对话
意义水平
· 以新颖的方式扮演不同的角色
· 通过很多细节和对话来支撑情节
· 以创造性的方式使用道具玩假装游戏
· 没有道具也可以玩假装游戏

观察

为了评估儿童的互动水平,教师需要在观察时记笔记、拍照、录像以及对游戏场景进行连续记录——也许是借助手持录音机。随后,教师就可以在"儿童互动表"上记录其互动水平。

通过观察互动水平评价儿童的发展

在戏剧游戏中,幼儿是否像在美术、音乐、书写、积木活动中那样操作媒介呢?换句话说,他们是否会经历操作、熟练和意义三个阶段呢?即使戏剧游戏是如此综合且复杂的活动,很多因素在其中起作用,答案似乎也是肯定的。如果儿童的假装游戏涉及具体物品,那么我们就可以使用3-M互动观察法进行观察和评价。

操作水平

儿童在2岁或2.5岁时开始第一次假装和扮演角色,但是他们只是表现角色的行为片段。比如,把玩具娃娃放在床上,给它盖上毛毯,再把它从床上抱起来,不断重复这些动作。再比如,拿起扫帚、扫地、再把扫帚放回去,不断重复这些动作。另外,他们还可能会拿出餐具摆在桌子上,然后再把餐具放回去,一遍又一遍地重复。

他们的行为从何而来呢?他们经常观察周围发生的事情并重复其中的一部分。他们深受道具的影响,道具决定了他们的游戏(Wellhousen & Crowther, 2004)。如果他们看到一把扫帚,他们就会拿起扫帚扫地。如果他们看到一个玩具娃娃,他们就会把它放到床上。

他们似乎无法超越这些有限的行为,也许是因为他们在心理上还无法充分地对角色进行概念化。因此,即使对他们进行指导也收效甚微。年龄较小的儿童总是以同样的方式一遍又一遍地重复相同的角色行为片段,他们似乎在练习,就像处于熟练水平的儿童一样。

熟练水平

另一方面，三四岁的儿童虽然比2岁的儿童发育得更成熟，但是如果他们没有玩过假装游戏，他们就会在游戏中表现出明确的倾向：他们最开始只是摆弄、操作材料，之后才能以更加成熟的方式使用它们。

例如，他们一开始不是把听诊器当作医生的医疗器械，而是当作麦克风，对着它吹气或喊叫。通过与更有戏剧游戏经验的儿童互动，他们会"纠正"这些不恰当的行为，并最终能够使用道具来表现自己所扮演的角色。

意义水平

最终，儿童不仅会按照道具原本的用途来使用它们，而且会以新颖的方式赋予道具独特的意义。例如，他们可能会把手电筒当成一种能够发出神奇光束的物体。处于幻想最高水平的儿童甚至根本不需要真实的物体就能进行戏剧游戏，他们可以凭空想象出一些虚构的物体。

你可以对每个儿童的戏剧游戏能力进行评估，并将观察数据记录在"儿童互动表"上。如果一组儿童在一起玩戏剧游戏，那么你就可以把他们的行为和对话记在同一张表上，然后依据对数据（"成就""需要"和"计划"）的解读来为儿童制订个人发展计划。

成为失控游戏的协调者

戏剧游戏有时候也会瓦解或失控。如果儿童自己不能解决问题（教师已经给了他们充足的时间尝试自己解决），那么教师就要扮演第三个角色：游戏的协调者。作为协调者，你有以下几种策略可以选择（见表4.12）。

改变游戏方向

如果你选择改变游戏的方向，那么你可以向儿童建议另一个方向来调整他们的假装游戏。例如，在医生游戏中，如果儿童因为听诊器或者由谁来打针而争吵不休导致游戏失控，那么你可以这样说："今天医生要下班了，他需要整理好东西回家了。不过，他的车坏了，他得叫辆出租车。有人会开出租车或修车吗？"

表 4.12 协调者的策略

- 改变游戏方向
- 扩展游戏情节
- 扮演游戏角色
- 停下来，与儿童讨论

扩展游戏情节

另一方面，你也可以为儿童提供一个令人兴奋的新想法，从而绕过听诊器的问题，扩展儿童的游戏，使游戏继续下去。例如，你可以这样说："医生，这是你订购的四台激光器（给'医生'四块圆柱体积木）。医院希望你和你的助手在病人身上试试，看看能否用它们观察病人的身体，找出他们的病因。这些激光器是新发明的，你们是第一位使用它们的医务人员。请小心使用，因为它们很脆弱。"

扮演游戏角色

你需要了解儿童及他们会如何回应教师提出的建议，以便决定如何挽救已经失控的戏剧游戏。如果你通过扮演角色的方式来挽救游戏，那么通常情况下儿童要么冷静下来，要么离开。如果游戏能平稳地继续进行，你就可以采用同样的方式退出游戏。

停下来，与儿童讨论

有时候，停止游戏是有必要的。如果儿童已经失去了控制，无法接受改变游戏方向或者拓展游戏情节的建议，那么你就需要干预了。这时，你需要冷静且坚定地与儿童讨论班级的"三关爱"规则。

- 关爱自己。
- 关爱他人。

• 关爱环境和材料

例如，你可以这样说："卢克，我不允许你打安迪。在班级里，我们应该互相关爱，不可以打人。如果你感到生气，你可以告诉安迪你的感受。如果你太生气了，不想跟他说话，那么你可以暂时离开戏剧游戏区，等你感觉好点儿了再回来。"

如果所有儿童都被卷入混乱之中，你就需要停止游戏，并通过阅读一本合适的书来让他们当场冷静下来。失去控制的儿童不应该受到惩罚或严厉的训斥。相反，他们需要以一种冷静、客观的方式从这种状况中学习。如果你向儿童表明了你关心他们并将帮助他们保持控制状态，那么当时机来临时，他们就能够更好地解决自己的游戏冲突。

无论对儿童还是教师来说，戏剧游戏都是一种令人兴奋的体验。当儿童尝试各种角色并开始了解真实的生活时，你就可以从旁观察他们的进展。你将能够观察到哪些儿童可以将复杂的想法概念化（见图4.8），哪些儿童知道如何和平地解决冲突，哪些儿童能够针对戏剧游戏中出现的问题提出独创性的解决方案。

图 4.8　你将观察到哪些儿童可以将复杂的想法概念化

本章要点

1. 创设戏剧游戏区

   （1）布置一个娃娃家来激励儿童扮演家庭角色

   （2）把杯子、锅碗瓢盆等炊具挂在钉板上，并且为每件物品画出轮廓或图案，便于分类和匹配

   （3）把道具服装单独挂在衣钩上，把帽子挂在钉板或帽架上，把手提包、皮带、钱包、鞋子、珠宝放在架子上

   （4）在戏剧游戏区开辟一块区域作为客厅，用于不同的游戏主题

   （5）请家长为儿童的鞋店提供空鞋盒、袋子和鞋子

   （6）为"商店"提供一个玩具收银机

   （7）使用阁楼创设两个额外的游戏区域

2. 戏剧游戏促进儿童的社会性发展

   （1）以出行为主题的戏剧游戏可以使害羞的儿童和双语学习者不用说话，且以乘客的身份参与游戏

   （2）通过阅读与校车有关的书籍以及把一排椅子当校车，可以开启幼儿的校车游戏

   （3）邀请旁观者扮演乘客加入以出行为主题的游戏

   （4）当游戏者感到自信时，教师退出游戏

   （5）在出行游戏开始前，让儿童打包行李

   （6）让司机发出汽车的声音，并让儿童猜猜是什么车

   （7）通过一些限制来引导超级英雄游戏向亲社会方向发展

3. 戏剧游戏促进儿童的情绪情感发展

   （1）让儿童自己解决戏剧游戏中的冲突

   （2）利用戏剧游戏区以外的其他活动来帮助儿童处理戏剧游戏中的冲突

   （3）阅读有关游戏冲突的图画书，并与儿童讨论如何解决冲突

4. 戏剧游戏促进儿童的认知发展

（1）让儿童在真实的游戏环境中练习，进而发现哪些处理问题的方式有效，哪些无效

（2）将戏剧游戏作为实地考察的延伸活动

（3）实地考察结束后，使用照片和相关主题故事来引发后续活动

（4）阅读有关实地考察的书籍

（5）投放与实地考察有关的道具，供儿童使用

（6）把驾驶座和几把椅子当作消防车

5. 戏剧游戏促进儿童的语言发展

（1）给儿童充足的时间让他们深度参与游戏

（2）在戏剧游戏区提供两部玩具手机

（3）在墙上挂上日历，在玩具电话旁边放上电话簿和记事本，在娃娃家摆放杂志和报纸

（4）邀请儿童围绕游戏情节创编游戏故事

6. 戏剧游戏促进儿童的创造力发展

（1）创编具有想象力的故事，玩幻想游戏，引发富有创意的游戏主题

（2）鼓励儿童运用想象力创造出"不可能的"心理意象

（3）引导儿童尝试运用不同的方法来区分幻想和现实

试 一 试

1. 创设戏剧游戏区，包括娃娃家和用于其他戏剧游戏主题的客厅区域。
2. 根据帕顿的游戏水平分类，观察并记录儿童的社会性游戏水平。
3. 通过邀请旁观者或独自游戏者与你一起扮演一些简单的角色，帮助他们参与到戏剧游戏中。你邀请的儿童一定要包括双语学习者和有特殊需要的儿童。
4. 记录几个戏剧游戏的片段，以说明游戏中的领导者和追随者。
5. 组织儿童进行实地考察，然后使用适宜的道具和故事开展戏剧游戏，并将结果记录下来。

第 5 章　图书区 / 阅读区

学习目标

阅读本章之后,你将能够:

1. 让学习区充满图画书。
2. 创设图书区。
3. 了解儿童读写能力的萌发过程。
4. 理解幼儿园教室中的阅读。
5. 了解家庭中的亲子阅读。
6. 了解能促进儿童语言发展的图画书。
7. 了解能促进儿童社会性发展的图画书。
8. 了解能促进儿童情绪情感发展的图画书。
9. 了解教师在图书区的角色。
10. 提供有趣的图书拓展活动。

幼儿园教室里的图书

教室里的每一个学习区都应该充满精彩、温暖、快乐、令人兴奋以及吸引人的图画书。每一个学习区？是的。每个学习区都需要一个小书架，上面摆放着与该学习区儿童当前经验有关的图画书。例如，积木区里摆放的是有关建筑的图画书，倾听区里摆放的是有声读物，操作区/数学区里摆放的是有关计数的图画书，书写区里摆放的是有关字母的图画书，美术区里摆放的是有关颜色的图画书，音乐区里摆放的是有关歌曲的图画书，科学区里摆放的是有关宠物或植物的图画书，戏剧游戏区里摆放的是有关人们进行假装游戏的图画书，大肌肉运动区里摆放的是有关跑、跳的图画书。

贝克和希弗（Baker & Schiffer，2007，p.44）认为，图书应该遍布教室里的每个学习区，成为日常活动不可或缺的一部分。这也是自主性学习环境所支持的理念。本书针对每个学习区都可以使用哪些图画书给出了具体的建议，以帮助幼儿扩展正在进行的活动以及支持全美幼儿教育协会认证指标 2.E.04.a。

> 2.E.04.a 儿童有各种机会以小组或个人的方式听教师给他们读书，在全日制幼儿园每天至少读两次，在半日制幼儿园每天至少读一次。

每天朗读两次

乍一看，全美幼儿教育协会的这项认证指标似乎有些过分。接下来，我们看一看莫罗、弗赖塔格和甘布里尔的研究报告（Morrow, Freitag, & Gambrell, 2009, p.5），他们不仅讨论了给年幼儿童朗读的重要性，而且指出，根据美国国家教育研究所的研究，给年幼儿童朗读是帮助他们建构成功阅读所需知识的最重要的活动。

你是否想知道，为什么给年幼儿童朗读如此重要？这样的活动是如何帮助年幼儿童真正学习阅读的？首先，它提高了儿童的词汇量和理解能力。当他们一遍又一遍地听同一个喜欢的故事时，他们将开始认识故事中的词汇并理解这些词汇的意思。我们知道，这样的重复能够增强大脑中的神经连接。大脑开始区分相似的发音和不同的发音,换句话说,作为阅读必要组成部分的音素意识得到了加强(Wolfe & Nevills,2004,p.45)。

给年幼儿童朗读还能帮助他们熟悉阅读过程本身:书怎么拿,怎样从上到下读一页故事,如何翻页以及最终读者怎样一行行阅读文字而不是图画。当儿童也参与其中时,这个过程就变成了一个愉快的过程——成人想让儿童在阅读中感受到快乐,同时儿童自己也想体验阅读的愉快过程。

图画书

儿童将要阅读的书是图画书—— 一种封面和内文都有着彩色图画的书。正是这些图画吸引了儿童和教师,也正是这些图画使这类书籍对早期阅读者非常重要。为什么?首先,它们唤起了儿童的情感反应。基弗在她具有开创性的著作《图画书的潜力:从视觉读写到审美理解》(*The Potential of Picture Books: From Visual Literacy to Aesthetic Understanding*,Kiefer,1995,p.12)中提到,很多研究者忽视了图画书其引发情感反应的力量,但是这种力量也许正是图画书对于儿童认知和审美理解能力发展的最大贡献。

儿童是意义的建构者。理解文字的意义需要时间和努力。不过,他们能很快理解图画的意义。他们喜欢阅读封面吸引人的图画书。例如,在《受惊吓的熊》(*Scare a Bear*,Wargin)这本书的封面上(见图5.1),一个小女孩双手叉腰面对着一头巨大的棕熊。看到这个封面,儿童很快就会明白,原本应该被吓到的是小女孩而不是那头熊。所以,他们想赶快听一听这个故事,以便找到小女孩没有被吓到而熊被吓到的原因。换句话说,儿童认识图画比认识文字早得多。正如托厄尔、鲍威尔和布朗(Towell,Powell,& Brown,2018,p.38)所发现的那样,图画书是促进儿童早期读写能力发展的有力工具。

如今,图画书封面上的图画比以往任何时候都更大、更醒目。儿童生活的世界充满了视觉图像,图画书必须与这些视觉图像竞争。所以,美术家们似乎正在使他们的插画

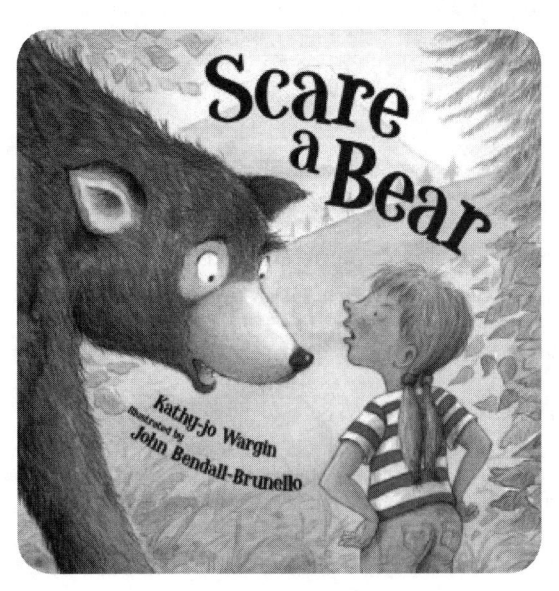

图 5.1

比以往任何时候都更明亮、更大、更富有情感，以吸引儿童和教师的注意。当你为班级中的图书区选择图书时，要考虑图书的封面插图是否能引发儿童的阅读兴趣。

图画应该占据书的大部分页面，而文字应该很少。这样当你给儿童阅读时，就可以很快翻页，从而一直吸引阅读小组的注意。如果书中文字太多，儿童很快就会失去兴趣。

创设图书区/阅读区

如果图书区的图书看起来很有趣，儿童就会被吸引到图书区。图书区应该是一个温馨、快乐、奇妙的地方，个别儿童或者小组儿童在这里依偎在一起听教师给他们读他们最喜欢的故事，或者他们自己阅读他们最喜欢的故事。阅读时，每个儿童都要能清楚地看到这本书。如果你面向的是全班儿童，那么讲故事比读故事更有效。

图书区/阅读区应当是教室里最有吸引力的学习区之一。色彩斑斓的毛绒地毯、柔软的枕头和豆袋椅，都向幼儿发出了邀请："快进来，阅读一本很酷的图画书放松一下吧。"

使用明亮的颜色和柔软的枕头

采取一切必要的行动使图书区具有吸引力，让儿童迫不及待地想要进来阅读图画书。物品如地毯、枕头、家具、墙壁以及书架等，尽可能使用明亮的颜色。把图书海报贴在墙上。在许多儿童书店里，你都能买到彩色的图画书海报。你也可以自己制作海报，用复印机将图书封面放大复印即可。

展示与图画书有关的拼图、游戏，以及根据图画书中的人物角色制作的玩偶。在墙面上与儿童身高齐平的地方，或者低矮的画架上放一块法兰绒板。准备一些适合儿童的小书架，把儿童喜爱的图画书正面朝前陈列在上面。

图书区要让儿童感到舒适。有些儿童喜欢躺在地板上看书，那么要提供一些柔软的、色彩明亮的地毯和枕头。有些儿童喜欢懒洋洋地坐在靠窗的座位上看书，那么可以在窗户下面放一个木凳，然后在上面铺上软垫，再套上彩色的椅套，放上彩色的枕头。此外，还有一些儿童喜欢坐在椅子上或摇椅上阅读，那么可以在图书区放置大小适合儿童的椅子和摇椅，或者准备一两个豆袋椅（见图5.2）。

图 5.2 有些儿童喜欢躺在豆袋椅上阅读

充气椅、矮木凳、大型泡沫积木和小型软垫沙发等也是受儿童欢迎的座椅。有一位教师将图书区变成教室里最受儿童欢迎的地方，她将一个旧的爪型浴缸放在了图书区，并给它涂上了颜料、贴上了花朵装饰，同时还在里面放满了蓬松柔软的枕头和书！

你也许还想在图书区安放一张小圆桌和几把椅子，以便摆放杂志以及与图书相关的游戏或拼图。但是，如果图书区本身空间比较小，那么最好是在地板上放上垫子为儿童提供舒适、宽敞的阅读空间，而不是摆放桌子来占用地方。

那么，成年读者呢？图书区也要让你自己和其他成年读者感到舒适。对那些经常将脚或手指放在摇椅下面的儿童来说，一张成人的摇椅并不安全。你可以放置一张由他人捐赠的沙发或躺椅。大胆布置图书区吧，使其尽可能具有创造性、与众不同！

图书陈列

怎样陈列图书？首先，要确保有足够数量和种类的优质图画书。将它们摆放在垂直的书架上，让儿童能够轻松地看到图书的封面，从而方便他们做出选择。确保这些图画书完好。对潜在的阅读者来说，没有什么比书页破损、封面残缺更令人沮丧的了。同时，这些破损的图书也无声地表明：你没有爱护它们。你应当将这些书拿走或进行修缮。

没有必要把所有图书一次全部陈列出来，但是书架上总要有一本儿童最喜爱的书。儿童会一遍又一遍地重复阅读他们最喜欢的图书。不时投放一些新书，能够为图书区增加新的维度，引发儿童新的兴趣。

此外，其他一些陈列图书的创新方法能够吸引儿童到图书区和其他学习区。一种方法是，把晾衣绳从教室的一头紧贴墙面拴在教室的另一头。然后，在晾衣绳上悬挂几条彩带，彩带的颜色要与每个学习区的颜色代码匹配。把每条彩带的一端系在绳子上,然后在每条彩带的另一端绑上夹子,其高度与儿童的视线平齐。接下来,把每个学习区要使用的图书用夹子夹在彩带上,这样它们就以一种既吸引人又节省空间的方式被展示出来。只要你教给儿童如何用夹子夹书以及如何从夹子上取下书,他们就会喜欢亲自夹书和取书——这也是一种很好的练习小肌肉的活动。他们还可以帮忙选择每周要在哪条彩带上夹哪本书。

图书与儿童

"3岁、4岁、5岁的儿童真的能阅读吗?"也许你会这样问(见图5.3)。少数儿童或许能做到,大多数儿童做不到。但是,这不是重点。将图书投放到教室的各个地方并将它们整合到课程的各个方面,这样做可以将儿童与图书以奇妙的方式聚集到一起。儿童需要对真正的书产生好感。他们将了解到,图书对于班级的正常运行多么重要。当他们坐下来阅读时,他们可以体验到阅读多么令人快乐。当他们打开图画书时,他

图 5.3　3 岁的儿童真的能阅读吗

们会发现图画书多么美丽。然后,他们就可以开始自己的"阅读之路"了。

你给儿童读的图画书越多、讲的故事越多,儿童就越想与图书联系到一起,越想自己学习阅读。最终,你和儿童都会发现,共读是最让你们感到快乐的活动之一。与教师紧紧地依偎在一起共同阅读一本可爱的书,是师幼之间彼此表达关怀的一种温暖的方式。教师在用行动告诉儿童:"在忙碌的一天中,我抽出时间和你分享一些美好的东西,因为我关心你。"儿童也在用行动告诉教师:"我喜欢这样靠着你,因为我也关心你。"

读写萌发

当前关于儿童怎样学习阅读以及为什么有些儿童没有很好地学会阅读的研究,

让我们改变了对阅读准备的看法。我们曾经认为，儿童只有到一定年龄才能学习阅读，比如说 6 岁，或者只有在完成了各种发育过程、具备了一定能力之后才能学习阅读，比如手眼协调能力。我们曾经认为，我们能为他们做的事情就是给他们提供一些阅读准备活动，比如，让他们把练习册和作业本带回家，练习把字母和发音匹配起来，或者是圈出哪些图片是相同的、哪些图片是不同的。

如今，我们认识到，阅读是一个从儿童出生就开始的逐渐萌发的过程，它包括听、说、读、写。其中，关于"听"和"说"，我们将在第 6 章讨论；关于"写"，我们将在第 7 章讨论。

文字意识

如今我们知道，儿童几乎从出生起就"准备"好了学习阅读。没错，就是从出生开始！我们已经发现，学习阅读根本不是我们想象中的那样。儿童不是学习一套严格排序的技能，而是首先获得"文字意识"：我们所说的话可以用文字书写下来，这些文字都承载着相应的意义。儿童需要在生命的早期就接触这些文字，并与之产生各种各样的互动体验。

西费尔特和沃斯克（Seefeldt & Wasik，2006，p.211）解释道，通过标记常见的物品（如积木和蜡笔等）为儿童创设一个充满文字的环境，让儿童意识到环境中的文字。全美幼儿教育协会认证指标 2.E.03 也支持这一观点。

> 2.E.03 儿童有机会熟悉文字。他们积极理解文字，有机会熟悉、识别和使用班级中出现的文字。

环境中的文字

儿童需要看到并与"环境中的文字"互动，即日常生活中的标志和符号，如电视广告、快餐标志、超市产品、加油站标志、麦片盒子的标签、T 恤的标签等。当他们大到可以被父母抱着坐在膝上时，他们就需要接触和阅读图书了。他们需要看到身边的成人在阅读图书、杂志和报纸。他们需要看到成人写购物清单和便笺。他们自己也需要参与其中，如"给奶奶寄贺卡""告诉艾尔叔叔小猫的来历"或者在电脑游戏中输入他们的名字等。

文字醒目的图画书

我们能找到这样的图画书吗？能。在最初给幼儿选择读物时，教师通常会寻找文字醒目的图画书。它们可能比正常文字要大，有不同的设计，使用不同的字体，有不同寻常的颜色，或者在其他方面看起来不同和令人兴奋！这样的文字吸引儿童将注意力集中在文字本身。因为大多数儿童需要了解到是文字而不是图画在讲述故事，所以教师需要一边给儿童阅读一边在文字下面移动手指。

儿童应该紧紧地坐在教师身旁，这样他们才能看到这些迷人的文字（见图5.4）。书上写了什么？之后，他们会在自己阅读图书时寻找这种文字。这种活动被称为"文字参照"。一旦儿童明白他们所说的话可以用文字记录下来，并且他们可以认出这些文字，他们就走上了阅读萌发的道路。

图5.4 儿童紧紧地坐在教师身旁，以便看到书中的文字

检查一下你的班级里有多少本图画书含有这些特征。有时候，图书封面上的图片会给你一些提示。例如，很明显，从《滴答，滴答，隆隆》（*Tap Tap BOOM BOOM*）这本书的封面（见图5.5），我们可以知道，书中可能会出现用不同字体呈现的声音词。《千万别带钢琴去海边》①封面（见图5.6）上的"千万别"一词显示出了字体的变化。儿童喜欢在反复阅读故事时发现并说出这些词语。儿童想读多少遍故事，就让他们读多少遍。他们很快就会明白文字讲述着故事，并开启了自我发现和说出新文字之旅。

---

① [美] 帕斯利, 著. 陈冰, 译. 北京：中信出版社, 2018。——译者注

图 5.5

图 5.6

阅读萌发

并非每个儿童都能自然而然地就会阅读。但是，高质量的早期教育项目可以给他们一个良好的开端。之后，他们进入小学在教师主导的活动和自主生成的活动中继续发展阅读能力。有些儿童 7 岁之前自然习得的读写能力可能并不完善，但是另外一些儿童 4 岁时就能通过自学的方式学会阅读。

小学教师承认，每年都有一两个儿童在进入班级时就已经知道如何阅读了。这些教师在跟这类孩子的父母核实后发现，这个事实完全出乎儿童父母的意料。这些父母不仅没有教他们的孩子阅读，甚至都不知道孩子会阅读！

那么，这是怎么发生的呢？显然，他们的孩子置身于一个文字丰富的环境中，在这个环境中，他们学会了必要的知识和技能来自己"破译阅读密码"。当然，或许是哥哥姐姐们的阅读激励着他们去学习。表 5.1 罗列了一些文字材料，它们也有助于儿童开启阅读之旅。

表 5.1　文字材料

·电视广告	·熟悉的图画书
·带文字的屏幕	·电脑游戏
·快餐店的招牌	·带标签的玩具
·早餐食品盒	·生日贺卡
·杂志的封面和图片	

幼儿园教室里的阅读

上述这些发现对幼儿园教师意味着什么？是否意味着你应该开始教儿童阅读？不。儿童的早期读写能力不是通过正规的教学实现的（见图 5.7）。

幼儿教师不应该单独强调读写技能或给予儿童正式的语音教学（Wolfe & Nevills，2004，p.53）。在充满符号、清单、记录、图表、图形、图片、书籍、标签、故事、杂志、报纸和食品容器等文字的环境中，儿童会自然地萌发读写能力。当教师一遍又一遍地给个别儿童或小组儿童读他们最喜欢的故事时，当儿童可以自主阅读同样的故事时，当儿童被鼓励创编自己的故事并且这些故事被记录下来时，读写能力就萌发了。对此，你应该为儿童提供五方面的重要条件（见表 5.2）。

图 5.7　儿童的早期读写能力不是通过正规的教学实现的

表 5.2　读写能力萌发的先决条件

- "充满文字"的环境
- 反复阅读可预测的图画书和押韵的图书
- 儿童可以自由选择图书和活动
- 儿童有深度阅读的时间，从而让书变得有意义
- 每天给个别儿童和小组儿童阅读

儿童的故事感是通过定期听故事和定期听教师给他们阅读故事形成的。这也就是教师定期给儿童阅读被纳入全美幼儿教育协会认证指标 2.E.04.b 的原因。

2.E.04.b　儿童有各种机会听教师定期给他们读书，包括一对一阅读，或 2～6 人为一组听教师阅读。

从被动倾听到自主阅读，儿童掌握了阅读过程中的要素，如表 5.3 所示。

表 5.3　阅读过程的要素

- 故事的文字是水平印刷的
- 从左到右逐行阅读
- 故事从页面顶部开始，逐渐向下

因此可以说，尽管你没有以一种正式的方式教儿童阅读，但是你和儿童都直接参与到与他们阅读技能有关的非正式学习中。

可预测的图画书

对早期阅读者来说，可预测的图画书是最合适、最有效的书籍之一。这些书的特点是具有重复的语言模式。这些模式可能是押韵的单词或短语，也可能是人物或者动作的累积、叠加，如《打瞌睡的房子》[①]，还有可能是重复问题的回答。我们意识到，对处于熟练阶段的儿童来说，重复是学习的必要手段。"老师，再读一遍"，这

[①] [美] 伍德, 著. [美] 伍德, 绘. 柯倩华, 译. 济南: 明天出版社, 2017.——译者注

是儿童在故事阅读中经常提出的要求。

学前儿童也喜欢重复押韵的词语和短语。他们需要通过重复来学习。事实上，大脑是根据它反复听到的东西来建立连接的（Wolfe & Nevills，2004，p.51）。

因为可预测的图画书以这种方式让幼儿直接参与进来，所以，它们特别适合帮助幼儿把口语和书面语联系起来。当这类图画书以儿童喜欢的儿歌或者手指游戏为主题时，幼儿更有可能参与进来。

每个幼儿园教室都应该有几本以儿歌为主题的可预测的图画书。

意义提取者

儿童是了不起的"意义提取者"。他们带着与生俱来的好奇心运用感官去探索周围的世界。通过探索获得的感官信息会在他们的大脑中得到加工、被提取意义。有些儿童比其他人更善于探索，有些儿童则比其他人更善于"提取意义"。因此，有些儿童的读写能力可能要比其他儿童萌发得更早一些。

但是，我们知道，为了支持儿童这种自主的学习过程，我们必须允许儿童自由选择他们感兴趣的图书和活动。然后，我们必须给儿童充足的时间深入探索这些图书。最后，我们必须反复给儿童读这些图书。从这些活动中，儿童将能够提取表 5.4 中所示的信息。

表 5.4 阅读要点

- 书是如何起作用的
- 故事是怎样进行的
- 什么时候翻页
- 文字如何传达信息
- 插图如何帮助人们理解文字

家庭阅读

如果家长在家里给儿童读过书，儿童就已经开始了学习阅读的过程。莫罗、弗

图 5.8 邀请家长前来与儿童一起阅读

赖塔格和甘布里尔（2009，p.5）讨论了家庭中的故事阅读与儿童早期读写能力发展之间的紧密关系。他们发现，早期儿童阅读者来自那些在儿童几个月大时就经常给他们读书的家庭。

你如果希望家长参与到儿童的阅读中来，就可以收集一些图画书供孩子在下午离园时借回家阅读，第二天早上入园时再归还。你也可以邀请家长到班级的图书区与儿童一起听你读书，然后请他们轮流读书（见图 5.8）。

给家长发简报，告诉他们儿童正在阅读的书和正在玩的手指游戏，并为班级图书区正在开展的图书拓展活动提供指导，比如图书玩偶、拼图、游戏等。图书是儿童学习阅读的关键。索耶（Sawyer，2012，p.14）发现，儿童文学作品的使用是影响儿童读写能力发展的关键要素。通过阅读故事书，儿童可以看到和听到单词、韵律和语言概念。本书自始至终使用儿童读物作为每个学习区活动的导入工具。

图书聚会

为家长举办"图书聚会"，使他们熟悉优秀的儿童读物，并创编图书游戏带回家跟儿童玩。请家长将他们在家里给儿童阅读的图书的书名发给教师，以便教师制作"我最喜欢的图书"表格。你还能想到哪些图书活动来让家长参与？和家长一起去公共图书馆进行实地考察怎么样？可以向没有借书证的家庭发放借书证。

促进儿童语言发展的图书

你可能感到很惊讶："难道不是所有的图书都能促进儿童的语言发展吗？"当然，所有的儿童读物都有助于儿童的语言发展。但是，我们在这里所讨论的都是支持适宜性实践课程主旨的图书，即儿童通过操作、熟练、意义三个层面的互动来发展各种技能。

我们不难理解，儿童是如何学习使用积木进行建构活动的。他们首先是操作积木，然后通过必要的重复动作达到熟练水平，最后赋予积木以意义。我们也很容易就能看出，儿童是如何在这三个层面上与拼图、钉板、数学材料等互动的。而语言的发展也是通过同样的互动过程发生的，这似乎有点奇怪。然而，这是事实。

斯特拉瑟和塞普洛卡（Strasser & Seplocha，2007，p.222）发现，当儿童开始听带有重复性词语或者短语的歌曲、童谣、诗歌和故事时，他们就开始"摆弄"语言。换句话说，他们操作、熟练并最终理解他们所听到的新词。

儿童读物可以支持儿童通过这三种互动水平来发展语言能力。本章所列举的图书能够吸引儿童的兴趣，引发儿童在这三种水平上互动。其他类似的图书也能为儿童的语言发展提供同样的机会。当你选择图书来促进儿童的语言发展时，请一定要把这三种语言互动水平牢记在心。

词语和发音游戏

我们已经注意到，幼儿"玩词语"就像玩积木一样自然。如果你觉得难以置信，那么你可以听听幼儿躺在床上准备入睡时会说些什么。他们经常自言自语，一遍又一遍地发出一些声音或者嘟囔一些词语。当他们醒着时，他们经常玩类似的声音或词语游戏。如果他们偶然发现一个有趣的词语，他们就会一遍又一遍地重复它，或者编造类似的词语来配合它。如果你在给他们阅读时，书中的某个词语戳中了他们的笑点，那么他们就会大笑不止（见图5.9），这可能会让你满心疑惑：什么事这么好笑？有些儿童会一边玩一边不停地喃喃自语。如果能把他们的音量放大，你就会听到他们吟唱的声音或者词语。

了解了这些之后，你可能想要为儿童提供一些以听起来有趣的词语为特色的图画书，例如，

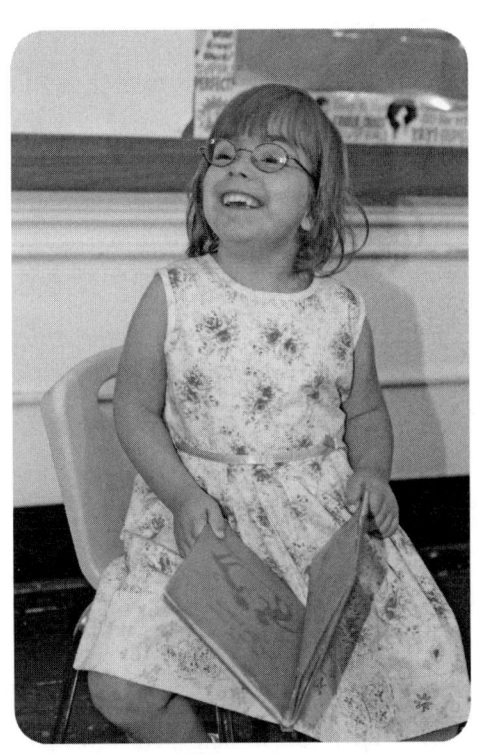

图5.9 儿童听到有趣的词语而放声大笑

《暴躁的玛雅》①。注意他们觉得哪些词语好笑，他们想要重复哪些故事，以及阅读后他们会说哪些词语。儿童喜欢《受惊吓的熊》这本图画书，因为书中滑稽的插图描绘了一幅幅有趣的画面：来自不同民族的露营者在森林中露营，他们在营地周围蹦蹦跳跳，敲打锅碗瓢盆，看到熊"扑通"一声从床铺上摔下来时咯咯地笑。猜一猜，这个故事中哪个词语可能会让儿童觉得最有趣呢？没错，就是"扑通"。

模式游戏

一旦儿童学会了如何对待这些单词或者词语，他们就进入了下一个互动水平，即简短地重复它们。这种游戏就像吟唱一首儿歌，儿歌中的某些单词反复出现，另一些单词则彼此押韵。例如，儿童一遍又一遍地自言自语："hamburger, ram-burger, lam-burger, sam-burger."朱迪思·施瓦茨（Judith Schwartz，1981）发现，这是她观察到的儿童玩得最频繁的语言游戏。

这几乎是一种自我强加的语言练习。同时，这也是儿童的一种自发性游戏，他们常常因为一些发音有趣的词语而哈哈大笑。你可以为儿童选择一些以重复性押韵的字、词或短语为特色的图书，以支持儿童的这种语言互动。

《咔嚓咔嚓！那是什么》（*Snip Snap! What's That*，Bergman，2005）讲述了一只短吻鳄闯入三个孩子所居住的房子并威胁他们的故事。"孩子们害怕了吗？"每当这个问题被问起时，书中都会出现"你敢打赌他们害怕"这句话。当你把书中出现这句话的页面呈现给儿童时，他们也会大声喊出这句话。

另一本让儿童爱不释手的"模式游戏"图画书改编自经典儿歌《背着鳄鱼包的女士》（*The Lady with the Alligator Purse*，Westcott，1988）。在这本图画书里，模式是重复出现的短语——"进来了"。

> 医生进来了，
> 护士进来了，
> 背着鳄鱼包的女士进来了。

如果你要给儿童阅读这本书，那么请做好他们午餐也想吃比萨的准备，就像故事中背着鳄鱼包的女士为每个人做的那样。事实上，你可以考虑和儿童一起制作比

---

① [美]皮平-马图尔，著. 刘庆凯，译. 天津：天津人民出版社，2015。——译者注

萨来作为这本书的拓展活动。你也可以准备一些大钱包放在图书区，让儿童有机会表演这个滑稽好玩的故事。当儿童听到这些字、词或短语重复了足够多次数时，他们就会自发地记住这些押韵字、词或者短语。像这样的记忆练习是儿童读写能力萌发的另一种促进方式。

另一个令儿童兴奋的活动是在法兰绒板上操作故事人物的图片。你可以购买现成的法兰绒，也可以自己制作（见表5.5）。

表 5.5　如何制作法兰绒板

1. 把一块方形毛毡粘在硬纸板上；
2. 把硬纸盒的两侧剪掉作为画架，把硬纸板安在上面；
3. 从图书中扫描一些人物图片；
4. 将这些人物图片剪下来压膜；
5. 用砂纸或维克牢尼龙扣把图片背面粘在硬纸板的毛毡上。

儿童喜欢边听故事边操作法兰绒板上的人物图片。如果你把读的书录制下来，放在倾听区供儿童在录音机上回放，那么他们就可以独立开展这个活动。他们也可以在听到录音中人物的对话时，指着法兰绒板上相应的人物。当你录制故事时，请不要忘了在每次要翻页的时候加上一个声音提示，这样儿童在独立阅读这本书时就能够在适当的时候翻页。用勺子轻敲玻璃杯是一种很好的翻页提示。一定要检查他们是否能紧跟书的内容翻页。其他优秀的模式游戏类图画书包括《讨厌的肥猫》[①]《老麦克唐纳有一辆卡车》（*Old MacDonald Had a Truck*，Goetz，2016）等。

意义游戏

意义游戏是最复杂的词语游戏形式。当儿童真正掌握了以正常的方式使用词语的内在规则后，他们有时会赋予词语以独特的意义。也就是说，他们会尝试用新颖、有趣的方式来使用词语。他们试着玩味词语的意思，使用双关语，使用同义词、同音异义词或具有双重含义的词。

儿童与图书的互动也要经历 3-M 发展水平。由于我们没有刻意去发现，因此这个过程往往没有那么明显。表 5.6 列出了儿童与图书互动的一些方式。

[①] [英] 托马森，著．[英] 巴斯比，绘．斯予，译．南京：南京师范大学出版社，2012。——译者注

表 5.6　图书活动：互动水平

操作水平

- 把书从书架上拿下来，到处乱扔
- 拿着书，但不看
- 把书拿反了看
- 在游戏和建构活动中使用图书
- 翻书，有时一下翻好几页

熟练水平

- 反复阅读自己最喜欢的书
- 想要一遍又一遍地听或读同样的故事
- 从故事中认识一些单词或短语并重复它们

意义水平

- 复述书中的故事，假装在读书
- 改变故事的要素（故事名字、结尾等）
- 创编自己的故事，并把故事涂鸦在纸上或者输入电脑

促进儿童社会性发展的图书

年幼儿童的社会性发展涉及与他人相处的技巧，包括交朋友、加入游戏小组、与他人和睦地游戏、分享玩具、轮流和互相关心等（见表5.7）。图书是强化班级关爱规则的很好手段，即:(1)关爱自己;(2)关爱他人;(3)关爱环境和材料。

表 5.7　学前儿童的社交技能

- 与他人相处
- 交朋友
- 参加游戏小组
- 和睦地游戏
- 分享玩具
- 轮流
- 互相关心

埃利斯、加林甘恩和肯普利（Ellis，Gallingane，& Kemple，2006，p.31）告诉我们，正如图 5.10 所示，当儿童听到的故事、寓言和童话与他们个人的社交经验相关时，它们对他们的社交技能将有深远影响。

图 5.10　关于友谊的故事对儿童的社交技能有深远影响

友谊

学前时期的大多数友谊都是短暂的或单方面的,因为此时儿童仍然处于以自我为中心的发展阶段。他们更关心的是玩而不是交朋友。大多数学前儿童寻找的是玩伴而不是朋友。心理学家科萨罗(Corsaro,2003,p.69)告诉儿童,他们可以通过与其他儿童一起玩来交朋友——尽可能多地和其他儿童一起玩。倾听图画书中的友谊故事也会有所帮助。在许多有关友谊的儿童图书中,表 5.8 所示的图画书非常受儿童欢迎。

表 5.8　促进友谊的图画书

- 《我有友情要出租》[①]
- 《一堆好朋友》[②]
- 《萝卜回来了》[③]
- 《你真好》[④]
- 《小猪小象》[⑤]
- 《小怪兽阿蒙》[⑥]
- 《你会和我做朋友吗》[⑦]
- 《朋友就该这样做》(That's What Friends Do,Cave,2004)
- 《最好的朋友》(Best Best Friends,Chodos-Irvine,2006)
- 《我的!我的!我的!》(Mine! Mine! Mine,Becker,2006)
- 《摇滚巨星乔和小恐龙》(Groovy Joe: Ice Cream & Dinosaurs,Litwin,2016)

《摇滚巨星乔和小恐龙》讲述了小狗乔得到了一桶冰激凌,他高兴得又唱又跳。冰激凌吸引了恐龙,恐龙们也想吃。于是,乔就和大家一起分享这桶冰激凌,大家都很开心地唱着歌。乔告诉我们:分享是很了不起的,与其自己独自吃不如一起分

[①] 方素珍,著.郝洛玟,绘.乌鲁木齐:新疆青少年出版社,2017。——译者注
[②] [德]舍尼,著绘.王星,译.天津:天津人民出版社,2015。——译者注
[③] 方轶群,著.[日]村山知义,绘.南京:江苏凤凰少年儿童出版社,2018。——译者注
[④] [日]宫西达也,著绘.杨文,译.南昌:二十一世纪出版社,2005。——译者注
[⑤] [美]威廉斯,著绘.漪然,译.北京:北京联合出版社,2017。——译者注
[⑥] [英]布莱特,著绘.王璐璐,译.北京:中信出版社,2016。——译者注
[⑦] [德]伯克曼,著.谢沐,译.石家庄:河北少年儿童出版社,2015。——译者注

享。你的小听众们也将会认同这个道理。

《最好的朋友》讲述了克莱尔和玛丽的故事。她们在幼儿园的大部分时间里都是好朋友，形影不离，直到有一天玛丽因为过生日而得到了大家的特殊照顾，这让克莱尔非常嫉妒，于是她们开始争吵。问问你的小听众们，他们如果是克莱尔或玛丽，会怎么做？

动物故事《朋友就该这样做》讲述了两个好朋友互相帮助，可是有一天它们两个闹翻了，这让它们感到非常孤独。因此，它们重拾友情，学会等待、分享以及安慰和关心彼此，因为朋友就该这样做。你的小听众们觉得，朋友还应该做哪些事情呢？

对许多3—5岁的儿童来说，分享仍然非常困难。即使在家里，儿童也很难与他人分享，就像图画书《我的！我的！我的！》中的主人公盖尔一样。盖尔认为来访的表妹克莱尔很贪心，因为她想玩盖尔的所有玩具。妈妈告诉盖尔，她要看看盖尔在一天中是如何与他人分享的。盖尔开始试着分享一些她不喜欢的东西，最后她还同意分享她最喜欢的东西，但是要等到明天！你的小听众们会怎样处理这个问题呢？

你收集到的图画书也必须讲述来自不同文化背景的儿童故事。对儿童来说，他们不仅要接受不同族裔的儿童，还要对他们友好。阅读有关多元文化的图书，是开始这一过程的好方法。

早期教育专家拉姆齐（Ramsey，1991，p.168）指出，儿童图书是实施这种教育的主要载体。它们能使年幼的儿童对不同的经历和观点感同身受，也能使他们体验各种各样的社会困境。在表演书中的情境和角色的过程中，他们将学习如何从不同的角度看待问题，并真正做到"换位思考"。

促进儿童情绪情感发展的图书

学前儿童的情绪情感发展通常包括学会控制消极情绪，例如，因为没能按照自己的意愿行事而产生的愤怒，因迷路或受伤而产生的沮丧或者痛苦，因离家或与所爱的人分离而引起的焦虑。有很多方法可以帮助儿童克服强烈的不良情绪感受，举例如下。

图 5.11 阅读适宜的图画书有助于缓解紧张状态

1. 帮助他们用语言来表达感受。
2. 把他们的攻击性行为引到别的方向。
3. 帮助他们玩一些具有抚慰作用的材料，比如手指画或水。
4. 阅读适宜的图画书是缓解紧张状态或者克服消极情绪的一种好方法（见图5.11）。

图画书（见表5.9）必须包含真实的人物、现实的问题和可能的解决方案，这样它们才能成为儿童应对情绪问题的榜样。哈珀（Harper，2016，p.81）认为，适宜的图画书在培养儿童的同理心和宽容方面提供了框架。

表 5.9 有关情绪情感的图书

- 《生气汤》[1]
- 《暴躁的玛雅》
- 《我的情绪小怪兽》[2]
- 《我变成一只喷火龙了》[3]
- 《皮特猫和他的神奇太阳镜》（Pete the Cat and His Magic Sunglasses，Dean，2013）
- 《有时我是一只怪兽》（Sometimes I'm BOMBALOO，Vail，2002）
- 《菲菲生气了——非常、非常的生气》[4]

例如，通过阅读图画书《菲菲生气了——非常、非常的生气》，儿童了解到与他们同龄的小女孩菲菲是如何处理自己的愤怒情绪的。故事中，当姐姐夺走了菲菲正

---

[1] [美]艾芙瑞，著绘．柯倩华，译．济南：明天出版社，2007。——译者注
[2] [西]耶纳斯，著．萧袤，王靖雯，译．西安：陕西人民教育出版社，2016。——译者注
[3] 赖马，著绘．石家庄：河北教育出版社，2019。——译者注
[4] [美]卞，著绘．李坤珊，译．石家庄：河北教育出版社，2014。——译者注

在玩的玩具大猩猩时，菲菲跌倒了，她要气炸了。于是，她打开门跑了出去——她跑啊，跑啊，一直跑到再也跑不动了。你的小听众们认同菲菲的做法吗？当他们非常非常生气的时候，他们会怎么做？

在另一本图画书《有时我是一只怪兽》中，每当凯蒂生气时，她就会用脚和拳头而不是用语言来对付她的弟弟。当她被送到房间里反省时，她就会变成一只想要打碎东西的怪兽。而当有趣的事情发生时，她的愤怒就会立刻消失。你的小听众们认同凯蒂的做法吗？

这两本图画书都要求教师与儿童讨论如何处理愤怒情绪。图画书中的角色可以成为儿童学习的榜样，尤其是当儿童被鼓励深入思考角色的行为及其原因时。但是，正如你所见，仅仅阅读图画书是不够的。儿童可能还想通过角色扮演来进一步理解菲菲或凯蒂。当你为儿童读故事时，可以让他们选择并扮演角色（当然，"菲菲"只能在教室里跑来跑去，不能跑到户外）。表演结束之后，问问他们感觉如何？他们还能提出其他处理愤怒情绪的方法吗？

但是，怎样才能让自己感觉好些呢？图画书《皮特猫和他的神奇太阳镜》向我们介绍了一种将坏情绪转变成好情绪的方法——戴上神奇的太阳镜。你的小听众们能理解，太阳镜真正的神奇之处是什么吗？

等生气的儿童平静下来后，把这些书读给他们听。让他们思考故事中的人物和他们的问题。儿童认同故事中的人物解决问题的方式吗？如果是他们，他们会怎么做？

教师在图书区的角色

在自主性课程中，图书区这一重要的区域能否发挥其预期作用主要取决于教师。教师的任务主要有三项（见表 5.10）

表 5.10　教师的任务

·提供适合儿童发展水平的精选图画书
·每天给个别儿童和小组儿童阅读图画书
·提供儿童可以参与的、有趣的图画书拓展活动

精挑细选适宜的图书

如何从各种各样的图书中为儿童挑选图画书呢？仅仅从书单中选择图画书并不够，亲自读一读你计划订购的书非常重要，因为许多优秀的图画书对学前儿童来说要么太复杂，要么篇幅太长。所以，你最好还是先去书店或图书馆亲自读一读。你可以先从图书馆借书给儿童阅读，如果他们反应良好，再考虑购买。

选择那些能融入课程的图画书。在购书之前，你可以参考表5.11给出的一些建议。

表 5.11　挑选图画书的小技巧

- 插图简单且使用鲜明的三原色
- 文字简洁，容易阅读，方便快速翻页
- 角色有趣且儿童能与之产生共鸣
- 故事主题能被整合到不同的学习区

每天为儿童个人或小组儿童阅读图画书

对每一位教学人员来说，最重要的任务就是给儿童读书。自主活动时间，当你在教室里巡视走动时，一定要在图书区停一下，因为肯定会有个别儿童或小组儿童喜欢听故事。通常由儿童自己选择图书，但有时教师也可以向儿童介绍新书。

传统的故事阅读是面向班级全体儿童的。适宜性实践课程建议，故事阅读应该主要面向个别儿童或小组儿童。事实证明，让儿童尽可能靠近图书和朗读者更有效，这样书中的插图以及教师与个别儿童的互动才会产生影响。计划每天至少给个别儿童或小组儿童朗读一到两次。不过，故事讲述最好面向全班孩子。

你如果有时因为需要同时兼顾其他活动中的儿童而分身乏术，那么那天就邀请其他教师为儿童阅读。和儿童一起阅读、给儿童讲故事，可能是你和他们一起做的最重要的活动之一。有时候，志愿者也可以帮忙。

定期给儿童大声朗读，对促进儿童的独立阅读尤其重要。当儿童听了好几遍故事后，他们往往就会被图书区的这些书吸引并假装阅读。这些自然发生的行为代表了儿童有意义的尝试，就好像他们已经是阅读者了。从某种意义上说，早在他们能够以常规的方式进行阅读之前，他们就已经开始设法理解文字的符号特征了。那么，

怎样给儿童大声朗读一本书呢？（见表5.12）

表5.12　大声朗读一本书

- 熟悉你将要朗读的书
- 在开始朗读之前，为了引起儿童的注意先介绍一下这本书
- 尽可能绘声绘色地朗读
- 反复朗读同一个故事
- 请儿童重复单词，并猜猜接下来会发生什么
- 请儿童谈谈自己对故事的看法

熟悉你将要朗读的书

你一定要熟悉书架上的每一本书，因为儿童可能会拿起其中一本让你给他们读。如果可能，最好提前大声朗读一遍。你可能还想提前把你的朗读录制下来，以便儿童稍后在图书区独自倾听。当你熟悉了这本书之后，你就可以思考怎样才能让儿童参与到这个故事中。第一次朗读时，你可能不想在中间停顿，以免打断故事的流畅性；但在接下来的朗读中，你可以这样做。

例如，《咔嚓咔嚓！那是什么》这本图画书讲述了一个短吻鳄的故事。书中每隔几页就会出现一个问题——"孩子们害怕了吗"，答案"你敢打赌他们害怕"以大号字体呈现。每当书中出现这个问题时，你都可以把答案呈现给幼儿看，并请他们大声地回应。

在开始朗读之前，为了引起儿童的注意先介绍一下这本书

在儿童根本没有听的情况下就开始给他们阅读，是没有用的。有一个实用的技巧，就是先向他们展示下这本书的封面，然后问问他们这本书是关于什么的。在图画书《受惊吓的熊》的封面上，一只大棕熊和一个孩子正在对视，熊看起来比孩子还害怕。你可以先告诉儿童这本书的名字，然后请他们根据封面图片来猜猜这本书的内容。

给个别儿童或小组儿童朗读，这样一来每个人都有机会做出回应，从而使朗读更具有互动性，而不仅仅是一种被动的聆听体验，也使朗读更加个性化。对儿童来说，他们只有靠近图书和教师才能从故事中得到最大的收获。观看有关故事的电影

或者录像则是一种被动的体验。除非电影和录像可以与儿童互动，否则它们真的只是儿童娱乐的媒介，在学前教育课程中并无价值，因为学前教育课程的目标是学习而非娱乐。

另外一种介绍图书的技巧是向儿童展示这本书并告诉他们书名，然后问儿童，他们认为书中的主角在做什么（见图5.12）。例如，在《有时我是一只怪兽》这本书的封面上，凯蒂红扑扑的脸上戴着一个微笑的面具。你可以先读一读这本书的名字，并告诉儿童这个女孩的名字叫凯蒂。然后，让小组里的每个儿童都猜一猜凯蒂在做什么以及她为什么这么做。最后，给他们读读这本书，并让他们找出问题的答案。

图5.12　询问儿童，他们认为书中的主角在做什么

尽可能绘声绘色地朗读

如果故事很有趣，你就可以用轻松愉快的声音进行朗读。如果故事令人毛骨悚然，你就压低声音朗读。你能用不同的腔调朗读不同角色的对话吗？例如，在朗读一个角色的对话时声音高，在朗读另一个角色的对话时声音变低，在朗读第三个角

色的对话时声音再次变高。你可以将自己朗读的声音录下来，然后私下回放，听听自己的声音是怎样的。反复练习几次，直到你得到自己想要的效果。对你和儿童来说，大声朗读应该是一项有趣的活动。当儿童对你说"老师，再读一遍"时，你就知道自己已经成功了。

反复朗读同一个故事

如前所述，这就是儿童读写能力萌发的方式，同时这也是儿童在互动的熟练阶段所表现出来的行为（现在你知道儿童为什么总是一遍又一遍地要求读同一个故事了吧！）。此外，这还是儿童开始理解阅读过程的方式——将文字与他们熟悉的故事和看过的图片联系起来。要真正熟悉一本书，儿童需要反复阅读。

请儿童重复单词，并猜猜接下来会发生什么

儿童应该成为互动式阅读的一部分，这样才能使他们保持注意力，激发他们再次倾听故事的兴趣，同时也能使他们有机会重复那些令人兴奋的单词。儿童和你一样，都应该是阅读的参与者。重复有趣的单词能够保持他们的注意力，并促使他们再次想听教师朗读。斯特拉瑟和塞普洛卡（2007，p.200）指出，学前儿童应当积极参与图画书阅读，包括：预测故事接下来会发生什么，将他们喜爱的故事表演出来，或者把他们已经烂熟于心的故事背诵出来。

请儿童谈谈自己对故事的看法

给儿童朗读完就将书放回书架，是远远不够的。儿童需要反思书中的故事，思考发生了什么。故事的结尾像他们预测的那样吗？书中人物的行为像他们认为的那样吗？他们会怎样结束这个故事呢？一旦儿童参与了故事阅读，他们通常就会愿意在故事结束后参与讨论。这有助于你了解他们对故事的理解程度，同时也能帮助儿童内化思想和情感，并在更高的水平上表达自己。

提供儿童可以参与的、有趣的图书拓展活动

图书拓展活动贯穿本书。你可以把这些活动作为范例，根据班级和课程的需要来设计自己的活动。就像自制游戏材料比购买来的更适宜一样，自己设计的图书活动也会更适宜。

当你为图书区选择图书时，请考虑可能的后续拓展活动（见表5.13）。

幼儿园自主性区域活动：环境、课程与儿童发展

表5.13 后续图书拓展活动

- 根据书中的角色制作玩偶
- 扫描书中的插图，制作拼图
- 为法兰绒板制作人物角色
- 制作棋盘游戏或计数游戏
- 用扫描的图片制作纸偶
- 根据图书进行烹饪、积木建构、美术活动和科学活动

创造性地使用图书。除了用于阅读和讲故事之外，图书还能被如何使用？当我们意识到儿童是通过与环境中的材料互动来建构自己的知识时，我们就希望图书是儿童学习过程中的一个主动的媒介而非被动的媒介。

最喜爱的"美味"

《在意大利面上》（*On Top of Spaghetti*，Johnson，2006）是许多儿童最喜欢的图画书之一。他们已经记住了其中的押韵词，因为他们知道并喜欢与这本书有关的一首儿歌。书中滑稽的插图以令人惊讶的方式再现了这首儿歌的内容，这也是这本图画书之于儿童的另一个巨大吸引力。此外，书中还有一些可笑的词语，如"fried fritter fricassee"（油炸小肉片）、"bellyful"（饱了）等，以及一个一直以来最受儿童欢迎的单词"mush"（粉碎）。那么，我们如何借助这本书导入其他活动呢？详见表5.14。

表5.14 导入的活动

烹饪区
- 制作意大利面条和肉丸

戏剧游戏区
- 创建和运营一个假想的餐厅

大肌肉运动区
- 投掷和捕获"肉丸"（彩色网球）
- 把"肉丸"扔到桶里

（续表）

美术区
- 把网球和高尔夫球蘸上彩色颜料作为肉丸，进行拓印
- 为儿童自己创作的故事配上插画

音乐区
- 唱与图画书有关的儿歌
- 儿童创编儿歌并录下来

书写区
- 为餐厅书写菜单
- 书写（口述）令人兴奋的"肉丸"冒险故事

积木区
- 建构一个假想的餐厅

科学区
- 在户外种植或移植一棵真正的树，并称之为"肉丸树"

实地考察
- 实地考察一家供应意大利面的餐厅

本章内容可以帮助图书区成为课程中最具活力的区域之一。如果儿童确实与图书建立了连接，那么你可以确定，他们所经历的适宜性实践课程是完全成功的。

本章要点

1. 幼儿园教室里的阅读
   （1）每天给儿童读故事
   （2）使用可预测的图画书
   （3）使儿童意识到文字丰富的环境
2. 促进家庭阅读
   （1）准备一些可供儿童借回家阅读的图书
   （2）邀请家庭成员到图书区倾听或阅读图书
   （3）给家长发简报，告知他们的孩子正在阅读的图书书名、正在玩的手指游戏，并提供图书拓展活动指南

（4）组织"图书聚会"，以方便家长开展图书拓展活动

（5）制作"我最喜欢的图书"表格

（6）和家长一起去公共图书馆进行实地考察

3. 创设图书区

（1）使用颜色明亮的地毯、枕头和海报

（2）展示图书拓展活动的玩偶、游戏和海报

（3）在墙上与儿童身高齐平的地方挂一块法兰绒板

（4）准备适合儿童的书架，以展示图书

（5）准备充气椅、长椅、泡沫积木椅或小沙发

（6）准备一个放有枕头的旧浴缸

（7）准备一些儿童最喜欢的图书，偶尔也添加一些新书来引发儿童的兴趣

（8）将书挂在晾衣绳上的夹子上

4. 促进儿童的语言发展

（1）准备一些以有趣的词语或声音为特色的图书

（2）准备一些有重复性押韵单词或短语的图书

（3）用扫描后的图片玩法兰绒板游戏

（4）将你朗读故事的声音录制下来，包括翻页的声音提示

5. 促进儿童的社会性和情绪情感发展

（1）鼓励儿童使用洋娃娃、玩偶等进行角色扮演或假装

6. 选书

（1）先试读你打算要购买的图书

7. 阅读图书

（1）每天至少给个别儿童或小组儿童读一到两次故事

（2）熟悉你将要给儿童读的图书

（3）介绍图书以引起儿童的注意

（4）绘声绘色地朗读

（5）反复朗读同一个故事

（6）让儿童重复单词，并猜猜接下来会发生什么

（7）让儿童谈谈对故事的看法

8. 开展图书拓展活动

（1）使用扫描后的图书插图玩拼图、法兰绒板、棋盘、纸偶和计数游戏等

（2）在多个学习区开展有关图画书《在意大利面上》的拓展活动

（3）将与儿童一起制作比萨作为图画书《背着鳄鱼包的女士》的后续拓展活动

试 一 试

1. 按照本章的描述创设图书区，用地毯、枕头、鲜艳的颜色、海报、游戏、玩偶以及优秀的儿童图画书来展现图书区的魅力。
2. 给一组儿童阅读图书，通过"声音游戏"促进他们的语言发展。在阅读图书的基础上开展后续活动，扩展儿童的学习。
3. 利用图书促进儿童的社会性发展，根据图书内容在其他学习区开展相应的拓展活动。
4. 准备一些可预测的图画书，并告诉儿童是什么让它们变得可预测。然后，与儿童一起阅读这些书并进行预测。
5. 在每个学习区准备一本适宜的图书。你会如何选择？你打算如何使用它们？

第 6 章 倾听区

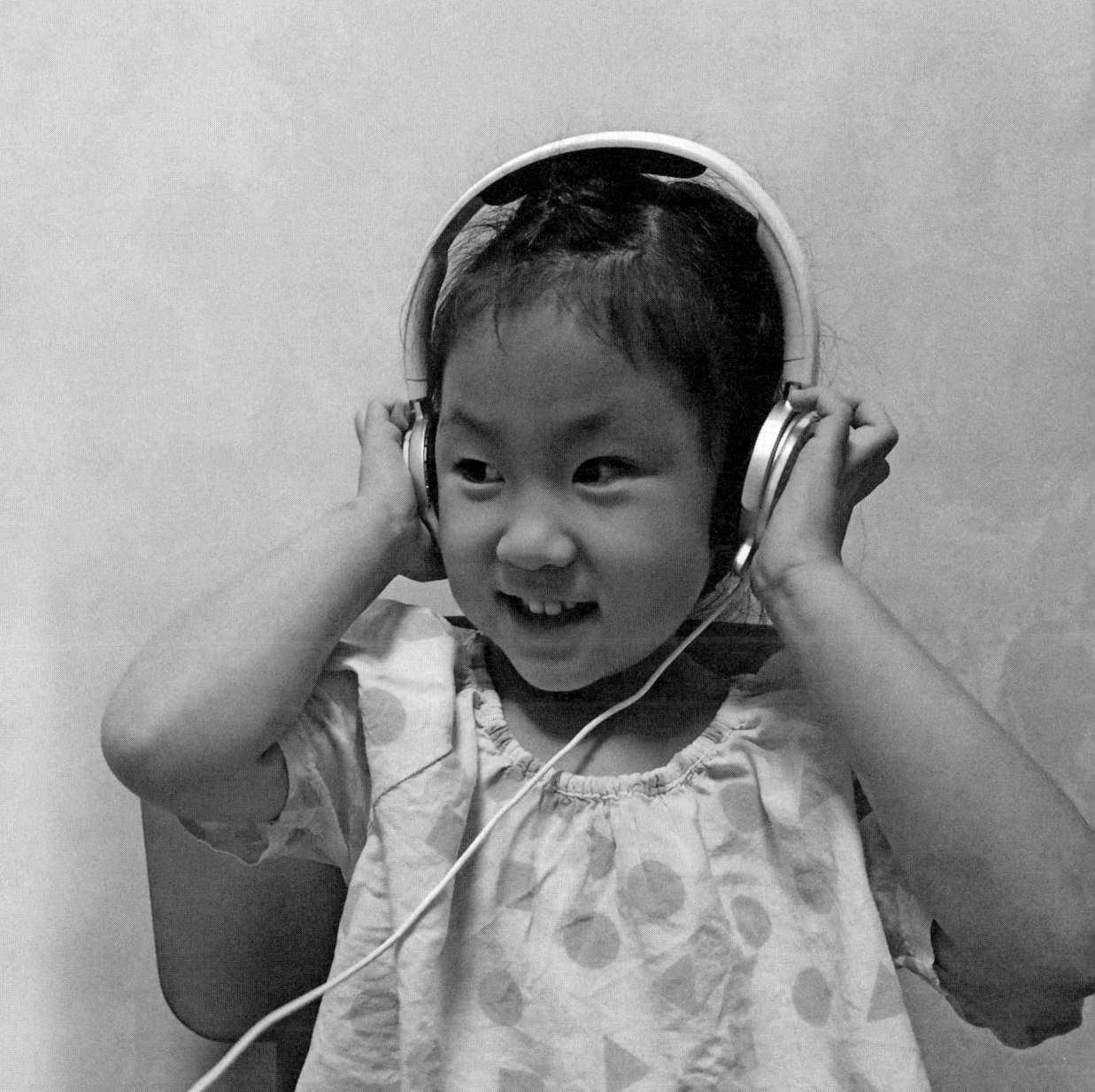

学习目标

阅读本章之后,你将能够:

1. 理解教室里的倾听。
2. 创设倾听区。
3. 理解为什么要创设倾听区。
4. 帮助儿童发展语音意识。
5. 大声朗读有关发音游戏的图书。
6. 邀请儿童听有声读物。
7. 邀请儿童玩单词发音游戏。
8. 邀请儿童收听在线故事书。
9. 理解教师在在线阅读中的角色。
10. 使用电话游戏促进儿童的听力发展。
11. 使用木偶促进儿童的听力发展。

幼儿园教室里的倾听

儿童的读写能力包括说、听、读和写。学前儿童需要发展这四个方面的技能，才能成为具有完全读写能力的人。然而，很少有幼儿园像培养儿童的说、读、写技能那样，在培养儿童的倾听技能上花费过多时间。当我们和儿童交谈时，我们往往想当然地认为他们会倾听并理解我们所说的话。但是，我们很快就会发现，事实并非如此。

儿童倾听专家贾龙戈（Jalongo，2008）告诉我们，其他文化认为美国人是健谈者而不是倾听者。你觉得呢？你是一个健谈的人还是一个善于倾听的人？事实证明，大多数美国人不懂得倾听的技巧，因此也就没有有效地倾听（p.2）。具体到幼儿，不能认真地倾听会阻碍他们读、写、说技能的发展。因此，他们需要学会"有目的地倾听"。

有目的地倾听

有目的地倾听不仅仅是听到别人说什么。首先，它需要倾听者安静下来。倾听者必须让自己的思绪平静下来，有目的地听别人在说什么，并试着去理解他所听到的内容。如果儿童没有集中注意去听别人说什么或者似乎听不见别人在说什么，那么他们可能就需要进行听力障碍或注意缺陷方面的筛查（Beaty，2017，p.163）。

不过，听力正常的儿童也有可能不知道如何有目的地倾听，这可能是因为他们正忙于参与周围的活动。对此，通过引导他们参与倾听区的有趣活动，你可以很容易地改善这种情况。此外，你还可以通过每天和每个儿童交谈，认真倾听他们所说的话以及与他们进行私人谈话等方式来帮助他们学会有目的地倾听。总之，要想使儿童学会有目的地倾听，教师首先一定要做到有目的地倾听。表6.1列出了能够帮助儿童学会有目的地倾听的方法。

表 6.1　帮助儿童有目的地倾听

- 和每个儿童慢慢地交谈
- 使用简单的句子和正确的语法
- 开展私人谈话
- 提对话性的问题
- 认真倾听儿童的回答
- 假装给儿童打电话
- 确保儿童听到了你说的话
- 让儿童倾听故事录音并稍后询问故事内容

隔音的房间

为了做到有目的地倾听，儿童首先需要听得清楚。儿童在教室中能够听清楚吗？你可以亲自听一听，教室中是否充满了谈话声而没有很大的噪声？如果你只听到了噪声或喊叫声，那么它可能就表明你需要对教室进行隔音处理。儿童应该在不提高音量的情况下听到彼此的声音。如果他们听不到，你就需要提高教室的吸音能力。你可以在地板上铺上柔软的地毯，在天花板上贴上吸音瓷砖，在窗户上挂上落地窗帘，在墙上挂上带图案的小毯子或者布帘。

即使你无权做那些大的调整，你仍然可以使教室隔音。告诉儿童你在做什么，并请他们帮忙。你可以在地板上铺上地毯，在墙上挂上布帘，地毯和布帘的颜色可以请儿童帮忙选择。布也是一种很好的吸音材料。所以，你还可以在标牌、图片和镜子上垫上衬布，用彩色粗麻布覆盖在公告栏上，用布口袋制作工作表，把巨大的彩色浴巾挂在教室隔板的后面，用颜色鲜亮的大枕头填满图书区和戏剧游戏区。现在再听听看，儿童还需要大喊大叫才能听得到吗？开始准备照这样创设倾听区吧。

创设倾听区

对许多幼儿园教室来说，倾听区是一种新的存在。它是一个帮助儿童学习倾听的特别区域。为了让儿童享受有目的地倾听的乐趣，你可以用假装的麦克风将这个学习区建成一个电视演播室。在这个电视演播室里，可能还需要几部儿童玩具电话，供"新闻记者"发布"突发新闻"。

高科技设备

倾听区应该配备一些录音机和播放器，以及一些其他的听、说设备，包括高科技设备。手机、平板电脑等其实并不适合学前儿童使用。在大多数的幼儿园教室里，倾听区仍然在使用光盘播放器、耳机等设备。很多幼儿园资金并不充足，买不起最新的设备。全美幼儿教育协会认证指标 2.H.03 也谈到了高科技设备的使用。

> 2.H.03 技术用于拓展班级内的学习，以及整合和丰富课程。

台式电脑是该学习区的重要组成部分。笔记本电脑和平板电脑会给三四岁的儿童带来一些问题。虽然与台式电脑相比，这个年龄段的儿童能更容易地使用笔记本电脑和平板电脑，但是他们很难随身携带它们，而且容易把它们摔到地上。此外，笔记本电脑和平板电脑使用的软件也可能和台式电脑的不一样。不管怎样，这个年龄段的儿童更适合使用台式电脑来工作。

你可能想拥有一个可移动的倾听区，里面配有光盘播放器、接线盒和耳机等设备。几个儿童可以同时使用一张光盘，也可以把这些设备带到音乐区进行歌唱活动。存放光盘、图书和耳机的箱子也应该被放在倾听区（见图6.1）。倾听区的大小取决于教室的大小以及你打算如何使用这些设备。配备可移动的单元设备，可以使空间大小更具灵活性。一边看着手里的书一边听有声读物是一项有趣的自主性活动，它可以向儿童展示书中单词的发音。

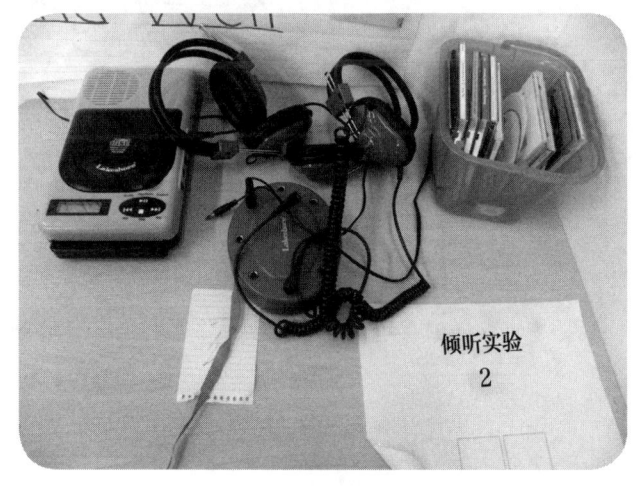

图 6.1　倾听区的设备

有声读物

倾听区是播放有声读物的地方。一定要确保这里有一个放图书和光盘的箱子或架子，方便儿童在倾听故事的同时自主阅读图书。有些教师将这里称为"跟读区"。不过，要记住，现在是一个充满变革的时代，即便光盘也有可能过时。

儿童喜欢这样的学习区。正如他们所看到的那样，伴随着他们对所有最新技术的自主性使用，令人兴奋的事情正在这里发生。这里也正是适宜性实践课程得以实施的地方，它迎合了儿童对成人工具的浓厚兴趣。

如果你只有一台电脑，那么这里就是这台电脑应该被放置的地方。其他学习区的儿童可以来这里记录他们的故事或者听有声读物（见图6.2）。有些班级将倾听区和书写区整合成一个假想的办公室，里面有玩具电话、旧打印机、留言簿以及电脑、录音机等。

但是，该学习区不允许使用电视。儿童需要交互式设备来开启行动和做出反应，而不是坐在电视机前被动地听。交互式设备才是自主性学习环境所需要的材料。全美幼儿教育协会认证指标2.H.01也支持这样的学习区。本章接下来将集中讨论儿童的倾听技能和理解能力的发展，而不再像前几章那样讨论身体、认知、社会性、情绪情感和创造力等方面的发展。

图6.2 儿童可以前来听有声读物

> 2.H.01 电视、电影、录像带和录音带等被动媒介不适合用于发展适宜性课程。

为什么要创设倾听区

除非儿童存在听力障碍,否则他们都应该能毫无问题地倾听,难道不是这样吗?确实如此。至少,他们应该能听见。但是,"倾听"和"听见"是两码事。贾龙戈(2008,p.12)谈到,倾听是指通过听觉获取信息,并赋予所听到的信息以意义的过程。它涉及三个功能(见表6.2):接收、注意和赋予意义。

表 6.2 倾听的功能

1. 接收——倾听者接收言语信息。
2. 注意——倾听者把注意力集中在这些言语信息上。
3. 赋予意义——倾听者解释这些言语信息。

事实上,并不是所有儿童都能轻松地完成这些任务,也并不是所有的成人都是很好的倾听者。好的倾听者需要付出耐心和集中注意力。一个拥有迷人的高科技的倾听区,能够帮助儿童成长为一个好的倾听者。适宜性实践课程提倡在教室里创设倾听区,从而让双语儿童在英语和母语两方面均得到发展,同时也让所有儿童的语音意识得到发展(见表6.3)。

表 6.3 语音意识的发展

- 意识到口语的发音
- 意识到书面语的发音
- 理解书面语与口语的意思
- 具有独立学习书面语与口语的能力

换句话说,我们希望儿童成为好的倾听者,进而成为熟练的演讲者和阅读者。他们必须能够听到并区分不同单词的发音。倾听区应该开展能够提高儿童语音意识的活动。当然,这也涉及儿童倾听的能力。

语音意识的发展

研究表明,要想学习阅读,儿童需要发展语音意识,即意识到语言的发音,尤其是单词的发音。尤普(Yopp,2009,p.12)指出,语音意识是一种对语言的声音结构的敏感性,它需要个体具备把注意力集中在口语发音而不是语意上的能力。能够感知和操作语音的儿童是有语音意识的。全美幼儿教育协会认证指标2.E.06也鼓励教师发展儿童的这种能力。

> 2.E.06 儿童经常有多种机会发展语音意识。

语音意识包括识别押韵词和识别头韵,前者是指听出并识别发音相似的词,后者指听出并识别首字母发音相同的词。儿童如何发展这些能力呢?就像他们对待环境中的其他新事物一样,他们需要玩词语游戏。他们需要像玩积木、拼图或者绘画材料那样,操作、熟悉以及赋予新词以意义。他们尝试单词的发音、编造无意义的单词以及一遍又一遍地重复押韵的单词。大多数人很少注意这些活动,因为它们看起来是如此的无关紧要。然而,我们了解到,那些参与了早期韵律活动的儿童在以后的阅读中往往更成功。

大声朗读有关发音游戏的图书

幼儿教师如何帮助儿童发展语音意识呢?一种方法就是大声朗读有关发音游戏的图书。这种图书是一种单词发音相似、单词首字母发音相似或者单词能让儿童发笑的图画书。这些单词是儿童可以用来玩游戏的特殊单词。《自由的麋鹿》(*Moose on the Loose*,Margin,2009)就是这样一本图画书(见图6.3)。书中的一组押韵诗描述了一只巨大的麋鹿要入侵一个小男孩的房子,这个小男孩向读者提出了以下问题:如果这只麋鹿住进了你的房子(house)会怎么样?你会邀请它跳舞(dance)吗?你会给它穿上____吗?请幼儿用一个押韵的单词填空。如果他们注意到了单词的发音,他们就会回答："裤子（pants）。"

《拉玛想妈妈》（*Llama Llama Misses Mama*，Dewdney，2009）是另一本有关发音游戏的图画书。书中充满了押韵词和头韵词。儿童喜欢一遍又一遍地听这些词。这本书讲述了小羊驼拉玛在幼儿园度过的第一天，他面对各种不同的小动物，感到很不自在。每当教师给孩子们阅读这本书时，凯肖恩这个害羞的小男孩就会坐到教师旁边。这本书的强烈节奏感和韵律感似乎吸引了凯肖恩。但是后来教师发现，凯肖恩总是翻到故事结尾拉玛妈妈来幼儿园接他的那一页盯着看。最后，教师问凯肖恩是不是知道这页上写的是什么，他点点头，轻声地说："拉玛妈妈，你回来了。"

图 6.3

对凯肖恩的老师来说，这真是一个惊喜！她完全没想到，凯肖恩能读懂或记住书中的单词。"拉玛妈妈，你回来了"这句话对凯肖恩来说似乎有着重要的意义。教师很高兴凯肖恩与一本书建立了这样的联结。这本书也可能是凯肖恩或者其他儿童想表演的一本书。

故事表演

在"故事剧"或"故事表演"活动中，儿童在教师朗读故事时扮演故事中的角色。让凯肖恩扮演小羊驼拉玛这个角色，他就能说出"拉玛妈妈，你回来了"这句话。教师还买了一只玩具羊驼，这样凯肖恩和其他儿童就可以给玩具羊驼"读"这个故事了。教师发现，使用与故事角色有关的玩偶可以帮助儿童更深入地沉浸于他们所喜欢的图书中。

凯肖恩之所以能说出这句话，是因为他真的读懂了故事还是因为他记住了这句话？无论哪种原因，通过一遍又一遍地倾听直到记住，凯肖恩开始登上早期阅读的阶梯。研究发现，押韵的单词或首字母发音相同的单词比其他单词更容易被记住，而且在学习阅读的过程中，儿童似乎很早就听到了这些单词。

这是否意味着我们应该开始正式地教儿童识别押韵？绝对不是。奥皮茨（Opitz，2000，p.13）认为，对大多数儿童来说，语音意识更多是捕捉到的而非教授的。儿童是在玩词语游戏或听押韵的故事过程中获得语音意识的。全美幼儿教育协会认证指标 2.E.06.a 也强调了这一点。

> **2.E.06.a** 儿童被鼓励使用儿歌、诗歌、歌曲和手指游戏来"摆弄"语言的发音，包括音节、词族和音素。

多林斯（Dollins，2014，p.9）认为，成人给儿童大声朗读，是帮助儿童建立独立阅读所必需的知识的最重要活动。她认为，大声朗读可以帮助儿童培养文字概念、音素意识以及语言的流畅性。如果成人朗读得太慢或太吃力，儿童就很难理解故事的内容。儿童在播放器上听有声读物，可以很好地避免故事朗读不流畅的问题。

倾听有声读物

有时，儿童需要听故事中的单词，以便识别单词的发音。而有时，他们又需要看看他们听到的单词是什么样的。一些图画书配有光盘，这意味着儿童可以一边听一边看自己最喜欢的书。

如果你已经在倾听区大声朗读过这些书，那么现在你应该让每个儿童播放随书附带的光盘。要确保儿童知道如何操作光盘播放器和耳机。当他们戴上耳机看书时，他们就沉浸在自己的世界中。此时是一个私人的阅读时间，没有人会打扰他们。正如你所见，在反复听故事的同时看着书中的文字，可以极大地助力儿童尽早攀登早期阅读的阶梯。之后，你还可以和他们聊一聊书中他们最喜欢的单词。

有些儿童可能需要成人给予一些帮助。你可以请一位助教或志愿者戴上耳机与儿童一起开展活动。当助教或志愿者播放图书的光盘时，儿童可以坐在他们的腿上。在和儿童一起倾听的过程中，助教或者志愿者可以不时地停下来看看儿童是否在跟着光盘的节奏翻书。他们可以问问儿童，他在耳机里听到了什么？他还想再听一遍这个故事吗？

最后，儿童可以尝试独立地边看书边听随书附带的光盘。成人需要与儿童待在一起，直到他学会了怎么做。不要强迫儿童。这应该是一次有趣的经历。如果不是，那就等到双方都感觉好一些时再进行。你要意识到，刚开始时，一些年幼的儿童总是希望成人抱着他们，为他们播放光盘。成人的存在似乎比图书重要。不过，当他们看到其他人在使用图书附带的光盘和耳机时，他们就会变得独立。

单词发音游戏

让倾听区成为一个有趣的地方。引导儿童参与单词游戏、诵唱、手指游戏、倾听押韵的故事等多种活动。一定要大声朗读有关发音游戏的图书，引导儿童对发音相似的单词做出有趣的反应。

例如，在《暴躁的格洛丽亚》（*Grumpy Gloria*）这本书中，有没有听起来像"grumpy"（暴躁的）的单词？儿童似乎很喜欢这个单词。在阅读故事时，让他们仔细听一听。"lumpy"（块状的）、"slumpy"（跌落的）、"dumpy"（矮胖的）、"frumpy"（傻里傻气的）、"jumpy"（跳跃的）这些单词听起来与"grumpy"像吗？将各种发声器（如铃铛、拨浪鼓、响片、鼓等）发给小组中的每个儿童，让他们在听到其中一个单词时摇铃、摇拨浪鼓、敲响片或者敲鼓。他们漏了哪个单词吗？如果漏了，可以再读一遍故事。这样的游戏能够提高儿童专注于特定发音的倾听能力。

把单词写在卡片上，看看儿童能否根据书中的插图了解它们的意思。让儿童用身体表演卡片上的每一个单词。例如，他们能否将身体蜷缩成一团来表示"lumpy"？用倒下表示"slumpy"？把自己的头发弄乱表示"frumpy"？用跳起来表示"jumpy"？如果儿童很喜欢"grumpy"这个单词，那么除了《暴躁的格洛丽亚》这本书，你还可以和他们一起读一读《暴躁的玛雅》。书中的女孩真的把坏脾气发挥到了极致，连她的头发都看起来很暴躁。

观察儿童的反应

当你给儿童阅读有关发音游戏的图书时，请密切注意儿童的反应。他们中有谁因为有趣的单词而哈哈大笑吗？或者一遍又一遍地重复这些单词吗？有谁会像书中的角色那样行事吗？一位教师注意到，当她给儿童阅读《移动的猛犸》（*Mammoths on the Move*，Wheeler，2006）时，所有的儿童都移动了一点。书中那些表示动作的词很棒，因此她决定使用这些词开展更多的活动。

下一次，这位教师让全班儿童围成一个大圈坐在地板上，并尽可能地靠近彼此。每当她读到那两行描述动作的文字时，她都会让儿童随着每一个词左右摇摆，并同时齐声说"神奇的猛犸"。你能想象得出全班儿童一起摇晃且几乎摔倒的场景吗?

接下来,这位教师邀请儿童站起来围成一圈来回走动。当她读到书中表示动作的词语时,儿童需要随之跺脚。"hulky"(笨重的)和"thundering"(轰隆隆的)是儿童最喜欢的两个词。当他们近距离观看书中的插图时,他们表示很喜欢。其中,书中有两页纸上甚至只画了野兽的腿和脚,一个儿童解释说:"野兽太大了,纸上画不下。"

教师还带来了一只长着很长象牙的猛犸毛绒玩具,儿童在玩摇摆游戏时把它传看了一圈。一些儿童想在美术区制作象牙,或者在大画纸上画象牙。最后,他们将一幅巨大的猛犸画贴在了教室的一面墙上,这幅画上的轮廓是教师画的,上面的颜色是儿童涂的。它比班级中的任何一个儿童都要高大。后来,他们听说幼儿园不远处的博物馆里有一颗猛犸的象牙,于是一些儿童去看了真正的象牙。

书中的押韵词呢?儿童能说出哪些押韵的动词?教师将押韵的单词写在一张卡片上,当她读到这些单词时就举起相应的卡片。哪些单词押韵呢?最终儿童识别出了每一个押韵词。

以上这些与倾听有什么关系呢?当教师给儿童读故事时,所有儿童都必须集中注意力("注意")听故事中的单词,以便知道什么时候摇晃、跺脚或说自己的"台词"。教师也需要认真倾听儿童的"反应",同时负责解释单词的意思——大多数时候通过肢体来演示,比如,跺脚或者用胳膊假装獠牙。想象一下,儿童会持续多少天在教室里跺脚或挥舞"獠牙"?这会给你造成困扰吗?对这位教师和她的教学策略来说,这是一个重大的突破(见表6.4)。

表 6.4　教学策略

- 使用新词汇
- 选择含有动作词语和声音词语的图画书
- 关注儿童对图书的反应
- 追随儿童的反应
- 将这些活动整合到其他学习区

单词小侦探

你班上的儿童想成为"单词小侦探"去发现书中的押韵词吗?问问他们。游戏前，你需要准备一些图画书的复印本。这样一来，当你为儿童阅读这些图画书时，他们就可以跟着你读他们自己手中的复印本，并在你停下来时填上押韵词。先让儿童说出押韵词，然后你自己也说一说。用手指着书上的单词给儿童看。他们能在自己的书上找到相同的单词吗？如果能，他们就是单词小侦探！鼓励他们。之后，你接着大声朗读故事，提醒他们注意下一个押韵词。

倾听在线儿童读物

随着我们的社会越来越多地使用电子设备，许多图画书也被制作成了在线图书。这些电子书必须被下载到电脑、平板电脑或倾听设备上才能使用。它们与光盘或有声读物不同，光盘或有声读物是在光盘播放器或 MP3[①] 播放器上播放的，人们可以通过耳机听到，但是不能在屏幕上看到。然而，在线电子书则可以实现音视频同步，电脑程序在朗读图书的同时，屏幕上可以显示书的实际页面。

本书所提到的图画书，有些已经被转换成了在线电子书格式，但是很多还没有。一些在线电子书或交互式电子书是广受儿童欢迎的纸质图书的电子版，其他的一些电子书则是用在线格式写的原创故事。一定要保证本书所讨论的那些纸质图书能达到儿童图书馆中图书馆藏的标准。有时随书提供的游戏并不总是适合尚未识字的儿童，它们往往只是为了娱乐，而不是为了发展儿童的语音技能。

如今，我们发现自己正处在图书和早期教育重大变革的风口浪尖。到本书下一次再版时，这场变革可能就尘埃落定了。许多不适宜的在线图书可能就会消失，而更多优秀的文学作品将与已经获奖的在线图书一起出现在网络世界。对那些希望使用适宜的在线图书的教师来说，我们提供了如表 6.5 所示的一些建议（Guernsey & Levine，2016）。

[①] 一种能播放音乐文件的播放器。——译者注

表 6.5　如何选择和使用在线图书

- 在线图书要与现行的纸质图书相对应
- 同时阅读纸质图书和在线图书
- 阅读时单词会在屏幕上高亮显示
- 故事的叙述将听众与页面上的单词连接起来
- 儿童可以点击单词，以反复倾听
- 单词可以用不同的语言重复
- 游戏、拼图以及其他互动元素不会干扰故事

今天的大多数在线图画书都保持着与原版纸质图画书相同的页面设计和版式。但正如我们后面将要指出的，目前的情况有点混乱。电子图书设计师讨论了当前一些在线儿童图画书的格式问题。例如，苹果公司的 iBooks①，它们中的大多数图画书都具有表 6.6 所示的特点，而且可以在所有的苹果设备上阅读。亚马逊公司的 Kindle② 与苹果的 iBooks 类似，但目前 Kindle 没有音频选项。巴诺书店（Barnes & Noble）的儿童电子图画书的格式与 Kindle 的相似，但也有一些不同之处，比如它没有高亮显示和媒体播放，但是听众可以录音。

表 6.6　苹果在线图画书的特点

- 整版缩放
- 单页浏览
- 包含影音内容
- 动画和交互性
- 高亮显示单词
- 文本与叙述相结合

我们还需要提醒读者，在电脑上使用在线图书的同时，一定要有一本纸质图书。虽然学前儿童从电脑程序中学到的似乎比从书中学到的多，但有一件重要的事需要每个人都记住，即关上电脑之后，儿童应该浏览和阅读图书。无论在哪里，儿童都

---

① 美国苹果公司出品的一款笔记本电脑。——译者注
② 美国亚马逊公司设计和销售的电子阅读器。——译者注

要能随手拿起书来回忆他们在电脑上学到的东西。那么你可能会问，为什么还要使用电脑程序呢？别忘了，大多数学前儿童还没有学会阅读。因此，当儿童看到并听到屏幕上的单词时，电脑程序可以帮助他们理解这些单词（见图6.4）。如果单词被读到时能高亮显示，那么儿童可以借此了解到故事的发展顺序。在幼儿园里，图书和电脑程序都很重要，它们需要结合在一起使用。

图6.4 平板电脑上的程序帮助儿童理解文字

对大多数学前儿童来说，书中的插图承载着整个故事。儿童可能还不会读单词，但是他们可以"读"图片。当他们在电脑屏幕上看到这些栩栩如生的图片时，这个故事对他们来说就"活"起来了。与此同时，当他们听到叙述者阅读屏幕上的单词时，他们就开始理解一本书的运作方式。之后，当你一边给儿童展示每本书中的插图一边给他们朗读时，儿童就能把故事、插图和单词整合到一起。

除了动画之外，在线图书还有什么其他优势？格恩齐和莱文（Guernsey & Levine, 2016, p.39）发现，在阅读过程中或阅读后，教师与儿童交谈有助于儿童的发展。你可以随时停下来，回答儿童可能在在线阅读之前、阅读过程中以及阅读之后提出的问题。事实上，对使用在线图书的儿童来说，这种对话可能是最重要的元素。

将在线图书程序整合到学习区

所有的电脑程序都需要被整合到教室里的学习区，这一在线程序也不例外。电子图书《绿鸡蛋和火腿》①与各学习区整合的可能性见表6.7。

表6.7 《绿鸡蛋和火腿》与各学习区的整合

戏剧游戏区：假想的餐厅，供应绿鸡蛋和火腿。

美术区：把黄色和蓝色混合成绿色；
　　　　给鸡蛋染色。

书写区：写邀请函，邀请他人共进早餐，早餐是绿鸡蛋和火腿；
　　　　用字母积木组成一些简单的单词。

科学区：孵化器里的鸡蛋；
　　　　孵化和饲养小鸡。

教师在在线图书程序中的角色

儿童可以在倾听区自主操作的在线图书程序，对于实现适宜性实践课程的目标是十分有价值的。它们可以向儿童教授表6.8所示的技能。

在使用在线图书程序的过程中，教师的角色是什么？和教室内的其他活动一样，教师应该是观察者而不是主导者，是促进者而不是控制者。教师的主要任务是观察儿童如何操作这些程序，他们能否自主解决程序方面的问题，以及是否需要成人的帮助。当然，教师通常需要安装这些程序。

儿童需要的最重要的帮助应该来自合作伙伴。在使用在线程序时，请务必保证有两个儿童同时操作电脑。这样一来，两个合作伙伴就可以相互交谈以确定新程序的使用方法。大多数电脑程序都具有"故障安全"机制。除非按下正确的键或者点击正确的图标，否则程序是不会工作的。

---

① [美] 苏斯博士，著．王晓颖，译．北京：中译出版社，2017。——译者注

表 6.8 在线图书程序可以教授的技能

社会技能
- 合作
- 轮流
- 等待轮流

认知技能
- 问题解决
- 记忆新单词

情绪情感技能
- 发展积极的自我概念

倾听技能
- 单词听起来像什么
- 屏幕上的单词看起来像什么
- 如何发音
- 它们是什么意思

儿童通过试误的方法学习如何操作程序。询问一对儿童（操作员）如何操作程序，他们可能会演示给你看，但不会用语言表述。年幼的儿童比成人更勇于尝试新程序。他们就像玩新"玩具"一样摆弄新程序，一遍又一遍地操作，直到它最终能正常运行。

不同于电视节目，在线图书是一种双向互动程序。正是由于这个原因，在线图书可以成为适宜性实践课程的一个组成部分且深受儿童喜爱，电视则做不到。

在倾听区假装打电话

教室里的倾听区应该随着儿童需求的变化而变化。因为它通常是一个新的学习区，所以儿童应该参与创设。如果问儿童倾听区应该包括哪些物品，他们肯定会提到手机。他们看到父母整天拿着手机接打电话——有时当奶奶打来电话时，父母还会将电话放在他们的耳边。毫无疑问，手机是一种倾听设备。你一定要在倾听区给旧手机留出一定的空间。

请家长捐赠一些旧手机（拆下电池），并与儿童谈谈它们的使用方法。虽然它们是真正的手机，但是它们可以作为假想的玩具，就像戏剧游戏区的玩具手机一样。儿童可以用它们假装接打电话。在游戏结束后，儿童应该将这些真正的手机归还给你。

人们为什么使用手机？你可以发起这项活动来帮助儿童了解如何使用手机，以及为什么使用手机。你可以从阅读一本以打电话为主题的图画书开始。

《喂！是奶奶吗》①这个押韵的幽默故事讲述了小洛根要给奶奶打电话，但是每次都拨错号码。读者必须要翻到另一页，才能发现小洛根错把电话拨给了谁：先是羊，然后是鸭子，接下来是牛，最后是鳄鱼（洛根吓了一跳）。后来，奶奶打电话给洛根，邀请他参加3点钟的聚会。这是一个有蛋糕和蜡烛的生日聚会，除了鳄鱼之外，每个人都被邀请了。

请小听众们说一说他们对接打电话的了解。人们为什么要打电话？留心的儿童可能会说，来电者想告诉你一些他们自己的事情，或者问一些关于你的事情——当然，也有可能是邀请你参加聚会。人们打电话时需要遵守一些规则吗？奶奶提醒她的客人不要在餐桌上打电话，因为这样很不礼貌。还有什么场合不应该打电话呢？

当洛根或奶奶尝试拨打号码时，故事中充满了美妙的拟声词：哔哔哔、滴滴滴、嗒嗒嗒、嗡嗡嗡。儿童知道电话铃声吗？在倾听区准备两部旧手机，这样儿童就可以假装相互打电话。你也要每隔几天就假装给每个儿童打个电话，提醒他们拿起手机，有找他们的电话。随身携带一张表格，这样你就不会漏掉任何一个儿童。显然，你不能使用真的手机。

请接电话的儿童仔细倾听你要说的话，试着让说话的声音越来越轻柔。他们还能听到你说话吗？再试着低声说话。让他们轻声说些什么，你能听到他们说话吗？这种打电话游戏是教师接触儿童个体的绝佳方式。它可以使儿童停下他们正在做的事以"注意"别人讲话。它还可以帮助你发现谁是好的倾听者，谁可能需要帮助。另外，一定要保证你打的每一个电话都以积极的语气结束，并说："谢谢你这么认真地听我讲话。"

---

① [英]威柏，著. [英]奥莱特，绘. 榆树，译. 北京：中国电力出版社，2010。——译者注

倾听区的木偶

有些教师会在倾听区布置一个木偶剧场或木偶树。让儿童聚在一起听这些木偶角色说些什么,这是可以的。但是,对学前儿童和大一点的儿童来说,木偶的意义是完全不同的。许多三四岁的儿童很难理解木偶作为一个会说会动的娃娃其背后的概念。事实上,他们根本不把木偶当作玩偶,而是把它们当作自己的延伸。如果它有一张可以动的嘴巴,他们有时还会开玩笑地用它"咬"另一个儿童而不是说话。

木偶戏让许多年幼的儿童感到困惑。当你要求他们坐下来看木偶戏时,只要一看到木偶出现,他们就会站起来试图抓住木偶,他们还会把手伸到舞台帷幕的后面,或者跑到后台去看看发生了什么。如果让他们控制木偶来表演,他们有时就会将木偶远远地伸出舞台,试图触碰某个观众。他们对观众的概念也不太清楚。如果让他们自主游戏,他们甚至可能把木偶剧场当作商店!

像芝麻街这样的电视节目将木偶带到了大多数儿童的生活中。但是,它们并不是在剧场里表演的木偶,更像是卡通人物。如果你打算使用木偶剧场,那么首先需要和儿童讨论将会发生什么以及他们应该如何表现。大多数教师将木偶剧场推迟到儿童大一些的时候使用。儿童在听完故事后,需要用木偶扮演书中的角色说话。儿童需要一遍又一遍地认真听你阅读,从而记住角色的对话或者创编他们自己的对话。

当儿童听过《门口的鸭子》(*Duck at the Door*)、《鸭羹》(*Duck Soup*)、《鸭子和短吻鳄》(*Duck and Cover*)这些有关鸭子的滑稽故事之后,鸭子马克斯就成了一个受儿童欢迎的木偶角色。儿童想一遍又一遍地听这些故事。此时正是给儿童介绍鸭子木偶的时机。当你阅读这些简单的故事时,儿童可以轮流将它戴在手指上,模仿鸭子说话(见图6.5)。他们也可以用纸或袜子制作鸭子布袋偶。

你可能还想将你的朗读和孩子们模仿鸭子说的话录制下来,供儿童之后收

图6.5 当你阅读故事时,孩子能轮流扮演鸭子说话

听。留意其他受欢迎的动物图书，书中有令人印象深刻的动物形象，可供儿童制作神奇的木偶，并给儿童带来一次美妙的倾听体验。

本 章 要 点

1. 倾听区

　　（1）创设一个电视台的场景

　　（2）儿童一边阅读图书一边用光盘倾听该书的音频

　　（3）其他学习区的儿童也可以在倾听区录制他们的故事或者听图书光盘

2. 语音意识

　　（1）识别发音相似的单词（押韵）

　　（2）识别第一个音节相同的单词（头韵）

　　（3）玩词语游戏

　　（4）大声朗读有关发音游戏的图书

3. 词语发音游戏

　　（1）对发音相似的单词做出有趣的反应

　　（2）当听到表示声音的词语时，按铃、摇铃、敲击响片或敲鼓

　　（3）让儿童用身体表演某个单词

　　（4）让儿童像猛犸一样摇摆

　　（5）在美术区制作象牙

4. 光盘播放器、电脑和手机

　　（1）确保儿童能操作设备

　　（2）购买附带光盘的成套图书

　　（3）让儿童当单词小侦探以发现书中的押韵词

　　（4）在使用电脑程序的同时准备好书

　　（5）让儿童创编一些关于去海滩的故事

5. 手机活动

　　（1）阅读一些以打电话为主题的图画书

　　（2）在倾听区准备两部旧手机（没有电池），以便儿童和教师假装相互打电话

6. 木偶活动

　　（1）阅读一本令人兴奋的图画书，书中的角色令人印象深刻

（2）根据书中的角色制作木偶

（3）当你阅读故事时，鼓励儿童轮流模仿角色进行对话

试 一 试

1. 准备几本图书及其光盘，观察儿童如何使用它们。他们是否能跟上光盘的播放速度翻页？和他们谈谈这些故事。他们喜欢角色的什么？
2. 帮助年幼的初学者独立使用图书、光盘以及耳机。你怎样才能帮助他们克服困难？
3. 和一组儿童使用带有发音游戏的图书玩词语游戏。他们喜欢哪些单词？他们能在书中找到其他发音类似的单词吗？他们能在教室里找到一样东西，它的读音与这些单词类似吗？
4. 准备一个与电脑程序有关的图书。一定要把纸质图书放在旁边。在两个儿童使用电脑程序之前，先给他们读读这本书。问问他们电脑程序和纸质书有什么不同？他们更喜欢哪一个？为什么？

第 7 章　书写区

学习目标

阅读本章之后,你将能够:

1. 了解书写能力的自然发展过程。
2. 了解书写萌发。
3. 应对幼儿园教室里的书写问题。
4. 创设书写区。
5. 识别涂鸦和模仿书写。
6. 促进儿童的字母意识。
7. 提供有助于儿童认知发展的书写活动。
8. 提供有助于儿童身体发展的书写活动。
9. 提供有助于儿童社会性发展的书写活动。
10. 提供有助于儿童语言发展的书写活动。
11. 理解教师在书写区的角色。

书写能力是一种自然的发展

直到最近，许多幼儿园教室中才开始有书写区。毕竟，儿童要到小学才会被期望发展书写技能。虽然少数学前儿童已经学会写自己的名字了，但是也仅此而已。毕竟，读写能力与阅读有关，而与书写无关——至少我们原先是这么认为的。然而，儿童向我们表明事情并非如此。他们用图画和涂鸦来描绘自己的故事。就像一些儿童自学阅读一样，有些儿童也在自学书写。

读写能力分析人员最终得出结论，阅读和书写技能是同时发展和相互联系的。帮助学前儿童学习书写也有助于他们学习阅读。反对学前儿童学习书写的早期教育工作者认为，学前儿童学习书写是"幼儿园小学化"（小学一年级的课程下沉到幼儿园）的表现。但是，其实并不是这样。这是想要学习书写的儿童在其自身推动下的自然发展，我们只是帮助他们。

沙古利（Shagoury，2009a，p.1）告诉我们，人类语言的习得和发展有着神奇和神秘的一面。她谈到了一些有趣的研究，这些研究显示了新生儿和学步儿的大脑掌握复杂语法的惊人能力。希克丹兹和柯林斯（Schickedanz & Collins，2013，p.99）发现，即使最年幼的儿童也知道在纸上做记号是有意义的。他们用线条、涂鸦和类似字母的形状来传达信息。20多年前，查尔斯·坦普尔（Charles Temple，1993，p.1）及其同事也告诉我们，书写是一个神秘的过程，没有人确切地知道我们是如何学会书写的。但是，我们学会书写貌似至少经历了探索和教授两种方式。他们认为，学习书写在很大程度上是一种自我探索的行为。

书写萌发

采用适宜性实践课程的教师完全认同坦普尔及其同事的观点。就像在文字丰富的环境中，年幼儿童可以自发学习阅读一样，儿童的书写能力也能在这样的环境中自然得到发展。第5章所讨论的"读写萌发"概念是指，当儿童被家庭和幼儿园中的阅读和书写环境包围，并被鼓励与它们进行游戏性互动时，他们的阅读和书写能

图 7.1 给予儿童时间和工具，他们就可以自学书写

力就会自然地萌发（见图 7.1）。

为什么我们以前不知道这一点呢？如果书写能力真的是一个自然发展的过程，那么为什么我们没有看到它的发生并鼓励它自然地发展呢？为什么我们还要在小学阶段"教"儿童书写呢？

这是一个例子，说明"我们只看到了我们所关注的东西"。过去，我们成人认为必须要"教"儿童书写，因此很少关注年幼儿童从婴儿期开始就表现出来的前书写技能。当儿童在纸上、结霜的窗户上甚至在泥土中涂鸦时，我们认为这没什么大不了的，涂鸦只是儿童在会画画之前经常做的事情，就像儿童在会说话之前咿咿呀呀一样。

涂鸦

现在，我们了解得更多。很显然，随着越来越多的研究者寻找儿童书写能力萌发的证据，他们获得的发现也就越多。首先，他们仔细观察了儿童的涂鸦，发现它们并不完全相同。婴儿的涂鸦不同于学步儿的，而学步儿的涂鸦又不同于学前儿童的。事实上，从随意涂鸦到有控制地涂鸦，再到模拟字母和单词的书写，最后到真正的书写和绘画有着明确的发展进展，与儿童自身的发育和探索并行。1970 年，罗达·凯洛格出版了《分析儿童的美术作品》（*Analyzing Children's Art*，Rhoda Kellogg）一书。这本书是根据世界各地学前儿童的 30 万幅绘画作品写成的，它首次引起了教育工作者对儿童书写和绘画进程的关注。

此外，儿童自己也意识到他们在做什么。很多儿童能区分出涂鸦式绘画与涂鸦式书写（见图 7.2），有些儿童甚至可以"读懂"他们的涂鸦式书写。

现在我们明白了，就像咿呀学语是说话的基础一样，涂鸦也是书写的基础。说话和书写是存在于所有人身上的同一基本欲望的不同形式：交流的欲望以及与他人建立联系的欲望。我们现在意识到，如果我们期待这种从涂鸦到书写的过程自然地发生，我们就必须在家里和幼儿园里滋养它。我们要使儿童身处的环境充满文字、印刷品和书写下来的对话。我们必须鼓励和支持儿童在书写方面所做的一切尝试，不管他们写得多么凌乱。全美幼儿教育协会认证指标 2.E.06.d 也鼓励我们这样做。

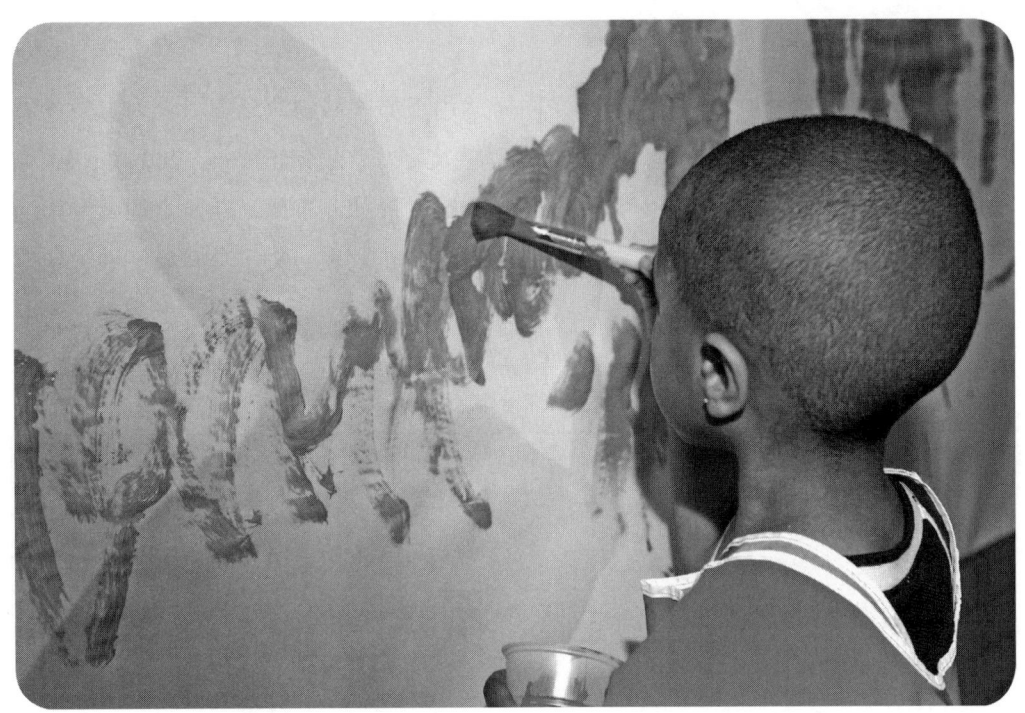

图 7.2　儿童能够分辨涂鸦式绘画与涂鸦式书写的不同

2.E.06.d　支持儿童自发地书写字母来表征单词发音的活动。

正如我们要展示儿童的美术作品（即使只是涂鸦和一个个点），我们也必须展示儿童的书写作品（即使只是涂鸦和线条）。卡希尔和格雷戈里（Cahill & Gregory, 2016, p.66）告诉我们，在教室里促进儿童书写能力发展的最好方法就是尊重他们所做的尝试。我们需要在教室里创设一个书写区，以便儿童理解我们对他们的期望。我们期望他们以游戏化的方式自然地探索书写材料，就像他们对待美术材料、积木和数学材料那样。

幼儿园教室里的书写

第 5 章所讨论的文字丰富的环境,同样适用于那些鼓励儿童书写能力自然发展的教室。表 7.1 列出了教室环境中应该展示哪些文字。普赖尔(Prior,2009,p.9)解释了为什么环境中的这些文字对儿童书写能力的发展如此重要。在儿童的日常生活环境中,这些文字材料包含丰富的情境线索,它向儿童表明文字具有象征性、功能性和意义性。有些教师还会用海报来展示不同语言的文字。

表 7.1 环境中的文字

标签
・活动区的标签
・储物架上的标签
・杂货店里物品的标签
・商店里的产品标签和餐馆里的食品标签
标志
・积木区建筑上的标志
・建筑施工安全标志
・操场上的安全标志
儿童的名字
・儿童柜子上的名字
・儿童美术作品和书写作品上的名字
・儿童餐垫上的名字
・儿童故事上的名字
・考勤表上的名字
・助手表上的名字
图表
・儿童的身高和体重表

（续表）

- 植物生长情况表
- 天气情况记录表
- 书单
- 食谱
- 菜单
- 规则表
- 活动安排表

登记表

- 电脑轮流使用登记表
- 美术活动登记表
- 设备使用登记表
- 活动登记表
- 室外游戏设备轮流使用登记表

公告栏

- 通知
- 信件、请柬和感谢信
- 卡片
- 说明书
- 信息

其他

- 图画书
- 儿童故事
- 电脑程序
- 地图
- 日常作息时间表
- 平面图
- 急救箱
- 日历
- 食品外包装、盒子和罐子
- 家长提供的产品标签

表 7.1 列出了适合幼儿园教室的各种文字材料。当教师创设了文字丰富的教室环境时，他们就为儿童提供了将先前的知识与幼儿园的读写经验相结合的机会。当儿童走进教室识别出熟悉的标志和产品标签时，他们就开始认识单词并获得一种归属感。

创设书写区

书写区应该尽可能地靠近图书区或倾听区。图书区和倾听区可以激发儿童书写的热情。同时，当儿童开始对书面交流感兴趣时，其书写活动也可以渗透到图书区和倾听区。

书写区应该有一张桌子和一些椅子，最好是一张儿童桌。带有隔层的儿童桌可以天然地引发儿童的书写兴趣。能坐在这样一张桌子前，儿童会感到很兴奋。你可能还需要在桌子上放一张登记表来帮助儿童轮流使用这张桌子，就像你在电脑前放一张登记表一样。桌子上的隔层应该装满书写工具和书写材料（见表 7.2）。全美幼儿教育协会认证指标 2.E.05.a 也提醒我们要准备好这些材料。

2.E.05.a　美术区、戏剧游戏区以及其他学习区应该备有书写材料和书写活动。

可以把架子作为隔板将该区域分隔开来，在架子上摆放字母表等材料。其他材料包括彩色无尘粉笔、几块黑板、铅笔以及能引发儿童书写兴趣的图画书和字母表等。

在另一个用作隔板的架子上放几个装有书写工具和书写用品的小箱子或背包，儿童前一天下午离园时可以把这些箱子或者背包借回家，第二天来园时再归还，就像他们借阅图画书一样。和在幼儿园一样，儿童在家里也需要参与令人愉快的书写活动。家长可能没意识到，儿童在这么小的年纪就有书面交流的渴望和需要。在家里运用这样的书写材料，不仅能支持儿童的兴趣，还能让家长有机会参与到他们可能没意识到的发展适宜性活动中（Norton-Meier & Whitmore，2015，p.77）。

用这样的书写材料填满书写区，就像在美术区投放绘画材料一样。它给儿童传递了一个强有力的信息：教师希望他们自主参与和体验书写活动，就像他们在美术区参与绘画活动一样。

表 7.2　书写工具和书写材料

- 铅笔：普通铅笔、木工专用铅笔、彩色铅笔等
- 记号笔：各种大小和颜色的记号笔
- 卷笔刀：普通卷笔刀；不同类型的小型手摇式卷笔刀
- 回形针：容器里装满大回形针
- 订书机：儿童订书机和订书钉
- 尺子：几种木尺和塑料尺
- 剪刀：几把剪刀
- 打孔机：几个打孔机和用来固定的大头针
- 橡皮印章：字母印章、动物印章、恐龙印章、花卉印章、地址印章；油墨颜色不同的印台

抽屉或者隔层上应装满：

- 纸：空白的电脑复印纸、浅色的画纸
- 书写板和便笺本：小型的彩色书写板、便笺本
- 笔记本：各种各样的笔记本
- 信纸：各种各样的信纸及配套信封、普通白色信封
- 卡片：各色卡片
- 黏合物：胶水、胶带
- 撕拉式物品：空白撕拉式标签、带图案的撕拉式贴纸、地址标签
- 邮票：各种已作废的邮票

但无论如何，不要错过给儿童阅读《红色的小钢笔》(*The Little Red Pen*，Stevens & Crummel，2011)这本精彩、幽默的图画书。书中有一个黑色的大订书机、一支黄色的铅笔、一个蓝色的图钉、一个粉红色的橡皮擦、一支绿色的记号笔、一把剪刀以及一支大喊着"谁能帮我拯救世界"的红色小钢笔。如果没有人帮她，那么学生的论文就不会得分，学生不会学到东西，学校可能会关闭，天可能会塌下来。可是，没有人帮助红色小钢笔，直到她自己不小心掉进了废纸篓里。哇！这是一本多么适合表演的图画呀，你在阅读这本书时可以邀请儿童进行角色扮演。

书写区的设备

在该区域摆放另一张桌子，在上面放上一台打字机。手动打字机又开始流行了。

你可以从二手办公设备商店买到,也可以从家长那里获得。儿童将如何使用它?就像使用电脑一样,儿童会不断地尝试使用打字机,直到他们能让打字机按其应有的方式工作为止。告诉他们一次用一根手指。他们通常是在游戏或假装活动中打字,不管打字机中有没有纸,但有时他们也会真的打自己的名字或单词。使用这种手动打字机,是使用电脑键盘的一个很好的入门活动。

一定要把图画书放在书写区(见表 7.3),就像你在教室里的其他学习区所做的一样。《咔嗒,咔嗒,哞:奶牛会打字》①是一个有关打字的经典故事,同时,它又充满了天马行空的想象。它讲述了一群奶牛因为谷仓晚上太冷,给农场主布朗打字留言,要求给他们买电热毯的滑稽故事。你班上的儿童会打字吗?他们会打出自己的名字吗?无论什么时候使用打字机,都要读一读这本书。你可以把它作为使用打字机的导入图书。

表 7.3　有关书写的图画书

- 《咔嗒,咔嗒,哞:奶牛会打字》
- 《苍蝇的日记》②
- 《蚯蚓的日记》③
- 《蜘蛛的日记》④
- 《金鱼日记》⑤
- 《失物招领》(*Patches Lost and Found*,Kroll,2001)
- 《写故事的洛基》(*Rocket Writes a Story*,Hills,2012)
- 《一个曲折的故事》(*A Squiggly Story*,Larsen,2016)

---

① [美]克罗宁,著.[美]赖文,绘.宁宇,译.南宁:接力出版社,2019。——译者注
② [美]克罗宁,著.[美]布里斯,绘.侯超,译.北京:北京科学技术出版社,2015。——译者注
③ [美]克罗宁,著.[美]布里斯,绘.陈宏淑,译.济南:明天出版社,2013。——译者注
④ [美]克罗宁,著.[美]布里斯,绘.侯超,译.北京:北京科学技术出版社,2015。——译者注
⑤ [美]斯克里恩,著.[美]鲍尔斯,绘.常骥超,译.北京:北京联合出版社公司,2016。——译者注

台式电脑

书写区可能是放置台式电脑的最佳场所。儿童会尝试使用电脑打出自己的名字。

3—5 岁儿童应该两人结伴使用电脑，而不应该单独使用。因为当两个学前儿童同时使用电脑时，他们的社交技能、语言技能、同伴施教能力甚至创造力都会得到发展。这一情况与成人的假设相反，因为大多数成人认为电脑就像打字机一样是一个只能供单个用户使用的工具。

然而，在幼儿园的教室里，电脑并不是只供单个儿童使用的工具。它是一个涉及团队的工具。也就是说，它可以供两个儿童探索、谈论以及轮流使用。学前儿童使用电脑的目的也不同于成人。对成人来说，电脑是执行特定工作任务的工具。对年幼的儿童来说，电脑是一种学习工具，它可以帮助他们发展某些技能——在书写区就是学习书写。

年幼的儿童不仅能够在电脑上工作，通常还更喜欢和同伴一起工作，而不是独自工作。他们互相寻求帮助，更喜欢同龄人的帮助而不是教师的帮助。为此，教师可以把电脑和打印机放在低矮的桌子上，同时准备好两把椅子，以便两个儿童使用（见图 7.3）。

图 7.3　两个儿童一起使用电脑

沙盘

沙盘是书写区里的另一种神奇设备，它能带来意想不到的效果。儿童喜欢将沙子表面抚平，然后在上面涂鸦、写字。你可以先把沙盘放在书写区几个月，然后再将其转移到科学区用以开展完全不同的活动（见图7.4）。

图7.4 沙盘被用于书写区并带来意想不到的效果

信箱

邀请儿童用鞋盒或麦片盒制作私人信箱，然后将其堆放在书写区的架子上。你可以将打印好的儿童姓名贴在信箱的开口处，还需要用大的硬纸板或者木板制作一个大邮筒。在你的帮助下，当天扮演邮递员的儿童可以从这个邮筒中收集信件并投递到各个私人信箱中。

书写区的墙壁

书写区的墙壁上应该有各种彩色海报，用来张贴儿童的书写作品或者用于通知的公告栏，以及儿童书写时的照片。另外，图书海报也适合张贴在这里。

根据书写区的墙壁空间，你可能还想在墙上挂一张字母挂毯。你可以将带有字母的被子、毯子或儿童床罩挂在墙上。此外，你还可以自制一个带有字母的法兰绒板。

就像教室里的其他学习区一样，书写区也要让儿童能够独立探索和玩耍。我们知道，教师对儿童进行正式的书写指导是不适宜的。相反，教师应该鼓励儿童通过游戏来探索书面符号，就像他们通过玩发音游戏学说话一样。全美幼儿教育协会认证指标2.E.05.b也谈到了儿童的早期书写。

2.E.05.b 支持各种类型的书写活动，包括涂鸦、书写类似字母的符号以及发展性拼写。

涂鸦和模仿书写

教师需要认真对待儿童的涂鸦和模仿书写行为，它们是儿童书写能力自然萌发过程中的一个重要组成部分。你应该给儿童的涂鸦和模仿书写作品标注日期，将其保存在儿童的档案袋中。这样的记录能够显示儿童的书写能力是如何萌发的。儿童的绘画和涂鸦作品表明，儿童的艺术表征能力也表现出与书写能力相似的发展进程。它们是儿童的书写能力和艺术能力萌生的实物证据。如果把它们放在儿童的日志中，那么你将看到儿童从画画到涂鸦再到书写字母的发展过程。

这一自然进程从涂鸦开始（见表7.4）。儿童经过各种涂鸦，发展到仿写字母，最后到书写单词。大多数（但不是所有）儿童都会经历这个过程，有些儿童的发展进程很快，有些儿童甚至会跳过发展进程中的某些环节。

表 7.4　儿童的书写进程

1. 随意涂鸦
2. 有控制地涂鸦
3. 命名涂鸦
4. 线性涂鸦
5. 仿写字母
6. 线性模拟书写
7. 仿写单词
8. 真正书写单词
9. 真正写信

随意涂鸦

世界各地的儿童在会书写之前都是先涂鸦，就像他们在会说话之前先咿呀学语一样。他们在1岁之前所画的记号往往被称为"随意涂鸦"。如果给婴儿一些书写工具，他们就会用拳头握住这些工具，在物体表面随意地画一些记号，他们甚至都不去看他们画了什么。

如果一旁的成人在他们涂鸦的过程中表现得很兴奋或表扬他们的努力，他们就会继续兴致勃勃地涂下去。相反，如果他们因为在纸或黑板以外的地方涂鸦而受到责骂或惩罚，他们可能就会停止尝试书写。

有控制地涂鸦

伴随着练习和成熟而来的是有控制地涂鸦。到了学前阶段，儿童通常能做到有控制地涂鸦。这时候，儿童就会看自己的涂鸦作品，并能在纸上他们喜欢的位置涂鸦。涂鸦通常以圆圈、线条、圆点和斑点的形式出现，而有些涂鸦中也会出现圆形、正方形、三角形和十字形等基本形状。此时，涂鸦通常会朝着两个不同的方向发展，一个是绘画，另一个是书写。关于涂鸦式绘画，我们将在第8章讨论。

随着儿童对文字有了更多的经验，他们似乎意识到书写是在水平线上进行的，艺术则会占据整个空间。因此，你班上的儿童可能会开始创作大型的涂鸦美术作品，并把它们当作特定的物品，然后在大涂鸦下面画一些小的线性涂鸦用以讲述故事内容。至此,儿童就进入了"命名涂鸦"阶段。

命名涂鸦

在这一阶段,儿童经常要求成人帮他们书写。他们可能想让你写下他们画的是什么,为他们的积木建筑物做标志或者给他们的家人写便笺。有时,他们也会在你写的字上面或下面涂鸦,或者请你在他们的涂鸦下面写上字。通常,他们还会试图模仿你写的东西。对于他们的这些做法,你要鼓励。对年幼的儿童来说,模仿书写似乎能加速其书写进程,临摹则会减慢进程(Lamme,1984)。不过,对儿童来说,书写能力的发展是一件个人的、自发的事情,所以你要鼓励每个儿童按照他们自己的方式进行。如果儿童喜欢临摹字母,那么就让他们继续临摹。

令人惊讶的发现

是不是一旦儿童认识字母,下一步就可以"教授"他们整个字母表,以便他们能把字母合在一起组成单词呢?不是。事情不是这样的。坦普尔(1993)等人的研究以及最近的一些研究都得出了一个惊人的结论。坦普尔等人最初认为,书写学习无非就是学写字母以及将字母组合成单词。但是有关儿童书写能力的进一步研究表明,儿童学习书写的过程恰恰相反。儿童最先注意的是整体,然后才会注意到部分。

难怪我们把书写教学搞错了,花了那么多时间教儿童学习整个字母表的字母,而他们所需要的只是几个字母(他们自发学习的)以及运用线条来表现它们的时间。起初这些线条是线性的涂鸦,后来变成了用线条仿写字母。享受书写乐趣的儿童常常会在纸上画满水平线条来表示字母(见图7.5)。

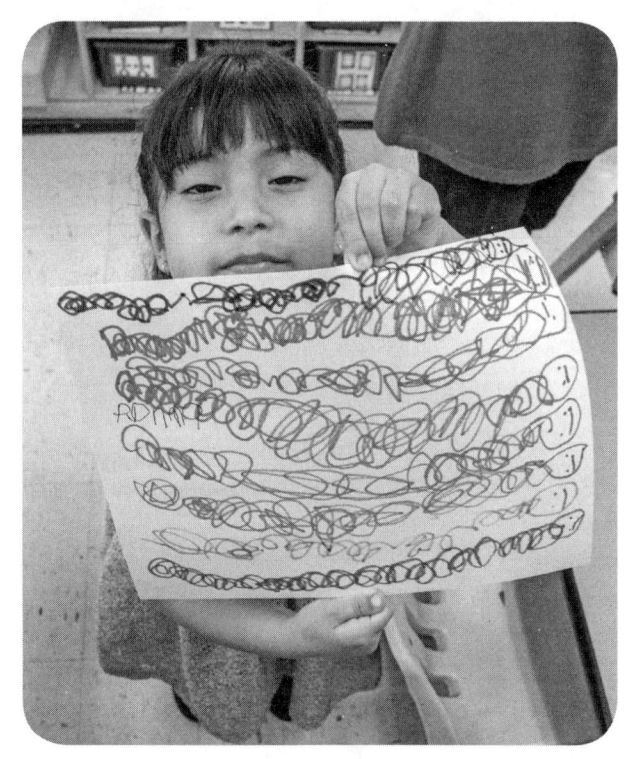

图 7.5 有些儿童会在纸上画满水平线条来表示字母

熟练

你很快就会意识到，这是他们处于"熟练"这一互动水平的表现，他们之前的涂鸦则是"操作"水平的表现。有时候，这些儿童还会请你读他们"写"的东西，因为他们"不识字"，且认为识字的人应该能够破译他们"写"的东西。对此，你应该通过反问他们写的是什么来回应他们。书写区应该能够吸引那些处于"熟练"水平的儿童，因为你在该区为他们提供了一系列令人兴奋的书写工具和书写物品。

仿写字母

如果你一直关注儿童的书写作品，那么你最终会发现他们的一些线性涂鸦开始与字母相似。儿童也会注意到正在发生的事情，如果他们认为你会喜欢，他们就很兴奋地与你分享他们的发现。至此，他们进入了书写发展进程中所谓的仿写字母或仿写单词的阶段。为了"写"得像字母，他们通常会用短竖线或句号将连成一行的仿写的字母分开。有些儿童甚至会围着每个仿写的单词画一个圈。你不能"纠正"儿童这些自发的努力（见图7.6）。他们最终会认识到，成人（你）是如何通过在单词之间留出一个空格从而将单词分开的。

意义

儿童经常在纸上仿写很多字母或单词。但是，随着他们进入书写发展的"意义"水平，他们更有可能告诉你而不是问你纸上写的是什么。他们仍然在涂鸦，只是他们的涂鸦越来越像正式的书写——就像儿童语言发展过程中的"胡言乱语"类似真正的语言。

对学前儿童来说，书写过程比他们的书写作品重要得多。不过，当你认可他们的作品并将其展示在公告栏上时，他们通常会非常高兴，这是他们继续书写的动力。当他们第一次书写单词和句子的时候，许多儿童会把单词连在一起，或者把字母写倒、写反（见图7.6）。不要纠正他们，他们自己会发现并纠正过来。

图 7.6　许多初学书写的儿童会把单词连写在一起,或者把字母写倒、写反,就像这幅 4 岁儿童的画——"食物使我成长"（Food makes me grow）

字母意识

随着儿童开始用潦草的涂鸦方式"书写"字母,其书写能力也再次经历从一般到具体的萌发过程。

姓名

儿童的字母意识与文字意识似乎是并行发展的。儿童首先将文字理解成连成一行的线条（句子）。后来,随着他们认知能力的进一步发展,他们认识到线条之间要分开（单词）。之后,他们认识到单词是由字母组成的。

儿童最初认识的字母往往是自己名字中的字母,因为成人会在儿童的作品上签

上儿童的名字，并鼓励儿童自己签名。刚开始，他们经常会用名字中的第一个字母来代表全名。但很快，他们就学会写自己的全名，虽然字母顺序并不总是正确，也并不是按照常规的字母形式书写的，甚至也不是线性排列的。

最初写的字母

儿童最初写的字母是自由流动的样子，各种大小和形状的字母在纸上到处"浮动"。例如，一个名叫凯西（Kathy）的儿童可能在纸上的某个位置写一个反向的"K"；然后，她可能在一个根本不靠近"K"的位置写一个很大的"a"。但是，她可能不喜欢这个大"a"，于是她又写了两个小一点的"a"；接下来，她把纸转向有更多空间的一边后写了一个"t"；"h"被她写在了纸张的一角；最后一个看起来更像"v"的"y"则被写在纸张的最下面。她就这样写出了自己的名字！

你知道，她写名字的过程比最终的结果更重要，所以你欣然接纳她的努力。最终，她将改善自己的书写能力，将仿写的字母与所学到的字母结合起来。渐渐地，她将发展出从左到右水平书写的意识以及控制字母大小、形状和方向的意识。

使字母书写个性化。儿童肯定想学习字母，这样他们就能书写自己的名字了。全美幼儿教育协会认证指标 2.E.05.d 谈到了要给予儿童必要的帮助。有些儿童在入园之前就已经会写自己的名字了，但是大多数 3 岁儿童几乎还没接触过书写。他们通常要求教室里的成人在他们的美术作品上签上名字。当你为儿童签名时，请他们也签上自己的名字。儿童的签名可能只是一个涂鸦，但这是书写的开始。你可以告诉他们，他们写的是"个人签名"（个人脚本），而你写的是"常规签名"（常规脚本）。

2.E.05.d　给予儿童必要的支持来书写他们想要表达的词语或者信息。

儿童知道，在美术作品上用涂鸦表示自己的名字与用字母书写自己的名字是不一样的。柯克和克拉克（Kirk & Clark，2005，p.139）认为，学前儿童在认识和会书写其他字母之前，通常是先认识和会书写自己名字的首字母。在掌握一般的字母和词汇知识之前，他们就开始尝试书写自己的名字。

你可以为儿童制作名片让他们仿写，同时指出和命名他们名字中的字母。他们能在教室里的其他地方找到那些字母吗？想想，还有没有其他办法能把儿童的名字融入其中，以帮助他们学习那些对他们来说很重要的字母？你可以给儿童提供一组字母积木，看看儿童能否用它们拼出自己的名字。将他们用积木拼出的名字拍下来，贴在公告栏上。

以名字为主题的图画书

阅读一些以名字为主题的图画书。《埃莉诺、埃拉托尼、埃伦凯克和我》(*Eleanor, Ellatony, Ellencake, and Me*, Rubin, 2003)讲述了一个关于押韵的名字的故事。书中，一个名叫埃莉诺的女孩，请她的每个家人根据他们认为她应具有的才能为她取一个昵称。可是，昵称太多了，最终她向所有人宣布她只是平凡的"埃莉"。儿童们对昵称了解多少？表7.5列出了一些有趣的关于名字的图画书，你可以将它们放在书写区。这些图画书不仅有助于儿童关注自己的名字，而且向他们介绍了许多令人着迷的故事。

表7.5 以名字为主题的图画书

- 《我的名字克丽桑丝美美菊花》①
- 《我的名字叫叶子》②
- 《好长好长的名字》③
- 《我叫伊丽莎白》④
- 《雷电小子》⑤

柯克和克拉克（2005，p.140）认为，有关儿童名字的活动提供了一种自然、简单的方法来帮助儿童：(1)理解文字的功能；(2)培养音素意识；(3)了解字母与发音的一一对应原则；(4)培养对字母和单词的识别能力。

如果儿童身处的环境中充满了字母、字母游戏、字母表以及字母活动，那么他们最终将学会区分许多字母。从任何正式的意义讲，将字母表中的所有字母都教给

---

① [美]汉克斯, 著绘. 周兢, 译. 济南：明天出版社, 2009。——译者注
② [日]菅野裕子, 著. [日]江头路子, 绘. 陈珊珊, 译. 北京：北京联合出版有限公司, 2018。——译者注
③ 汤素兰, 著. 梁安琪, 绘. 长沙：湖南少年儿童出版社, 2019。——译者注
④ [加]邓柯丽, 著. [加]佛萨, 绘. 范晓星, 译. 上海：少年儿童出版社, 2014。——译者注
⑤ [美]亚历克斯, 著. [美]莫拉莱斯, 绘. 李捃君, 译. 合肥：安徽少年儿童出版社, 2018。——译者注

儿童既没必要也不适宜。应鼓励儿童在书写区以及教室中的其他区域玩字母、单词和书写游戏。如果他们问你字母怎么写，你就演示给他们看。如果他们问你某个字母的名字，你就告诉他们。这样，当他们在活动中采用游戏化的方式认真使用字母时，他们就将学会识别那些他们有必要知道的字母。

促进儿童认知发展的书写活动

对学前儿童来说，学习字母是他们在读写能力萌发道路上取得的一项重要成就。

字母

对学前儿童来说，字母的识别和命名是与他们未来的阅读成就相关的认知概念。然而，正如前面所述，对学前儿童进行"字母教学"是否合适仍存在争议。我们意识到，儿童可以在不认识字母的情况下学会阅读。那么，他们还需要正式学习这些字母吗？

学前儿童想要并且需要学习字母，但是他们没必要把 26 个字母按顺序都背下来。全美幼儿教育协会认证指标 2.E.05.e 和 2.E.05.f 指出，让儿童"接触字母"而不是背诵字母。对年幼的儿童来说，发展表 7.6 所列出的概念仍很重要。

> **2.E.05.e / 2.E.05.f**　支持儿童独立书写，包括把字母表或者与儿童当前感兴趣的话题有关的词语打印出来塑封好，放在与儿童视线平齐的地方。

表 7.6　重要的书写概念

·言语可以被写下来
·可以用单词把它们写下来
·单词是由有名字的字母组成的

自然地萌发

如果儿童的生活被文字包围，他们的读写能力就会自然而然地萌发。他们对单个字母的识别就是这种自然萌发的一部分。教师所实施的正式地"教儿童认识字母表上所有字母的教学"都是不必要的，也是不恰当的。许多儿童在开始写自己的名字时只知道几个字母。

邀请儿童收集他们所知道的字母。你可以准备或让儿童自己准备空纸巾盒来装字母。儿童可以给这些盒子涂上颜色并在上面贴上自己的名字。你可以用一副旧纸牌为他们制作字母卡片——将白色贴纸粘在纸牌的正面，然后剪下来，再取一大张撕拉式字母表，将字母分别撕下来粘在纸牌的白色面。将这些卡片放在盒子里，供儿童自己选择就可以了。

即使他们不知道这些字母的名字，他们也很快就能知道，你是否会和他们进行单独互动。比如，你可以说："达里尔，看看你收集的所有字母！你知道它们的名字吗？"儿童可以从你为他们准备的旧杂志上剪下自己需要的字母，放到盒子里。此外，他们还可以从哪里找寻到这些字母呢？

有些儿童可能对进一步学习字母更感兴趣，而不仅仅只是收集字母。你可能会看到他们在纸上一遍又一遍地抄写他们所知道的字母，直到抄满整张纸为止。然后，他们可能会再拿一张纸，也将其抄满。此时，他们正在"熟练"水平上与材料互动。你可能已经意识到，每当儿童一遍又一遍地做某件事的时候，就说明他们已经达到了熟练水平。别忘了把他们的作品贴在书写区的公告栏上。

字母意义水平

接下来，就达到字母学习过程中的意义水平了。儿童是如何自发地赋予他们所知道的字母以意义的？起初，他们用一个字母代表整个单词，比如，用"K"代表名字"Kathy"（凯西）。然后，他们开始用其他字母代表单词，例如，用"R"代表"are"（是），用"U"代表"you"（你）。这时，他们已经开始理解字母不仅可以代表声音，而且可以代表单词。最终，他们将意识到字母可以组合成单词。他们可能还会用缩写来代表单词，比如，用"KY"代表"key"（钥匙）或用"HS"代表"house"（房子）。然而，大多数儿童是在五六岁时达到这种更高级的理解水平。

在书写区，在线字母程序应该与动手操作的字母活动相结合使用。一定要使用那些有配套纸质图书的在线程序。

你还可以提供几套立体字母材料（木质的、塑料的、有磁性的以及砂纸的等），供儿童玩配对及分类游戏。你可以自创一些游戏，比如，沿着一套木质字母或塑料字母的边缘将其描摹到海报板上，然后让儿童尝试将字母与其相应的轮廓图匹配起来。儿童很喜欢躺在满是海报板和字母的地板上。

促进儿童身体发展的书写活动

儿童书写过程所涉及的最重要的身体发展是控制手和手指的小肌肉。

小肌肉动作

儿童能通过自学掌握和控制书写工具。你不需要教他们怎么做。婴儿时期，他们使用拳头"用力抓握"蜡笔或粉笔，然后自然地发展到使用食指和拇指进行"精确抓握"。你能给予他们的最大帮助就是，在书写区提供各种书写活动和书写材料。

不要一下子拿出所有的书写工具，而是每隔一段时间添加一个新工具，以激发儿童的兴趣，同时用一个新的活动来介绍这个新工具。例如，添加彩色粉笔，然后围绕这个新材料开展用湿粉笔在纸上书写的活动。儿童可以先把粉笔浸在水中，然后再用它在纸上书写，也可以把纸打湿而非粉笔。

用手指涂写

你可以只开展手指画活动。为了鼓励儿童进行个性化书写，你可以邀请他们在小托盘上用手指蘸颜料进行书写。然后，把一张纸压在托盘上并揉擦，就可以把儿童的涂鸦式书写作品保存下来。你还可以让儿童使用压舌板蘸手指画颜料书写。此外，儿童可以在装满盐的托盘上进行书写。他们特别喜欢通过小心翼翼地晃动托盘来擦去他们书写过的痕迹。儿童也可以在纸上、桌子上甚至画架上进行书写。让儿童一整天都用手指代替画笔进行书写，看看会发生什么。为了避免凌乱，颜料要保持黏稠的状态。

打孔机

为了增强儿童的手指力量，教师可以准备几个打孔机和一些档案卡，让儿童练习用打孔机打孔。他们能用打孔机打出一个字母吗？他们站在窗前，能每看到一辆车经过就打一个孔吗？他们能在每一个假装搭巴士去海滩或乘坐"太空滑板车"的孩子的票上打个孔吗？对于身体有缺陷的儿童，可以让他们练习玩那种带旋钮、方便他们拿取的拼图（见图7.7）。

图7.7 有身体缺陷的儿童可以使用有旋钮的拼图

儿童能用铅笔做什么呢？有些儿童可能希望使用铅笔进行涂鸦和书写，有些儿童则更喜欢用马克笔。儿童很喜欢《咯吱，咯吱，嘎！农场主不在家》[①]这本书，书中讲述了农场主布朗要去度假，他请弟弟鲍勃来帮他照看农场，而且还给鲍勃留了一张打印好的注意事项表。但是，鲍勃并没有看到打印好的注意事项表，他只看到了一张用铅笔写下的留言（调皮的鸭子捡到铅笔后写的）。他按照留言中的要求，给奶牛订了比萨，给猪洗了泡泡浴，还给所有动物看了电影。这是一本很有趣的图画书，当你阅读这本图画书时，可以邀请儿童来演一演。给儿童提供纸和铅笔，以便儿童给农场主布朗写留言。

[①] [美]克罗宁，著. [美]赖文，绘. 宁宇，译. 南宁：接力出版社，2019。——译者注

促进儿童社会性发展的书写活动

书写活动的美妙之处在于,它可以成为儿童的一项社交活动。儿童可以一起在一张很大的新闻纸上写邀请函或感谢信;他们可能向你口述他们想写的话,然后由你写下来,也可能用涂鸦的方式亲自写"个人脚本",然后由你在下面注上翻译。之后,他们如果愿意,就可以在上面签上自己的名字并添加一些装饰。最后,可以把这张邀请函或者感谢信折叠起来装在一个大信封里寄出去。儿童很喜欢像这样一起写东西。他们会互相告诉对方他们在做什么,有时还会相互寻求帮助或交换意见。

集体便笺

集体写的便笺可以传达这样一些信息:寻求做某事的许可,感谢家长或社区志愿者来访,寻求与儿童感兴趣的话题相关的信息,给过生日的人送去问候,邀请人们参加班级野餐,感谢人们在实地考察活动中所给予的帮助,邀请一名高中生来弹吉他,感谢图书管理员给大家朗读故事,向住院的人送去"早日康复"的祝福,等等(见表7.7)。当儿童在书写区开展这项活动时,请准备好各种各样的贺卡。

表7.7 集体便笺的用途

- 请求许可
- 询问信息
- 祝贺
- 邀请某人参加活动
- 感谢某人
- 送上"早日康复"的祝福

信箱

儿童之间也可能想互相写信或留言。他们可以用牛奶盒或用涂了色的鞋盒或麦片盒来制作个人信箱。如果你能给予儿童书面交流的理由,他们就会有书写的动力。你自己每周至少要给他们每个人写一次信,然后将这些信投到他们的信箱里,让他们回复。这意味着你也需要有一个自己的信箱，以便接收他们的回信。你还可以给他们读一读《就像你和我》（*Like Me and You*，Raffi，1985）这本关于不同族裔儿童的图画书，书中每一页都呈现了一个不同国家的儿童在书写、邮寄、接收和阅读笔友的信件。

你还可以给儿童读一读《邮件来了》（*It Came in the Mail*，Clanton，2016）这本幽默的图画书。它讲述了一个名叫利亚姆的小男孩从来没有收到过邮件，最后他意识到必须要先发送邮件，然后才能收到邮件。于是，他写了一封信给他的信箱。接下来，有趣的事情发生了。他首先收到了一条龙，然后无数的东西从信箱中倾泻而出。邀请儿童给书写区的信箱写信，看看会发生什么。

轮流

另一个可以通过书写活动提升的社交技巧就是轮流。儿童可以通过签名的方式轮流使用教室中的各种材料：一个特别的玩具、一件游乐设备、一本书或一台电脑，等等。在教室里每一个需要轮流使用材料的地方放上带有铅笔的写字板。引导儿童按照顺序把自己的名字写在别人的名字下面，等自己轮流过后就把自己的名字划掉。即使儿童仍然在用涂鸦的方式进行个人风格的书写，他们也可以用这种方式来签名。他们将识别出自己的签名，无论你是否能识别得出来。

互动式书写

互动式书写是一种更为复杂的社会性书写活动，有时它也被称为"共享一支笔"。在这种活动中，儿童和教师可以一起写故事或写信，由教师或儿童选择主题（Hall，2014）。他们的故事灵感往往来自教师正在为儿童阅读的一本书，而儿童对于故事的结局有不同的想法。例如，有几个儿童非常喜欢《游泳池里的鲸鱼》（*The Whale in My Swimming Pool*，Wan，2015）这个故事。在阅读之后，他们向教师解释说，他们更希望以完全不同的方式让鲸鱼离开游泳池。于是，教师建议他们一起围绕这个故事的主题创编一个故事。

几个感兴趣的孩子围着教师和写字板坐在地板上。教师在写字板上写下第一句话，让孩子们接着创编：

从前，有一个男孩想去游泳池游泳。

儿童很快就想到了自己想说的话。教师首先让亚历克斯把他想到的句子"写在"第一句话的下面：

因为游泳池里有一条鲸鱼，所以他不能在里面游泳。

亚历克斯不会写字，所以他拿起教师的记号笔，画了一条线和一个圆圈来表示游泳池和鲸鱼。教师在他的涂鸦下面写上了文字。第二个儿童拿起笔，同样用涂鸦的方式写道：

男孩试图把鲸鱼推出去。

她在代表鲸鱼的圆圈旁边画了一个小人，小人正推着鲸鱼。每个儿童分别用涂鸦、图画、圆圈和人物图形等不同的方式在每个句子下面添加自己创编的故事。他们谈到了赶出鲸鱼的几种方法：挠痒痒、用水管喷射、放鞭炮。当他们想不出还能写些什么时，教师把自己想到的方法添加上去。这是一次真正的小组合作。最后，他们以一个儿童所写的句子作为故事结尾，他写道：

他把水从游泳池里放出来，鲸鱼就漂走了。

类似这样的互动式书写源自新西兰的西尔维娅·阿什顿·沃纳（Sylvia Ashton Warner, 1963）所提出的"语言体验方法"。在美国，安娜·H. 霍尔（Anna H. Hall, 2014）等研究人员在发展适宜性实践框架中对这种方法进行了描述和使用。

促进儿童语言发展的书写活动

就像语言的习得过程一样，儿童书写能力的发展也先从"名词"开始。如前所述，他们通常从写自己的名字开始。但是在一个以书写区为特色的教室里，有些孩子最终也会想写其他名词。

制作清单

有些儿童会把他们所知道的词语列在长长的清单上。他们应该想听《华莱士的清单》(*Wallace's Lists*, Bottner & Kruglik, 2004)这个故事,认识华莱士这个清单制作者。华莱士是一只小老鼠,他将生活中的所有事情都列在了待办清单中。他为去机场接朋友阿尔伯特这一冒险经历而制作了一张巨大的清单:从到达机场和离开机场。请小听众们通过书写或涂鸦的方式制作自己的清单。一定要把他们制作的清单贴在书写区。

另一种清单是购物清单。儿童有没有帮他们的父母列过购物清单?在下一次开展烹饪活动时,一定要让儿童参与列购物清单并购买食材。你还可以给儿童读一读《兔子蛋糕》①这个故事,它讲述了小兔子麦克斯和露比为奶奶制作生日蛋糕的滑稽经历。在露比做蛋糕的时候,麦克斯总是帮倒忙,不是把鸡蛋碰掉了,就是把牛奶打翻了,所以露比就派他带一份购物清单去商店购买替换的东西。麦克斯在购物清单上草草地写下他制作蛋糕所需要的一种工具:使棉花糖变软的喷枪。但是,杂货店老板看不懂他写的字,直到最后他画了喷枪,杂货店老板才明白他要买的是什么。

写日志

写日志是儿童运用书写技能的另一种方式。在现在的许多幼儿园里,每个儿童都有一个空白的笔记本用来记录他们日常发生的事情(见图7.8)。有些儿童会像《兔子蛋糕》中的麦克斯一样采用画画的方式进行记录,同时会在画下面潦草地写一串字母。有些儿童会让教师写下他们的口述内容。如果你也想这么做,那么请一定要让儿童在你所写的内容下面"写下"他们自己的话。为了激发儿童写日志的积极性,你可以给他们读一读《苍蝇的日记》《蜘蛛的日记》以及《蚯蚓的日记》。这三本书从完全不同的角度记录了三个完全不同的朋友其幽默的日常生活。此外,你还可以给儿童读一读《金鱼日记》这本书。该故事讲述了一条金鱼回忆自己过去14天的经历——从独自在鱼缸里游来游去到鱼缸里充满了外来生物(见图7.9)。

---

① [美]威尔斯,著. 任溶溶,译. 贵阳:贵州人民出版社,2017。——译者注

图 7.8 每个儿童都有一个笔记本用来记录日常发生的事情

图 7.9

讲述和阅读故事

学前儿童能成为故事的写作者吗？在开展口述故事活动的班级（见"互动式书写"部分），儿童就能成为写故事的人。雷维尔和戈德（Rainville & Gordh, 2016, p.78）认为，能讲述故事的儿童就是作家；讲故事是通向写作的桥梁。他们发现，当儿童看到教师用文字将故事记录下来，然后再把它们读出来时，他们就开始看到并理解口头语言和书面语言之间的联系了。你可以先口头讲述简短的故事，然后鼓励儿童讲自己的故事，再将儿童的故事记录下来并读给他们听。

起初，对学前儿童来说，创编故事是很难的。对此，有一位教师是这样做的。她告诉倾听区的几个儿童，他们可以针对教师刚刚给他们读过的故事提一个问题，而问题的答案有可能就会成为他们的故事。例如，关于教师刚刚读过的《不，阿斯特罗》（*Oh No, Astro*, Roeser, 2016）这本书，他们有什么想知道的吗？有。一个小男孩想知道，小行星阿斯特罗撞击地球后发生了什么。

于是，故事创编就这样开始了。几个儿童对接下来发生的故事有了自己的想法。一个女孩说，阿斯特罗围绕地球转了一圈来看风景。教师把这个女孩的想法写在一张纸上并读给她听。教师继续问这个小女孩："接下来会发生什么？"阿斯特罗看海、参观火山和睡在床上，整个故事很快就这样创编好了。这是小女孩亲自口述的故事。很快，小组里的每个儿童都有一个故事要讲和写。

儿童的这些反应让教师意识到，大声给儿童朗读可以激励他们讲述自己的故事来回答"接下来会发生什么"这一问题。很快，小组里的每个儿童都在"写"他们的故事，有些儿童用线性涂鸦的方式，有些儿童则用画画的方式。所有儿童都希望教师在他们的涂鸦和图画下面写下他们所叙述的故事。

无字图画书

无字图画书是用图画而不是文字来讲述故事的。有些无字图画书开头和结尾有寥寥数语，中间可能也有一两句话。儿童似乎并不像对一般故事书那样对无字图画书表现出浓厚的兴趣。即使不识字的儿童似乎也知道故事书里应该有文字。但是，一旦他们有了创编故事的经验，他们的兴趣就会被激发。文学家诺顿（Norton, 2011）一直认为，无字图画书可以培养儿童的口头语言和书面语言技能、创造性思维和视觉读写能力。

对教师来说，无字图画书意味着什么呢？他们可能不知道如何很好地使用这些不寻常的书。当然，故事书需要文字，而不仅仅只是图片。那么，谁来为这些无字图画书添加文字内容呢？儿童希望教师来读故事中的文字，但是，这一次不行。教师应该告诉他们这本书里没有文字。他们需要根据图片来创编文字内容。这对大多数儿童来说是一项新鲜且令人兴奋的活动。

每一本无字图画书都是不同的（见表7.8）。你和儿童需要仔细观察每一张图片，以确定它包含多少细节信息。之后，你和儿童大声讲述故事，再把它写下来。例如，《不》讲述了鸟妈妈想让鸟宝宝学会飞翔，可鸟宝宝站在高高的鸟巢中感到非常害怕的故事。书中每隔两页就会出现鸟宝宝往下看的画面，而鸟宝宝看到可怕的东西后就会大喊："不！"

表7.8 无字图画书

- 《黛西迷路了》（*Daisy Gets Lost*，Raschka，2013）
- 《不》（*Nope*，Sheneman，2017）
- 《跳跳兔》（*Spring Hare*，Yelchin，2017）
- 《一个曲折的故事》

在浏览图书时，请儿童仔细观察图片。在为图片添加文字之前，请他们先谈一谈故事里发生了什么。然后，他们就可以开始了。以下是儿童为《不》这本图画书的前六页逐页"写"的文字：

鸟妈妈飞过树林，
落在鸟巢上。
鸟宝宝要从巢中跳下去，
它低头看看地面，
感到很害怕，
于是，对妈妈说："不！"

每当鸟宝宝站在鸟巢上往下看，它都会看到一些可怕的东西：一只猫、三头愤怒的狼、一个满是鳄鱼的池子。所以，他每次都喊："不！"最后，鸟妈妈拥抱了它一下，然后把它踢出了鸟巢。它尖叫着拍打翅膀，然后就飞起来了。当它飞回鸟巢时，鸟妈妈说："很好！"

很快，儿童就在画板前用涂鸦和画画的方式"书写"这个故事了，就像他们在互动式书写中所做的那样。有些儿童学会了写"不"这个字。之后，他们就可以阅读这本书了吗？还不能。他们告诉教师，他们现在需要画些画来配合他们写的"文字"。

他们的绘画技巧与他们的书写技巧几乎处于同一水平。他们可以使用不同的颜色，但是他们的具象绘画能力还没有得到发展。他们用蓝色的线条代表鸟宝宝，用橙色的线条代表猫，用灰色的线条代表狼，用绿色的线条代表鳄鱼。教师帮助他们把文字写在图画下面。现在他们有了一本真正的书！

在另一本无字图画书《跳跳兔》中，一只小兔子跟着一个穿着红裙子的小女孩在蹦床上跳上跳下。他们飞上了天空，越过了田野，穿过了云层，飞上了一架飞机，飞机后面还跟着一群加拿大鹅。小兔子降落在彩虹上，在那里它看到一艘火箭船向星星飞去。然后，它又遇到了穿着宇航服的小女孩，他俩最后又回到了蹦床上。

对儿童来说，这是一个可以"写下来"的多么有趣的故事啊！这是真实发生的故事吗？大多数儿童最后都说这完全是小兔子的想象。这次他们想先画画，然后再添加文字。

此外，还有一本无字图画书《黛西迷路了》，书中讲述了一只名叫黛西的白色小狗追着一只球进了树林，但是它被一只松鼠吸引了注意。于是，它去追赶松鼠，但很快它就迷路了。黛西的主人是一个穿着红裙子的小女孩，她跑进树林，喊着黛西的名字并四处寻找它。最后，黛西大声嗥叫，它的主人才终于找到它。儿童很喜欢通过添加自己的文字和图画来描述追逐的过程。儿童往往还喜欢开展故事表演活动，他们分角色扮演女孩、狗和松鼠。

《一个曲折的故事》与其说是一本无字图画书，不如说它是一本"非书之书"。书中，小女孩的弟弟想要像她一样写一个故事，但是他不知道怎么写。于是，小女孩就帮助他从写一个字母开始……然后是更多的字母、星星等。你的小听众们也可以像这个男孩一样，根据该书中每一页的图画内容来创编属于自己的故事。

教师在书写区的角色

一旦创设好书写区,教师就需要以一种非正式的方式观察那些使用该学习区的儿童,评价他们的参与情况,鼓励他们持续开展活动。

观察儿童的发展水平

观察有助于教师确定儿童是在操作、熟练还是在意义水平上与书写材料互动,以便通过活动支持他们,拓展他们的学习。为了有效记录观察结果,教师需要知道就书写区而言,操作、熟练和意义这三种不同的水平上都有哪些活动会发生。表7.9列出了若干可能性。

表7.9 书写区的活动:互动水平

操作水平
- 涂鸦
- 摆弄字母或字母积木,但不考虑它们的名字是什么
- 摆弄书写工具而不用其进行书写
- 摆弄印章和书写材料,但不考虑其意义
- 摆弄沙盘或用手指在上面画画,但不进行书写
- 在纸上到处写字母
- 任意地摆弄打字机

熟练水平
- 一遍又一遍地仿写同样的单词
- 仿写满满的一整页纸
- 制作一份有关单词的清单
- 一遍又一遍地写/打印一个字母、名字或单词
- 一遍又一遍地临摹字母
- 匹配和分类立体字母
- 一遍又一遍地在沙盘上或者用手指画颜料写字母、名字和单词
- 一遍又一遍地玩电脑上的字母程序

(续表)

> **意义水平**
> - 在纸上、沙盘上或者在手指画颜料里运用涂鸦的方式写自己的名字
> - 用字母代表姓名或单词
> - 在打字机或电脑上敲打自己的姓名或单词
> - 把字母或积木组合成名字或单词
> - 使用字母印章印出名字或者单词
> - 在图画下面涂鸦,并说出它是什么意思
> - 仿写标志或者标牌
> - 仿写信息
> - 仿写故事并"阅读"故事

由于儿童的前书写活动在本质上是个人活动,所以儿童的互动大多数属于"独自游戏"和"平行游戏"。在"儿童互动表"上收集有关儿童互动的数据,有助于教师为儿童制订个人发展计划,同时也有助于教师确定书写区要引入哪类新材料。

书写区的使用

除了记录儿童个体的互动水平之外,教师还需要跟踪记录哪些儿童经常使用书写区,哪些儿童不经常使用。教师本人出现在书写区,可能会吸引一些没有尝试过书写的儿童也来书写区。教师对他们的关注有助于鼓励他们尝试这种新技能。

教师也可以直接邀请那些没有参与过书写活动的儿童。也许儿童可以给父母"写"一张便笺来说明他们用积木搭的建筑,同时附一张儿童用数码相机拍的积木建筑照片,让儿童带回家。当一项新活动与儿童个人有关时,他们就会更有动力去尝试。有些儿童只是在开始书写时需要教师的帮助,对此,教师要能够在恰当的时间安静地退出来,以便儿童继续进行自主学习。

最后,敏锐的教师会时刻关注儿童自己的想法和建议,这样他们才能不断地调整书写区,以便更好地满足儿童个体的需要。如果书写区让儿童感到很有趣,他们就会像参与戏剧游戏和建构游戏一样热情地参与书写活动(见图7.10)。教师要明白,他们的职责不是"教"儿童书写,而是创设一个书写区以吸引儿童自主且深入地参与书写活动。

图 7.10　书写活动让儿童感到很有趣

———— **本章要点** ————

1. 创设书写区

（1）让儿童所处的环境中充满书写作品和阅读材料

（2）展示儿童的书写作品，包括他们画的涂鸦和线条

（3）准备一张可翻盖的、带隔层的书桌来激励儿童书写

（4）提供一组用木头、塑料、砂纸或磁性材料做成的字母

（5）提供彩色粉笔

（6）提供一些书写材料供儿童借回家用一晚

（7）准备一台旧打字机

（8）在书写区准备一个沙盘

（9）在墙上挂上带有字母的被子或地毯

2. 促进儿童的认知发展

（1）提供简单的有关字母的电脑程序

（2）沿着字母的边缘临摹出轮廓，并邀请儿童将其与相应的字母进行匹配

（3）准备一些适合学前儿童阅读的字母书

（4）让字母对每个儿童来说都有个人意义

（5）邀请儿童签名，即使只是胡乱地涂鸦

（6）用字母积木拼出儿童的名字，并拍照留念

（7）阅读一些以名字为主题的图书

（8）邀请儿童收集字母

（9）用旧纸牌制作字母卡片

3. 促进儿童的小肌肉发展

（1）增加新的书写工具和活动

（2）开展用湿粉笔进行书写的活动

（3）用手指在盐盘上画画

4. 促进儿童的社会性发展

（1）全班儿童一起在新闻纸上写一封感谢信

（2）提供各种各样的贺卡

（3）使用牛奶盒制作信箱

（4）邀请儿童通过签名来轮流参与活动

5. 促进儿童的语言发展

（1）引导儿童列清单

（2）引导儿童每天写日志

（3）准备几个打孔机

（4）写购物清单

试 一 试

1. 创设一个书写区，包含书写工具、设备、活动、电脑程序、图书、海报、打字机以及公告栏。
2. 在教室的其他区域创设文字丰富的环境，包括标牌、标志、儿童姓名、图表、登记表、公告栏及其他文字材料。
3. 与小组儿童一起开展书写活动，邀请儿童真正"书写"一个故事、一段经历、一封信、一张便笺或其他东西。
4. 评估5个儿童在书写活动中的互动水平（操作、熟练或意义），同时请描述你是如何确定他们的互动水平的。

第 8 章 美术区

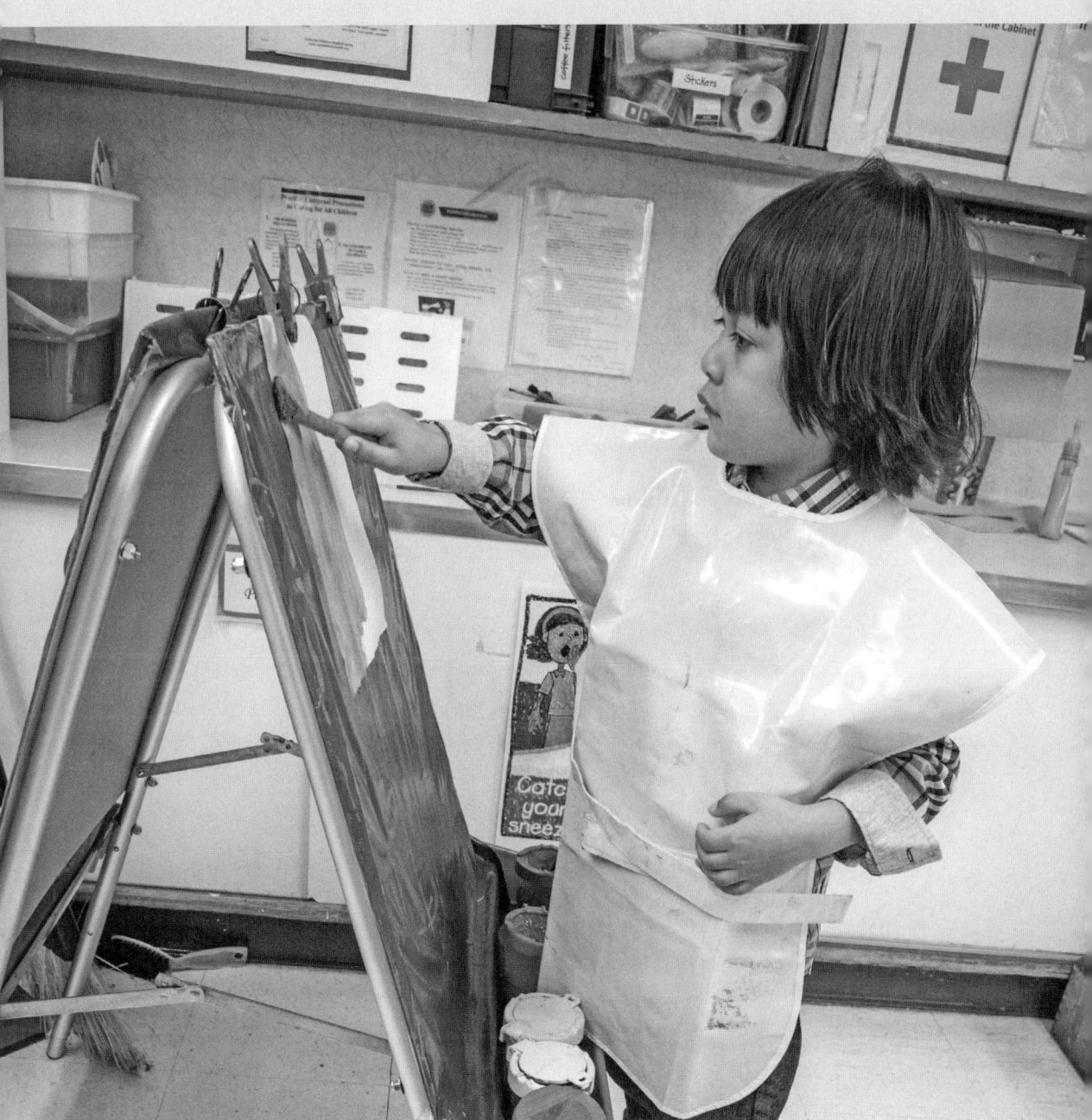

学习目标

阅读本章之后,你将能够:

1. 珍视美术在幼儿园教室里的价值。
2. 理解儿童绘画技能的发展。
3. 创设美术区。
4. 支持课堂上的美和审美活动。
5. 提供能促进儿童身体发展的美术活动。
6. 提供能促进儿童认知发展的美术活动。
7. 提供能促进儿童语言发展的美术活动。
8. 向儿童介绍现代美术家的作品。
9. 提供能促进儿童情绪情感发展的美术活动。
10. 提供能促进儿童创造力发展的美术活动。
11. 理解教师在美术区的角色。

幼儿园教室里的美术

只要所处环境中充满了趣味性的机会，幼儿对美术活动似乎就有一种天然的喜爱，就像他们天生喜欢说话和书写一样。同语言一样，美术也是儿童进行交流和自我表达的一种方式。不过，美术不是口头形式的而是视觉形式的，它涉及的元素不是言语而是线条、形状、颜色和纹理。全美幼儿教育协会认证指标2.J.06.d对这种艺术表现形式给予了支持。

> **2.J.06.d** 儿童应有许多不同的开放性机会和材料，通过二维和三维美术作品来创造性地表达自己。

美术是一种交流方式

儿童天生具有交流的内驱力，从呱呱叫、哇哇哭、咿呀学语到最终学会说话，从水平涂写、"摆弄"字母到最终学会书写，从涂鸦、画图形、组合图形到最终学会画画，他们在每一个可能的方面不断地发展着自己的交流能力。同时，他们还不断地对色彩和纹理进行探索。如果给予儿童各种各样的材料以及探索这些材料如何使用的自由和时间，他们就有能力自学那些他们所需要的美术技巧以进行自我表达。这种交流源自儿童的内心深处，揭示了儿童的独特性，是其他活动难以实现的。桑迪（Soundy，2015，p.41）告诉我们，教育者应该明白儿童的绘画作品实际上是他们思维和交流过程的表征。

美术让思维看得见

事实上，退一步思考，你就会发现美术有时可以使儿童的思维可视化。例如，波浪形的曲线和彩色的斑点可能是儿童内心想法的表达。佩洛（Pelo，2017，p.170/271）指出，当儿童的想法通过美术作品表现出来时，其他儿童和成人就能够和他们进行交流。为了真正地被人理解，这样的美术作品需要附带用儿童自己的话所做的说明，如视频或者转录成的对话，以告诉别人他们正在做什么。

美术是一种表达方式

在教育领域，美术可以帮助儿童做自己而不是更像其他人。每个儿童的内在存在都需要表达，并能在这种表达中获得快乐。如果儿童拥有接触多种材料的机会、自主探索的时间以及充分的尊重和鼓励，那么美术就能成为儿童进行自我表达的媒介。

因此，美术非常适用于自主性学习环境，儿童在这样的环境中可以自由选择并独立自主地开展美术活动。不过，成人必须要记住，对儿童来说，美术活动首先应该是一个学习的过程而不是一个美术作品创作的过程。大多数三四岁的儿童站在画架前挥舞画笔并不是在"画画"而是在"操作媒介"（见图 8.1），就像他们使用积木、数字、字母和词语一样。对他们来说，重要的是过程而不是结果。

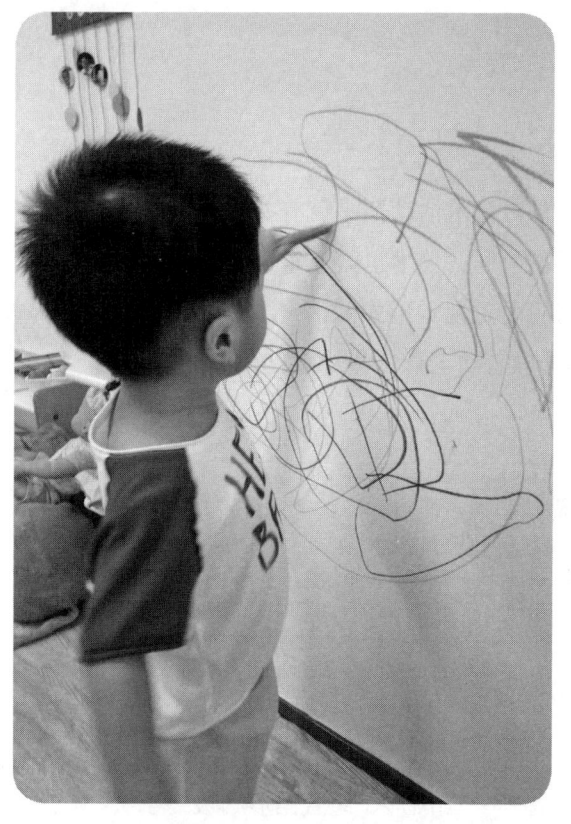

图 8.1 大多数儿童站在画板前并非在画画，而是在使用媒介

操作媒介

儿童在纸上乱涂乱画，有时会涂成一团，有时会画线或者画圈。正当你想把他们"完成的"作品挂起来晾干的时候，一转眼，他们可能又用紫色颜料涂满整幅画。你可能会好奇，他们为什么要这么做呢？毕竟在涂上紫色之前，颜色已经如此漂亮。此时，你必须提醒自己，对大多数儿童来说，他们不是在画画而是在操作媒介，他们想要看看使用画笔、色彩、线条会发生什么。

在能够控制媒介之后，他们就发展到了熟练水平，会一遍又一遍地画同样的图形或图案。最终，有些儿童（并非所有儿童）达到意义水平，开始能画出一些可辨别的物体和图画。对此，福克斯和施尔玛赫（Fox & Schirrmacher，2015，p.7）告诉我们，当儿童专注于某种特别的方法时，他们就进入了下一个发展阶段。对这些儿童来说，作品（图画）本身已经变得与其创作过程一样重要。

你可能还会好奇，儿童为什么要画画？爱德华兹（2006，p.153）相信，儿童经常画画是因为他们的语言能力欠缺，不能很好地用语言表达思想和感受，而美术给他们提供了一种非言语的表达方式。绘画使幼小的儿童以一种延伸自我的方式去直接感受、触摸、倾听和观察他们的世界。

绘画技能的发展

世界上所有儿童的绘画技能都要经历相似的发展过程。起初，儿童会在纸上、桌面上、墙上、蒙着一层水汽的窗户上涂鸦，有时甚至会用小棍儿在泥土中涂鸦。他们最初的涂鸦纯粹是一种动作的表达，他们只是一圈一圈地涂画，连看都不看一眼。随着对手臂和手部动作控制能力的提升，他们开始观察自己正在画什么并能够控制涂鸦在纸上的布局。

罗达·凯洛格（1970，p.15）搜集了数千张世界各地儿童的绘画作品，并从这些绘画作品中确定了儿童涂鸦的 20 种基本形式，凯洛格将它们称为"美术的基石"。从这些涂鸦中可以发现，随着儿童对画笔和蜡笔的熟练使用，他们将专注使用几种最喜欢的涂鸦形式，而且会一遍遍地重复、叠加。

基本图形

在绘画技能自然发展的过程中，图形逐渐出现在儿童的涂鸦中。凯洛格（1970，p.45）从儿童早期的美术作品中识别出六种基本图形：矩形（或正方形）、椭圆形（或圆形）、三角形、十字形（+）、交叉线（×）以及一种奇怪的图形。

3—5 岁儿童不仅能够重复这些图形，而且常常能够将这些图形进行叠加式组合。有趣的是，这些特殊的组合图形不仅出现在世界各地儿童的早期美术作品中，而且出现在人类早期的岩画中。例如，某些图形常常出现在古代洞穴的墙壁甚至学前儿童的美术作品中！儿童在他们绘画技能自然发展的过程中所表达出来的是人类多么宝贵的文化遗产啊！

儿童的美术作品中自然出现的另一种组合图形就是太阳。

最初的人形

下一个出现的图形就是人形,它是从太阳及其光线中演化而来的。圆圈变成了人的脑袋,太阳光线变成了头发和头两边的胳膊,圆圈底部则出现了两条腿(见图8.2),同时太阳脸上的小圆圈或者小圆点表示人的眼睛。有些儿童还会画上鼻子或者嘴巴,但是有些儿童不会。对全世界所有的儿童而言,他们在最初画人的时候似乎都是这样的,将胳膊、腿直接与头相连(见图8.3)。随后,他们会拉长双腿,然后在双腿之间画一条水平线,这样就画出了更加符合常规的身体。从来没人教他们这样做,这是自然而然发生的。

图8.2 脑袋的下面伸出两条腿

图8.3 儿童最初画的人的胳膊和腿与头相连

4—6岁儿童的美术作品中还会出现一些其他可识别的物体,它们多来自儿童的想象,而非他们亲眼所见。因此,他们画的马、狗、汽车以及树都非常相似。如你所料,接下来儿童会用这些物体填满画纸,一遍又一遍地画它们直到熟练为止。当儿童自发地开始对你讲述他们画的是什么时,你就会发现他们的绘画技能已经达到了意义水平。

创设美术区

为了帮助儿童的绘画技能实现从操作、熟练到意义水平的自主发展，你可以在教室中创设一个美术区，以便儿童能够更加方便地选择和使用该学习区。画架是能够激发儿童独立进行美术探索的最具吸引力和最有用的工具，因此要保证在该学习区至少有一个画架（最好有两个），随时供儿童使用（见图 8.4）。

颜料与画笔也要提前准备好，以备儿童随时选用。儿童要学会从架子上取下画纸并用夹子将其夹在画架上。作品完成后，他们还要将自己的作品挂在自制的立式架子上或者购买的油漆干燥架上晾干。

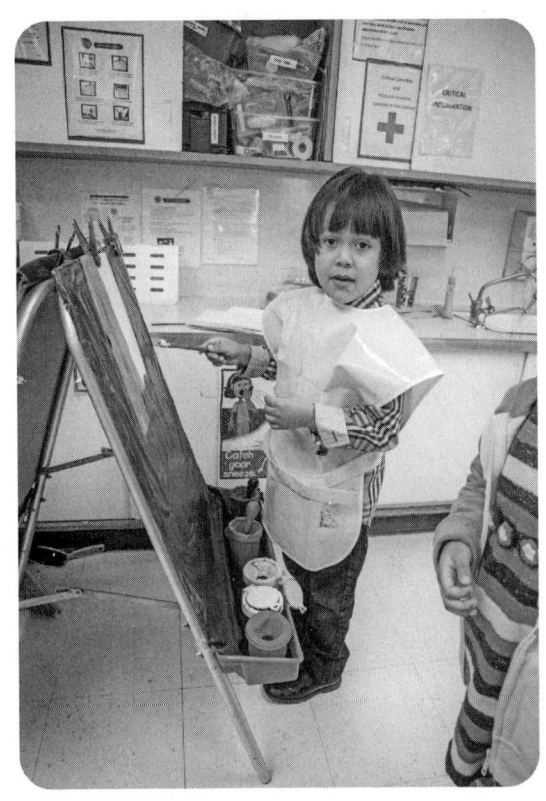

图 8.4 画架是激发儿童独立进行美术探索的最具吸引力和最有用的工具

画架

市面上的画架有各种各样的类型和尺寸：传统的立式双面画架、桌上画架以及可调节的画架。此外，还有一种新型的可供好几个儿童同时使用的带轮子的室内外两用画板。要确保在每一个画架旁都附上一个笔记本和铅笔，以方便儿童在上面登记、排队使用画架。将颜料放在透明的广口瓶里，并在每个广口瓶里单独放一支颜料刷。同时，需要在画架附近放一只清洗桶，以便儿童清洗颜料刷，然后将其归还原处。

对于其他类型的美术活动，教师也需要在操作台旁边的矮架上放置一些方便儿童取用的颜料。这些颜料包括：装在塑料罐或挤压瓶中的各种颜色的蛋彩画颜料、装在塑料盒里的水彩颜料、装在塑料罐里的手指画颜料。此外，各种型号的刷子、调色盘、海绵以及各种各样的美术用纸也要放在同一个架子上，便于儿童取用。

将材料分别保存在用不同颜色编码的容器中,并在架子上贴上标签以便儿童选择和归还材料。如果空间有限,教师也可以使用带架子的手推车来盛放美术材料。教师可以邀请儿童作为小助手,把当天美术活动所需要的材料放到小推车上。

儿童可用的材料

美术区的材料要能方便儿童自由取用。没有必要把班级的所有美术材料一次全部拿出来,而是要时常添加一些新材料,同时也要定期拿掉一些不再使用的材料。表 8.1 列出了一些可供参考的美术材料。教师使用的美术材料则应该被储存在别的地方。

表 8.1　美术材料

· 蛋彩画颜料	· 纱线	· 剪刀架
· 画架	· 亮片	· 不透明胶带
· 手指画颜料	· 绒球	· 透明胶带
· 荧光漆	· 羽毛	· 海绵
· 水彩	· 泡沫塑料图形	· 图章
· 蛋彩画笔	· 纽扣	· 印台
· 蜡笔	· 糨糊	· 陶土
· 记号笔	· 胶棒	· 水桶
· 彩色粉笔	· 胶水	· 擀面杖
· 黑板	· 白纸	· 橡皮泥
· 打孔机	· 牛皮纸	· 饼干模具
· 桌布	· 图画纸	· 围裙
· 编织而成的环	· 马尼拉纸	· 调色盘
· 编织而成的筐	· 包装纸	· 搅拌罐
· 毛根	· 皱纹纸	· 晾干架
· 雪糕棍	· 报纸	· 铝箔纸
· 瓦楞纸	· 食用色素	· 玻璃纸
· 缎带	· 剪刀	· 面团

对美术活动来说,方便取用的水源也特别重要。在可能的情况下,可以将美术

区设置在接近水槽的地方,也可以在较低的台面上放置几盘干净的水以方便儿童使用。如果美术区也包含其他学习区的材料,那么美术活动就可以融入整个课程。例如,带有彩色插图的图画书是导入美术活动的绝佳方式,所以无论是在美术区还是图书区都应该保证儿童能接触到这类图画书。

美和美学

美术区也应该是让儿童感受美,培养儿童审美的起点。幼儿园的教室环境不仅要外在美观,而且要让置身其中的人感受到美。我们知道,儿童喜欢鲜艳的颜色和通风的空间,而且教师在优美的环境中也能获得愉悦感。因此,我们需要把教室打造成环境优美的生活和工作场所,可以从美术区开始,然后逐渐拓展到整个教室环境。

沉闷昏暗的环境会大大降低人的快乐感和幸福感。虽然儿童热情满满地来到教室,但是能否充分利用儿童这种自发的快乐取决于你能否牢记美丽的原则来布置教室环境。在布置教室环境时,没有必要过度使用鲜艳的颜色。例如,可以考虑将墙壁涂上柔和的颜色而不是将其涂成鲜艳的黄色,这样不仅更能抚慰人,同时也能凸显出学习区的多姿多彩。新墙面甚至是不需要涂色的(设备如果是租用的,可能还是需要)。不管怎样,要把墙壁清理干净,让活动区显得丰富多彩。

可以用不同颜色的厚卷纸区分不同区域的墙面,也可以将这些纸作为教室的护壁板。可以把各种各样的自粘式纯色乙烯基纸贴在书架、台面或者桌子上。同时,也可以在自制的房间隔板上贴上厚卷纸。使用硬纸板、厚卷纸和乙烯基木质边框来制作公告栏。

不要过度、过杂地使用颜色。凭借你自己的感觉决定要使用几种颜色以及一次提供多少材料。同一时间内呈现太多相互冲突的颜色或太多不必要的材料,势必会导致"感官超载",这对儿童和成人都会产生不利影响。当你走进一间杂乱的教室时,你是否也会有这种感觉?所以,请尽量让装饰简洁、美观吧!

公告栏

美术区的公告栏可以展示儿童从涂鸦到能画出可辨认的图像这一系列美术能力

发展的过程。如果公告栏是浅蓝色背景的，那么你可以考虑将儿童的美术作品装裱在黄色或粉色的背景纸上。你还需要经常更换公告栏的背景。如果公告栏的背景使用的是彩色厚卷纸或者自粘式乙烯基纸，那么经常更换对你来说就并不难。儿童和成人都喜欢适度的变化。

可以将书的护封塑封好，或者将护封贴在硬纸板上并在上面覆上一层透明的塑料膜，然后将其展示在每个学习区。这种来自现代儿童读物中的美术作品同美术馆里的任何一件美术品一样漂亮，令人印象深刻。

大自然的美

与儿童一起谈论颜色和大自然的美。把花、种子荚和树枝带到教室，并和儿童讨论如何把它们摆放得漂漂亮亮、吸引人。帮助他们发现室内外环境中的美。他们注意到喂鸟器旁家朱雀头上的那一抹红色了吗？在草地上、大树上和院子里的灌木丛里，他们能辨识出多少种不同的绿色？教室里也有类似这样的颜色吗？看看窗外美丽的蓝色天空，他们如何将这种漂亮的颜色带进教室来美化教室环境呢？

儿童身上的美

教室中还有其他美丽的事物吗？儿童们美吗？谈谈我们所有人身上的美。是什么让我们如此美丽？是我们的眼睛、我们的脸庞、我们的皮肤、我们的头发和我们的衣服。这时候，正好可以阅读一下《我是拉丁美洲人：美丽的我》（*I Am Latino: The Beauty in Me*）这本书。一翻开书，缤纷的色彩就映入我们的眼帘。每一页都以一种纯色打底，如红色、黄色、蓝色、绿色、橙色或棕色，它们作为背景映衬着拉丁美洲儿童的笑脸。我们被指引着运用自己的感官去发现一切美好的事物——闻玫瑰花香的女孩、讲西班牙语的男孩、跳探戈舞的小女孩、随着波列罗舞点头的女孩以及品尝美味的墨西哥美食的孩子。

非裔美国儿童将喜欢阅读和倾听《深深浅浅的黑色：孩子们的庆典》（*Shades of Black: A Celebration of Our Children*）这本书。书中呈现了很多不同肤色的非裔美国儿童脸部的特写图。此外，这本书还将一部分重点放在了头发上，呈现了短发、长发、直发、卷发等，但是不管哪种头发，它们都是美丽的。

可以将表 8.2 列出的图画书读给儿童或小组儿童听，从而使他们领略到不同文化中儿童身上的美。可以将这些图画书的护封张贴在公告栏上或者教室里的房间隔板上（Beaty & Pratt，2015，p.34）。

表 8.2　有关多元文化的儿童图书

- 《雷电小子》
- 《我的肤色》（*Colors of Me*，Barnes，2011）
- 《我们的肤色》（*The Colors of Us*，Katz，1999）
- 《人》①
- 《世界的一天》②
- 《世界的孩子》③

数码摄影

邀请儿童给他们自己拍照，并将照片彩印出来用以制作一本美丽的书（见图8.5），也可以将照片塑封、装裱后挂在墙上展览。福克斯和施尔玛赫（2015，p.286）建议，一间教室中应至少有三部数码相机供儿童使用，以便儿童拍照并能立即观看它们或把它们打印出来。你也可以将这些照片纳入课程。

要确保这些小摄影师能够以他们认为美的方式自由地拍照。背景、距离、拍摄角度都应该由儿童自己决定。邀请他们尝试近景和远景拍摄。每个儿童都需要拍摄不止一张照片，然后从中选出一张最好的放到"美丽之书"中。有些教师还会每周任命一名儿童作为班级摄影师。同时，一定要确保身有残疾的儿童在一年之中也能拥有多次机会当班级摄影师。

你可能想购买那种在控制性和耐用性方面更加适合学前儿童使用的数码相机，而不是适

图 8.5　邀请儿童给自己拍照

---

① [美] 史比尔，著．李威，译．贵阳：贵州人民出版社，2018。——译者注
② [日] 安野光雅，编．汉声杂志，译．贵阳：贵州人民出版社，2013。——译者注
③ [美] 斯特里克兰，等，著．[美] 迪恩，绘．漆仰平，译．武汉：长江少年儿童出版社，2019。
　——译者注

图 8.6 儿童的双手也很美

合成人使用的数码相机。你可以参考本书第 4 章提供的有关资源。

手掌拓印

儿童的双手也很美（见图 8.6）。邀请儿童仔细观察自己的手，他们能说出自己的手是什么颜色吗？儿童愿意将手涂满这种颜色进行拓印活动吗？

手掌拓印是一种美术活动，它能够表征每个儿童非常重要的身体部位。带领儿童阅读《我们的肤色》这本书，利用它来导入手掌拓印活动。这本书向我们展现了肤色深浅不同的手。鼓励儿童把自己的手平放在桌面上近距离观察一下，并问他们："在纸上拓印手掌和在纸上签名是一样的吗？你们是怎么认为的？"

一些儿童觉得，只要拓印时使用的颜色和手的肤色一致就是一样的。教师给儿童提供各种颜色的颜料，然后鼓励儿童在调色盘中调配与自己双手肤色一致的颜色。调配出这样的颜色并非易事，所以他们也可能只调配出与之相接近的颜色。之后，儿童可以将一只手平放到调色盘中蘸上颜料，然后将手按到一张白纸上。等手印干了之后，就可以将它们放到"我们美丽的手"这本班级剪贴簿中（见图 8.7）。

《美丽的手》（*Beautiful Hands*，Otoshi & Baumgarten，2015）是一本极其美丽的图画书。书中色彩对比鲜明，白色背景下不同颜色的大手印跃然纸上。这本书里不仅包括手的图片，还有一些字母和单词。它会询问小读者，他们用自己美丽的双手做什么？种植？触摸？托举？伸展？在翻到下页去了解作者将要讲什么之前，可以先请小听众们回答一下每个问题。

有时候，儿童还想用与他们肤色相接近的蜡笔描摹自己的手部轮廓。这些活动不仅能使儿童停下来用与以往完全不同的方式思考自己的手，而且还能使他们学着欣赏肤色的美。

图 8.7 儿童在纸上拓印手掌来制作班级剪贴簿

很久以前,许多美国的原住民会在平坦的峡谷壁上拓印自己的手。《泥人家族》(*The Mud Family*)这本图画书讲述了一个名叫索西的普埃布罗族[①]女孩的故事。索西一家人必须要在家门口的最后一池水干涸之前离开这个峡谷。临走前,索西利用河岸上的泥巴捏了泥人,突然一股洪流冲下峡谷,将泥人全部淹没,连索西自己也险些被淹没,幸亏她的父亲及时救了她。之后,索西的家人就在他们家后面的峡谷壁上印上了自己的手印以示纪念。至今,你还可以在美国的亚利桑那州、新墨西哥州和犹他州看到这些手印。

促进儿童身体发展的美术活动

通常,我们不会将美术活动与身体发展联系起来,但是某些美术活动确实能促

---

① 一个传统的美洲原住民社群,他们的栖息地如今位于美国西南部,特别是亚利桑那州和新墨西哥州的沙漠地区。——译者注

进儿童的身体发展。某些特定种类的美术活动可以促使儿童的小肌肉动作、大肌肉动作得到进一步的发展。

小肌肉动作

美术活动能够促进儿童对画笔、蜡笔及其他绘画工具的抓握和控制能力。这种能力的发展不仅需要手臂、手和手指肌肉的参与,而且需要手眼协调能力的参与,只有这样才能更好地控制工具来做自己想做的事。除了绘画材料以及其他可供儿童独立使用的美术材料之外,你还可以提供一些特别的活动,重点关注儿童如何抓握和使用工具来实现各种美术目的。

一种有趣的导入方式是把图画书《美术》(Art,McDonnell,2006)中的主人翁阿特及其创作的精彩的美术作品介绍给美术区的儿童。这本书的内容非常简单,大部分页面都是阿特创作的美术作品。你可以通过在硬纸板上简单描摹轮廓的方法为阿特制作一幅立体剪贴画。然后,邀请儿童照着图画书中阿特的形象将他的裤子和帽子涂成蓝色,将衬衫涂成红白相间的条纹,将他的脸涂成肉色。

请慢慢地阅读这本书,以便小组中的每一个儿童都能好好地看清楚。然后,你需要根据儿童的人数提供相应数量的画笔和不同颜色的颜料盒。之后,在美术桌上铺上白纸,鼓励儿童像阿特那样作画。儿童可以用自己喜欢的任何方式在纸上挥洒颜料。完成后,要记得保存和展示他们的作品。

泼溅画

下次,可以邀请另外一组儿童来认识阿特和他的美术作品。为儿童提供专门用于泼溅画的画笔和颜料盒,以便他们在白纸上肆意泼溅颜料。轮到另一组时,再用白纸将桌子盖上,同时提供荧光笔供儿童随意涂鸦。可以将这本书、画笔、荧光笔、颜料和小张白纸留在美术区供儿童独自使用。将儿童的绘画作品悬挂在房间四周,与他们一起讨论这些不同的绘画作品以及他们为什么喜欢这些作品。

其他需要小肌肉动作参与的美术活动还有撕、折叠、剪切、挤压、泼溅、粘贴和揉搓面团。儿童喜欢将彩纸撕碎,然后进行拼贴,因此可以让他们帮忙准备一篮彩色碎纸,如碎卫生纸、皱纹纸、彩色铝箔纸等。此外,还可以另外准备一篮用于拼贴画的材料,比如塑料图形、毛根、羽毛、种子等。然后,儿童可以将这些材料粘贴到背景纸上进行创意拼贴。

折纸

学前儿童很喜欢折纸，可以让他们先用小张的彩纸练习。稍后，可以邀请儿童将这些折叠过的纸撕剪碎了粘在拼贴画上。有些儿童可以很熟练地使用剪刀把折叠好的纸的四角都剪掉，打开折纸的时候就会有一个个洞。如果所折的纸是白色的，儿童可能还会把它们叫作"雪花"。

使用剪刀

全美幼儿教育协会认证指标 2.J.05 支持儿童使用和爱护美术工具。《巴勃罗的树》（*Pablo's Tree*）是一本很好的图画书，它不仅反映了多元文化，还可以用来引导儿童剪雪花及其他物品。书中讲了巴勃罗在每年过生日时都会去看望他的祖父利托，祖父在巴勃罗出生的时候亲自为他种了一棵"生日树"，还给它做了漂亮的装饰。你班里的孩子们可能也想要沿袭这一传统，装饰教室里的生日树。一定要保证为每个儿童庆祝生日，即使是那些在学校放假期间过生日的儿童。就算以后不再读这本书了，你也可以照常装饰教室里的生日树。

> 2.J.05　儿童应有各种各样的机会来发展和拓展他们的技能（例如，剪切、黏合、爱护工具），以支持美术表达。

在桌面上放一个篮子或者剪刀架，里面放上用钢锻造而成的剪刀而不是那种常见的儿童钝剪刀，从而使儿童学会使用真正的剪刀剪东西。这种剪刀不仅剪裁东西更容易，而且从安全角度来说，锋利的剪刀反而比钝剪刀好。

对于初学剪纸的人，如果有人能用两只手帮他们牢牢握紧纸，他们剪起来就会更加顺利。可以让他们先练习剪包装纸，你帮他们拿着包装纸，鼓励他们将它剪成五彩的纸屑后再用它装饰贺年卡或拼贴画（见图 8.8）。活动开始后，你可以让一个儿童拿着纸，另一个儿童剪。一旦他们的剪切动作协调了，他们就可以练习将单张彩纸剪成拼贴碎片了，也可以为了制作班级剪贴簿从旧杂志或者商品宣传册上剪裁一些图片。因此，要确保在剪刀架旁边有杂志供儿童选择。儿童还可以在纸上画一条线，然后沿着线条进行剪裁，制作自己的姓名卡片（见图 8.9）。

图 8.8 儿童在桌面上进行剪裁、拼贴

图 8.9 儿童正在剪裁自己的姓名卡片

大肌肉动作

彻丽在她的经典著作《儿童的创意美术：早期教育指南》（*Creative Art for the Developing Child: A Guide for Early Childhood Education*，Cherry，1972）中提出了一种需要大肌肉动作参与的趣味性美术活动——手臂舞，即手持蜡笔随音乐舞动。首先，在地板上铺上一大张纸，纸张大小足够几个儿童并排跪坐在上面并能随着音乐挥动手臂涂鸦。邀请每个儿童随着一段或活泼或舒缓的音乐进行蜡笔涂鸦。音乐停止后，给每个儿童换一支不一样的蜡笔，同时再播放一段不同风格的音乐。一定要保证儿童是用整个手臂来挥舞蜡笔的，而不仅仅只是用手。这样，结果肯定会令人兴奋。

这个活动也可以是两只手里都拿着蜡笔，挥舞两只手臂进行涂鸦。使用一只手臂，可以增强儿童控制自身肌肉以流畅涂鸦的能力。使用两只手臂则可以提升儿童身体的双侧协调能力。这些练习对于那些视听困难的儿童是特别有帮助的。佩洛（2017）建议，把儿童的作品在画架上放几天，以便儿童稍后可以自由地进行添画或修改。

促进儿童认知发展的美术活动

通过美术活动，儿童能够发展的一项重要认知概念是识别颜色。

颜色

儿童喜欢各种颜色。所以，教室中应该充满颜色。4—6个月的儿童就已经开始有了颜色概念。学前教育的一项重要目标就是让儿童学会识别和命名各种颜色。这涉及视觉辨别和名称记忆。许多学前儿童已经能够识别几种颜色了，还有一些儿童能够像说字母表中的字母名一样说出颜色名，但是他们可能并未真正了解颜色。

为了帮助儿童将颜色的名称及其视觉表象整合成一个颜色概念，可以一次选一种颜色让他们充分沉浸其中。由于红色如此明亮耀眼，因此你可以从红色开始。事先让儿童带一些红颜色的物品到教室，你自己也可以准备一些这样的物品，比如，红颜色的花。同时，还要在画架旁的颜料罐里准备好红色颜料，在桌子上放上红色

手指画颜料。在数学区/操作区放上红颜色的乐高。在建构区提供一些红色的玩具消防车供儿童使用,还可以在该活动区投放图画书《这是消防员》,让儿童找找书里还有哪些消防器材也是红色的。此外,你可以给他们准备些红色塑料消防帽戴一戴。

可以在书写区投放红颜色的书写工具,如红色记号笔、红色铅笔和蜡笔。儿童的涂鸦作品也可以装裱在红色背景纸上。在戏剧游戏区,可以准备些红色的帽子和衬衫。可以将玩水桌上的水染成红色。在音乐区,可以唱一首有关颜色的歌。在图书区,可以准备一些以红色为主题的图画书。此外,本周的班级摄影师可以寻找并拍摄一些红色物体。

以红色为主题的活动要开展多久?这主要取决于儿童和课程目标。或许一周后,就可以逐渐减少红色而转向另一种颜色,比如绿色。你也可以根据季节或者节日选择某种特别的颜色。

混合颜色

在介绍了三原色之后,你就可以鼓励儿童尝试通过混合颜色来得到新的颜色。从画架槽里取出两种不同的颜料罐,比如黄色和蓝色,让他们进行混色实验并观察会发生什么。也可以事先在画纸上涂抹一些黄色和蓝色的手指画颜料,然后将画纸放在桌子上。当看到黄色和蓝色相混合出现绿色时,他们总是感到吃惊且兴奋不已。

将各种颜色混合在一起,是儿童进行颜色实验的一种绝佳方式。对这个年龄的儿童来说,这类活动的目的只是让他们意识到通过颜色混合可以产生新的颜色,而不是为了让他们知道哪些颜色可以混合成绿色、哪些颜色可以混合成紫色。儿童也可以进行一些有关色调的实验,例如,将白色或黑色加入到同一种颜色中,因为加入量的不同而产生深浅不同的色调。你还可以与围坐在你身边的一两个儿童一起读一读《混合颜色》(*Mix it up*, Tullet, 2014)这本书,书中每一页白纸上都有不同颜色的颜料,等着儿童将它们混到一起。

为儿童准备一些食用色素和水,以便得到一些新的颜色。首先,在托盘中准备一组空的婴儿食品罐,每个罐子里都装半罐水,同时往每个罐子里添加一两滴不同颜色的食用色素。然后,在另一个托盘上面放几个空罐子、一杯清水以及一个挤压瓶。儿童可以选择在美术区做这个颜色混合实验。下次再换成不同颜色的食用色素进行混合。儿童应该可以独立进行这种实验。但是,当他们混合两种颜色时,教师可以偶尔打断他们询问:"你们觉得接下来会发生什么?"

光的颜色

不同颜色的光也可以混合。取一张黄色玻璃纸蒙在一个手电筒上,取一张蓝色玻璃纸蒙在另一个手电筒上,然后关灯拉上窗帘,打开手电筒照向天花板,让两种颜色的光汇聚到一起。接下来会发生什么?当然是产生绿色的光。第二天,可以鼓励儿童用其他颜色的玻璃纸进行实验,比如,红色和蓝色的光汇聚会产生紫色的光,而红色和黄色的光汇聚会产生橙色的光。

光本身也是有颜色的,只是儿童通常看不到它们。取一面三棱镜,让太阳光通过窗户照到三棱镜上。当光线穿过三棱镜的时候就会产生彩虹般的颜色,这种颜色还会反射到附近的墙壁上、白纸上或者其他你所指向的地方。你也可以让儿童轮流用一只手拿着三棱镜在另一只手上照射出彩虹的颜色。他们能分别认出这些颜色吗?

到目前为止,儿童可能已经将他们最喜欢的颜色告诉了你。如果他们还不确定自己最喜欢什么颜色,那么你可以和他们一起读一读《我最喜欢的黄色》(*Yellow Is My Color Star*,Horacek,2010)这本图画书,作者把所有的颜色都一一试了个遍,最后选择了她最喜欢的黄色。创作儿童读物的美术家都有最喜欢的颜色,我们的孩子们有吗?

促进儿童语言发展的美术活动

你知道颜色会说话吗?就像字母书中的字母一样,蜡笔也是许多颜色书中的主人公(见表8.3)。《小蜡笔要回家》讲述了邓肯所遗失和损坏的一堆蜡笔——现身的故事。书中左边的页面是每个小蜡笔给邓肯写的明信片,告诉邓肯发生了什么事情,右边的页面用图画形式说明了它们遇到的麻烦。红褐色蜡笔被邓肯的爸爸坐成了两段,豆绿色蜡笔改名为埃斯特班后跑去周游世界了。

表 8.3 有关颜色的故事书

- 《小蜡笔要回家》①
- 《阿罗有支彩色笔》②
- 《怪兽爱彩色》(*Monsters Love Colors*, Austin, 2013)
- 《红色蜡笔的故事》(*Red: A Crayon's Story*, Hall, 2015)
- 《美丽的红色》(*Red Is Beautiful*, John, 2003)

读完这本书后，教师可以准备一些不用的明信片，让儿童选择一支蜡笔进行涂鸦来讲述它自己的故事。他们喜欢听这些用霓虹色、橙黄色、棕色、荧光色、金色以及青绿色等颜色的蜡笔所描绘出来的离奇故事。

无疑，最不寻常的一本图画书还要数《红色蜡笔的故事》。它讲了一支只能画出蓝色东西的红色蜡笔的故事。书中，出现在页面底端的其他蜡笔都试图帮助这支红色蜡笔，但是没有一支蜡笔知道红色蜡笔到底怎么了。你班上的孩子能帮红色蜡笔解决这个难题吗？

世上最著名的蜡笔恐怕就是阿罗的紫色蜡笔了。最近，《阿罗有支彩色笔》这本图画书重新发行了六十周年纪念版。在这本书中，阿罗拿着他的紫色蜡笔在月光下散步，一路上边走边画直到返回家。听完这个故事，你班上的孩子们可能也想创编他们自己的蜡笔故事，因此要准备好纸和蜡笔。

当然，儿童第一次使用蜡笔时还只是涂鸦。《怪兽爱彩色》可以说是一本最好的有关用颜色涂鸦的书。书中 6 只友好的怪兽手握蜡笔，经过一番涂鸦、混合、跳舞、扭动之后最终画出了一道彩虹。

儿童图画书中的现代美术

美术帮助儿童发展语言的另一种完全不同的方式是，引导儿童谈论别人的美术作品。也就是说，他们需要熟悉美术家的作品。

---

① [美]戴沃特, 著. [英]杰夫斯, 绘. 南宁：接力出版社, 2017。——译者注
② [美]约翰逊, 著. 孙晓娜, 译. 南宁：接力出版社, 2018。——译者注

美术家

马尔卡西（Mulcahey，2009，p.108）告诉我们，儿童热衷于谈论他们自己的以及其他人的美术作品。她认为，在语言系统和词汇的迅速发展期，美术可以加强儿童语言能力的发展。马尔卡西会让儿童观察、讨论一些著名美术家的美术作品，这些美术作品既有男艺术家创作的，也有女艺术家创作的，并且他们具有不同的文化背景。这样做也有助于达成全美幼儿教育协会认证指标2.J.07。

> 2.J.07 儿童有机会对其他儿童和成人的美术作品做出反应。

谈论美术作品

马尔卡西（p.109）发现，儿童在欣赏美术作品时会将自己的经历与观察所见联系起来，然后讲述故事。讲述故事能够鼓励儿童积极参与以及进行高水平思考、创造性思考以及情绪表达。

因为美术作品本身所表达的意思已经很明确，所以没有必要让儿童描述自己的作品。但是，如果儿童想要谈谈自己的美术作品，也请不要阻止他们。请使用线条、形状、色彩、图案以及纹理等专业术语来评论儿童的美术作品，同时鼓励儿童使用这些专业术语来谈论著名美术家的美术作品。这样，这些术语最终就有可能成为儿童掌握的词汇。

在哪里可以找到这些美术作品呢？在网络上（以美术家的名字为关键词进行搜索）、明信片上、日历上以及美术馆和博物馆中都能找到美术家的美术作品。但是，对很多教师来说，寻找美术作品最切实可行的一种途径是从儿童图画书或者美术家的传记中（见图8.10和表8.4）。

图8.10 图画书是寻找美术家作品的一个好途径

表 8.4　有关美术和美术家的儿童读物

- 《发自内心的艺术：民间艺术家克莱门蒂娜·亨特》（*Art from Her Heart: Folk Artist Clementine Hunter*，Whitehead，2008）
- 《画了一匹蓝马的画家》①
- 《弗里达》（*Frida*，Winter & Juan，2002）
- 《我是乔治娅》（*My Name Is Georgia*，Winter，1998）
- 《透过乔治娅的眼睛》（*Through Georgia's Eyes*，Rodriguez，2006）
- 《你最喜欢什么颜色》（*What's Your Favorite Color*，Carle，2017）

乔治娅·奥基夫

图画书《透过乔治娅的眼睛》将美国美术家乔治娅·奥基夫的世界以及她有趣的绘画作品描绘了出来。乔治娅·奥基夫用与大多数人不同的视角观察世界。她画的巨大的红色罂粟花连同荒芜的红色峡谷以及牛的白色头盖骨跃然纸上。你可以将印有乔治娅作品（她画的花）的明信片给儿童欣赏。图画书《我是乔治娅》则采用自传的形式以简单的文字和插图讲述了乔治娅·奥基夫的生活。

读完这些图画书之后，你可以向儿童展示一大幅乔治娅·奥基夫所画作品的复印件，与他们讨论作品中花的大小和颜色，乔治娅为什么要画牛的头盖骨以及她是如何画山和云的。你也可以带一束花到教室，邀请儿童运用味觉、视觉和触觉等多种感官去观察、探索。有些儿童可能想把他们的观察感受画下来，无论他们做什么，教师都要接受。

弗里达·卡罗

弗里达·卡罗是一位以自画像而闻名的墨西哥标志性艺术家，她的作品受到墨西哥本土文化的深刻影响。图画书《弗里达》用简单的文字和梦幻般的插图讲述了弗里达的人生故事。作家兼插画家余依·莫拉莱斯在其新近获奖的传记作品《永远的弗里达》②中也探寻了弗里达的生活。儿童对弗里达命运多舛的一生表现出极大的兴趣，想知道这一切意味着什么。虽然她画的都是她所看见的东西，但是也有很多

---

① [美] 卡尔，著绘. 宋珮，译. 济南：明天出版社，2012。——译者注
② [美] 莫拉莱斯，著. 王云霞，译. 北京：北京联合出版公司，2016。——译者注

形象来自她的想象。对于这些形象，儿童会说什么？如果给予儿童机会，他们可以尝试根据自己的想象来画画吗？

克莱门蒂娜·亨特

《发自内心的艺术：民间艺术家克莱门蒂娜·亨特》这本讲述克莱门蒂娜·亨特这位自学成才的非裔美国女艺术家生平的著作吸引了全国媒体的关注。克莱门蒂娜·亨特生活和工作在美国路易斯安那州的梅尔罗斯种植园，在她漫长的一生中，她画了数百幅有关生活场景的作品。带领儿童讨论一下民间艺术，了解他们是如何理解"民间艺术"的。他们认为，什么是民间艺术家？他们能成为民间艺术家吗？

艾瑞·卡尔

很多儿童都知道艾瑞·卡尔是儿童图画书的插画家和作家，他的画颜色鲜艳、丰富，充满了惊喜和想象。但是，他们也许并没有注意到，卡尔的表现主义绘画风格源于他童年在德国的生活经历，当时正处于第二次世界大战时期，德国当局反对现代艺术，禁止表现主义的绘画风格。《画了一匹蓝马的画家》就是艾瑞·卡尔致敬德国早期艺术家弗朗兹·马尔克（Franz Marc）的一本书。弗朗兹·马尔克以画蓝色的马而出名，但是他的作品遭到了德国当局的禁止。艾瑞·卡尔立志通过自己有趣的、幽默的、非常规的美术作品帮助所有儿童突破常规的限制。

这本书的开头是一位横跨两页纸正拿着画笔站着作画的画家，他告诉读者他是一位画家，他画了一匹蓝色的马、一条红色的鳄鱼、一头黄色的牛、一只桃红色的兔子、一头绿色的狮子、一头橘色的大象、一只紫色的狐狸、一只黑色的北极熊以及一头带彩色圆点的驴子。儿童觉得这些画怎么样？画家为什么会用这些颜色？这些画有没有给他们一些绘画的灵感？

艾瑞·卡尔最近出版的《你最喜欢什么颜色》一书介绍了15位儿童图画书插画家。每位画家都用自己最喜欢的颜色来展示自己的绘画作品，并说明所选择这个颜色的原因。卡尔最喜欢的颜色是象征太阳的黄色。

儿童可能还想见见美术师。许多社区里都有艺术俱乐部，你可以通过俱乐部与美术师们取得联系，并邀请他们参与你们的活动，向儿童分享他们的艺术技能。报社里通常也有美术师，可以邀请他们来到班级。此外，儿童的家长中可能就有美术师，或者美术师的朋友。

促进儿童情绪情感发展的美术活动

佩洛相信，美术是表达情感的一种工具（Pelo，2017，p.172）。儿童可以通过玩水、玩面团、做雕塑和捏黏土等美术活动来表达情感，这比用语言表达情感更加清晰。

玩水

美术可以直接或间接地促进儿童情绪情感的发展。从直接方面来说，美术作为一种疗愈的手段可以帮助儿童释放负面情绪。当儿童感到心情不佳时，玩水是一项非常能安慰他们的美术活动。把一盆水放在美术操作台上，旁边放上小而薄的彩色海绵，让他们反复浸湿并挤压海绵。随后，你可以给他们示范如何用剪刀将海绵剪成小块，等干了之后用它们做拼贴画，或者把它们粘在雕塑上、小杉树上。他们可能想把满满一桶海绵都剪成小块放在水里玩，随后再晾干用在上述美术活动中。

把几盆水、一套食用色素颜料、几个空瓶子、一个大水罐、几个漏斗、一个打蛋器放在美术操作台上。每个儿童用一盆水尝试混合颜色，并用打蛋器进行搅拌，然后把彩色水装到瓶子里。因为这不是一项长久的活动，没办法保存和展示，所以可以请班级的摄影师把孩子们的玩水游戏拍下来，然后把照片贴在公告栏中，也可以用这些照片制作一本书。但是，如果儿童感觉没有达到标准，他们就可能不想拍照。

玩面团

面团或者黏土也是释放消极情绪的一种极好的疗愈材料。儿童可以通过揉压、击打、滚搓、捶打、揉捏、拉扯、按压等方式，将面团或黏土捏成各种形状。每种材料都有不同的触感、不同的弹力、不同的松软度以及不同的操作难度。因此，每种材料都会给儿童带来不同的体验，同时也能帮助他们释放紧张情绪（见图8.11）。

图 8.11　用手指挤压材料可以帮助儿童释放紧张情绪

在一年里的不同时间段使用不同的材料，且一次使用一种材料。一定要和儿童一起尝试所有不同类型的材料。面团是最容易制作和使用的，所以很多教师仅选用面团作为美术造型的材料。但是，面团和黏土是不一样的，不能用它来替代黏土。为了给儿童提供使用黏土的真实经验，不管付出多少时间和精力都是值得的。制作面团有多种方法，表 8.5 中是最受人们欢迎的一种方法。

表 8.5　面团的制作方法

> 原 材 料：2½ 杯面粉、2 杯水、3 匙明矾、2 勺食用油和 ½ 杯盐
>
> 制作方法：将两杯开水倒在面粉、明矾和盐上，然后搅拌一下并加入食用油。晾凉后，在面团表面撒上一层薄薄的面粉，然后揉至光滑。接下来，把面团放到一个密封容器中，不要冷藏。如果需要面团的儿童人数比较多，那么材料要相应增加一倍。

刚开始的时候，你需要在活动开始前就制作好面团。制作好后，可以给坐在美术操作台前的每个儿童一大块或一团面团，让他们操作、体验。刚开始时，可以引导他们用手揉面团。之后，再逐渐增加一些小擀面杖、饼干模具等工具。但是，对

儿童来说，最初的体验来自有时间、有机会不受其他因素干扰地操作材料。通过将面团揉成球、压成饼、撕成片或者捏成不同的形状等各种方式，儿童可以充分感受面团在手指间被挤压的感觉。请记住，对儿童来说，捏面团就像画画一样，最重要的是过程，别指望他们会捏出什么作品。他们能捏出来吗？有些儿童可能会告诉你他们捏的面团是什么形状的，这很好但不是必需的（见图 8.12）。

图 8.12　有些儿童会告诉你他们捏的面团是什么形状的

雕塑

有一天，一位教师在教室里无意间听到一个玩面团的小男孩告诉另一个孩子，这不是面团而是雕塑——一只乌龟。这位教师简直不敢相信自己的耳朵（Wien et al., 2008）。关于雕塑，这个小男孩知道些什么呢？事实证明，他知道很多。

这个小男孩以及其他几个儿童说，雕塑就是人和动物的雕像；雕塑是用来看的；雕塑完成后就不能再把它扔回面盆里了。教师感到很吃惊。当其他儿童也想要制作雕塑的时候，一项全新的美术活动就诞生了（见图 8.13）。

图 8.13 当儿童雕塑的时候，一个全新的美术活动就诞生了

起初，他们用面团制作简单的雕像，但是它们干了之后就裂开了。于是，教师又准备了一些非硬化雕塑黏土。与此同时，教师可以和儿童一起读一读《威廉·埃德蒙森和他的石雕》(*I Heared God Talking to Me: William Edmondson and His Stone Carvings*, Spires, 2009)。威廉·埃德蒙森是一位非裔美国民间艺术家，书中他的每一个雕塑作品都被拍成了漂亮的黑白照片。最重要的是，每一张照片所在的对页都以诗歌的形式说明了这是什么雕塑。它们大多是人物雕塑，也有一个雕像是一只小海龟骑在老海龟的背上。儿童也想自己制作一个雕塑，他们说他们也是民间艺术家!

但是不管怎样，都不能舍弃面团。首先，鼓励儿童用面团来制作雕塑，让儿童有机会感受它。之后，可以换成用黏土雕塑。下次制作新面团的时候，你可以和一小组儿童一起制作，让他们帮忙测量、搅拌，最后再让他们将做好的面团分给要用它的儿童。为了方便小助手们查看，你可以将制作面团的方法粘贴在桌子附近，并配上一些杯子、面粉袋、盐盒、水和油瓶的简单插图。

你也可以用购买来的彩泥代替手工制作面团，同时也可以购买一些黏土切割刀、黏土锤、压土机以及动物和字母形状的饼干模具。斯沃茨（Swartz, 2005, p.101）相

信，玩面团为儿童提供了一种独特而又具创造性的自我表达方式。这种游戏可以帮助儿童获得胜任感，同时支持他们自我概念的健康发展。就像玩水一样，玩面团也是儿童释放攻击性的一个出口，他们可以通过拍打面团来宣泄不良情绪。

黏土

儿童喜欢接触天然的黏土（陶土），它是完全不同于面团或橡皮泥的一种材料。你可以购买一些混合好的现成黏土，然后将其装在密封容器或者塑料袋里。黏土里有水，暴露在空气中就会变干。因此，可以用一块湿海绵来帮它保持湿润。但是如果太湿，那么将它再次暴露在空气中就可以了。可以用金属丝或者结实的线将一大块黏土切割成小块。

鼓励儿童用他们喜欢的方式操作黏土。起初，黏土很密实，操作起来很困难。但是不久之后，儿童就可以通过戳打、卷搓等方式将黏土变成令人满意的形状。然后，儿童就可以着手将它们风干了。如果他们愿意，他们还可以用蛋彩颜料给它们涂上颜色。大多数黏土需要一到两周的时间才能风干。

相比玩面团，玩黏土可能更容易弄得脏兮兮的，有些儿童对此会感觉不舒服。如果这样，就不要强迫他们使用了。但是，还是要让他们知道，黏土干了以后可以像灰尘一样很容易被刷掉。同样，儿童在早期使用黏土只是在操作这种材料，而不是为了要雕塑什么东西。当儿童逐渐习惯了用手玩黏土之后，你可以增加一些工具，如压舌板、叉子以及用于击打黏土的黏土锤等。

绘画作品中的情绪情感表达

在儿童的美术作品中，尤其是在他们的绘画作品中，你也可以看到其他人的情绪情感。他们喜欢给有关儿童情绪情感的故事画插图，尤其是当他们也有同样感受的时候。在阅读完这类故事后，一些教师会让儿童将故事画一画。例如，儿童很喜欢《暴躁的玛雅》一书中那些表示暴躁情绪的精彩词汇，如不高兴、暴躁、抱怨、咆哮、皱眉和怒气冲冲等。他们尤其喜欢当玛雅暴躁时，其夸张的黄色头发向四面八方延伸开来，形成巨大的一团橙红色。

尽管大多数儿童还没有达到表征性绘画的阶段，但是他们绘画的作品中也充满了黄色和橙色的旋涡。有些儿童画连着两条腿的大脑袋，还用巨大的红色斑点画满整幅画。大多数儿童都希望在玛雅感觉好些、头发平静下来之后，再给她画一幅画。

《冷色梅、柠檬派和布鲁斯乐的情绪》这本图画书展示了杰米的喜怒哀乐。看电视的时候，杰米的情绪就像在喝紫色的葡萄汁；但是，当他的哥哥把他从沙发上推下来的时候，他的情绪就变成了灰色；当他给妹妹画绿色恐龙的时候，他的情绪又变成了绿色；当他的兄弟们嘲笑他的时候，他的情绪变成了黑色；当他打篮球的时候，他的情绪变成橙色；而当他阻止他的兄弟洗手的时候，他的情绪变成了棕色。

男孩们很喜欢这个故事，并尝试将自己的情绪事件画出来。他们可能也想用语言告诉你他们画的是什么，这时你就可以把他们讲的故事写在画的下面。男孩们还喜欢《雷电小子》这个有关情绪的故事，它讲述了一个美国印第安男孩很讨厌他爸爸给他取的名字。当他要求读者靠近点听他倾诉自己感受的时候，几乎都要爆炸了，就像一头蓝绿色的狼、一条红褐色的响尾蛇、一只红色的熊。最终，他的爸爸给他取了个新名字，他们两个人都很开心，连天空都变亮了。男孩们会如何画这个故事呢？

你还可以给儿童读其他类似的关于情绪情感的故事（见表 8.6），让有兴趣的儿童尝试将它们画下来。

表 8.6 促使儿童通过绘画表达情绪的图书

- 《这是你的云》（*It's Your Cloud*，Troiano，2004）
- 《暴躁的玛雅》
- 《冷色梅、柠檬派和布鲁斯乐的情绪》（*My Cold Plum, Lemon Pie, Bluesy Mood*，Brown，2013）
- 《喜欢颜色的女孩斯沃琪》（*Swatch: The Girl Who Loved Color*，Denos，2016）
- 《雷电小子》

促进儿童创造力发展的美术活动

本章中提到的所有美术活动都是为了促进儿童的创造力发展。当儿童通过自己的选择和努力独立完成活动的时候，他们的创造力就增强了。教师可以提供一些材料（或者偶尔提出一些建议），但是儿童要依靠自己去探索、尝试和追随自己的艺术想法。教师对儿童创造力发展最好的支持是鼓励而不是指导。

当教育目标是帮助儿童学习听从指令或者增强儿童的小肌肉动作技能时，可以开展以教师为主导的美术活动。然而，即便是这样，也要为儿童准备一些可供自由选择的材料，以便他们追寻自己的美术创作冲动。创造力意味着自由。它是自主性环境中适宜性实践课程的基本要素。

例如，当儿童在户外活动场地上时恰逢天空中白云朵朵，你就可以带着他们一起仰望天空。他们能看到什么？他们能将白云想象成不同的形象吗？听听儿童会怎么说。有些儿童可能比其他儿童更有创造力。你还可以和感兴趣的儿童一起读一读《这是你的云》这本书。书中，小男孩和小女孩看天上的云朵，他们在丰富的想象中看到了一条小猎犬、一个百吉饼、一只蝴蝶和许多其他东西。这个故事能启发儿童更仔细地观察云吗？回到教室后，教师可以组织儿童用剃须膏在蓝色背景纸上创作他们自己的云。

你班上的小美术家们有没有尝试过收集颜色？邀请他们听一听《喜欢颜色的女孩斯沃琪》这个故事。在斯沃琪生活的地方，颜色到处乱跑，斯沃琪也跟着到处跑。除了黄色以外，她将其他颜色都一个个抓回来了。黄色不想住在斯沃琪书架上的颜料罐里，于是斯沃琪把它放走了，它绕着斯沃琪疯狂地盘旋上升。你知道颜色也曾这么疯狂吗？儿童能将斯沃琪的故事表演出来吗？感兴趣的儿童可以戴着彩虹色的围巾跟着音乐翩翩起舞……

教师在美术区的角色

在适宜性实践课程中，幼儿教师的主要角色已不再像传统中那样和儿童一起坐在美术操作台旁指导他们剪出橙色的南瓜或红色的心。但是尽管如此，教师对于美术区发生的一切还是要负责的。首先，教师需要提供并精心布置适宜的材料，以便儿童选择和归还。然后，教师需要观察个别儿童以确定其与材料的互动水平，从而支持儿童的进一步发展。

与在书写区一样，儿童在美术区也可能参与不同类型、不同互动水平的活动（见表8.7）。为了能在"儿童互动表"上记录儿童的互动水平，教师需要意识到操作、熟练和意义这三种不同的水平上都有哪些活动会发生。

表8.7 美术区的活动：互动水平

操作水平
- 在纸上随意做记号
- 在纸上涂满颜色
- 涂鸦
- 在颜料里挥动双手和手指
- 摆弄糨糊和胶水
- 摆弄面团和黏土
- 不受控制地玩电脑上的绘图程序
- 在黑板上涂鸦
- 随意地撕纸和剪纸
- 摆弄印台和印章

熟练水平
- 使用颜料、蜡笔、记号笔和粉笔一遍遍地画形状、线条、记号
- 使用手指画颜料画形状和图案
- 把糨糊和胶水涂在纸上（有时是图片的一侧）
- 用面团一遍一遍地捏出明确的形状
- 用饼干模具切橡皮泥
- 在电脑绘图程序上画线条和形状，并能更改颜色
- 将纸撕、剪成碎片
- 在纸上一遍遍地用印章印图片或者图案

（续表）

意义水平

- 画出散发光线的太阳
- 画出太阳状的人，太阳光线是手臂、腿和头发
- 画出动物、树和花
- 画出房子、彩虹和车辆
- 会做拼贴画
- 用面团或黏土制作并命名一个物体
- 在电脑绘图程序上绘制并命名一个线条或者形状，或者讲述画的画
- 撕纸、剪纸，并用它们制作拼贴画
- 用印章印图片并给它们命名，或者讲述一个故事

评价

在美术区，教师一旦识别出不同儿童的互动水平，并将其记录在"儿童互动表"上，就可以将这些信息作为评价依据，促进儿童的进一步发展。以蒂龙为例，如果他开始在画架上画出圆圈、线条和十字，而不再像以往那样只是涂鸦，教师就可以给他提供彩色粉笔和黑板以鼓励他进入熟练阶段（见图8.14）。

教师的记录不仅可以说明儿童与材料的互动水平，而且可以从中看出儿童最喜欢的材料。例如，需要在美术区适时增加蜡笔、记号笔、铅笔、粉笔和画笔等材料，以满足那些喜欢画画的儿童的需要。而对那些喜欢雕塑的儿童来说，教师也要随着时间的推移鼓励他们将雕塑技能从面团转移到黏土上。

因此，美术活动可以说是一项能给

图8.14 蒂龙开始以线条代替涂鸦

儿童和教师带来巨大满足感的活动。如果美术区创设得很成功，儿童就可以深度参与对他们个人有高度意义的活动。对他们来说，美术可以成为一种极好的交流和自我表达的方式，同时也是一个建立积极自我意象的重要推动器。

在儿童进行美术探索和发现的过程中，你的观察也同样有意义。如果我们能够打开心扉向儿童学习，他们就会教给我们很多东西。他们新颖有趣的点子，他们的好奇心和探究精神，以及他们独创的材料使用方法，这些都能帮助我们更深刻地理解创造的过程以及我们在其中所扮演的角色。

本章要点

1. 创设美术区

   （1）给儿童提供多种多样的材料以及使用这些材料的自由

   （2）最好准备两个画架让儿童可以随时取用

   （3）让儿童将自己完成后的绘画作品挂起来晾干

   （4）在画架旁边准备好笔记本和铅笔供儿童排队登记

   （5）将颜料放在美术操作台旁边的架子上方便儿童取用

   （6）准备小推车方便儿童帮忙搬运材料

   （7）不时地更新材料、撤掉旧材料

   （8）有可以使用的水

   （9）将美术活动融入整个课程

2. 美化教室

   （1）将教室布置得不仅外观美丽，而且置身其中也觉得很美丽

   （2）用彩色厚卷纸将学习区按颜色进行分区

   （3）不要过度使用颜色

   （4）经常变换公告栏背景

   （5）把图画书的海报和封面装裱在透明的食品包装纸上

   （6）与儿童谈论颜色和自然的美，先从他们自身的美谈起

   （7）准备一些花、种子荚和树枝，并把它们布置得很漂亮

   （8）让儿童给自己拍照，然后把照片挂起来

   （9）让儿童将手浸在颜料里，然后将手印在纸上

3. 促进小肌肉动作发展

　　（1）将阿特及其创作的美术作品介绍给儿童

　　（2）给阿特做一幅立体的剪贴画

　　（3）把纸覆盖在桌面上让儿童创作泼溅画

　　（4）让儿童撕碎图画纸做拼贴画

　　（5）让儿童折纸和剪纸

　　（6）使用锋利的而不是变钝的剪刀

　　（7）练习用剪刀把彩带剪成五彩纸屑

　　（8）制作雪花和其他剪纸物品

　　（9）从塑料瓶中挤压颜料设计图案

4. 促进大肌肉动作发展

　　（1）让儿童拿着蜡笔随着音乐挥舞手臂

　　（2）让儿童双手都拿着蜡笔

5. 促进认知能力发展

　　（1）每次介绍一种颜色时都让儿童充分感受它

　　（2）让儿童带某种颜色的东西到班级

　　（3）让儿童尝试通过混合颜料创造新颜色

　　（4）让儿童尝试使用食用色素创造新颜色

　　（5）用玻璃纸覆盖手电筒产生不同颜色的光

　　（6）透过三棱镜反射太阳光

6. 促进语言能力发展

　　（1）让儿童创编会讲话的蜡笔的故事

　　（2）和儿童讨论美术家的作品

　　（3）准备一些带有乔治娅·奥基夫作品的图片和明信片

　　（4）询问儿童对于弗里达·卡罗的坎坷一生的看法

　　（5）让儿童根据自己的想象画画

7. 促进情绪情感的发展

　　（1）将玩水作为一项舒缓情绪的活动

　　（2）让儿童将彩色海绵剪碎做成拼贴画

　　（3）让儿童混合和倾倒彩色的水

　　（4）为儿童拍摄他们玩彩色水的照片

（5）将面团和黏土作为一种疗愈材料

（6）在儿童来该学习区之前制作面团

（7）让儿童先用手捏面团

（8）让儿童先用手操作黏土

（9）引导儿童了解雕塑和雕塑家

（10）邀请一位美术师到教室里

8. 促进创造力发展

（1）阅读图画书《这是你的云》，让儿童用剃须膏创作云朵

试 一 试

1. 按照本章所述的方式创设你自己的美术区，在美术区准备好画架以及各种可供儿童选择和使用的材料，在这些材料中至少还要有一种新材料。
2. 按照本章所提供的一些建议，将你的教室布置得更加美观。
3. 与小组儿童一起开展美术活动，可以从一起阅读本章所推荐的儿童读物开始。
4. 为儿童设计一项混合颜色的活动，引导他们独立发现颜色是如何混合成一种新颜色的。
5. 为儿童设计一项黏土活动并观察他们是怎样使用黏土的。

第9章 音乐区/舞蹈区

学习目标

阅读本章之后,你将能够:

1. 珍视音乐在幼儿园教室里的价值。
2. 理解儿童音乐能力的发展。
3. 创设音乐区。
4. 提供能促进儿童情绪情感发展的音乐活动。
5. 引导儿童参与韵律和舞蹈活动。
6. 通过使用乐器促进儿童的身体发育。
7. 通过歌唱活动促进儿童的社会性发展。
8. 运用歌曲和有关歌曲的图画书促进儿童的语言发展。
9. 通过音乐活动促进儿童的认知发展。
10. 通过音乐活动促进儿童的创造力发展。
11. 理解教师在音乐区的角色。

幼儿园教室里的音乐

儿童就像喜欢美术一样喜欢音乐。音乐也是儿童进行交流和自我表达的一种媒介。他们喜欢随着节拍扭动身体，也喜欢玩节奏乐器。他们喜欢把自己的声音当作乐器，也喜欢用双手和双脚发出声响。福克斯和施尔玛赫（2015，p.47）认为，人类有创作音乐并随音乐扭动的内在需要，幼儿与音乐的互动确实会对他们的生活质量产生积极的影响。

然而，对学前儿童来说，音乐通常只是一种被动的或者是受控制的体验。这种体验可能是听一张正在播放的光盘，听教师弹奏一种乐器，也可能是随着音乐唱歌或跳舞。但是，他们很少有机会按照自己的方式独立进行音乐创作，运用音调、曲调、节拍、节奏和旋律表达自己的情绪和感受。

自由探索

格雷塔（Greata，2006，p.33）讨论了音乐教育研究者埃德温·戈登（Edwin Gordon）的观点，他认为在音乐这一特殊领域没有受到过刺激的儿童将失去在这个领域的一些自然潜力，他的音乐才能和音乐潜能也将消失。但是，如果教师在教室里实施适宜性实践课程，上述情况就不会发生（见图9.1）。

自主性学习环境能够为儿童提供用音乐自由表达自己的机会。设立音乐区本身就是为了满足儿童自由探索的需要。材料的提供则是为了支持他们操作、掌握和创作属于自己的、有意义的音乐。此外，这种课程也能给予儿童独立探索的自由以及深度参与音乐活动的时间。

图 9.1　儿童需要音乐刺激

儿童音乐能力的发展

儿童接触到的音乐元素主要包括音调、节奏和旋律。一首歌的音调与其声音的大小（音量）、声音的长短（音长）、声音的高低（音高）以及声音的质量（音色）密切相关。随着不断地成熟、接触声音以及练习，儿童对音调的识别和区分能力逐渐发展。在歌唱和音乐创作活动中，他们也逐渐从模仿到能够创作出属于自己的音调。

音乐的节奏与其快慢（速度）、节拍以及重音的长短或者轻重（模式）等密切相关。旋律则与一定节奏中音调的流畅性有关。儿童识别和创作节奏、旋律的能力与其识别和区分音调的能力具有相似的发展方式，即通过身体、认知和语言等各方面能力的成熟，以及不断地接触这些音乐元素。接下来，他们需要的是尝试和练习的机会。儿童音乐技能的自然发展与儿童语言技能的习得过程类似，都遵循一定的顺序。毕竟，就像绘画与书写一样，说话和唱歌似乎也有一个共同的发声源。

早期发展

婴儿从一出生就对音乐有所感知，这从他们对不同音乐所做出的不同反应中可以看出。摇篮曲能让他们平静下来，欢快的音乐则能让他们变得更加活跃。婴儿本身能发出音高、响度和节奏不同的哭声。他们还会不断地尝试发出咕咕声、咯咯声、尖叫声等，并最终能够咿呀说话，发出"ba-ba-ba-ba"等一长串的重复声音（Edwards，Bayless，& Ramsey，2005）。

如果有人经常给婴儿唱歌，尤其是在婴儿小憩或者睡觉时间，那么他们也会发出类似低吟的声音。帕拉基安和勒纳（Parlakian & Lerner，2010，p.14）指出，与儿童一起欣赏音乐是给予和接受爱的另一种方式，同样重要的是，音乐和音乐经验支持儿童生命头三年中一些重要的大脑连接的建立。

音乐智能

霍华德·加德纳（Howard Gardner，1993）提出的"多元智能理论"将音乐—节奏智能作为人类最早出现的一种智能。希尔·克拉克和罗宾逊（Hill-Clarke &

Robinson，2004，p.92）也指出，儿童在子宫里时就开始接触音乐，他们反复倾听母亲有节奏的心跳声。因此，他们能在内在动觉的自然引导下，随着基本的节拍和节奏移动。

学步儿甚至尝试随着音乐屈膝、摇晃、摆臂来"跳舞"（见图9.2）。他们喜欢模式重复的音乐并能学会一些简单的音乐手指游戏。2岁的孩子会尝试唱歌，他们常常在游戏时哼唱一些自己喜欢的童谣或歌曲，而且能唱对很多歌词。同时，他们对倾听乐器和音乐光盘也表现出浓厚的兴趣，喜欢用玩具木琴、鼓和手鼓制造出一些悦耳的声音（Edwards et al.，2005）。

图 9.2　学步儿随着音乐跳舞

学前儿童的音乐

随着认知和语言能力的发展，3岁儿童对声音的控制能力、对节奏的反应能力以及对歌词的掌握能力逐渐提升。他们逐渐理解强弱、快慢等基本的音乐概念。他们可能还喜欢将音乐戏剧化或者尝试用不同的方式有节奏地演唱歌曲。事实上，音乐已经成为儿童超越语言能力来表达和交流思想的一种重要手段。他们甚至还会自发地使用重复的词句以及熟悉的曲调自己创编歌曲（Edwards et al.，2005）。

学前儿童是积极的音乐倾听者。他们的注意力持续时间更长，在鼓励之下参与音乐活动的意愿也更强。随着他们对音量高低、音调长短等概念理解能力的发展，很多儿童能够有效地控制音高，节奏准确地完整演唱记忆中的歌曲。对于集体歌唱活动，他们会积极响应，但是他们更喜欢轮流独自演唱。他们可以演奏多种节奏乐器，经常为歌曲伴奏，甚至创作音乐。

儿童音乐能力的自然发展

儿童的音乐能力是自然发展的（见表9.1）。虽然每个儿童的发展速度不同，但是他们都遵循相同的发展顺序。有些儿童的发展速度快，2.5岁左右就能完整地演唱歌曲。然而，有些儿童甚至到5岁时也不能准确地把握节奏和音高。但是，就算这样，你也不需要教他们该怎么做。相反，如果教室中充满音乐和快乐的声音，儿童就会继续他们的自然发展进程。此外，音乐区本身也要鼓励儿童参与有趣的音乐活动。适宜性实践课程有力地支持了全美幼儿教育协会认证指标2.J.06。

表9.1 儿童音乐能力的自然发展

出生到6个月

- 听到摇篮曲时平静下来
- 听到欢快的音乐时变得更加活跃
- 能发出音高、音量以及节奏不同的哭声
- 尝试发出咕咕、咯咯、尖叫等不同的声音
- 开始咿呀学语：重复一长串的声音
- 睡前会模仿着哼唱
- 容易被有节奏的声音吸引，如时钟的声音、音乐玩具的声音
- 容易被人说话的声音吸引，尤其是照看者的声音

6个月到2岁

- 对音乐声更加敏感：转向声源；专心致志地聆听
- 随着音乐移动身体：摇晃、摆动、拍手
- 喜欢咿咿呀呀
- 可以模仿声音
- 更喜欢声乐
- 会寻找使他们快乐的音乐
- 寻找并使用能发声的物体（例如，瓶瓶罐罐）

2岁到3岁

- 能随着音乐舞动，如屈膝、摇晃、摆臂
- 能回应重复的音乐模式
- 能学会简单的手指游戏
- 游戏时会哼唱
- 熟悉童谣的内容
- 喜欢玩具木琴、鼓等乐器

（续表）

3 岁到 4 岁
- 具有更好的声音控制能力
- 知道歌词
- 能跟上节奏
- 理解强弱、快慢
- 能将歌曲戏剧化
- 可以用熟悉的音调唱自己创编的歌词

4 岁到 5 岁
- 能积极聆听音乐
- 能凭借记忆完整地演唱歌曲
- 具有更好的节奏感和音准
- 喜欢合唱
- 喜欢轮流独自歌唱
- 能伴随歌曲演奏节奏乐器
- 创作自己的音乐

2.J.06　儿童有许多不同的开放性机会和材料通过：（a）音乐、（b）戏剧、（c）舞蹈来创造性地表达自己。

创设音乐区

在自主性学习环境中，音乐不是只发生在特定的学习区，而是发生在整间教室内。音乐区为个别儿童和小组儿童提供了材料和活动，以便他们独立探究声音、节奏和旋律。在教室的某个地方也应该有一块大的空间，用于开展集体歌唱游戏和舞蹈。当儿童将新的歌曲和节奏带到积木区、戏剧游戏区、美术区和图书区时，当教师在这些区对儿童个人创作的音乐做出回应时，这些学习区就充满了音乐和声音。

不过，千万不要忘了图书！

个性化的音乐创作

"使音乐个性化"应该是音乐活动的主题。首先，它应该是你的个性化音乐，是你在生活中喜欢的音乐。你可以把自己喜欢的音乐光盘带到教室，在适当的时候和儿童一起欣赏。轻柔的音乐适用于午睡时间，摇滚乐适用于儿童积极主动参与区域活动的时候，某些古典音乐适用于需要营造一些情绪氛围的时候。

音乐区应包括供儿童使用的光盘播放器、录音机或者 MP3 播放器。儿童需要学着使用而不是滥用这些音乐设备，就像他们学习使用教室里的电脑一样。为了提醒儿童应该怎样使用，你可以在放置录音机等设备的架子上贴一张简单的带插图的规则表。音乐区和图书区都应该有自己的录音机，这样不仅可以事先录制音乐，还可以录下儿童自己的音乐作品。另外，你可能还需要就近准备一个笔记本，以方便儿童登记使用录音设备。如果这些音乐光盘是供儿童个人而非儿童小组使用的，那么你还需要提供耳机。音乐区应该促进表 9.2 所列活动的发生。

表 9.2　音乐活动

·倾听
·声音探索
·韵律活动
·乐器制作
·音乐创作

图 9.3　音乐区应该摆放鼓、摇铃等舞蹈材料

随着儿童对不同音乐元素的探索，音乐区的活动内容也应发生相应的变化。除了光盘播放器和录音机外，你还要在矮柜子上放一些事先录制好的音乐。音乐区的架子上应该摆放一些用于制造声音的材料、音乐器材、节奏乐器、供儿童自己制作乐器的材料、以音乐为主题的图画书、与书中角色相关的玩偶、用于挂服装和围巾的钩子以及其他舞蹈材料（见图 9.3）。图示

类标签能够帮助儿童从相应的架子上选择和归还特定的材料，就像他们在其他学习区一样。

音乐材料

不要把节奏乐器一下子全都提供给儿童。如果儿童正在探究鼓的声音，你就只给他们提供鼓和其他的打击乐器。另一方面，你可以在音乐区的架子上摆放一些与音乐不太相关的材料，如木偶。除了音乐区的置物架以外，你还可以将乐器放在带钩子的钉板上。为了方便儿童玩过之后将乐器归还原处，你可以在钉板上画出每个乐器的轮廓。对一些空间有限的音乐区来说，手推车（就像美术活动中用的手推车一样）更为方便，只要在需要时推出来，结束后再收起来就可以了。

促进儿童情绪情感发展的音乐活动

要想让音乐对儿童有意义，就应该让音乐变得个性化。音乐活动应该聚焦于儿童个人感兴趣的事情，这样不仅可以吸引他们的注意力，还可以帮助他们树立积极的自我意象。因此，教室里的音乐活动应关注儿童自身以及他们的兴趣（见表9.3）。

表 9.3　儿童的兴趣

·姓名	·朋友
·情感	·宠物
·衣服	·家
·食物	·汽车
·家庭成员	·校车

举个例子来说，我们知道年幼的儿童对自己的鞋子以及其他人的鞋子很着迷。他们经常跟你说他们穿的是一双新鞋子，不管是不是真的。之所以会这样，是因为他们离地面太近了，鞋子是他们注意到的第一样事物。了解了这一点，你就可以考虑在音乐区开展以鞋子和"鞋子音乐"为主题的活动。

你可能会提出抗议，因为它并不是你日常所开展的音乐活动。但是，重点是，要让音乐变得对儿童有意义,就需要使音乐变得个性化、趣味化。当你有很多有趣的音乐活动可以选择的时候,当你有一群富有创造力的儿童以及他们的兴趣正待挖掘的时候,为什么还要去开展那些普通的音乐活动呢?

那么,如何围绕"鞋子"制作音乐呢?首先,你需要考虑音乐区和班级应以什么音乐元素为特色:倾听、声音探索、节奏、音律、乐器制作还是音乐制作?能用鞋子做什么?没错,你可以做表9.4所列出的所有事情。

表9.4 能用鞋子做什么

·试穿	·走路	·踩脚	·爬高
·购买	·奔跑	·踮脚走	·跌倒
·系带	·单脚跳	·踩踏	·玩游戏
·扣带	·双脚跳	·工作	·进行美术创作
·粘扣	·溜冰	·玩球	
·把鞋子藏起来	·跳舞	·翻跟头	
·读故事	·滑滑梯	·唱有关鞋子的歌	

无论你用鞋子做什么,请记住一定要使鞋子音乐对你和儿童来说都是有趣的。

倾听

收集各种各样的鞋子并将它们的声音录下来,供音乐区的儿童倾听和模仿(见图9.4)。表9.5列出了一些鞋子类型。

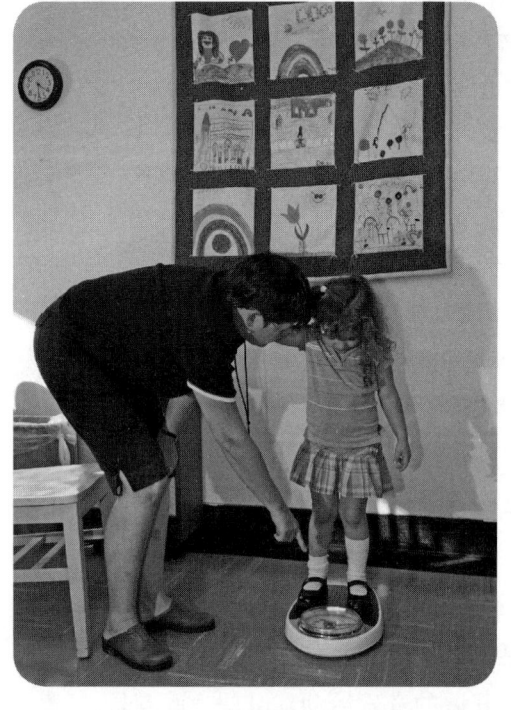

图9.4 这个女孩儿将她的漆皮鞋带到了教室

表 9.5　各种各样的鞋子

·普通系带皮鞋	·高尔夫鞋
·带扣的漆皮鞋	·保龄球鞋
·芭蕾舞鞋	·旱冰鞋
·踢踏舞鞋	·滑冰鞋
·胶底鞋	·脚蹼
·雨靴	·牛仔长筒靴
·雪地靴	·摩托靴
·工作靴	·高跟鞋
·跑步鞋	·拖鞋
·棒球或足球鞋	·人字拖
·鹿皮软鞋	·拐杖
·高跷	

录制鞋子音乐

坐在桌子旁，手里拿着鞋子，录下它"走路"、敲击、滚动时发出的声音。在换下一种鞋子之前，要反复多次录制这种鞋子发出的声音。没有必要把你收集到的所有鞋子的声音都录下，只录几种具有代表性的鞋子声音就可以了。录完后，你要亲自试一试，看看能否将这些声音与相应的鞋子匹配起来。如果有必要就再录一次，把那些发出的声音不容易被识别的鞋子去掉。记住，儿童可能需要花费比你想象中更长的时间来把鞋子和声音匹配起来。

将鞋子连同它的鞋子音乐放置在音乐区的架子上，然后邀请儿童猜猜这个声音是哪双鞋子发出的。这不是一项测试，而是一项很有趣的活动。和喜欢这项活动的儿童交流，当他们猜出时就向他们表示祝贺。但是要记住，这不是一项以"对或错"为评价标准的活动——教室里的任何一项活动都不应该以"赢或输"来评价。例如，当儿童没有辨认出哪双鞋发出了哪种声音，只是猜出了有滑冰鞋时，你可以祝贺他猜到了滑冰鞋，并鼓励他再猜猜还有什么鞋子。此外，你还可以让他在音乐区的桌子上"踩到"每一双鞋子里试一试，同时邀请一位同伴播放录音，然后一起倾听。

同时，你可以给那些在音乐区玩听音辨鞋游戏的儿童读一些有关鞋子的图画书（见表 9.6）。你可以将这些书留在音乐区的架子上供儿童自主阅读。在此期间，你还可以录第二种或者第三种鞋子的声音让儿童进行辨别和匹配。把鞋子分别存放在音乐区的不同容器中，从而方便儿童倾听它们发出的声音。

表9.6 有关鞋子的图画书

- 《自由自在》（*Footloose*，Loggins，2016）
- 《牙买加和布拉娜》（*Jamaica and Brianna*，Havill，1993）
- 《妈妈，你爱我吗》①
- 《我最好的鞋子》（*My Best Shoes*，Burton，1994）
- 《鞋子带我去想去的地方》（*My Shoes Take Me Where I Want to Go*，Richmond，2006）
- 《西尔维娅的新鞋子》（*New Shoes for Silvia*，Hurwitz，1993）
- 《皮特猫：我爱我的脏鞋子》②

鞋子的声音

儿童喜欢创作自己的鞋子音乐吗？他们可以从音乐区的架子上选择鞋子来录制自己的鞋子音乐，也可以将录音机带到戏剧游戏区，在那里记录其他儿童在进行角色扮演时穿着各种各样的鞋子走路发出的声音，不过，一定要确保戏剧游戏区有各种男鞋和女鞋可供选择。他们还可以录制玩具娃娃走路的声音。他们会不会也想要录制自己穿着鞋子走路发出的声音？在录制前，儿童可以对着录音机说"这是凯肖恩的蓝色运动鞋发出的声音"，然后再开始录制。之后，你可以和他们一起听录音，讨论某种鞋子发出的或响亮或轻柔的声音。

听过《牙买加和布拉娜》的故事后，儿童可能想在戏剧游戏区玩有关鞋店的假装游戏。他们也可能想在音乐区录制靴子踩在深水或者浅水中发出的声音。为安全起见，一定要在地板上铺上足够多的报纸。

脚印

如果美术区的儿童也想开展与鞋子有关的活动，那么你可以计划一项"脚印"活动。例如，引导儿童在脚底或者鞋底涂上可水洗的颜料，然后将其印在大纸上。

---

① [美]宙斯，著. 余治莹，译. 武汉：长江少年儿童出版社，2014。——译者注
② [美]利温，著. [美]迪安，绘. 彭懿，杨玲玲，译. 北京：北京联合出版公司，2014。——译者注

此外，还可以引导儿童将脚踏入浅水盘中，再到外面的人行道上踩出脚印。

认可多元文化

对儿童来说，这些有关鞋子的活动不仅可以使音乐变得更加个性化，还可以帮助他们意识到我们所有人如此相似（我们都穿鞋子），同时又如此不同（我们穿的鞋子是不同的），就像全美幼儿教育协会认证指标 2.J.01 所指出的那样。这些鞋类活动要能体现多元文化。不管你班上的孩子是否来自不同的文化背景，你都可以通过提供不同的鞋子或者给儿童阅读一些反映多元文化的图画书来实现这一目标。

> 2.J.01　儿童有各种机会欣赏反映文化多样性的美术、音乐、戏剧和舞蹈。

学前儿童需要接触具有不同文化背景的人群。读完每一本书后，让儿童选择故事中的角色进行故事表演。他们可以体会到假装穿着故事中人物的鞋子走路是什么感觉。

在开展有关鞋子的活动期间，你可以在音乐区张贴一些来自不同文化的儿童的图片或海报，也可以播放一些来自世界各地的音乐光盘，让儿童随着音乐的节奏踏脚或跺脚。拄拐的儿童、腿上绑石膏的儿童或者坐轮椅的儿童也可以尝试创作他们特别的鞋子音乐。

在学前教室中，多元文化活动不应该成为节日里才开展的特殊活动，它应该每天都开展。皮卡（Pica，2009，p.74）提醒我们，音乐能让儿童第一次感受到自身文化以及世界其他民族和地区文化的存在和丰富性。音乐是一种非语言的交流方式，它可以跨越不同种族、背景的文化差异。

作为释放情感的一种方式，音乐还能促进儿童情绪情感的发展。听音乐可以抚慰儿童，帮助他们将注意力集中在当前的任务上。当班级失控的时候，你可以试着播放一曲令人舒缓放松的音乐作品。

韵律和舞蹈

班级内的每一个活动都需要被整合到所有的学习区中，你可以首先在图书区给儿童阅读《轻轻敲打：这就是踢踏舞》来开启与鞋子有关的韵律活动。这本书讲述了一个著名的男踢踏舞者的故事。表9.7列出了一些关于舞蹈的其他图画书。你一定要保证教室中有踢踏舞鞋，以便儿童听完故事之后穿上它体验一下。也许班上就有儿童或者他们的兄弟姐妹正在学习踢踏舞，他们愿意为其他儿童展示一下吗？你也可以从当地的舞蹈工作室邀请一位教师来给大家演示下这种舞蹈。

表 9.7 有关舞蹈的图画书

- 《芭蕾舞梦想：一个真实的故事》（*Ballerina Dreams: A True Story*，Thompson，2007）
- 《舞动的双脚》（*Dancing Feet*，Craig，2010）
- 《长颈鹿不会跳舞》①
- 《伟大的舞蹈家埃尔南德·范丹古》（*Hernando Fandango, the Great Dancing Dog*，Swirles，2013）
- 《叮当舞者》（*Jingle Dancer*，Smith，2000）
- 《穿波点裤唱歌跳舞的坚果》（*The Nuts: Sing and Dance in Your Polka Dot Pants*，Litwin，2015）
- 《轻轻敲打：这是踢踏舞》（*Rap A Tap Tap: Here's Bojangles—Think of That*，Dillon & Dillon，2002）

唱歌和跳舞

你班上是否有儿童宁愿看别人跳舞也不愿自己起身跳舞？《穿波点裤唱歌跳舞的坚果》这本书就讲述了发生在坚果榛子家的这种事情。爸爸想跳舞吗？妈妈想唱歌吗？沃利弟弟想跳舞吗？他们都不想！对此，榛子并没有感到沮丧，她一直唱呀、跳呀，还邀请了奶奶加入其中。你可以从网上免费下载书里的歌曲，这样儿童就能参与榛子的舞蹈。

《自由自在》这本书讲述了当游客离开之后，动物园里的所有动物穿上它们的舞鞋跑去参加通宵派对的故事。它们很希望儿童也能加入它们的行列，为了确保儿童能参加，它们在书里放了一张光盘，光盘包含书中的所有歌词和音乐。你可以一边

---

① [英]安德烈,著.[英]帕克-里斯,绘.麦豆,兰童,译.北京：北京科学技术出版社,2018。——译者注

展示图片一边将这本书读给个别儿童或者小组儿童听,然后再播放这张光盘并让每个儿童都起身加入动物们的派对。

什么?儿童没有舞鞋?那就拿一些纸盘,用丝带将它们绑在鞋子的周围作为舞鞋。下次,儿童可以在美术区选择自己喜欢的颜色给纸鞋涂色。什么?他们不知道跳舞的舞步?让他们观察犀牛、黑猩猩、狼和骆驼的图片,然后模仿它们的步伐。

全纳

图书是导入这类音乐和舞蹈活动的一种很好的方式。其中,儿童尤其是残疾儿童喜欢的一本书是《芭蕾舞梦想:一个真实的故事》。这本书讲述了五个身体残疾的小女孩梦想成为芭蕾舞演员的故事。然而,她们身体上的残疾似乎让这一梦想变得不太可能。脑瘫或者其他残疾使得她们难以控制自己的肌肉动作。不过,虽然她们五个人中有人带着腿部矫正器,有人坐着轮椅或者步行机,但是她们每个人都有坚定的决心,而且还有一位敬业的教师(见图9.5)。

图 9.5 所有儿童都是舞者

这本书就是一本精彩的相册，它记录了五个小姑娘经过数周练习后成功举办了她们自己的芭蕾舞独奏会——"希望与梦想"。彩色的图片展现了，女孩们在粉色背景的衬托下就像甜美的糖果仙子一样喜气洋洋。你如果使用这本书，那么一定要与真正的芭蕾舞演员多少有些联系，这样就可以将儿童带到舞蹈工作室或者请芭蕾舞演员到教室来。如果班级里有儿童正在上芭蕾舞课，就可以让他们将自己的舞鞋带来给大家看看。无论如何，一定要播放一些芭蕾舞音乐（见图9.6）。

图 9.6　女孩们随着芭蕾舞音乐即兴舞蹈

鞋子音乐

创作一些包含音乐和舞蹈在内的鞋子音乐。你可以记录下儿童穿着各式各样的鞋子随着某种音乐舞动的声音。他们有哪些不同的舞动方式？他们会滑动、笨重地走、踮着脚走、跺脚、跳跃、上下抬脚吗？你也可以记录下那些坐轮椅的、带矫正器的或者挂拐杖的特殊儿童的特殊的鞋子音乐。另外，你还可以准备一副儿童拐杖，让每一个儿童都试试用它来创作鞋子音乐。

另外一种有关鞋子的音乐活动是被称为"传递鞋子"的集体歌唱游戏（见图9.7）。儿童围成一个圆圈坐在地板上，边唱歌边一个接一个地传递鞋子，歌唱完时鞋子在谁手里，谁就要"做些什么"，比如做某种动作（例如，轻轻拍头或者其他身体部位、揉肚子、拍手、点头、摆臂、上下摆动手臂等），圆圈里的每一个人也都要模仿这个动作。之后，随着歌声继续传递鞋子，游戏继续进行。

图 9.7 歌曲《传递鞋子》

舞蹈剪影

教室中的其他学习区也有助于舞蹈主题活动的开展。在美术区的地板上铺满牛皮纸，儿童可以平躺在上面制作自己的剪影。借鉴这种想法，有人开始制作所谓的"舞蹈剪影"（全美幼儿教育协会认证指标 2.J.04 也有提及新的词汇）。在这些"舞蹈剪影"中，儿童不是笔直地躺在牛皮纸上而是移动身体摆出各种舞蹈姿势。然后，每一个儿童都尽可能地使用最狂野的颜色给自己的剪影涂色，完成后再请教师帮忙把它们剪下来。很快，墙边就摆满了这种舞蹈剪影。当音乐响起，这些舞蹈剪影在风扇吹拂下翩翩起舞，整间教室就会活跃起来（见图 9.8）。

| 2.J.04 | 儿童有各种机会学习与美术、音乐、戏剧和舞蹈有关的新概念和词汇。 |

图 9.8　有趣的"舞蹈剪影"在风扇的吹拂下飞舞

这让儿童又想起了跳舞。有些儿童想和他们的剪影一起跳舞（其实这并不容易）而不是将它们钉在墙上。教师从戏剧游戏区移来一面全身镜放到音乐区，从而使儿童能够看到自己跳舞时的样子。随后，教师可以播放各种不同类型的音乐，每个人在镜子面前都想随着音乐有节奏地舞动。

麦克伦南和邦巴迪（McLennan & Bombardier，2015，p.71）讲述了一个班级的儿童是如何看着镜中的自己跟着音乐摇摆和舞动的。当夏威夷风格的音乐响起时，女孩们就想穿着草裙舞动。而制作草裙可以说是一门艺术：先剪很多长条状的彩纸，然后再将它们系在一条纸腰带上。很快，每个人制作的纸质小道具就跟着音乐发出了有节奏的"沙沙"声。

促进儿童身体发展的乐器

弹奏乐器需要精细动作和协调能力的参与，这有助于促进儿童的身体发展。绝大部分的儿童喜欢音乐创作活动。无论是吹玩具喇叭还是敲打玩具鼓，他们往往花费很大的精力在制造声音上。当我们意识到最热爱音乐的人就是音乐创作者自己的时候，这就不足为奇了。对学前儿童来说，更重要的是他们有机会创作自己的音乐，而不仅仅是聆听别人创作的音乐。对他们而言，音乐是一种甚至比语言还重要的表达方式。

尼利（Neelly，2001，p.34）的研究表明，当儿童对节拍做出身体反应时，音乐就能促进他们的身体发展。当神经连接通过髓质或者脑干刺激儿童的整个肌肉系统时，就会发生这种情况。所以，在音乐区要给予儿童亲身参与活动的机会，首先引导他们用手和脚来创作音乐，随后再引导他们将这些技巧拓展到使用乐器创作音乐。

听名拍手

从拍手开始。你可以带领一组儿童，让他们一起有节奏地说出每一个儿童的名字并随着节奏拍手。他们能随着名字的节奏拍手吗？例如，"我—的—名—字—叫—科—米—克—你—的—名—字—叫—什—么？"下次可以让他们按照前后两种不同的节奏说名字并拍手。例如，"我—看—见—你—了—安—东—尼—奥（加速）你—今—天—好—吗？"除了拍手之外，你还可以让他们围坐成一个圆圈跟着儿歌（的节奏）拍腿，也可以鼓掌或拍手。例如，第3章中的儿歌《积木》就可以要求儿童在每一节的第四行拍手。

他们还能用手发出什么声音呢？他们可以将手握成拳头跟着音乐的节拍或者熟悉的儿歌敲打桌子或地板发出"砰砰"的声音。对于有些儿歌，儿童可以每隔一行交替地唱歌或敲打节奏。使用同样的方法，他们能通过敲打指关节来创作音乐吗？

打鼓

以手为工具的节奏乐器包括邦戈鼓、康佳鼓、手鼓、加勒比钢鼓和铃鼓等。这种类型的节奏乐器有很多种类，既有商业生产的也有自制的。由于儿童年龄还小，他们没有能力使用纸或者鼓皮制作完整的鼓，因此你可以收集一些空咖啡罐、盐盒、燕麦盒等材料，通过涂画装饰来制作手鼓。最简单的一种制作鼓的方法是在一个空咖啡罐的开口处紧紧覆盖两层包装纸，然后用麻绳或者一根粗橡皮筋将其缚牢就可以了。铃鼓则可以用铝箔纸盒制作，首先在铝箔纸盒两边都打上孔，然后将串有珠串的绳子从孔里穿过去。

印度手鼓是两只手随着音乐敲打，铃鼓则通常是一只手持鼓，另一只手打鼓。

你可以和儿童谈谈声音的强弱和高低以及节奏的快与慢，还可以给他们阅读一些书中人物年龄与他们相仿但却是天生的鼓手的图书。

美洲印第安鼓被认为承载着美洲印第安民族和大地之母的心跳。在祈祷仪式上，一群男性歌者敲打着放在地上的大圆鼓。其中，有些鼓是十分古老和重要的。因此，在舞蹈的间歇时间，人们会在鼓上蒙上一条毯子以示尊重。表9.8列出了一些有关乐器的图书。

表9.8 有关乐器的图书

- 《班卓琴：一个海地故事》（*The Banza: A Haitian Story*，Wolkstein，1981）
- 《砰砰快走开》（*Boom Boom Go Away*，Geringer，2010）
- 《D就代表鼓：美国原住民的字母表》（*D is for Drum: A Native American Alphabet*，Shoulders & Shoulders，2006）
- 《你做迪吉里杜管吗》（*Do You Do a Didgeridoo*，Page，2008）
- 《查薇和鼓》（*Drum, Chavi, Drum*，Dole，2003）
- 《M就代表旋律：音乐字母表》（*M is for Melody: A Music Alphabet*，Wargin，2004）
- 《我的音乐之家》（*My Family Plays Music*，Cox，2001）
- 《不要在动物园旁边放音乐》（*Never Play Music Right Next to the Zoo*，Lithgow，2013）
- 《这个故事需要一声铿锵巨响》（*What This Story Needs Is a Bang and a Clang*，Virján，2017）

《查薇和鼓》讲述了一个住在迈阿密的古巴裔美国女孩的故事。她非常想在第八街嘉年华节日坐上自己学校的游行花车打鼓，但是每个人都告诉她女孩是不能打鼓的。于是，她戴上了佐罗面具和帽子来掩盖自己的外表，并凭借那双在康茄鼓上飞舞的双手吸引了人群的注意。如果你想要女孩们像查薇那样打鼓，你就可以给她们读一读这本带有英语和西班牙语的双语图书。

《砰砰快走开》讲述了一个不想睡觉的小男孩的故事。他用玩具乐器告诉父母不要破坏锣鼓、巴松管、铃铛、勺子、海贝竖琴发出的"咚咚锵锵""叮叮当当""哐哐哪哪"的节奏。当你再次阅读这本书时，可以让小组里的每个儿童选择一种节奏乐器来演奏。当这些节奏乐器一起演奏时会发出什么声音呢？

乐队音乐

当儿童一起演奏所有乐器时，他们就组成了一支乐队。《不要在动物园旁边放音乐》是一本很适合儿童阅读的关于乐队的幽默故事书。在阅读之前，可以先告诉他们这本书的名字，让他们猜猜故事里会发生什么。然后，再给他们看一看书的封面。他们猜对了吗？他们必须要通过听故事以及观察书中令人捧腹的插画才能了解整个故事。

故事讲述了一个小男孩和父母一起去动物园旁边的露天舞台参加一场户外音乐会。音乐会一结束，动物园里的动物们就纷纷涌上舞台，开始演奏所有的乐器。狮子、大象、狗熊、浣熊偷走了所有的小号、长笛和巴松管。最后，小男孩告诫读者千万不要在动物园旁边放音乐，最为重要的是：乐队演奏时千万别睡着了。（这完全是小男孩的一个梦！）在阅读这本书时，一定要让儿童近距离地看到上述每一种乐器。同时可以播放一些伴奏音乐，让他们随着音乐的节奏摇摆，或跟着音乐唱歌。

另一本关于动物乐队的幽默故事书是《这个故事需要一声铿锵巨响》。故事中的动物们所演奏的乐器都是以它们自己的声音命名的：铛铛（twang）、嘟嘟（tootle）、砰砰（ping）、隆隆（boom）。儿童知道这些乐器真正的名字是什么吗？虽然这本书里没有附带音乐光盘，但是儿童可以边唱自己熟悉的歌曲边假装演奏乐器（如图9.9）。

节奏乐器

对儿童来说，一次只演奏一种乐器

图 9.9　在读《这个故事需要一声铿锵巨响》时让儿童敲敲镲

是很重要的，他们可以先独自演奏，然后再与教师一起演奏。因为，当他们同时演奏乐队中的所有乐器时，他们听到的将只是噪声。而当他们单独演奏或者大家同时演奏一种乐器时，他们就可以学到更多关于声音和节奏的知识。你可以让儿童随着摇滚、说唱、乡村和民谣等各种不同风格的音乐打鼓。《我的音乐之家》中的女孩讲述了自己与家人将手鼓、三角铁、钹、牛铃、木块、沙槌、节奏棒、手铃、风铃、汤壶这10种材料组合演奏出各种不同风格的音乐的故事。

其他需要用手来演奏的节奏乐器还包括沙槌、响板、沙铃、井字鼓、沙漠雨棒、手铃和铃环。孩子们也可以用装有种子、回形针、铃铛等不同物品的奶油罐来制作"摇壶"。在音乐区的桌子上，挨着奶油罐子摆放上述各种材料供儿童制作"摇壶"，在为自己的"摇壶"选择最终的制作材料之前，你可以引导儿童先试一试其他各种材料。之后，再让他们将奶油罐口封好并涂上颜色。接下来，孩子们就可以随着不同曲调的节拍摇动"摇壶"了。

美洲印第安人的所有舞蹈中都会使用"摇壶"。他们将"摇壶"称为"拉特尔"，并通过在海龟壳、葫芦或者犄角中装入鹅卵石、干玉米粒的方法来制作"拉特尔"。《D就代表鼓：美国原住民的字母表》这本精美的图画书就告诉了我们一个惊人的事实：美洲印第安人认为，除了人的声音以外，"拉特尔"是最重要的一种乐器。此外，他们还相信鼓承载着大地母亲的心跳（见图9.10）。

其他需要用手弹奏的乐器包括弦乐器。吉他、尤克里里、竖琴等乐器通常是由教师在儿童唱歌时作为伴奏来弹的。竖琴可以由坐在教师旁边的儿童来弹，教师则负责按弦。让儿童尝试用尼龙拨片、塑料拨片，或者拇指来弹奏这些弦乐器。每种拨弦方式会发出什么声音呢？他们最喜欢哪种声音？

没有乐器怎么办？别担心，富有创造力的儿童总能找到一些材料来替代。例如，有个班级的儿童用木质单元积木来假装乐器，并使用它在虚拟乐队中弹奏（见图9.11）。

图 9.10

图9.11 这个班级的儿童将木质单元积木当成乐器来"演奏"

最喜欢的乐器

对学前儿童来说,自制的弦乐器更有趣。他们可以用鞋盒制作自己的弦乐器。首先,在盒子上面挖一个直径7.5厘米的洞;然后,在顶部两端各剪四个等距的小槽;接下来,跨过盒子上的洞将四根橡皮筋纵向固定在两端的小槽上。

如果每个儿童都有一个用鞋盒做的琴,他们就会非常喜欢在弦乐队里演奏。他们可以用拇指或者木棍拨弦。如果他们喜欢自己用鞋盒做的琴,那么他们也会喜欢《班卓琴:一个海地故事》。这本书讲了一个名叫卡布里的小山羊的故事。这只小山羊必须要面对十只饥饿的老虎,而它除了一把班卓琴之外什么都没有。但是,这把班卓琴是有魔力的,小山羊只弹了一首歌就把老虎们吓得四处奔逃。当你唱歌的时候,孩子们能跟着弹琴吗?

最近,儿童最喜欢的一种乐器要数澳大利亚的"迪吉里杜管"了。他们喜欢说它的名字,也喜欢听《你做迪吉里杜管吗》这本书所附带的音乐光盘里迪吉里杜管低沉的声音。这本书讲了一个滑稽的故事:音乐先生的商店里摆满了各种大家能想到的乐器,一位穿着蓝色、紫色、绿色和橙色衣服打扮花哨的顾客先生来买迪吉里杜管。音乐先生会有吗？故事的结局很出人意料：顾客先生每次问，音乐先生都一遍又一遍地回答："没有！"随书附带的光盘中提供的阅读线索可以帮助小读者们自己在电脑上阅读这个故事。

儿童想要自己制作一支迪吉里杜管吗？取一两根长长的空纸筒并在上面涂上鲜艳的颜色，然后将它的吹气口压扁，再用胶布粘成一个小洞就可以了。有没有人有足够的肺活量能用它吹出"嗡嗡"的声音？也许你就能！所有这些体验能够增强儿童对节奏和音乐的兴趣，同时进一步提升他们小肌肉动作的协调性。

促进儿童社会性发展的歌唱活动

儿童喜欢音乐的一个原因是，音乐活动通常也是一种社会体验活动。大家在一起唱歌、合唱、演奏乐器。这种凝聚感使得音乐对每一个儿童来说都很特别。如果为了在教室中营造这种凝聚感而专门开启一个音乐时段，并要求每个人在这一时段里都要离开活动区来到教室中央学习一首新歌是不必要的。相反，通过教师起头带领儿童一边做自己的事一边唱歌的方式，你完全可以在自由活动期间将音乐渗透到整间教室。

选择一首你们曾经一起唱过、大多数儿童都知道歌词的歌，如《字母歌》，只有这样，当他们听到教室里有人唱这首歌的时候才会想要跟着一起唱。教师们可以在教室里边走边唱以鼓励每个人都加入进来。无论什么时候，只要有心情就可以进行这种自发性的歌唱活动，受此影响，儿童很快就会开始唱自己喜欢的歌曲了。换句话说，没有必要为了唱歌而安排一个专门的音乐时段。无论何时，当你感到开心的时候就可以唱"如果感到快乐，你就拍拍手"来表达自己的心情。

你也没有必要为了和儿童一起唱歌而成为一个演奏者，你要知道儿童的音乐能力正处于发展过程中。通过不断地接触音调、音高、节奏和旋律等音乐元素，有些儿童的音乐能力逐渐达到熟练水平，而只有少数儿童能达到意义水平。处于意义阶段的儿童能够创作出自己的"作品"，也就是属于自己的歌。

不自在地唱歌

如果你觉得一个人唱歌不自在，那就喊上同事和你一起唱。当儿童加入之后，你们就能和他们打成一片了。如果你唱错了，就一笑而过吧！事实上，无论对你还是对儿童来说，音乐根本就没有什么错误可言，只是不同的表达方式罢了。音乐可以给你和儿童带来乐趣，因此，无论如何都要和儿童一起创作音乐。

歌唱活动也可以成为很多其他教育场景中的一种很好的载体。从情感到学习，一切都可以通过音乐，尤其是歌唱活动来增强。许多教师由于自身音乐水平不足，而羞于和儿童一起唱歌。其实根本不用担心这些，你只需要有一点背景知识，一套材料选择标准以及一个行动计划就足够了！

音乐手指游戏

音乐手指游戏是最令人愉快的一种团体音乐活动。有些音乐手指游戏是配上音乐和手指动作的儿歌，有些则是经典歌曲。教师需要准备一些歌曲供儿童在新活动开始前的过渡环节唱。而且，在任何时候，你都可以用朗诵儿歌来代替唱儿歌。

在教师的带领下，甚至没有必要使用乐器，孩子们通过一遍遍地唱就会逐渐学会这些手指游戏的歌曲。当每个人在一起自由自在地歌唱时，音乐手指游戏带来了更多的愉悦。他们甚至会一遍又一遍地要求玩这个游戏。在这种情况下，儿童能更容易地学会歌词和动作，教师可以知道他们最喜欢哪些音乐手指游戏。在圆圈时间或者是在过渡等待环节也可以玩一玩音乐手指游戏。此外，在开展音乐游戏之前，可以给予儿童一些玩音乐手指游戏的机会，以此丰富他们的游戏经验。

播放音乐光盘

大多数班级都会用光盘来播放儿童玩音乐游戏的音乐。在教师的带领下，儿童跟着音乐光盘的指示做游戏。有些是认知游戏，如颜色游戏、身体游戏和数字游戏。有些是传统的圆圈游戏，如"山谷里的农夫"（The Farmer in the Dell）、"跳跃的灵魂"（Skip to My Lou）等。这些游戏都需要儿童认真听并跟着指示来做。这是很多儿童都喜欢的一种音乐活动，但它不是唯一的一种。在这种活动中，儿童不是音乐的创作者，而是它的追随者。如果让儿童自己创作音乐或者所选音乐与他们有关，音乐就会更有乐趣和意义。

如果在玩音乐游戏时唱的是儿童自己创作的歌曲，那么音乐游戏对他们来说会更具吸引力。这意味着，他们必须边唱歌边表演动作，这对学前儿童来说是比较困难的（见图9.12）。

图 9.12　孩子们喜欢边唱歌边敲打乐器

音乐游戏通常需要儿童围成圆圈来做圆圈游戏，如"玫瑰花环"（Ring Around the Rosie），或要求他们站成一个圆圈通过移动身体做游戏，如"变戏法"（Do the Hokey Pokey），或者是围坐成一个圆圈来做游戏，如"传递鞋子"（Pass the Shoe）。

不要强迫那些在任何音乐或小组活动中都感觉不适的儿童参加音乐游戏。音乐是一种很好的交际方式，如果那些害羞的儿童感觉自己没有被强迫或排斥，最终他们可能就会加入到小组活动中。你要知道，儿童正处于社交技能发展的初始阶段，在群体中玩耍、与其他儿童交往、分享玩具以及等待轮流都是他们社会性发展所必需的。他们拒绝参加音乐活动可能更多地与他们自我概念不稳定以及社会性发展水平较低有关，而不是因为他们不喜欢音乐。当他们在教室里感到更舒服的时候，或者是当他们看到其他人多么喜欢唱歌的时候，他们可能就想要加入了。

木偶戏

如果能躲在东西后面，那么这些害羞的儿童（甚至是教师）在集体唱歌或者玩音乐游戏时就会比较自在。所以，儿童（或者你）可以带一个手偶来参加集体活动，让手偶来唱歌。事实上，教师可以每周组织一次趣味音乐活动——"木偶演唱会"。

在此期间，每个儿童都需要简单地制作一个袜子布偶或者纸袋木偶，然后将它们带到音乐圆圈时间来唱歌。

你可以准备一篮子袜子供儿童挑选。让他们把一只手放进袜子里，然后用不同的彩色贴纸（如圆圈、星星、三角形、笑脸）在袜子上贴上眼睛和鼻子。他们如果愿意，就可以给自己的木偶取个名字。一周之后，还可以让他们用同样的方法制作小纸袋木偶。然后，让他们唱歌并假装是木偶在唱歌（见图9.13）。

图 9.13　让儿童将他们的木偶带来参加每周的"木偶演唱会"

促进儿童语言发展的歌曲和歌曲图画书

音乐活动能够促进儿童语言能力的发展，因为它涉及识记和演唱歌词、为歌曲创编新词以及阅读歌曲图画书。为了使音乐对儿童来说更有意义，学前教室中的音乐要个性化。因此，教师可以将音乐活动集中在那些对儿童具有个人意义的人、地方和宠物上。那么，让我们从这些儿童身边的事物开始吧！

歌曲

如前所述，在学前教室中可以唱一些有关儿童的名字、家庭、衣服、宠物、最喜爱的活动以及最喜欢的食物等方面的歌曲。从哪里才能找到这些歌曲呢？你和儿童可以通过为熟悉的旋律配上儿童感兴趣的歌词的方式来创编歌曲。表 9.9、表 9.10 和表 9.11 列举了一些根据儿童的名字和他们所熟悉的旋律创编的歌曲。

表 9.9　根据《一闪一闪亮晶晶》的曲调创编的关于萨拉的歌

Sarah, Sarah, there you are,	萨拉，萨拉，你在哪儿？
How I wonder where you are;	我想知道你在哪儿？
Show us now how you can run,	让我看看你怎么跑，
Then come in and have some fun;	快点和我一起玩，
Sarah, Sarah, there you are,	萨拉，萨拉，你在哪儿？
How I wonder where you are.	我想知道你在哪儿？

表 9.10　根据《玛丽懒虫，你可起床了》的曲调创编的关于艾伯托的歌

Alberto Morano, will you stand up?	艾伯托·莫拉诺，你要站起来吗？
Will you stand up? Will you stand up?	你要站起来吗？站起来吗？
Alberto Morano, will you stand up, So early in the morning?	艾伯托·莫拉诺，你要站起来。还早嘛？

表 9.11　根据《我们在一起》的曲调创编的关于萨曼莎的歌

Here we have Samantha, Samantha, Samantha,	这是萨曼莎，萨曼莎，萨曼莎，
Here we have Samantha with a smile on her face;	这是脸上带着微笑的萨曼莎；
Look this way and that way,	看这边，看那边，
Look that way and this way,	看那边，看这边，
Here we have Samantha with a smile on her face!	这是脸上带着微笑的萨曼莎！

每次将不同儿童的名字填进同一首歌的旋律中，反复地唱。这样，儿童很快就会熟悉这首歌的旋律。你也可以采用这种方法给儿童唱有关"方向""欢迎"或其他信息的歌曲。一定要把根据特别曲调创编的歌词记录下来，以便下次还记得。本章中的任何一首歌都可以以类似的方式使用。听到自己的名字出现在歌里，儿童会很高兴。如果需要，他们就会帮助你给新的旋律创作歌词。

你还可以用熟悉的歌曲和自己创编的歌词来创编游戏。例如，你可以事先了解儿童的宠物，然后再像表 9.12 和表 9.13 中那样创编猜谜游戏歌曲。

表 9.12　根据《伦敦大桥要倒了》的曲调创编的关于狗的歌

Someone I know has a dog, has a dog, has a dog,	我知道有人有条狗，有条狗，有条狗，
Someone I know has a dog, and his name is Sandy.	我知道有人有条狗，它的名字叫桑迪。
Who do you think has a dog, has a dog, has a dog?	你认为谁有条狗，有条狗，有条狗？
Who do you think has a dog with the name of Sandy?	你认为谁有条狗叫桑迪？

表9.13 根据《玛丽有只小绵羊》的曲调创编的关于猫的歌

Someone has a pretty cat, pretty cat, pretty cat,	有人有只可爱的猫,可爱的猫,可爱的猫,
Someone has a pretty cat by the name of Tiger.	有人有只可爱的名叫老虎的猫。
Who do you think has a cat, has a cat, has a cat?	你认为谁有只猫,有只猫,有只猫?
Who do you think has a cat, by the name of Tiger?	你认为谁有只名叫老虎的猫?

一定要使用相同的旋律为班级中每一个儿童都创编一首猜谜游戏歌,以免有人觉得自己被忽略。如果不是所有儿童都有宠物,那么就为没有宠物的儿童选择一些其他感兴趣的东西(例如,运动鞋、特别的玩具、发型、最喜欢的食物)。如果唱歌游戏很受儿童欢迎,他们就可以反复地玩直到记住并能独立唱出歌词。

你可以将歌词通过通讯媒介发送给儿童的家人。如果没有通讯媒介,就将它们打印出来寄到各个儿童的家里,这样家长就能了解到他们在学校都学了什么。另外,儿童也许想和家人一起唱这些歌呢。

歌曲图画书

歌词具有帮助儿童在口头语言和书面语言之间建立连接的特点。随着越来越多的教师认识到图画书对学习者的巨大吸引力,这些包含歌词的歌曲图画书变得越来越受欢迎。巴克利和沃勒(Barclay & Walwer, 1992)告诉我们,儿童的幽默感是如何发展的,他们对押韵和文字游戏的兴趣是如何使他们想要一遍遍反复阅读这些书的。他们还告诉我们,歌曲图画书是培养儿童基本读写能力、对书籍和其他印刷制品的概念、语言的流畅性、语音意识、词汇量、理解能力以及必备书写能力的极好工具。他们虽然没有提到音乐,但是通过一遍遍反复地唱这些歌,儿童自然会更加了解音乐。

《老麦克唐纳有一辆卡车》之所以会迅速成为最受欢迎的歌曲,就是因为老麦克唐纳拥有所有很酷的车,而这些车还能发出各种美妙的声音:挖掘机挖—挖,装载机铲—铲,推土机推—推,平地机刮—刮,压路机压—压。这些无疑都是儿童的最爱。另外，老麦克唐纳的妻子是修理工，她能让所有车正常运转。

如果孩子们知道并喜欢下面任何一首歌，你就应该准备一些以故事形式呈现的、带有幽默插图的歌曲图画书。儿童喜欢他们最喜欢的歌出现在图画书里。在翻开书之前可以先让他们唱唱这首歌，然后再翻开让他们大吃一惊。当你们一起阅读这本书时，你可以时不时地停下来让他们说出你手所指的下一个单词或句子。当然，这意味着你要为那些想要阅读表9.14所列图画书的儿童进行阅读。

表 9.14　歌曲图画书

- 《如果感到快乐你就这样做》（*If You're Happy and You Know It*，Ormerod，2003）
- 《如果感到快乐你就这样做》（*If You're Happy and You Know It*，Warhola，2007）
- 《可爱的蜘蛛》（*Itsy Bitsy Spider*，Toms，2009）
- 《老麦克唐纳有一辆卡车》（*Old Maconald Had a Truck*，Goetz，2016）
- 《在意大利面上》
- 《皮特猫：公交车上的轮子》
- 《她绕山而来》（*She'll Be Coming Round the Mountain*，Norman，2016）
- 《有个老婆婆吞了一只苍蝇》①
- 《嘟嘟车的轮子》

可以把这些图画书添加到你们的阅读书目中，但是它们可能和儿童原本所知道的版本不一样，所以在阅读时需要特别小心。唱歌和阅读图画书谁先谁后？是先唱歌还是先阅读图画书？尝试过两种方式的教师认为，儿童应该先享受唱歌的乐趣，阅读才有可能也成为他们喜爱的活动。

促进儿童认知发展的音乐活动

音乐对儿童认知发展的作用比我们以往意识到的更为重要。当前的脑研究告诉我们，早期接触音乐能大大推进儿童的认知发展进程（Gould, Kaplan, & Wilson,

---

① [美]塔贝克，著绘. 海口：南海出版公司，2010。——译者注

2012）。

事实上，音乐在"塑造"大脑方面扮演着重要角色。换句话说，音乐可以使大脑左右半球同步化。大脑左半球负责分析音乐的结构，大脑右半球则专注于音乐的旋律。当情绪被音乐激发起来，注意力会更加集中，动机会有所增强，两个半球就会同时工作。其中，节奏在吸引儿童注意力和激发儿童兴趣方面起着重要作用（Davies，2000）。

因此，对儿童来说，接触音乐是很重要的。对现场音乐的情感反应甚至能够激发和促进他们批判性思维的发展。也可以说，儿童在演奏音乐的同时也在建构意义（Morehouse，2013）（见图9.14）。此外，唱歌似乎也是儿童记忆的一种方式（Matthews，2012）。一些神经科学研究发现，稳定的节拍能够影响人类的注意行为（Mayesky，2015）。因此，学前教师需要找到一种能让所有儿童参与唱歌、跳舞和音乐创作等音乐活动的方法。

图 9.14　儿童在演奏音乐的同时也在建构意义

声音探索

到目前为止，儿童在音乐的各个方面都参与了认知活动。虽然，他们在舞蹈节奏、乐器和歌唱活动中接触到了高和低、响亮和轻柔、快和慢等概念。但是，他们仍然需要通过探索环境中各种各样物体的声音来进一步理解这些概念。

让儿童通过敲击教室里的物体进行声音探索。每个物体会发出什么样的声音？响亮的还是轻柔的？音量高还是低？他们可以将自己的探索结果录下来听，就像之前记录鞋子音乐一样。

如果这样的探索活动能够吸引儿童的注意力，那就可以带一些空玻璃瓶让他们轻轻敲打。敲打出的声音有区别吗？这是什么发出的声音？它们的声音听起来为什么不一样？如果在每个容器中都装上等量的水，这时再敲打会怎样？他们可以预测结果吗？如果在每个容器（如玻璃瓶）中装上不等量的水又会怎样？他们能通过改变每个瓶子里的水量来制作一系列声音从高到低渐变的玻璃瓶吗？有人能用这些玻璃瓶演奏一首简单的歌曲（如《小船摇啊摇》）吗？

这种实验和科学家所做的了解事物属性的实验是一样的，它能促进儿童高阶思维能力的发展。而玻璃瓶和乐器也是一样的，它们都是基于声音的这些方面。

促进儿童创造力发展的音乐活动

创编歌词、创作鞋子音乐、自主性歌唱游戏、声音探索、音高实验、制作乐器等自主性音乐活动都能促进儿童创造力的发展。另外一种提升儿童创造力的方法是把音乐融入教室中的其他学习区，如图书区或美术区。事实上，很多专业艺术家是伴着音乐作画的，儿童也可以这么做。

夜曲

著名的儿童绘本艺术家莫里斯·桑达克（Maurice Sendak）会边播放古典音乐边画插画。他书中的许多故事都发生在晚上，所以教师可以一边播放夜曲一边读故事给儿童听，这对儿童来说肯定是一次神奇的经历。讲完故事后，教师继续播放同一首夜曲，同时让儿童操作与夜晚相关的各种类型的艺术材料。在莫里斯·桑达克的经典小说《野兽国》①中，迈克斯做了恶作剧后被要求上床睡觉，随后他进入了一个幻想的世界，在那里他变成了野生动物王国的国王。读这个故事的时候可以伴随着穆索尔斯基（Mussorgsky）的《荒山之夜》（Night on Bald Mountain）的背景音乐。表 9.15 列出了一些有关夜曲的书。

表 9.15 有关夜曲的书

- 《自由自在》
- 《午夜厨房》②
- 《月上云梯》（Ladder to the Moon，Soetoro-Ng，2011）
- 《找麻烦的怪兽》
- 《不，阿斯特罗》
- 《猫头鹰宝宝》（Owl Babies，Waddell，1992）
- 《皮特猫：听完这个故事就睡着了》③
- 《蒸汽火车，梦幻火车》④
- 《野兽国》

在艺术区放一些黑色的材料，如黑白相间的图画纸、白色粉笔、木炭棒、黑色铅笔和黑色记号笔、黑色和白色颜料以及儿童建议的其他东西。在他们操作这些艺术材料的同时可以播放一些夜曲。我们要意识到，对大多数儿童来说，他们并不是在画画，而只是在操作那些代表夜间事物的艺术材料。

《午夜厨房》也讲述了一个美妙的夜间故事。故事中，米奇从床上掉下来落入了一间神奇的厨房，然后被混进了蛋糕糊中。读这个故事的时候以及儿童在艺术区玩橡皮泥的时候，你都可以播放柴可夫斯基（Tchaikovsky）的《胡桃夹子组曲》（Nutcracker Suite）。

另一个夜间故事是《猫头鹰宝宝》。三只白色的猫头鹰宝宝紧张不安地坐在树上，共同抵御对黑夜的恐惧。他们很想知道妈妈去哪了？在读这个故事的时候，以及儿童在用与夜晚相关的艺术材料开展艺术活动时，你都可以播放莫扎特

---

① [美]桑达克，著．宋珮，译．贵阳：贵州人民出版社，2014．——译者注
② [美]桑达克，著．任溶溶，译．贵阳：贵州人民出版社，2017．——译者注
③ [美]迪安，著．[美]迪安，绘．余治莹，译．上海：文汇出版社，2018．——译者注
④ [美]瑞科尔，著．[美]利希藤黑尔德，绘．阿甲，译．北京：海豚出版社，2019．——译者注

（Mozart）的《G大调弦乐小夜曲》(*Eine Kleine Nachtmusik*)。儿童在艺术创作中可能想把纸剪成月亮、猫头鹰和雪花，或者栅栏、树和影子，然后把它们粘在拼贴画里。总之，无论学前儿童剪出什么，教师都要接受，毕竟大多数儿童还不擅长剪裁真实的物品。

在根据《不，阿斯特罗》这个故事进行的艺术创作中，将需要用不同种类的艺术材料表现一颗小行星穿过黑暗的空间——一颗蓝色小行星和一些用作火焰的红纸条。对《皮特猫：听完这个故事就睡着了》来说，可以准备一些正方形的小彩纸给故事中那些想睡觉的动物当毯子。用棉线做《蒸汽火车，梦幻火车》中火车发动机的烟雾如何？儿童会怎么制作《月上云梯》中通往月亮的梯子？这可能需要大家共同努力。

我们还需要在艺术区为《自由自在》中疯狂跳舞的动物们准备用彩色纸盘做的各种鞋子。《找麻烦的怪兽》则需要一些真实怪兽的恐怖图片。你也可以让儿童发挥自己疯狂的创造力创造一些从来没见过的怪兽，他们很喜欢这类活动。因为所有这一切都是在夜晚背景下发生的，所以，可以拉上窗帘、关上灯，让儿童置身于这样的氛围中。可以每天尝试一个不同的夜晚故事。

儿童可以创作自己的夜晚音乐吗？他们可以通过将自己和其他材料发出的各种声音录下来创作夜晚音乐。例如，风的呼啸声、雨的滴答声、叶子的沙沙声、脚步的噔噔声、呻吟声等。他们还可以用小音乐键盘或者节奏乐器给这些声音加上音乐伴奏。一定要引导儿童爱护教室中的乐器，温柔地而不是粗暴地使用它们。从这些活动中，他们可以认识到，这些乐器不是玩具而是真正的音乐创作工具，他们可以创造性地加以使用。

教师在音乐区的角色

教师在音乐区的角色已不再是传统意义上整个团体的音乐指挥者了。教师的作用首先是创设本章所描述的活动区，以便儿童尽可能多地独立参与音乐活动；其次，是与学习区里的个别儿童或者小组儿童进行互动，刺激他们参与个性化的音乐倾听、声音探索、节奏实验、歌唱和音乐创作等活动。然后，教师帮助儿童学会记录和回放声音、节奏和歌曲。此外，当课堂计划需要时，教师还要准备材料供儿童制作节奏乐器。

在音乐区，教师既要和个别儿童，又要和小组儿童一起工作，同时要在圆圈时间和全体儿童一起参与活动以提升他们的社会性音乐体验，如音乐手指游戏、与木偶一起唱歌以及用乐器演奏。

评价：观察儿童的发展水平

教师需要观察儿童和音乐的互动，以确定他们处于操作、熟练或意义中的哪个水平。虽然音乐活动不像积木等其他活动那样易于观察，但是细心的观察者还是能够观察记录下儿童与节奏乐器等材料的互动。表9.16列出了一些典型的互动行为。

基于对儿童互动形式的观察和记录，教师可以为不同儿童制订计划。对处于操作水平的儿童来说，教师可以将某些乐器放在音乐区一段时间，让他们自主学习如何使用这些乐器。对那些处在熟练水平的儿童来说，教师可以鼓励他们努力掌握几种不同的乐器。虽然音乐对大多数儿童来说只是一个"过程"，但是一些处于意义水平的儿童想要以录音的形式保存他们的音乐作品。因此，对于意义水平的儿童，教师要鼓励他们独立创作音乐，激发他们录制音乐的动机。事实上，儿童可能还想联手录制他们节奏乐队的音乐。

树立热爱音乐的榜样

如果教师带头并鼓励儿童"边工作边唱歌"，那么音乐将在适当的时间里充满整间教室。如果你会吹口哨，还可以吹吹口哨。孩子们也能像《白雪公主和七个小矮人》中的小矮人那样边工作边吹口哨吗？播放这段音乐，看看有多少儿童会吹响口哨。此外，你还可以在一天中的过渡时间播放音乐。你甚至可以播放一些音乐作为背景音乐，为阅读以及其他特殊项目活动营造氛围。

教师要为儿童树立一个热爱音乐的榜样，只有这样，大家在班级中才会有快乐的心情。

表 9.16 音乐区活动：互动水平

操作水平

- 用不恰当的方式玩鼓、节奏棒、沙铃、音块、三角铁、噼啪球
- 用自制的喇叭吹风，而不是用它发出音乐声
- 用橡皮筋胡乱弹琴
- 用木槌在木琴上上下扫弦，而敲不出单独的音符
- 把锣鼓、手鼓和邦戈鼓敲得砰砰响

熟练水平

- 用适当的方式使用鼓、铃铛、三角铁和音块
- 一遍又一遍地弹奏乐器，就像在练习一样
- 用木琴或橡皮筋一遍又一遍地弹奏单独的音符
- 用木槌反复敲打排钟、镲、鼓、音块和三角铁
- 一起拍打沙块
- 手持铃鼓敲打、摇动
- 来回敲打节奏棒

意义水平

- 为自己的歌选择合适的演奏乐器
- 随着音乐的节奏敲鼓
- 选择并使用个别乐器创作自己的音乐
- 独立演奏乐器
- 用木琴弹奏旋律
- 播放录音，并使用乐器给音乐伴奏
- 用独创的方式使用铃铛、响板和铃鼓
- 随着卡祖笛、纸板喇叭和梳子口琴哼唱

本章要点

1. 创设音乐区

（1）将你喜欢的音乐带来与儿童分享

（2）教给儿童如何使用以及如何不滥用录音设备

（3）准备好耳机和剪贴板以方便儿童登记并轮流使用

（4）引导儿童倾听、探索声音和节奏、创作音乐

（5）一次只拿出几种节奏乐器

2. 促进情绪情感发展

（1）为儿童创作具有个人意义的音乐

（2）在音乐区开展以鞋子为主题的音乐活动

（3）收集一些鞋子，并记录下它们走路时发出的声音

（4）让儿童猜一猜每个声音是什么鞋子发出的

（5）让儿童创作自己的鞋子音乐并录音

（6）在表演游戏区开一间假装的鞋店

（7）录下靴子踩在水上的声音

（8）让儿童在纸上或者湿沙上留下脚印

（9）邀请客人示范踢踏舞

（10）记录儿童穿着不同的鞋子随着音乐走动的声音

（11）记录拐杖发出的声音

（12）玩圆圈游戏"传递鞋子"

3. 促进小肌肉动作发展

（1）让儿童随着名字的节奏拍手

（2）在圆圈活动中跟着儿童节奏拍腿

（3）让儿童记录下"砰砰砰"的声音

（4）收集盒子和易拉罐来制作手鼓

（5）用咖啡罐制作（锣）鼓

（6）用盘制作小手鼓

（7）每次演奏一种乐器

（8）用黄油桶制作摇壶/沙铃

（9）用卷纸筒制作迪吉里杜管

（10）让儿童弹竖琴

（11）用鞋盒制作琴并组建乐队

4. 促进社会性发展

（1）在学习区边工作边唱一些熟悉的歌

（2）让同事跟着你一起唱歌

（3）为过渡环节准备一些音乐手指游戏

（4）让儿童在小组中学习新的手指游戏歌曲

（5）用光盘播放音乐来玩音乐游戏

（6）让儿童直接参与音乐创作

（7）不要强迫不舒服的儿童参与音乐活动

（8）允许害羞的儿童在唱歌时躲在物品的后面

（9）开展每周一次的木偶演唱会

5. 促进语言能力发展

（1）为熟悉的曲调编上有关儿童名字或者衣服的歌词

（2）为同一个旋律填上不同儿童的名字并反复吟唱

（3）创编一首与儿童的宠物有关的猜谜游戏歌曲

（4）利用家庭通讯媒介将这些歌的歌词发送给家长

（5）准备一些熟悉的歌曲和图画书来阅读和吟唱

6. 促进认知能力发展

（1）让儿童通过敲击学习响亮和柔和、高和低等概念

（2）在玻璃容器中装入不同量的水进行敲打

7. 促进创造力发展

（1）让儿童根据故事内容，随着音乐作画

（2）在儿童进行有关夜晚的艺术活动时可以播放一些夜曲

（3）在阅读桑达克的《午夜厨房》时播放《胡桃夹子组曲》

（4）听完《猫头鹰宝宝》的故事后制作夜晚拼贴画

（5）让儿童录制他们自己节奏乐队的音乐

（6）听完《白雪公主和七个小矮人》的故事后，让儿童尝试着吹吹口哨

–––––––––––––––––– 试 一 试 ––––––––––––––––––

1. 开发并实施一系列针对儿童个人的音乐体验活动，可以以本章所描述的"鞋子音乐"为例，并做记录。
2. 让儿童自己制作乐器以提高他们的手眼协调能力以及他们对音乐的兴趣，并将结果记录下来。
3. 用本章所描述的非正式的方式教给儿童一些新的歌曲，也可以和儿童一起阅读根据歌曲和儿歌歌词创作的图画书，并将结果记录下来。
4. 利用木偶帮助害羞的儿童参与音乐活动，并记录下结果。
5. 在卡片上记录下你和儿童一起唱过的所有歌曲的歌词。然后，在卡片上记录下你为每个儿童创作的个人歌曲，并为其配上熟悉的旋律。

第10章 大肌肉运动区

 幼儿园自主性区域活动：环境、课程与儿童发展

学习目标

阅读本章之后，你将能够：

1. 理解幼儿园教室里的大肌肉运动活动。
2. 创设大肌肉运动区。
3. 促进儿童行走能力的发展。
4. 促进儿童奔跑能力的发展。
5. 促进儿童骑行和驾驶能力的发展。
6. 促进儿童跳跃能力的发展。
7. 促进儿童平衡和弯腰能力的发展。
8. 促进儿童爬行能力的发展。
9. 促进儿童肢体伸展能力的发展。
10. 促进儿童抛接能力的发展。
11. 促进儿童攀爬能力的发展。
12. 促进儿童创意运动能力的发展。
13. 理解教师在大肌肉运动区的角色。
14. 评价儿童的运动能力。

幼儿园教室里的大肌肉运动活动

跑、跳、爬这类大肌肉运动技能与幼儿紧密联系，大部分人都同意它们是童年早期的本质。大步走、滑行、飞奔是幼儿几乎不用费力就可以完成的运动技能。转圈、旋转、弯曲是幼儿用活力和激情完成的全身运动。

所有学前儿童都能熟练且精力充沛地进行大肌肉运动吗？所有学前儿童都能轻松、兴奋地参与大肌肉运动活动吗？许多早期教育工作者相信，等幼儿的身体准备好了，他们就能自动地发展基本的运动技能。这样说只是部分正确。成熟只是为幼儿提供了在极低的功能水平上执行特定运动技能的能力，只有通过不断地练习和指导，儿童的运动能力才会得到提高（Poest，Williams，Witt，& Attwood，1990）。

幼儿都喜欢运动，但是他们发现，在合适的地方和足够大的空间里安全且自信地运动很难。不过，这不应该成为阻碍他们运动的因素。皮卡（2013，p.5）曾经告诫我们，幼儿天生就爱运动。如果家长和教师认可、鼓励和表扬他们的身体运动，他们就会尽可能地运动。但是，成人要担负起榜样的作用。如果运动是你生活中的重要组成部分，那么它最终也会成为幼儿的生活方式。如果运动是自主性学习环境的核心部分，幼儿就会知道他们需要做什么，从而和你一样过着健康的生活。

久坐不动的社会

我们终于意识到，我们的整个社会都在变得久坐不动。很多人把更多的时间花在看电视、玩游戏、打电话、坐在电脑旁等几乎不需要运动的活动上。幼儿会向年长的哥哥姐姐和成人学习，并将自己在环境中感受到的态度和做法反映出来。不能充分地运动会导致儿童在成长过程中出现许多健康问题，如肥胖。

除此之外，由于不安全的城市街道和公园，许多儿童的自由运动受到了限制。那么，儿童在哪里练习奔跑、跳跃和攀爬的技能呢？相较于以前，今天的幼儿园教室必须提供练习这些运动技能的机会。我们呼吁学前教育项目必须保证幼儿拥有"健康地成长和强壮的体魄"这一与生俱来的权利。

大肌肉运动区的重要性

大肌肉运动区在幼儿园的教室里具有前所未有的重要性（见图10.1）。作为自主性学习环境的重要组成部分，它的创设必须满足儿童自身对运动技能的兴趣。作为适宜性实践课程的一个基本要素，它应该包括儿童的自发性活动，以促进某些大肌肉运动技能的发展。大肌肉运动区也要能够供儿童日常使用，就像教室里的其他学习区一样。

户外活动场地或者室内运动馆呢？在儿童的大肌肉运动技能发展的过程中，它们也起着重要作用，因为儿童有时没办法在教室内自由地练习诸如跑、跳、爬、平衡、旋转、滑行、骑行之类的大肌肉运动技能。户外活动和室内运动馆的活动可以作为日常活动的补充，但是它们不能取代教室里的大肌肉运动活动。儿童需要每天都拥有室内大肌肉运动活动的经验。

图10.1　大肌肉运动区具有前所未有的重要性

大肌肉运动技能的重要性

在有关学前儿童能力发展的诸多计划中,大肌肉运动技能应该是关注的重点。大肌肉运动技能是儿童其他方面能力发展的基础。家长和教师都希望这块基石牢固。我们知道,无论对儿童的现在还是将来来说,运动能力都非常重要,因为运动能力影响儿童的社交、情绪情感和身体。在运动领域得分显著低于正常水平的儿童,不太可能参与那些技能水平更高的同伴的游戏,他们很可能在同伴关系和自尊方面出现一些问题(Poest et al.,1990,p.5)。

创设大肌肉运动区

教室里的大肌肉运动区应该包含能促进儿童的多种身体技能(见表10.1)发展的设备和材料,正如全美幼儿教育协会认证指标 2.C.04.a 所指出的那样。

表 10.1 身体技能

·走	·爬行	·移动	·投掷
·奔跑	·攀爬	·跳舞	·接住
·双脚跳	·平衡	·单脚跳	·弯曲
·拉伸			

2.C.04.a　儿童有各种机会和设备参与大肌肉运动活动,以发展多种身体技能。

灵活的设备是最好的。多功能的攀爬设施在室内外同样重要。例如,包含梯子(向上直达顶部被栅栏围起来的平台)和滑梯(向下直达地面)的设施向幼儿同时使用胳膊、腿、脚、手、躯干等大肌肉提出了挑战。这些设施的大小和配置不同,有一些底部有门或者有可以爬行通过的洞,大多数都可以被折叠起来,便于存放。此外,下面铺有防护垫的多功能秋千有益于幼儿的摇摆和攀爬活动(见图10.2)。

图 10.2　室内多功能秋千很有用

阁楼也能很好地促进儿童的大肌肉动作。阁楼的上面、下面及它附带的梯子都可以被儿童当作戏剧游戏的场地，在上面开展戏剧游戏。但是，上下阁楼让儿童的大肌肉得到锻炼，才是它最明显的特征。大部分阁楼都有梯子或者台阶，可以促进儿童攀爬技能的发展。至于其他设备，我们将在讨论不同运动技能的时候描述。

有些教师倾向于选择大的、空心的、厚塑料材质且顶部和侧面有洞的钻爬箱。如果大肌肉运动区包含一套可以扣到或者咬合到一起的材料，那么儿童在你的帮助下就可以制作属于他们自己的集"攀爬、爬行、滑行"于一体的装置。这种一体性装置可以包括带圆洞的墙壁、台阶、滑梯、带栏杆的平台、隧道和斜坡，也可以包括隧道、斜坡、桥梁和台阶，儿童可以把它们以不同的方式牢固地连接到一起。你也可以把两个钻爬箱连到一起，这样钻爬箱的内部空间就变成了一个可以爬行的隧道。

可以被扣到一起的攀爬材料的优点是其大小和功能的可变通性，它们可以被放到不同的空间里。即使大肌肉运动区非常小，它也可以容纳一个钻爬箱（见图10.3）。面积比较小的幼儿园经常省掉攀爬设施，因为教师认为没有空间可以摆放它。不过，几乎任何一所幼儿园都可以容纳这种可以被扣到一起的组合材料或钻爬箱，它们既可以被用于室内，也可以被用于室外。

图 10.3　在室内外使用钻爬箱

其他攀爬材料可以是不同颜色和形状（方形、圆形、斜坡形）的乙烯基泡沫块，儿童可以用尼龙搭扣将它们组合到一起。

身体技能小站

许多幼儿园的室内大肌肉运动器械往往就是上面提到的那些攀爬设施，不会超越这个范围。但是，在适宜性实践课程中，大肌肉运动区的不同"小站"有不同的活动。必要时，这些"小站"可以遍布教室的各个地方。下面，我们在介绍每种技能时都会讨论这些小站。

除此之外，大肌肉运动区还可以展示儿童攀爬、爬行、跳跃和奔跑的照片。你可以在儿童进行上述运动的时候用数码相机拍下来，然后把照片放大并张贴到大肌肉运动区。

许多教师利用图画书来导入班级活动，这里有一些运动类图画书可供你参考（见表 10.2）。

表 10.2　有关行走和移动的图画书

- 《滑雪兔子》①
- 《恐龙》(*Dinosaurumpus*, Mitton, 2002)
- 《你是怎么走路的》(*How Do You Wokka-Wokka*, Bluemle, 2009)
- 《我真的真的需要一双真正的滑冰鞋》(*I Really, Really Need Actual Ice Skates*, Child, 2009)
- 《动起来》(*Move*, Jenkins, 2006)
- 《预备，开始，跳》(*Ready, Set, Skip*, O'Connor, 2007)

室内行走

所有的学前儿童都知道怎么走路，对吗？观察一下，你就会注意到，学前儿童的走路方式并不都一样。儿童的体型、重心、发育程度和个性不同，他们的走路方式就不同，走路时的能力和自信心也不同。个子高的、年龄稍大的女孩会像成人一样大步前进，年幼的儿童则可能仍然保留着学步儿走路时头重脚轻的特点，动作不那么敏捷。一些儿童比其他儿童动作笨拙，一些有身体残疾的儿童在运动方面存在困难，可能需要额外的帮助。

因此，大肌肉运动区应随时提供材料和活动以促进"行走"这一人类最基本技能的发展。行走有不同的方式。学前儿童应该能够做到迈步走、踮着脚尖走、踏步走、徒步走、散步、远足、漫步、齐步走、昂首阔步走、大步走、拖着脚步走、吃力地走、滑行……让活动对儿童来说是个性化的和有趣的，让每个儿童都可以在教室里用以前从未尝试过的方式走路。例如，你可以给儿童阅读图画书《你是怎么走路的》来发起走路活动。儿童可以模仿书中描述的动作吗？他们可以像甲板上的鱼一样趴着移动吗？

儿童可以像其他动物一样走路吗？每天在大肌肉运动区张贴一张不同动物的图片，如老虎、大象、鹿、兔子、袋鼠等。然后，在大肌肉运动区的地板上用彩色胶

---

① [哥伦]鲁达，著绘．马爱农，译．广州：新世纪出版社，2019。——译者注

带贴出一条小路，邀请儿童像图片中的动物一样沿着小路行走。如果儿童想进行记录，那么你可以给每个儿童分发一张小贴纸，让他们在完成活动后把它贴在"动物走路表"上。

"踩高跷"怎么样？你班上平衡能力好的儿童可能喜欢踩在动物脚掌形状的木桩上，然后两手紧握绳子，"咚咚咚"地穿过教室（见图10.4）。

在教室里，儿童可以在哪里走呢？如果你已经购买了一些现成的器械，比如，那种需要走上去再滑下来的攀爬设施，或者带台阶的设备，儿童就可以在台阶上走上走下。但是，没有必要一定购买现成的设备。富有创造力的教师可以设计各种各样的行走活动，例如，引导儿童跟着律动歌曲的节奏走或者前进。

图10.4 儿童踩在动物脚掌形状的木桩上，在室内外行走

如果你所在的幼儿园是两层或者多层建筑，那么儿童可以在台阶上走上走下。一次带领两个儿童走上台阶去参观顶楼的"太空站"，这是让儿童很兴奋的一次短途旅行。

"溜冰场"上走一走

在教室里，把椅子摆成一圈，然后用一根长绳子把椅子围起来，这个指定的"小站"就可以作为溜冰场，永远供儿童随时独立开展行走活动。这个区域不仅可以促进儿童行走，还可以控制他们的大肌肉运动活动，以避免一些精力极其充沛的儿童在行走的过程中失去控制。只要你的空间足够大，你的"溜冰场"就可以是一个足够大的圆圈，以同时容纳几个儿童。记住，任何一个学习区都没有必要同时向全班儿童开放。为身体残疾的儿童或其他任何有需要的儿童提供适合他们的"助行器"。

幼儿可以从挂在绳子上的信封里或者贴在墙上的信封里取一张票，然后根据票面的颜色和上面画的火柴人动作示意图在"溜冰场"上做指定的运动。例如，红色的票代表行走，蓝色的票代表慢跑，黄色的票代表跳跃，紫色的票代表踮着脚尖走，绿色的票代表使用助行器。活动结束后，儿童再把票放回到信封里。至于可以在这个溜冰场上玩多长时间，则取决于儿童。你也可以准备一张儿童姓名表，然后把它贴在墙面上，同时准备一些彩色的小贴纸，这样儿童在每做完一种动作后就可以在自己的名字后面贴上一张小贴纸。他们喜欢把不同颜色的小贴纸贴在自己的名字后面，越多越好。

学动物走路

你可以鼓励儿童在"溜冰场"上学动物走路。这次，票面上是不同动物的图片，如大象、鸭子、猫、狗、鹿、兔子、袋鼠等。你可以引导儿童按照他们想象中的这些动物走路的样子移动。借助图画书《动起来》来导入，这本书上的大幅插图展现了兔子、猴子、水獾、鲸鱼、犰狳、鳄鱼、蛇、螳螂、蜘蛛、企鹅和北极熊等动物的真实形象。

儿童热衷于模仿恐龙。《恐龙》这本图画书分别描绘了三角龙、梁龙和霸王龙的不同移动方式，可以借助这本书来引发儿童的模仿兴趣。一些儿童希望用纸剪一个"恐龙脚"并给它涂上颜色，然后用胶带把它粘在自己的鞋子上面。

在开展这个活动期间，可以在积木区投放一些玩具恐龙，在音乐区播放一个有关恐龙的音乐。如果你找不到这样的音乐，那么可以用鼓点代替。

如果班上的儿童想在"溜冰场"以外的地方继续行走，怎么办？他们能在其他地方高抬着脚走路吗？当然可以。选择与票面颜色一样的彩纸剪下脚印的图案，然后把这些图案粘贴在教室的地板上，围绕着教室形成一条小路。这样当儿童走在小路上时，他们就可以根据脚印的不同颜色做不同的动作，比如行走、慢跑、跳跃、踮着脚尖走等。当然，你可以邀请儿童一起创设小路情境。

滑冰和滑雪

儿童喜欢滑冰和滑雪。冬天，可以在大肌肉运动区开展一些滑行活动。你可以从积木区拿一对单元积木当作滑冰鞋或者滑雪板，鼓励儿童站在上面移动双脚做滑行的动作。一定要给儿童读一读《我真的真的需要一双真正的滑冰鞋》这本图画书，了解劳拉想在冰上做什么。

为了促使儿童滑雪，你可以给儿童读一读《滑雪兔子》这本图画书。学前儿童可以平衡地踩在一对积木上，沿着地板滑动。如果积木不够光滑，你可以给积木打上一些蜡。与此同时，你需要给儿童准备一些滑雪杆，或者把戏剧游戏区里的扫帚拿过来供儿童当作滑雪杆。

此外，你还可以进一步扩展儿童的想象力，鼓励儿童在"溜冰场"上进行远足或者登山活动。让儿童自己准备远足需要背的背包，同时提供登山杖来增添几分戏剧性。儿童还梦想进行其他徒步探险活动吗？拄着拐杖走路怎么样？如果需要，你可以给儿童准备一对适合他们用的拐杖。

全纳

所有儿童，包括那些身体残疾的儿童，都应该有机会参与大肌肉运动活动。罗夫曼和瓦纳曼（Roffman & Wanerman，2011）提醒我们记住，无论儿童具备什么样的长处和发展水平，也无论他们面临什么样的挑战，他们都渴望游戏、社会交往以及学习的机会。你也一样（p.15）。你可以假设自己是一名身体残疾的儿童，然后想象一下自己喜欢从事哪些活动，这样做也符合全美幼儿教育协会认证指标 2.C.04.d 的要求。

> 2.C.04.d 无论儿童的能力如何，他们都应该有机会和设备参与大肌肉运动活动，以便拥有与同龄人类似的大肌肉运动经验。

不能让任何一个儿童因为缺乏技巧或肌肉张力不足而感到尴尬。为此，教师可以鼓励儿童两两结对进行活动。例如，将一把椅子放在"溜冰场"上，一个儿童坐在椅子上，另一个儿童扶着椅背原地走、慢跑、跳跃。然后，他们交换位置继续游戏。这样一来，两个儿童都有机会练习这些动作技能。记住，两个儿童一定要把"恐龙脚"绑在鞋子上面。

室内奔跑

与在室外一样，儿童在室内也需要练习奔跑技能（见图10.5）。同样，你可以通过提供一个专门用于跑步的"小站"来促进（控制）儿童的奔跑活动。

跑步垫和环形跑道

在大肌肉运动区放一个跑步垫（地垫或者其他橡胶材质的防滑垫），供儿童在上面练习原地跑步。在这里，儿童可以自行取票进行跑步活动，就像他们在"溜冰场"

上一样。跑步结束后，儿童可以把小贴纸贴在附近的姓名表上。记住，一定要确保每个儿童都有机会得到一张小贴纸。

图 10.5 儿童通过原地跑步来练习室内奔跑技能

如果大肌肉运动区空间充足，那么你可以考虑创建一个环形跑道。你可以像"溜冰场"那样，在大肌肉运动区摆放一圈椅子，然后用一根长绳绕过椅子形成一个圆圈。当然，你也可以利用平时开展圆圈活动时已经在地板上做好的圆圈标记。环形跑道的大小并不重要，它可以容纳一个孩子，也可以容纳三四个孩子。儿童喜欢这种环形跑道，因为他们可以在这个划定的区域内自由奔跑。儿童可以每天帮助你布置跑道，在这里开展跑步活动。

儿童也可以在这个跑道上跑圈。跑完后，他们可以从存放各种数字的篮子里挑选一个数字来记录自己跑的圈数。因此，大肌肉运动区也能够促进儿童认知技能的发展，虽然准确计数能力并不是这个阶段儿童发展的重点。至于身体残疾的儿童，他们可以扶着同伴一起跑圈。

快跑

在环形跑道上，儿童还可以怎样移动呢？你可以给儿童提供一些小棍，鼓励他们把小棍当马骑着"它"沿着跑道疾驰。学前儿童快跑的时候其双脚的动作近似于蹦蹦跳跳，但是双脚蹦跳对于六七岁以下的儿童来说是一个更加复杂的技能。不过，也有些儿童想要尝试双脚蹦跳，就像《预备，开始，跳》这本图画书中所描述的那样。

不要鼓励学前儿童在跑道上进行骑马比赛，因为这类比赛含有输赢的成分，虽然这一成分对骑马比赛来说是必要的，但是对比赛中失败的儿童来说却是有害的。记住，所有参加快跑游戏的学前儿童都是胜利者。但是，如果不比赛，儿童为什么要在跑道上骑马呢？举办一个马术表演怎么样？儿童可以自行挑选比赛用的"小马"（木棍），然后在跑道上表演。

此外，你还可以在跑道上开展其他的活动，例如，袋鼠跳，看看儿童可以沿着跑道跳（两只脚一起跳）多远；骆驼跑，儿童需要横跨"沙漠"；"摩托车拉力赛"，儿童把木棍当摩托车开；"汽车秀"，儿童把木棍当汽车开，等等。对于在跑道上快跑这一活动，唯一能限制你们的就是你和孩子的想象力。

儿童感觉如何？一些儿童有可能因为心理上没有准备好而不想加入任何一项大肌肉运动活动。

室内骑行与驾驶

有时，你可以把跑道当作车道来使用。每周有一天在大肌肉运动区，你可以为儿童提供大型木质骑乘工具和塑料卡车。如果儿童把这些工具当作三轮车，那么你可以给他们读一读《迈克和自行车》这本图画书。这本书附带光盘，讲述了小男孩迈克和自行车的故事。

骑三轮车

至于女孩们，也有适合她们的图画书，例如，《自行车女王》（见表10.3）。儿童非常喜欢头盔，所以不要忘记给他们提供头盔，哪怕他们是在假装骑车。身体残疾的儿童也可以骑车，他们可以由同伴推着走。

表 10.3　有关骑车和驾驶的图画书

- 《鸭子骑车记》①
- 《极速前进》（*Max Speed*，Shaskan，2016）
- 《迈克和自行车》（*Mike and the Bike*，Ward，2005）
- 《自行车女王》（*Sally Jean, the Bicycle Queen*，Best，2006）
- 《不论你去哪里》②

在《极速前进》这本图画书中，马克斯并没有驾驶着他的超级秘密赛车去比赛，而是开着车进行了一系列冒险活动，包括驾驶、跳伞、在水下游泳等。儿童可以在美术区制作马克斯背的那种喷气式背包，然后背着它和马克斯一起在车道上疾驰。《不论你去哪里》这本图画书讲述了一只爱冒险的小兔子骑着自行车和小伙伴一起去旅行的故事。

《鸭子骑车记》讲述了农场上一只调皮的鸭子骑自行车的疯狂故事。一天，鸭子看到一个小男孩把自行车停在了农场的房子外面，于是它决定骑一骑。鸭子骑车从一头母牛身边经过，母牛认为鸭子很愚蠢；从绵羊身边经过，绵羊认为鸭子会受伤；从小狗身边经过，小狗认为这是真功夫；从猫身边经过，猫认为骑车是在浪费时间；从马身边经过，马认为自己跑得更快一些；从猪身边经过，猪认为鸭子在出风头。这时，男孩的一群朋友骑着自行车过来了，也把自行车停在了农场的房子外面。你知道，接下来发生了什么吗？所有的动物都跳上自行车，尽情地骑来骑去。

在读了这个故事之后，如果有一组学前儿童想同时在车道上骑自行车，怎么办？你可以建议几个儿童选择大型塑料卡车，弯腰推着它在车道上行驶，假装它是一辆自行车（见图10.6）。与此同时，你可以播放音乐，让儿童在音乐声中前进。如果你没有足够多的卡车，那么你可以从隔壁班级借一些。弯腰推着卡车沿着车道行驶，可以锻炼儿童的肌肉力量。

---

① [美] 香农，著. 彭懿，译. 北京：新星出版社，2017。——译者注
② [美] 米勒，著. [美] 惠勒，绘. 杨玲玲，彭懿，译. 武汉：长江少年儿童出版社，2017。——译者注

驾驶车辆

最近的儿童文学作品热潮似乎聚焦于卡车和工程车（见表10.4）。给儿童阅读《鸭子开车记》，可以引发他们的驾驶行为。故事中，鸭子开着一辆闪亮的红色拖拉机上路了，它穿过城镇。沿途，其他的小动物都跳上了红色拖拉机。看到此情此景，小镇上的人们惊讶极了，他们都不敢相信自己的眼睛。书中人物和小猪的夸张插图会激发儿童进行故事表演的灵感。当拖拉机仪表盘上的指针指到"e"的时候，小狗说这意味着旅行结束了。你班上的儿童知道仪表盘上的"e"代表什么意思吗？（"空了，没有汽油了"）

图 10.6　儿童推着大型塑料卡车在车道上行驶

表 10.4　有关驾驶的图画书

- 《鸭子开车记》①
- 《如何跟踪卡车》（*How to Track a Truck*, Eaton, 2016）
- 《好厉害，工地上的车》②
- 《晚安，工地上的车》③
- 《老麦克唐纳有一辆卡车》
- 《这辆老爷车》（*This Old Van*, Norman, 2015）
- 《幸运的话，我就能开上大卡车》④

---

① [美]香农，著．杨玲玲，彭懿，译．北京：新星出版社，2017。——译者注
② [美]瑞科尔，著．[美]利希藤黑尔德，绘．阿甲，译．武汉：长江少年儿童出版社，2017。——译者注
③ [美]瑞科尔，著．[美]利希藤黑尔德，绘．阿甲，译．北京：海豚出版社，2019。——译者注
④ [美]弗兰德，著．[美]雷克斯，绘．吴瑶琳，译．北京：北京日报出版社，2018。——译者注

当你根据《老麦克唐纳有一个农场》(Old MacDonald Had a Farm)的旋律来读或者唱《老麦克唐纳有一辆卡车》的故事时,每个儿童都会参与进来。故事中,老麦克唐纳有一个农场,农场上有挖掘机、前端装载机、推土机、压路机和水泥搅拌车,以及一辆怪物卡车。他的妻子是一名修理工。儿童可以把大型单元积木当作工程车来表演这个故事。

此外,你还可以根据《这个老人家》(This Old Man)的旋律给儿童读或者唱《这辆老爷车》。故事中,老爷爷和老奶奶驾驶着他们的黄色老爷车在满是车辆的马路上一路前行。他们超越了拖拉机、前端装载机、推土机、老式汽车、校车和摩托车,最后赢得了汽车锦标赛的冠军。

车道

现在,你知道你需要一条道路供车辆行驶,它要比积木区的道路大得多。你可以邀请儿童和你一起从教室的一端开始横穿教室建造一条马路,然后用积木或者胶带标记道路的两边。道路的宽度要能够使塑料大卡车等车辆通过,也要能让儿童在上面爬行。如果教室空间足够大,你可以在马路的尽头摆放一些大的爬行隧道。这个区域可以促进儿童大肌肉运动能力的发展(见表10.5)。

表 10.5 大肌肉运动

- 弯腰推着车走
- 爬着推车走
- 爬过隧道
- 坐在车上,双脚蹬地走

室内跳跃

你可以在教室里设立各种小站来提高儿童的跳跃能力,如跳跃小站、蹦床小站、投篮小站、单脚跳跃小站、蛙跳小屋等。

跳跃小站

在大肌肉运动区摆放一张垫子作为跳跃小站,供儿童在上面双脚一起跳上跳下(见图10.7)。你可以用椅子、绳子,或者胶带、标志把这个小站与其他区域分开。有的教师会把呼啦圈放在地板上,然后在里面贴上剪下的脚印,让儿童知道可以在这个地方进行跳跃活动。如果空间不足,你可以将垫子放在跑道上。

图 10.7　儿童可以独自跳跃,也可以和同伴一起跳跃

在大肌肉运动区,用胶带在地板上标记出昆虫所在的罐子、青蛙所在的木头、小猫所在的垫子、鳄鱼所在的小船等区域。当然,如果能用防滑乙烯基垫子来标记这些区域更好。然后,一边给儿童读《跳跃》这个具有叠进风格的故事,一边鼓励幼儿从一个垫子跳到另外一个垫子上。如果你找不到这本书,那么你可以自己创编一个有关跳跃的故事或者选择其他有关跳跃的图画书(见表10.6)。

弹跳和跳跃一样吗?在这本滑稽的图画书《弹跳》中,一只小狗带领读者一路欣赏了如何像小兔子、青蛙、皮球等那样弹跳。再读一遍故事,邀请儿童把故事表演出来。

表10.6 有关跳跃和伸展的图画书

- 《都上了火车》(*All Aboard*, Ray, 2002)
- 《恐龙列车》(*All Aboard the Dinotrain*, Lund, 2006)
- 《弹跳》(*Bounce*, Cronin, 2007)
- 《狐狸和跳跃比赛》(*Fox and the Jumping Contest*, Tabor, 2016)
- 《早安,瑜伽》(*Good Morning Yoga*, Gates, 2016)
- 《篮球明星谢尔·斯沃普斯》(*Hoops with Swoopes*, Kuklin, 2001)
- 《跳跃》(*Jump*, Fischer, 2010)
- 《伸展》(*Stretch*, Cronin, 2009)

蹦床小站

一些幼儿园会购买一些小型的蹦床,一次供一个儿童在上面弹跳。儿童在弹跳时可以扶着上面的扶手。在决定把它投放到大肌肉运动区之前,你最好先邀请一个儿童试试看。

其他小动物也想感受蹦跳的快乐。你可以给儿童读一读图画书《狐狸和跳跃比赛》来引发儿童蹦跳的兴趣。在这个故事中,青蛙、乌龟、大象和熊每天都伸展身体做练习,因为他们要参加一个跳跃比赛。狐狸秘密谋划,给自己做了一个喷气式背包,为了不被其他小动物轻易发现,他还给背包涂上跟身体一样的颜色。比赛开始了,青蛙第一个跳。乌龟第二个跳,他跳得比想象中的好。大象根本不能跳离地面。熊跳的时候声音最大。兔子跳的时候把自己的耳朵当作一架直升机。最后轮到狐狸跳了,只见他跳离了地面,越飞越高,直到消失在大家的视线中。于是,小动物们只能把第一名的奖杯颁给了兔子。第二天狐狸从外太空回到了地球,想要拿回第一名的奖杯。

儿童可以选择扮演其中的小动物,在脖子上挂上动物标志,然后从垫子上跳起来,并量一量他们跳得有多高。与儿童一起讨论输赢,只要儿童能跳起来就是赢家。

投篮小站

在大肌肉运动区,你可以设立一个投篮小站来促进儿童跳跃技能的发展。准备一个立式的儿童篮球筐和一个非常轻且没有弹性的海绵球或者泡沫球,儿童在完成跳跃之后可以把一张彩色的小贴纸贴在姓名表上自己名字的旁边。记住,这不是一个篮球比赛,而是一个跳跃游戏。每一个儿童都要尝试跳跃,即使坐在轮椅上的孩子也不例外。

这里也有一本非常棒的图画书《篮球明星谢尔·斯沃普斯》,你可以读给孩子们听一听。这本书通过剪贴的照片展现了篮球女明星谢尔·斯沃普斯蹦跳、三步上篮、投篮的精彩身影。听了这个故事,你班上的女孩没准也想捡起球来投一投。

单脚跳跃小站

幼儿也能单脚跳跃。在大肌肉运动区,设立一个单脚跳跃小站。它可以是一个单脚跳跃垫,也可以是贴在地板上的彩色脚印图案,以提示幼儿根据足迹进行单脚跳跃。如果儿童单脚跳跃有困难,那么鼓励他们找一个同伴一起活动。跳跃时,同伴坐在椅子上,他们就扶着椅背进行跳跃。

蛙跳小屋

在大肌肉运动区,用胶带划分出一个区域来促进儿童的蛙跳活动。蛙跳时,儿童要从一边跳到另一边,所以你可以创设一些有趣的情境来吸引儿童跳跃。你可以设置一个蛙跳小屋,鼓励儿童每周在这里进行不同的蛙跳活动。例如,你可以在地板上贴一条蓝色的海报纸,引导儿童把它当作小河跳跃过去。儿童可以一只脚跳起来,另外一只脚着地。此外,儿童还可以跳过假想的泥坑、沙漠和雪地。

同样,张贴一张姓名表,以方便儿童在活动后把小贴纸贴在自己的名字旁边。检查一下,看看每个儿童是否都在每个小站的姓名表上贴了小贴纸。注意,这个活动无关输赢。如果儿童没有贴小贴纸,你就帮助他们跳跃,并为他们的努力而奖励他们小贴纸。

室内平衡和弯腰

创设平衡和弯腰小站来促进儿童平衡和弯腰能力的发展。

平衡和弯腰小站

儿童每周都可以在大肌肉运动区从事一项平衡或者弯腰类活动,以独立练习平衡和弯腰技能。例如,在"小河"(蓝色海报纸)上横放一块平衡木当作小桥(见图

10.8），儿童可以用正着走、倒着走、侧着走等方式通过小桥，也可能想带着小箱子走过小桥，或者一手拿着一只小桶走过小桥。这些活动符合全美幼儿教育协会认证指标 2.C.04.c 的要求。

> 2.C.04.c　儿童有各种机会和设备参与大肌肉运动活动，以发展平衡、力量、协调性等。

图 10.8　把这样的平衡木带到教室并在下面放一块垫子

弯腰

你可以在两个椅背中间放一根棍子或者一把扫把,让儿童弯腰从"篱笆下"通过。你也可以在一个深桶的底部放一些东西(比如,鹅卵石),鼓励儿童弯腰捡上来。此外,你还可以引导儿童开展拿起和放下彩色塑料片的游戏。在这个游戏中,儿童拿着装有彩色塑料片的容器,弯腰把彩色塑料片放到颜色相同的乙烯基踏脚石上。完成后,他们可以四处走走,再把彩色塑料片捡起交给下一个小伙伴,从而获得弯腰的经验。坐在轮椅上的孩子也可以参与这个活动。

每周,你都可以计划一次新的弯腰活动。例如,把金色的鹅卵石放在这个小站的不同地方,鼓励儿童进行"淘金活动",用盘子收集"黄金"。你也可以根据儿童正在其他学习区探索的主题来计划一些活动。例如,儿童正在图书区阅读有关恐龙的图书,那么你可以计划一个为恐龙快速收集食物的活动,即把有关食物的剪纸分散在教室的各个地方,让儿童弯腰把这些剪纸收集到小篮子里。你和儿童也可以根据他们的兴趣和课程需要设计其他类似的富有创造性的活动(见图10.9)。

图10.9 即使学步儿也可以发展弯腰捡东西的能力

室内爬行

爬行小站、隧道和肢体交叉运动可以促进学前儿童爬行能力的发展。

爬行小站

在大肌肉运动区,你可以设立一个爬行小站来促进儿童爬行技能的发展。除了攀爬设施可以提供爬行机会外,你还可以购买可折叠、易存放的布制隧道。你可以在教室里专门布置一条爬行小路供儿童爬行,也可以鼓励儿童从桌子下爬过,把它作为跨越障碍活动的一部分。

隧道

许多教师喜欢自制爬行材料。在一个大纸箱的前后两端各剪开一个大口子,以便儿童从中间爬过去。告诉儿童,这个纸箱叫山洞或者汽车隧道,并邀请他们一起给它涂上适合的颜色。你也可以把两把成人椅子背靠背地放到一起作为隧道,然后在上面盖上一条毯子以增加趣味性。儿童可以假装成小熊爬到他们的山洞里,也可以假装成汽车穿过大山中间的隧道。在儿童爬行的时候,你可以找一首相关的儿歌一起唱一唱。

如果你所在的幼儿园在一座大城市里,那么你可以带领儿童参观地铁站。参观回来后,你可以在大肌肉运动区搭建一个地铁隧道,以便儿童假装成地铁火车穿过隧道。第二周,儿童可以把自己当成探险者爬过山洞。第三周,儿童可以把自己当成潜水员"游过"山洞,或者探索一艘失事的船舶。为了增加儿童的兴趣,你还可以在"隧道"或"船"内放置一些物品(如金色鹅卵石),供儿童发现。此外,一个小的无法让人在里面直身而立的帐篷,也可以促进儿童的爬行活动。

肢体交叉运动

类似爬行这样的肢体交叉运动非常重要,它不仅可以锻炼儿童的肌肉,而且能够促进儿童大脑的发展。皮卡(2007)指出,爬行活动以一种平衡的方式激活了大脑的两个半球。爬行时,儿童要用到眼睛、耳朵、手和脚,以及身体两侧的核心肌肉。大脑的两个半球和四个脑叶也因此得到激活,这就意味着,大脑的认知功能得到提升,学习变得容易了。

我们知道,爬行是婴儿的第一个高效运动形式。如果你发现有的儿童很难进行这类肢体交叉的爬行活动,你就需要给他们提供更多的练习机会。不过,不用特意说明这些儿童需要额外的帮助,只需要邀请他们以小组的形式一起听一个有关隧道的故事,然后创设隧道的情境,鼓励他们把这个故事表演出来。比如,你可以给儿童读《恐龙列车》或者《都上了火车》,它们都讲述了有关穿过隧道的故事。

室内伸展运动

伸展是一个非常简单的大肌肉运动活动。对大部分幼儿来说，无论是坐着、站着还是四处走动时，他们都可以伸直胳膊做这个动作。你可以借助一些律动歌曲来带领儿童做伸展运动，儿童可以看到自己能伸得多长、触摸到多少同伴（见图10.10）。在图画书《伸展》中，卡通小狗可以将身体伸展到天花板上，也可以将身体伸展到地面，它有时候轻声细语，有时候怒吼。大部分学前儿童，即使是身体残疾的学前儿童，也能够伸展身体的某一个部位，比如，腿、胳膊、手指、嘴巴等。《伸展》一书中的卡通小狗说，打哈欠也是一种伸展，它起始于身体内部，将嘴巴变得又大又圆。

图10.10　儿童跟随着律动歌曲把胳膊伸展开

伸展

就像《狐狸和跳跃比赛》一书中的小动物需要为即将举行的跳跃比赛做准备一样，学前儿童也可以通过伸展运动为所有的大肌肉运动活动做准备。他们可以用脚尖站立，然后先尽可能地向上伸长一只胳膊，再尽可能地向上伸长另一只胳膊去触摸蓝天。他们也可以站好，先向一侧扭转身体，再向另一侧扭转身体。给儿童读一读《伸展》这本图画书，向小动物学习一些拉伸和伸展的动作。

你也可以给儿童读《早安，瑜伽》这本图画书，它讲述了一个小女孩早上通过做瑜伽来唤醒身体的故事。她像一座炽热的火山，努力踮起脚尖向上伸直胳膊；弯曲膝盖，就像勇敢的滑雪运动员即将起飞一样；向前弯曲身体，用手和脚触摸地面，同时抬高臀部（下犬式）；用双手和膝盖着地，然后向前伸出左胳膊，同时向后伸出右腿（平衡式）。所有这些都是儿童可以做的瑜伽动作。在卡片上把每个瑜伽动作画出来，然后把卡片放在篮子里。两个儿童一组，一个儿童从篮子中抽取卡片，然后深呼吸，根据卡片做动作，另一个儿童在旁边观看。

奥洛斯基和哈特（Orlowski & Hart，2010）鼓励教师利用常规活动和过渡环节组织儿童运动和伸展身体。例如，在儿童排队等候的时候，可以引导他们用相同的动作传递球。每天早上开展这样的活动，不仅可以用来欢迎儿童来到教室，还可以加快他们的血液流动，让他们的精力更加集中（p.90）。

室内抛接

学前儿童可以通过投掷、投喂动物和接球来练习抛接技能。

投掷小站

3—5岁儿童的抛接球能力刚开始发展。有些学前儿童还像学步儿那样用两只手一起投掷东西，有些儿童则用一只手把东西推出去。学前儿童需要练习投掷能力，无论是否是举手过肩的投掷。如果你给儿童提供轻的、不会反弹的物品（如沙包、海绵球、线球、泡沫球等）让他们在一个给定的教室空间内投掷，儿童就会用力地投掷。在大肌肉运动区设立一个投掷小站，鼓励儿童练习这个技能。

你班上的儿童喜欢打棒球吗？如果他们喜欢，你可以给他们读一读图画书《挥动球拍的卢克》，它讲述了一个名叫卢克的非裔美国小男孩被大孩子认为太小而不能打棒球的故事。图画书《就像乔什·吉布森一样》则讲述了一个非裔美国小女孩的奶奶如何向男孩们证明小女孩打棒球可以打得很好的故事（见表10.7）。

表 10.7　有关抛接球的图画书

- 《晚安，棒球》（*Goodnight Baseball*，Dahl, 2013）
- 《晚安，足球》（*Goodnight Football*，Dahl, 2015）
- 《就像乔什·吉布森一样》（*Just Like Josh Gibson*，Johnson, 2004）
- 《挥动球拍的卢克》（*Luke Goes to Bat*，Isadora, 2005）

第10章 大肌肉运动区

图画书《晚安，棒球》带领读者跟随小男孩和他的父亲在夜晚欣赏了一场真正的棒球比赛。书中横跨两页的插图，使读者能够从高高的看台观看下面体育场上的比赛。故事读起来很押韵，它展现了球员投球、接球、击球的英姿。比赛结束后，小男孩跟看台、球场等一一说晚安。最后，他回到家中躺在床上睡着了。《晚安，足球》讲述了一个相似的故事，故事中，一个非裔美国小男孩和他的父亲向读者展现了有关足球比赛的很多知识。你可以在投掷小站通过创设一个情境来帮助儿童练习投掷技能。例如，在离墙两三米远的地方摆放一张桌子或者柜子来盛放投掷用的物品，然后在硬纸板上画一个棒球拍，棒球拍的中间有一个洞便于球从中穿过。之后，把这个硬纸板挂在墙上作为投掷目标。

如果儿童对棒球或者足球不感兴趣，那么你可以创设其他有趣的情境，例如，在大纸板上画一个张大嘴巴（一个大洞）等待被"喂食"的小丑的脸。你也可以把一个色彩鲜艳的篮子或者塑料圈固定在墙上，或者在地上倚墙摆放一个小桶，然后邀请儿童站在柜子后面朝着目标扔球或者沙包。儿童可以轮流报名参加活动或在柜子旁等待活动，进而练习轮流。

投喂动物

当你在其他学习区开展有关动物的活动时，你可以引导儿童在投掷小站开展投喂动物的游戏。把动物的食物（沙包）放在柜子上，然后在纸板上画一个大圆圈，再在圆圈里画上动物的耳朵、眼睛、鼻子和一个大洞一样的嘴巴，之后把纸板挂在墙上，以便儿童给"动物"投喂食物。动物和其吃的"食物"最好匹配起来。例如，香蕉形状的黄色沙包可以用来投喂猴子，绿色猫草形状的沙包可以用来投喂小猫，白色骨头形状的沙包可以用来投喂恐龙、短吻鳄或者小狗。你可以自制不同形状和颜色的沙包，也可以购买现成的沙包。

接球小站

对学前儿童来说，接球比抛球难，因为他们的反应能力还没有充分发展。尽管这样，但是如果你能设立一个接球小站来让两个儿童一起玩，他们就能练习抛接球技能。刚开始，为了帮助儿童接住球，你可以让儿童把一个手掌部位缝有尼龙搭扣的手套戴在不用投掷的手上。同时，把尼龙搭扣的另一面缝在或者粘在泡沫球上。活动中，两个儿童相互交流、有商有量，同时锻炼了语言和合作能力。

儿童也可以朝着墙上的目标扔球，并在球弹回来的时候尝试接住它，或者抛接沙滩球（见图10.11）。

321

图 10.11　抛接沙滩球

室内攀爬

幼儿和教师都喜欢攀爬活动。幼儿喜欢爬行活动，因为他们觉得攀爬活动很刺激。教师喜欢攀爬活动，因为它可以促进幼儿多种大肌肉运动技能的发展。攀爬过程中，儿童锻炼了胳膊、手、肩膀、腿、脚，发展了弯曲、扭转、平衡、推、拉等技能。你可以购买现成的攀爬设施，也可以自制攀爬材料。自制的攀爬材料不仅可以发挥同样的作用，而且更受幼儿欢迎，尤其是当他们参与了制作过程时。

攀爬角

在大肌肉运动区设立一个攀爬角，投放一些有趣的新设备，向儿童提出一些新的挑战，正如全美幼儿教育协会认证指标 2.C.04.e 所要求的那样。虽然很多班级使用的是多功能攀爬设施，但是使用可以咬合或者扣到一起的塑料积木会更好，既节省空间，又有创意。

> **2.C.04.e** 儿童有各种机会和设备参与从熟悉的到新颖且具有挑战性的大肌肉运动活动。

为了激发儿童在室内攀爬的兴趣，你可以给他们读一读图画书《爱爬树的奶牛》（见表10.8）。他们很快就会发现，故事中的蒂娜是一头好奇心很强的小奶牛。她喜欢探索新事物，包括爬树。在树顶，她看到了一条龙，龙向她展示了如何飞。蒂娜的三个姐姐认为蒂娜的想法是不可能的、荒谬的，认为她在胡说八道。当她们发现蒂娜没有回家时，她们只能爬到树上去找她。她们发现，蒂娜和其他小动物都乘着降落伞飘浮在空中。蒂娜的姐姐们会加入其中吗？是的，而且她们还迫不及待地想看看还有什么别的可能。儿童可以把背包当作降落伞开展游戏。

表 10.8　有关攀爬和跳舞的图画书

- 《布吉怪兽》（*Boogie Monster*，Bissett，2011）
- 《爱爬树的奶牛》①
- 《谁的脚在跳舞》（*Dancing Feet*，Craig，2010）
- 《长颈鹿不会跳舞》

你可以把一个小橱柜改造成一棵供儿童攀爬的"树"。把小橱柜的门拆掉，然后在原来门所在的位置安装一些横档，或者在橱柜内从下往上安装一些横档，并在下面铺上一个垫子作为缓冲垫。也可以在橱柜上放一个篮子，并在里面放一些票，供儿童接下来进行火星探险活动。

---

① [英]梅丽诺，著．枣泥，译．南昌：二十一世纪出版，2016。——译者注

你可以把塑料牛奶箱变成火星上的陨石坑,供儿童攀爬。把牛奶箱开口朝上放在地上,然后把它们绑成一条线或者迷宫。儿童可以在里面爬进爬出,就像在跨越障碍一样。在儿童活动的同时,播放奇特的火星音乐。此外,你还应该把一些大的空心积木放在攀爬角而不是积木区。这样,儿童就可以建造他们自己的小屋、城堡、台阶和墙壁,并在建好后上上下下、爬进爬出。

近来,攀岩活动很受成人欢迎。幼儿也可以攀岩吗?只要你在教室的一端设置一面小攀岩墙,并把垫子铺在下面,幼儿就能攀岩了(见图10.12)。当幼儿在攀岩墙上攀爬时,一定要有一位成人在旁边保护他们,以免他们掉下来。你还需要准备一张签到表,以便儿童轮流使用攀岩墙。

图 10.12 攀岩墙很受儿童欢迎

创意运动

我们往往认为，创意运动只能促进儿童的身体技能和创造力。然而，创意运动可以而且应该基于各种理由发生在教室的各个地方。例如，在音乐区，儿童利用身体探索风和雨的声音、动作；圆圈活动时间，全班儿童跟随音乐《恐龙踩脚》做动作。在大肌肉运动区，创意运动也可以是个别儿童在某一小站开展的大肌肉活动。

圆形跳舞区

将呼啦圈固定在地上或用胶带在地上粘贴出一个圆形，把它作为单个儿童可以使用的跳舞区。如果你想让两个儿童同时在原地跳舞，那么你可以在地上放两个呼啦圈。

儿童应该怎么跳舞呢？你可以给一组儿童读一个关于某一运动或者舞蹈的故事，并在跳舞区旁摆放一台播放机，这样儿童就会跟着音乐节奏在舞区内跳舞。你可以给儿童读《布吉怪兽》，让儿童模仿书中的动作。你也可以给儿童读《谁的脚在跳舞》，故事中瓢虫用脚尖跳舞、大象迈着重重的脚步跳舞、鸭子用脚掌跳舞、毛毛虫用爬行的脚跳舞……然后，所有的幼儿都加入进来一起跳舞。

不要强迫任何一个对跳舞不感兴趣的小朋友跳舞。但是，你可以给他们阅读图画书《长颈鹿不会跳舞》。长颈鹿杰拉德渴望在丛林舞会上跳舞，但是所有的动物都嘲笑它，因为它太笨拙了。杰拉德偷偷溜走去凝视月亮，听到青草摇曳的声音，它也跟着摆动起来——跳舞！其他动物一个接一个地走过来，看到杰拉德的曼妙舞姿，它们都惊得目瞪口呆。杰拉德告诉他们："只要找到内心需要的那支乐曲，大家其实都可以跳得很棒。"

全纳

圆形跳舞区的活动尤其适合那些坐在轮椅上的孩子，他们只有上半身可以动。无论你班上是否有这样的孩子，你都可以在跳舞区摆放一把椅子，然后邀请每一个儿童都坐在这把椅子上试着只让上半身跟着音乐舞动。至于还可以开展哪些创意运动呢，问问幼儿就知道了。

你可以提供一些道具来激发儿童随音乐舞动的兴趣，如帽子、王冠、羽毛、披风、纸翅膀、旗、彩带、喷气式背包等（见图10.13）。每周都鼓励儿童跟随新的音乐尝试一个新的舞蹈活动，不久跳舞区就会成为大肌肉运动区中最受儿童欢迎的一个小站。除此之外，这类活动还可以促进儿童的创造力发展，因为儿童会跟随音乐和道具发明一些动作。

图10.13 彩带可以激发儿童随音乐舞动的兴趣

教师在大肌肉运动区的角色

很明显，大部分教室都没有足够的空间来容纳上面描述的所有小站（见表10.9），而且也没有必要。一次提供一两个小站就可以了。那么，你怎么知道要提供哪一个小站呢？

表 10.9 大肌肉运动小站

- 溜冰场
- 环形跑道
- 攀爬角
- 双脚跳跃小站
- 单脚跳跃小站
- 投篮小站
- 车道
- 蛙跳小屋
- 平衡小站
- 爬行小站
- 投掷小站
- 接球小站
- 圆形跳舞区

观察儿童的大肌肉运动水平

设置什么样的小站，取决于你对儿童的需要和兴趣的观察。就像你在教室里的其他学习区所做的那样，你需要观察儿童个体，从而判断他们的大肌肉运动能力。因此，操作、熟练和意义水平并不是你需要观察的点，因为此时你应聚焦于儿童身体技能的发展，而不是他们与材料的互动水平。你可以使用"大肌肉运动能力检核表"来进行观察（见表 10.10）。

表 10.10 大肌肉运动能力检核表

姓名：_____

____ 1. 走直线
____ 2. 两脚交替着走下台阶
____ 3. 控制速度跑步
____ 4. 一圈一圈地飞奔
____ 5. 双脚跳
____ 6. 单脚跳
____ 7. 跳过障碍
____ 8. 在平衡木上保持平衡
____ 9. 弯腰触摸地板
____ 10. 从洞口爬过去
____ 11. 抛球
____ 12. 接球
____ 13. 在攀登架上爬上爬下

在户外活动场地上、运动馆和教室里观察儿童，确认他们具备哪些大肌肉运动能力。记住，这不是测试，不能要求儿童特意地展现以上某一项能力。有时候，你可能需要准备多张检核表以供不同的观察者来确认每一个儿童的运动能力。然后，再把这些检核表进行核对、整理。如果你发现有多个儿童在某一技能方面发展滞后，那么你可以在大肌肉运动区设立一些小站来促进这一技能的发展。当儿童的这一技能水平得到提升时，你就可以添加其他小站，暂时搁置原先的小站。不过，只要儿童表现出对发展某一特定技能的需求，你就要一直保留这个小站。

在设立小站方面，你除了需要考虑儿童的发展需求，还要考虑儿童自己的兴趣，以及把儿童的大肌肉运动经验与班级内的其他活动整合。在某些班级，投掷小站很受儿童欢迎，因为儿童喜欢投掷。蛙跳小屋有可能成为儿童进行跳跃活动的中心点，因为科学区的饲养箱里有一只活的青蛙。当幼儿园所在的城市举办摩托车拉力赛的时候，大肌肉运动区内的环形车道可能更受儿童欢迎。

小站保留多久

在大肌肉运动区，某一小站要设置多久呢？这需要教师自己做出判断。只要这个小站能够满足儿童和课程的需要，就要保留它。但是，同时我们也知道，当活动难度略高于儿童的当前能力时，他们能学得最好；当活动和材料具有一定的新颖性时，儿童能更频繁地参与其中。因此，我们最好也时不时地更换一些小站。

当儿童对当前活动的兴趣开始消退时，你就要在大肌肉运动区增加新的小站。每天观察、记录哪些儿童使用了哪些小站，然后在每周的计划会议上利用这些信息决定什么时候增加或取消一个小站。

把跳跃小站变成"月球的表面"

不要因为没有儿童或者很少有儿童使用某一个新的小站就撤掉它。例如，经过观察，你和同事确定有必要设立跳跃小站，但是几乎没有儿童使用它。这时，你和同事就需要激发儿童跳跃的兴趣。你们可以把跳跃小站变成"月球的表面"，并给儿童读一读有关月亮的图画书（见表10.11）。

表 10.11　关于月亮的图画书

- 《男孩和月亮》(*The Boy and the Moon*，Carroll，2010)
- 《从地球发给克兰克》(*Earth to Clunk*，Smallcomb，2011)
- 《骑自行车到月亮上种太阳花》(*How to Bicycle to the Moon to Plant Sunflowers*，Gerstein，2013)
- 《如果你决定去月球》(*If You Decide to Go to the Moon*，McNulty，2005)
- 《月上云梯》
- 《月亮上的老鼠》(*Mouse on the Moon*，Milbourne，2002)

你可以在跳跃小站画一些大圆圈，然后把橡胶垫放在里面作为陨石坑。儿童喜欢发挥想象力进行这样的活动，当每个儿童都尝试在"月球"上跳跃时，跳跃小站就呈现出新的面貌和生命力。因为月球上的引力比较小，所以儿童可以像宇航员一样跳得很高，很远。邀请儿童帮助你用盛冰激凌的空容器制作宇航员的头盔。这样一来，小朋友们就都想轮流在"月球"上跳跃了。小朋友们能找到《骑自行车到月亮上种太阳花》一书中小男孩留下的自行车痕迹吗？能找到太阳花吗？与此同时，那些等待跳跃的儿童可以在他们建造的飞往月球的"宇宙飞船"里面玩（见图10.14）。

玛丽（Marie，2015）及一些幼儿教育专家认为，培养儿童与运动的积极关系至关重要。这样做，不仅可以促进儿童运动能力的发展，更重要的是可以让儿童体验和表达快乐与喜悦，同时也让他们有机会了解自己、周围的环境和身边的人（Izuma-Taylor, Morris, Meredith, & Hicks, 2012）。

因此，在大肌肉运动区设立哪些小站以及何时更换他们，取决于你以及孩子们的需求和兴趣。儿童的身体运动能力并不是一夜之间形成的，尽量给儿童更多的时

图 10.14　等待轮流玩的儿童在宇宙飞船里游戏

间和机会让他们尝试不同的大肌肉运动技能。只要你提供的活动足够有趣，儿童就会很开心地花时间练习每一种技能。儿童早期习得的运动技能是他们今后生活中所有身体活动的基础。

---- 本章要点 ----

1. 创设大肌肉运动区

   （1）提供灵活的多功能设备

   （2）邀请儿童自己制作攀爬设备

   （3）把儿童参与大肌肉活动的样子拍下来并张贴在大肌肉运动区

2. 促进儿童行走能力的发展

   （1）引导儿童跟着律动歌曲原地做动作

   （2）用椅子和绳索创设一个溜冰场

   （3）要求儿童取票进行走、跳和踮着脚尖走的活动

   （4）张贴姓名表，以便儿童把小贴纸放在上面

   （5）在溜冰场上学动物走路

   （6）用纸剪一个"恐龙脚"，并把它绑在儿童的鞋子上

   （7）用胶带布置行走的路径

   （8）要求儿童两人一组，一人坐在椅子上，一人扶着椅背行走

   （9）邀请儿童踩着单元积木滑冰或滑雪

   （10）邀请儿童背着背包在溜冰场进行远足活动

   （11）使用"大肌肉运动能力检核表"来决定设立哪些小站

3. 促进儿童奔跑能力的发展

   （1）创设一个奔跑小站

   （2）把车道和跑道作为一个小站

   （3）让儿童记录他们跑的圈数

   （4）让儿童把木棍当马沿着车道疾驰

   （5）不鼓励进行骑马比赛

   （6）举办"摩托车拉力赛"或者"汽车秀"

   （7）鼓励儿童学袋鼠跳，或者学骆驼跑

   （8）提供大型木质车辆

4. 促进儿童跳跃能力的发展

（1）创设一个跳跃小站

（2）创设一个投篮小站

（3）创设一个单脚跳跃小站或者布置一个单脚跳跃的路径

5. 促进儿童平衡和弯腰能力的发展

（1）创设一个平衡小站

（2）开展弯腰捡拾碎片的活动

（3）开展弯腰"淘金"的活动

（4）弯腰为恐龙收集食物

6. 促进儿童爬行能力的发展

（1）创设一个爬行小站

（2）用纸箱制作一个可以让汽车通过的隧道

（3）当儿童爬过隧道时唱一首儿歌

（4）制作一个地铁隧道

7. 促进儿童攀爬能力的发展

（1）用塑料牛奶箱创设一个攀爬角

（2）把橱柜的门拆掉，并在原来门所在的位置安装一些横档

（3）在攀爬角提供大的空心积木

8. 促进儿童抛接能力的发展

（1）用没有弹性的球创设一个投掷小站

（2）用沙包开展投喂动物的活动

（3）创设一个抛接球小站供两个儿童一起玩

9. 促进儿童创意运动能力的发展

（1）创设一个圆形跳舞区供儿童进行创意运动

（2）邀请儿童坐在椅子上或轮椅上进行创意运动

（3）鼓励儿童使用帽子、披风、皇冠、羽毛等道具移动

10. 更换大肌肉运动区内的小站

   （1）使用"大肌肉运动能力检核表"观察儿童

   （2）基于观察和儿童的兴趣设置小站

   （3）当儿童对当前活动的兴趣消退时，增加新的小站

   （4）观察记录有哪些儿童使用了哪些小站

   （5）给儿童阅读图书来激发他们对一些必要小站的兴趣

   （6）把跳跃小站变成"月球的表面"

试 一 试

1. 观察大肌肉运动区中的每一个儿童，看看他们是否能够轻松自信地走和跑。

2. 创设包含两个小站的大肌肉运动区，以促进儿童的两种不同运动能力的发展。其中，至少有一个是用于行走或者奔跑的小站。

3. 给儿童阅读一本书来引发他们参与小站活动的兴趣，并记录结果。

4. 在大肌肉运动区连续三天观察和记录有哪些儿童使用了哪些小站。

5. 为有特殊需要的儿童提供一项大肌肉运动活动，并邀请每个儿童都参与其中。

第 11 章　操作区 / 数学区

学习目标

阅读本章之后，你将能够：

1. 理解幼儿园教室里的数学。
2. 认识到应该以什么样的态度对待数学。
3. 意识到学前儿童发展的重要性。
4. 创设操作区/数学区。
5. 提供一个数学丰富的环境。
6. 了解学前儿童的数学概念。
7. 提供有利于儿童身体发展的数学活动。
8. 提供有利于儿童认知发展的数学活动。
9. 提供有利于儿童语言发展的数学活动。
10. 提供有利于儿童社会性发展的数学活动。
11. 提供有利于儿童创造力发展的数学活动。
12. 理解教师在操作区/数学区的角色。
13. 在"儿童互动表"上进行记录。
14. 在操作区/数学区与儿童互动。
15. 介绍一个新的活动。

学前教育中的数学

"儿童在进入小学一年级之前,肯定不需要学习像数学这么艰深的学科!"当你谈论学前儿童的数学活动时,你可能听过某些成人如此惊呼,"我会尽可能地推迟儿童开始学习数学的时间!"

这样说的人可能不太了解学前儿童的数学。他们也许并没有意识到,学前儿童会因为数字而变得多么兴奋。他们可能也不知道,对处于这个学习阶段的儿童来说,数学是可操作的。

学前教育中的数学活动涉及儿童与一系列有趣的物品进行互动,例如,一套玩具小汽车和卡车,一桶贝壳,一篮子纽扣,一箱各种各样的、带盖子的空塑料瓶,一套用完并配有笔帽的彩色记号笔,一板儿螺栓和一盒配套的螺母,一桶光滑的鹅卵石,一堆钥匙和锁,一袋橡子、松果和山核桃,一盘各种形状、未烹饪的意大利面,一套微型恐龙模型,等等。

学前教育中的数学活动也涉及儿童参与的一些具有吸引力的游戏,例如,玩多米诺骨牌、拼拼图、下棋等。儿童还可以操作各种积木、小钉板、几何板、算盘、大骰子,阅读图书,玩电脑游戏和玩具收银机等。这些活动都是前代数的练习活动,它们帮助儿童习得思维能力发展所必需的"代数推理"技能(Lee, Collins, & Melton, 2016, p.307)。

如果这些活动不能激发儿童对数学的兴趣,如果这些材料不能激发你自己对数学的兴趣,那么,你需要更深入地了解数学在我们所有人的生活中是多么的重要,儿童在前数学技能的习得方面有一个良好的开端是多么的关键,以及儿童一开始不以消极的态度对待数学是多么的重要。

对待数学的态度

你觉得数学怎么样?问自己这个问题并诚实地回答,这一点非常重要。我们当中的大部分人不得不承认,我们自己对数学有一种强烈的负面感受。为什么会这样呢?是因为我们在学校学习数学时不幸的学习经历,还是因为我们上学时讨厌数学,或者在数学课上表现糟糕、数学考试不及格?如果真是这种情况,那么我们一定不要将这种对数学的态度传递给孩子。我们的孩子应该热爱数学,并在数学学习上获得成功。他们应该像玩积木那样自由地探索数学的奥秘。他们应该学会享受数字带来的乐趣。

"享受数字带来的乐趣?""一个人如何享受数字带来的乐趣呢?"你可能会这样问。发挥你的想象力!处于学前阶段的儿童可以吃"数字"、唱数字歌、与"数字"跳舞、用"数字"建构!他们会计数、为"数字"分类、画数字、拍手数数、玩数字手指游戏、为数字涂色、称"数字"的重量、分解数字以及将数字堆成小山!如果你为儿童提供了上述活动,那么他们应该爱数学而不是害怕数学。如果你让儿童感到数学充满魔力,那么他们将变成对数学很狂热而不是很焦虑的人。

我们极度需要能够轻松驾驭数学的年轻人。当今和未来世界都依赖具有数学能力的年轻人去理解我们业已创造的高科技社会,这样的年轻人需要我们从他们幼儿时期就开始培养。因此,让数学对他们充满魔力吧(见表11.1)。

表11.1 让数学充满魔力

·吃"数字"	·画数字
·唱数字歌	·拍手数数
·与"数字"跳舞	·玩数字手指游戏
·用"数字"建构	·为"数字"涂色
·计数	·为"数字"称重
·为"数字"分类	·分解数字
·命名数字	·变成"数字"

幼儿教师不要把自己对数学的负面感受传递给儿童,这一点非常重要。韦尼格(Wenig,2016,p.63)认为,这需要教师意识到自己的经验,这样他们在与儿童一起工作的过程中才不会把自己对数学的消极态度表现出来。

学前儿童的发展

瑞士心理学家皮亚杰用一生的时间观察儿童、访谈儿童,以此来判断他们是如何习得知识的。他的理论得到了绝大多数早期儿童专家的认可,也得到了认知心理学家和专门研究信息加工技术的现代神经科学家的完善。正如前文所述,皮亚杰提出了三种知识:物理知识,即儿童运用五种感官与他们所处环境中的具体事物进行互动时所建构的关于客观现实的知识;逻辑—数理知识,即儿童在解释他们获得的物理知识以及提取他们所作用的事物间的关系时,在头脑中所建构的知识;社会习俗知识,即儿童在接触到社会给数字赋予的名字时所习得的知识(Kamii,2005)。

例如,婴幼儿通过咬、压、尝、闻、投、滚、打、扔等方式了解橡皮球的物理属性。然后,他们在头脑中处理这些信息,将其应用到其他圆形的物体和球身上,并通过对比注意到这些物体间的相似点与不同点。他们所获得的这些知识被储存在大脑中,在需要时被提取出来,或在出现新的事实时被进一步完善。

操作的重要性

对儿童来说,物理知识和逻辑—数理知识并不是截然分开的,二者相互依存,共同发展。这两种知识都依赖于操作。儿童需要操作他们所处环境中的实物,从而为大脑形成逻辑思维提供所需的感官刺激(Williams & Kamii,1986)。这就是为什么说儿童的数学技能是操作性的。操作区/数学区也有助于发展儿童精细动作的协调能力。当儿童操作你所提供的材料和活动时,他们将会增强手指肌肉的力量,发展手眼协调能力,同时获得逻辑—数理知识。

创设操作区/数学区

你需要在这个学习区至少摆放一台电脑,而且电脑上最好安装了以对应、配对、记忆为特点的程序。当儿童在电脑上操作了这些程序后,他们肯定也想在数学区玩配对的游戏。另外,如果电脑上安装了与数字有关的适宜性程序,那么儿童很快就会深度地参与到多种与数字有关的活动中。在自选活动时间,自我调节方法将帮助儿童选择操作性活动和数学活动(Linder,2012)。

这个学习区要足够大,至少可以容纳四个儿童。你可以在里面摆放一张桌子和四把椅子,同时为那些喜欢坐在地板上工作的儿童提供宽敞的地面空间。你可以用材料架或隔板把这个学习区与教室内的其他区域分隔开。在这个学习区的前面,你还应摆放一张电脑桌和两把椅子,并把台式电脑和打印机放在电脑桌上。

操作性材料和数学材料几乎是无限的。该学习区的材料架上应包括表11.2所列出的大部分材料,例如,分类和配对用的材料,计数用的材料、桌面积木或其他建构材料,拼图玩具,棋类游戏材料,玩具收银机,算盘,教授特定概念(如形状和颜色)所需的材料,发展手眼协调能力的材料(如珠子),纸牌或者多米诺骨牌,以及有关计数、大小、形状或者其他数学概念的图画书。

表 11.2　操作性材料 / 数学材料

· 玩具汽车	· 未烹饪的意大利面	· 多米诺骨牌
· 贝壳	· 轮子	· 拼插积木
· 纽扣	· 大骰子	· 计算器
· 瓶盖	· 不同形状的积木	· 玩具收银机
· 鹅卵石	· 彩色积木	· 蛋托
· 种子	· 几何板	· 记号笔和笔帽
· 坚果	· 钉板	· 卷尺
· 玩具飞机	· 棋盘	· 厨房计时器
· 动物玩具	· 电脑游戏	· 钥匙和锁头
· 算盘	· 彩色木片	· 天平
· 带蕾丝的洋娃娃	· 分格盒子	· 沙漏
· 游戏用的钱币	· 打孔机	· 拼图
· 盒子	· 码尺	· 直尺
· 卡片	· 秒表	

给架子贴上标签

根据架子上的不同材料给架子贴上图文并茂的标签,这样儿童不仅能渐渐熟悉这些符号,而且能更容易地看到哪些材料是可用的,并在用完后将它们放回原处。当儿童的兴趣减退或当班级活动中出现新的概念时,更换学习区的材料。但是,也要确保某些特定的材料可以保留足够长的时间,以便大多数儿童都能深度地参与其中。另外,你还需要准备一个公告栏或有吸引力的墙面来展示班级儿童的数学活动。

数学丰富的环境

除了在操作区/数学区投放数学材料和数学活动外,你还应确保整个教室是一个数学丰富的环境。我们经常说,"文字丰富"的环境有助于儿童的读写能力萌发。这一原则同样适用于儿童的数学学习。一个数学丰富的环境,有助于儿童的逻辑—数理知识的发展。

你如何鼓励儿童使用数字呢?一年中,整间教室都要提供真实的数学活动(见表 11.3)。在一日生活中,当你与某个儿童或某个小组互动时,一定要确保儿童参与解决真实情境中自然出现的数学问题。

- 你走到门口需要几大步?
- 你的植物从种下到现在长了多高?你是怎样发现的?
- 在应答机应答之前,电话铃声响了几次呢?
- 哪只豚鼠最大呢?你是怎么知道的呢?
- 午餐时,我们需要多少张餐巾纸呢?
- 离感恩节还有多少天呢?

表 11.3　真实的数学活动

- 拨电话号码
- 阅读日历
- 用直尺和卷尺进行测量
- 使用带号码的票轮流活动
- 用放在卫生间的秤称自己的体重
- 在戏剧游戏区使用钟表
- 在戏剧游戏区的烹饪活动中使用量杯
- 写出代表年龄的数字
- 使用电脑键盘上的数字键
- 数一数学习区里有多少个儿童

儿童经常模仿教师的言行。当你听到儿童问了同伴一个数学问题时,比如,"猜一猜,需要多少杯水才能把水桶装满呢",你就知道,你所创设的数学丰富的环境已经真正起作用了。

学前儿童的数学概念

学前儿童需要学习的四个基本概念如下。

1. 分类:将具有共同特征的物品归为一类的能力。
2. 排序:按照大小、质地、口味、颜色、声音等将物品排列到一起的能力,可以是升序的排列方式,也可以是降序的排列方式。
3. 模式:识别和创造一个序列的能力,这个序列中的物品、词语、声音或者颜色按照一定的顺序反复出现。
4. 感知和理解数:命名数字和按固定的顺序计数的能力,并应用这种能力一次只数一个物体,最后说出总数。

分类

依据事物的特征将某个事物与另一事物区分开来,是人类大脑首先获得的技能之一。分类需要视知觉参与。儿童首先要在视觉上对不同颜色、大小和形状的事物进行分类。之后,他们需要比较一个事物与另一个事物,从而得知一些事物是相似的,一些事物是不同的。是什么使他们获得这种能力的呢?

当儿童操作、摆弄和观察他们所处环境中的事物时,他们的大脑就会提取这些信息,婴儿的大脑也会进行这种活动。艾森豪尔和费克斯(Eisenhauer & Feikes, 2009, p.21)认为,新生儿就已经开始进行区分和分类了,他们会将声音、气味和碰触与父母联系到一起。全美幼儿教育协会认证指标2.F.03与我们在这里所讨论的适宜性实践课程的理念和活动非常吻合。

2.F.03 儿童有多种机会根据材料的一种或两种特征对材料进行分类,如形状、大小、颜色等。

为了帮助学前儿童发展分类能力(即把某一事物归到某个类别下),你需要为他们提供游戏的机会,让他们实际操作、识别以及命名大小、形状和颜色。可以先从一个概念开始(如形状),每次只介绍其中一种图形。例如,首先是圆形,其次是正方形,再次是长方形,最后是三角形。之后,再引入"大小"的概念,最后是颜色的概念。记住,一次只介绍一种颜色。

随着儿童的分类能力的进一步发展,他们会尝试根据事物的多个特征对它们进行分类。例如,把所有红颜色的正方形物品归到一起。你知道,这些活动不是上课,而是儿童在操作区/数学区自主选择的游戏活动。这些活动是学前儿童几何思维(即几何)发展的源头。

图11.1 儿童把图形剪下来制作成一幅拼贴画

按形状分类

投放大量不同颜色的正方形、长方形、三角形和圆形的积木,鼓励儿童根据形状、大小和颜色练习分类。之后,鼓励儿童在美术区的纸上描摹出它们的形状,并涂上颜色,再把它们剪下来制作成一幅"拼贴画"(见图 11.1)。你也可以鼓励儿童在教室里、服装上、食品包装袋上、户外指示牌上寻找不同的形状;创编关于形状和颜色的歌曲,并在音乐区把它们唱出来,或者播放关于形状和颜色的歌曲光盘。

可以从圆形开始。儿童在教室里可以找到哪些圆形的物品呢?你可以给儿童读一读图画书《圆》(Sidman,2017),它讲述了一个非常喜欢圆形的小姑娘到外面寻找圆形东西的故事。邀请你班上的孩子在教室内寻找他们喜欢的圆形东西吧!

你和儿童有收集纸筒吗?如果有,那么现在是使用它们的时候了。每个儿童都可以给自己的纸筒涂上颜色并进行装饰,把它变成一个寻找形状的"望远镜"。儿童可以用它寻找哪些形状呢?首先,为一组儿童阅读《城市形状》这本图画书,让儿童跟随书中小女孩的脚步一起游览城市的街道、乘坐地铁,通过小女孩的"单筒望远镜"看明亮的长方形橱窗、闪闪发光的三角形旗帜、圆形的井盖和轮子,以及像鸟儿一样飞过头顶上方的风筝。最后,小女孩看到了她最爱的形状——她的家。你班上的儿童能假装开启这样一段旅行吗?

首先,让小组儿童在教室里四处走动,运用他们手中的"望远镜"来寻找不同的形状。之后,邀请他们给教室里的不同形状拍照,并把它们打印、裁剪出来。然后,带他们到户外散步,看看使用"望远镜"还能找到哪些形状。同时,其他小组的儿童可以倾听故事,然后在教室里开启他们自己的形状寻找之旅。

儿童在了解某一形状时应该花多长时间呢?要直到他们完全理解为止。当然,一般最少需要一个星期,有时甚至需要更长的时间。一些儿童也许很快掌握"圆"这一概念,可能是因为他们已经在家了解了。其他儿童根据自己的发展水平,可能需要更长的时间才能了解"圆"是什么。要给所有儿童充足的时间去学习,不要着急。即使那些已经理解了"圆"这一概念的儿童也会乐此不疲地反复练习和运用。请记住,熟练掌握某一概念需要时间和重复。与此同时,这有助于你达成全美幼儿教育协会认证指标 2.F.06。

2.F.06　儿童有各种机会和材料通过命名和识别二维图形、三维图形等来理解几何的基本概念。

电脑程序和图画书

一旦儿童能够识别出基本的图形，你就可以在电脑上安装一个程序来帮助他们运用这一知识。在"米莉和贝利的幼儿园"（*Millie & Bailey Preschool*）这个电脑程序中，点击菜单上洞内的老鼠就会出现一个有关形状的游戏。在这个游戏中，儿童可以使用正方形、长方形、三角形和圆形为老鼠搭建房子。儿童也可以在电脑程序上玩多米诺骨牌匹配游戏，看看他们能否识别出形状相同的多米诺骨牌。

你可以借助图画书来导入各种数学概念（见表11.4）。儿童可以听故事、看图画以及谈论概念，然后在理解的基础上运用这些概念。大部分儿童需要后续的具体活动来使"图画书的学习"成真。如果可以，邀请儿童以即兴戏剧的方式来表演故事，让其变得更有意义。

精彩的图画书《我粉刷过的房子、我的鸡朋友和我》通过绚丽多彩的照片将读者带到了主人公坦迪所生活的南非。坦迪是一个真正的恩德贝勒女孩，她讲述了她在村落中的日常生活。所有的恩德贝勒妇女都会将彩色的鸡毛作为刷子，给她们房子的外墙刷上色彩斑斓的几何图形和图案。书中有关房子的彩色照片不仅展现了房子上的设计图案，还表明坦迪是如何学会粉刷外墙的。你的小听众们可以找到哪些形状呢？他们是否愿意画一些形状，并用鸡毛刷子给它们涂上恩德贝勒人所使用的颜色呢？请做好准备。

表11.4　可以导入数学概念的图画书

- 《咔哒咔哒，哗啦啦：计数冒险之旅》（*Click, Clack, Splish, Splash: A Counting Adventure*, Cronin, 2006）
- 《晚安，数字们》（*Goodnight, Numbers*, McKellar, 2017）
- 《豚鼠加起来》（*Guinea Pigs Add Up*, Cuyler, 2010）
- 《就一分钟：智者的故事和计数的书》（*Just a Minute: A Trickster Tale and Counting Book*, Morales, 2003）
- 《玛尔塔！大与小》（*Marta! Big & Small*, Arena, 2016）
- 《我粉刷过的房子、我的鸡朋友和我》（*My Painted House, My Friendly Chicken, and Me*, Angelou, 1994）
- 《1、2、3，砰》（*123 Pop*, Isadora, 2000）
- 《一秒就是打个嗝》（*A Second Is a Hiccup*, Hutchins, 2004）

排序

排序，是指根据事物的某种特征（如高度、声音、颜色）将它们按照从第一个到最后一个、从高到矮、从响亮到细微或从深到浅的顺序排列到一起。排序比分类复杂得多。幼儿需要大量的知识和经验才能成功地对事物进行排序。他们要能够依据某一特征来辨别两个物体，如高度。换句话说，他们需要识别出积木区代表家庭角色（爸爸、妈妈、儿子、女儿）的4个玩偶其身高是不同的。

他们是如何知道的呢？在一定程度上依靠知觉。他们通过观察了解到，代表爸爸的玩偶其身高不同于代表妈妈、儿子和女儿的玩偶；代表妈妈的玩偶其身高不同于其他人的；同样，代表儿子和女儿的玩偶其身高也是如此。有些儿童需要将这些玩偶一个挨一个地排成一行，然后做出区分。其他儿童似乎很快就凭借直觉不加思考地发现差异，而直觉是一种"知道"事物本来就应该如此的能力。

语言

语言在儿童区分事物的大小方面也发挥着一定的作用。儿童需要知道和理解区分大小时所涉及的一些词汇，如高、矮、大、小、最高、最矮等。你所提供的具体材料和活动能够帮助儿童在操作物体的过程中，切实地理解"大小"这一认知概念。当你和他们谈论他们正在做的事情时，当他们倾听其他儿童说话时，他们开始了解与他们的行为相一致的词汇。随着这些活动的不断重复，儿童就将这些信息内化为逻辑—数理知识。《玛尔塔！大与小》是一本很好地描绘了大与小概念的图画书。

在没有提示的情况下，儿童要把这四个人物玩偶按照从高到低的顺序排成一排。为了完成这个任务，儿童不仅需要认识到这四个人物玩偶的身高不同，还要认识到有一个玩偶的身高最高，另外一个玩偶的身高比其他两个玩偶高，第三个玩偶的身高比第四个玩偶高，第四个玩偶的身高比其他三个玩偶都矮，是最矮的。并不是所有的学前儿童都能准确地将物体排成一排，他们或许能够识别出最高的玩偶和最矮的玩偶，但是很难识别出处于中间的玩偶。这对学前儿童来说是正常的现象。在与材料互动的过程中，随着认知能力的进一步发展，儿童终将获得这一技能。

类似套环这样的玩具就是遵循从大到小的原则设计的。通过摆弄材料，即使最年幼的儿童也能快速地认识到要先放最大的环，然后放第二大的环，依次进行，最后放最小的环。如果他们落下其中的一个，他们就需要重新开始，看看到底是哪里出了问题。俄罗斯套娃也遵循同样的操作原则。俄罗斯套娃是一套空心木质玩偶，一个比一个小，一个刚好能被放到另一个里面。换句话说，最大的一个玩偶可以装下其他所有的玩偶。在操作区/数学区投放这类材料，以便儿童通过游戏来学习大小等数学概念（Beaty，2014）。

模式

关于模式这一概念，全美幼儿教育协会认证指标2.F.08也有提及。幼儿以及我们所有人都被模式包围着，尽管我们很少意识到或提到它们。我们每天重复着起床、穿衣、吃早餐的模式。儿歌、律动歌曲也往往蕴含着模式。我们讲话甚至思考都遵循着模式，例如，上—下、前—后、是—否。幼儿园一日活动计划也体现了一种模式。彩虹是颜色的模式。地板上的瓷砖常常按照某一模式拼贴。环顾四周，你会发现模式无处不在。科普利（Copley，2010，p.89）指出，研究发现，关注模式概念有助于儿童对数字的组合、计数的策略和问题的解决做出归纳与概括。

2.F.08 儿童有多种机会和材料来识别和命名重复的模式。

了解模式还能帮助儿童预测故事情节，甚至一日生活常规中接下来会发生什么。为什么了解模式对儿童如此重要？正如泰勒-考克斯（Taylor-Cox，2003，p.14）所说，模式是代数思维的基石，而童年早期的代数学习又为儿童将来学习数学打下了必要的基础。模式有助于大脑建构高水平的思维和解决问题的能力。

儿童已经了解了物体的特征以及它们的相同点和不同点在哪里，例如，形状、大小、质地和颜色。现在，他们可以用一种完全不同的方式来摆弄这些物体了。艾森豪尔和费克斯（2009，p.19）指出，儿童能够创造和拓展复杂的模式，并能够解决涉及多个步骤的问题。

创造模式

儿童喜欢创造模式（见图11.2）。这是一个可以调动儿童思维的数学游戏。"让我们用彩色立方体创造模式吧。红、蓝、红、蓝……接下来是什么呢？红——你答对了！"在儿童体验了用彩色立方体创造模式的乐趣后，让他们尝试用单元积木、玩偶、颜料罐和帽子（如硬帽、软帽）创造模式。然后，看看他们是否能添加另外一个元素或者物体，以进一步拓展模式。电脑数学游戏也可以引导儿童用这种方式创造模式。

图 11.2 儿童喜欢玩彩色立方体和创造模式

儿童可以在教室里找到模式吗？把这个活动变成一个游戏。给儿童提供一张图表和一些彩色小贴纸，每当儿童识别出一个模式后，他们就可以在图表上的某个地方贴上一个彩色小贴纸。有的儿童发现了玻璃窗户上的模式，有的儿童看到了短袖汗衫、餐巾纸、停车场以及彩虹上的模式。现在，他们已经掌握了这个概念。他们是按照某一模式把贴纸贴在图表上的吗？

接下来的几天，你可以在数学区的桌子上摆放一套小玩具，并附上一句标语——"请用恐龙（农场动物、小汽车、木头人、拼插积木、乐高积木、珠子、彩色立方体）创造模式"。记录哪些儿童创造了模式并向他们询问，他们的模式是什么样的或者按照他们创造的模式，接下来要放什么。邀请儿童使用数码相机将这些模式及其创造者拍下来，并制作成一本有关模式的书供所有人阅读。至于那些未能创造模式的儿童，可以让他们与能够创造模式的儿童一起两两结对活动。

积木区怎么样呢？积木区难道不是有一百种模式正等待着儿童创造出来吗？所有儿童都会用积木创造模式——刚开始时创造一个简单的模式，随着他们建构经验的丰富，模式也变得复杂起来。纽伯格和沃恩（Newburger & Vaughn，2006，p.6）指出，在"模式阶段"，儿童逐渐发展的设计感和排序感最终促使他们精心搭建出细节丰富的宏伟建筑，也展现出他们对对称和视觉平衡的理解。为了让这一场景发生，你必须提供大量种类丰富的单元积木。

图画书中的模式

你依然可以使用图画书来引导儿童学习模式（见表 11.5）。图画书《科菲与他的魔法》运用大量彩色的图片，展示了一个名叫科菲的西非小男孩是如何学着通过扭动附在脚趾上的线来编织著名的肯特布的。你班上的孩子一定也想试一下！这本书呈现了用美妙的几何模式编织的肯特布，这些模式不仅体现在书的最后几页所展示的缝合在一起的被子上，也体现在每个人所穿的鲜亮的服装上。你班上的孩子最喜欢哪种模式呢？他们能够在美术区用颜料在纸上创造出相似的模式，并将其裁剪成长方形，然后把它裹在玩偶身上就像非洲人把衣服裹在身上那样吗？

表 11.5　有关形状和模式的图画书

- 《城市形状》
- 《爱爬树的奶牛》
- 《友谊和形状》（*Friendshape*，Rosenthal，2015）
- 《科菲与他的魔法》（*Kofi and His Magic*，Angelou，1996）
- 《圆》
- 《一针一线：一条吉本德的被子》（*Stitchin' and Pullin': A Gee's Bend Quilt*，McKissac，2008）

为了让模式贴近家庭，你可以给儿童读图画书《一针一线：一条吉本德的被子》。这本书讲述了一个感人的真实故事，书中的小女孩和非裔美国妇女用从工人的裤子、祖母的台布、新娘的花边手帕上得到的旧布块缝制被子，以铭记她们的历史。现在，虽然一些被子被挂在博物馆里，但是它们的故事永远留在制作它们的妇女的心中。

邀请你班上的孩子把他们的绘画作品捐出来放在海报板上，拼成一条大"棉被"。如果你的"艺术家"们想要讲述他们的故事，那么他们可以把绘画作品放在故事板上拼成一条"棉被"。当他们排列这些绘画作品时，他们能否运用一些模式呢？

感知和理解数

适宜性实践课程可以通过多种方式来达成全美幼儿教育协会认证指标 2.F.02 关于感知和理解数的要求。感知和理解数，需要儿童在计数的时候识别和说出数字，能够在日常生活中使用数字以及知道数字的意义。

> 2.F.02　儿童有各种机会和材料来理解数字、数字的名称以及数字与物体的量、符号之间的关系。

计数

对幼儿来讲，计数包括三方面的内容：（1）按照正确的顺序机械地说出数字的名字，即机械计数；（2）理解计数，并说出总数；（3）数物一一对应。

为了获得第一种技能——机械计数，儿童需知道数字的名称及顺序。他们会很快凭记忆记住这串枯燥的数字——"1、2、3、4、5、6、7、8、9、10"，然后在任何情况下都可以脱口而出。然而，许多儿童意识不到，他们正在按顺序说出10个相互独立的数字。他们喜欢这样数数。更大一点的儿童经常能够数到20或20以上，尽管他们经常在这儿或那儿漏掉或混淆数字。

第二种技能是理解计数，它完全不同于机械计数。儿童除了需要知道数字的名称和顺序外，当他们计数时，他们还需要将一个数字对应到一个物体上（即一一对应）。对学前儿童来说，这比简单地将一串数字脱口而出要困难得多。理解计数建立在这样的概念基础上，即后继数字比前一个数字多一，最后数到的那个数字代表物体的总数。这对学前儿童来说是一项复杂的任务，需要眼、手、言语和记忆的配合。不要强迫儿童运用理解计数的方式去数超出他们计数能力的更多物品。

《晚安，数字们》是一本看似简单的计数类图画书，书中每隔一页就会呈现一位母亲或父亲正在通过一首儿歌向宝宝展示一个数字（1到10）。跨页的插图用实实在在的物体表明了这些数字。鼓励你班上的孩子把它们全部找出来。书的最后几页用英语、西班牙语、法语、德语、普通话来呈现每一个数字、计数符号和彩色方块。

儿童最后需要掌握第三种技能，即数字与物品的一一对应，以形成真正的数感。他们需要了解，一个数字代表一个物品。起初，他们经常匆匆地数完物品，但并没有真正地把所有物品都包括在内。他们貌似更关心能够说出所有数字而不是确保一个数字代表一个物品。即使他们碰触或指着每一个物品点数，他们也经常会漏掉一个。没有必要纠正他们，请他们再试一次就好了。如果他们对正在计数的物品很熟悉，那么他们将在这类计数活动中体验到更大的成功（见图11.3）。

图11.3 儿童需要练习数物品

数一数某个学习区的儿童人数，将是儿童非常喜欢的一种练习活动。他们可以一边指着每一个儿童一边计数。另外，他们也需要在各种实践中练习一一对应的能力，例如，把餐巾纸和餐盘摆放在餐桌上。很显然，计数远非你看到的那样简单。

数字歌

许多儿童已经知道有关数字的儿歌。灰姑娘是最受儿童欢迎的一个主题，儿童喜欢一起念这类儿歌。同时，你也可以教他们一些新的儿歌。

Cinderella dressed in white,	（灰姑娘穿着雪白的裙子）
Went upstairs to say goodnight,	（上楼去说晚安）
How many minutes did it take?	（她去了几分钟？）
One, two, three, four, five…	（1、2、3、4、5……）

每次给一组儿童读一本有关计数（正着数或者倒着数）的图画书（见表11.6）。

引导一组小朋友玩倒计时游戏，让每个儿童代表一个数字，当他所代表的数字被喊到时，他就要跳起来跑开。当皮特猫衬衫上的纽扣崩掉时，儿童应该做些什么？2个2个地计数（2，4，6……），怎么样？5个5个地计数（5，10，15……）怎么样？10个10个地计数（10，20，30……），又会怎么样呢？在图画书《一百万块砖：建筑里的数学奥秘》中，工人在建造房子的时候就是这样计数的。你班上发展水平更高些的孩子会喜欢这种挑战。

表 11.6　有关计数的图画书

- 《一百万块砖：建筑里的数学奥秘》①
- 《咔嚓咔嚓1, 2, 3》（*Chicka Chicka 1, 2, 3*，Martin & Sampson，2004）
- 《建造倒计时》（*Construction Countdown*，Olson，2004）
- 《皮特猫：我的无敌大纽扣》（*Pete the Cat and His Four Groovy Buttons*，Dean，2012）
- 《零，无，没有：数不胜数》（*Zero, Zilch, Nada: Counting to None*，Ulmer，2010）

促进儿童身体发展的数学活动

在操作区/数学区，儿童的小肌肉协调能力能够得到发展。很多活动可以增强儿童的手指和手腕肌肉的力量，如挑选、插入、系牢、松开、拉上、扣扣、系带和旋转等。

除了购买现成的钉板、积木以及其他材料外，你还可以自制很多材料，设计很

---

① [美]塞勒斯，著绘．袁艺航，译．北京：中信出版社，2019。——译者注

多活动。为了增强儿童的肌肉力量并为他们提供一个绝妙的计数器,你可以给儿童分发几个打孔机。最初,儿童可能需要两只手一起操作打孔机在一张卡片上打一个孔。但是,这个活动对儿童来说是非常有趣的挑战,他们最终将成为用一只手打孔的"专家"!鼓励儿童用不同大小、形状和颜色的卡纸练习打孔。

然后,引导儿童使用打孔机计数教室内的物品。在每张卡片上贴上杯子、碟子、动物、玩具、恐龙的图片或画出它们的轮廓,之后,让儿童选择一张卡片,在教室内找到卡片上物品所在的位置,然后数到一样物品就在卡片上打一个孔。此时,计数的准确性不是重点,因为儿童刚刚发展一一对应进行计数的能力(即给每一个物品打一个洞)。因此,无论他们表现得怎样,都是可以接受的。之后,随着他们的小肌肉动作能力和计数能力的提高,他们计数的准确性也会随之提高。儿童可以在每张卡片(图画)上标上自己的名字。稍后,你可以把这些卡片展示在数学区的"打孔板"上,然后再把它们放到儿童个人的剪贴簿中。

给卡片打孔的实地考察活动

接下来,带领一组儿童到幼儿园附近进行给卡片打孔的实地考察活动。给每个儿童分发一个打孔机和一张卡片。你可以事先从杂志剪下图片,然后把图片粘到卡片上。如果你打算带领儿童到附近的繁华街道去考察,你就在每张卡片上贴上一张小汽车、卡车或公交车的图片,让幼儿在看到图片上的车辆驶过时在卡片上打一个孔。如果你打算带领儿童去附近的公园考察,你就在每张卡片上贴上树、灌木丛或花朵的图片。你也可以在卡片上贴上操场器械的图片。除此之外,你还能想到哪些物品呢?

最后,在每张卡片上写上一个数字,让儿童在这张卡片上打出相应数量的孔。这是所有活动中最抽象的活动。当你向儿童介绍数字符号时,或者当你打算开展有关其他数字符号的活动时,如使用电脑程序、阅读计数类的图画书,你就可以开展这个活动。

另一个有关动手操作的计数类活动是将钉子敲进钉板,然后把它们拔出来。你可以给每个儿童提供一定数量的钉子,鼓励儿童将钉子敲进钉板,之后再用钉锤将它们拔出来。

要确保所有活动能让所有的儿童都体验到成功,即使那些有特殊需要的儿童也不例外。你班上的孩子接纳残障儿童吗?如果你对班上的所有孩子一视同仁,同样关心和关怀他们,那么儿童也会这样对待彼此。

儿童需要有机会练习用手指拿起大的、重的物体。你可以在操作架上摆放一些带旋钮的材料，例如，有旋钮的拼图。大小不同的蒙氏圆柱体教具上也有不同的旋钮，不仅可以促进儿童的小肌肉协调能力发展，还可以促进儿童的排序能力发展。

使用鼠标，也为儿童增强小肌肉力量和发展手眼协调能力提供了机会。儿童必须在一个平面上移动鼠标，直到将光标移到电脑屏幕上的特定对象。然后，他们要点击鼠标上面的按钮以激活对象。

增强手指力量的材料

如果你想自制一些既能增强儿童的手指力量又有利于儿童习得颜色和形状概念的材料，那么你可以制作几何板和钉板。你可以用边长为30厘米的正方形板子制作几何板，然后把一排排无头钉敲到板子里，钉子之间间隔2.5厘米左右。之后，给儿童提供一套彩色橡皮筋，让他们通过把橡皮筋套在钉子上来设计各种各样的图案。在儿童掌握了这一活动后，你可以准备一张和几何板一样大小的图纸，然后用与橡皮筋同样颜色的彩色铅笔在图纸上绘制简单的模式。在每张纸上绘制一种模式，例如，一个红色正方形、一个蓝色三角形等。鼓励儿童把这张纸放到几何板旁边，然后尝试用橡皮筋在几何板上复制这一模式。

用自制的钉板开展同样的活动。向木材商要一些剩余的木片或木板，将它们裁剪成不同的形状，并用砂纸打磨平滑，然后将一套彩色的高尔夫球座插到孔里。然后，在与钉板一样大小的图纸上画出简单的模式。儿童能用高尔夫球座在钉板上复制纸上的模式吗？

操作区/数学区有助于促进儿童的小肌肉动作的协调性，同时你也应该考虑在数学区外开展一些能促进儿童大肌肉动作发展的数学活动。在开展创意运动期间，你可以鼓励儿童戴上数学区的数字项链或穿上数字背心，进而变成这些数字。例如，如果他们穿的数字背心上是3，那么他们就要用行动来表示3，比如，旋转3圈或跳3下。问问儿童，如果他们戴的数字项链是5，那么他们怎样随着音乐的节拍跳舞呢？

促进儿童认知发展的数学活动

在这里，我们主要讨论的认知概念是数字和计数。你需要找到让儿童对数字感

图 11.4 这个男孩选择数字 6 作为他当天的个人数字

兴趣的方法。

数字游戏

让数字对儿童个人有意义，数字就会大受儿童的欢迎。儿童已经把数字和他们个人联系起来了，3 岁、4 岁或 5 岁的儿童能够伸出手指来证明这一点。如果你一开始就让数字个性化，那么你很快就能将儿童吸引过来（见图 11.4）。

给儿童提供一套三维数字来操作，它们可以是塑料的、木头的或者金属材质的。你可以请有钢锯的家长制作木质数字 0 到 9，也可以从教育用品商店订购一些。确保每个数字都有 5 份，或者是数学区能够容纳的儿童数量。在介绍这些特定的数字时，你可以在白板上描摹每个木质数字，然后邀请儿童尝试将木质数字和数字的轮廓图进行匹配。

个性化的数字

在之后的某一天，鼓励操作区 / 数学区的一组儿童寻找他们自己的数字，即代表他们年龄的数字。邀请儿童选择一个彩色记号笔，在纸上描摹自己的木质数字。如果他们愿意，他们可以用彩色蜡笔为他们的数字涂色。儿童想描摹多少次就让他们描摹多少次，因为他们第一次描摹的数字可能并不是那么准确。你可以邀请儿童在其中一张纸上签上自己的名字，并将其展示在操作区 / 数学区，之后可以把它带回家。

尽管数字符号像字母一样抽象，但幼儿可以掌握与他们个人有关的数字名称和数字符号，就像他们能够掌握自己名字中的字母名称和字母符号一样。让数字变得个性化，将会吸引儿童参与到数字活动中。当儿童能够在纸上用他们名字中的字母签名时，他们也能写出代表他们年龄的数字。

对儿童来讲，另一个与他们个人有关的数字是他们家的楼牌号。他们知道这个吗？你可以把他们家的楼牌号写在卡片上。他们能够从这套三维数字中找出那些数字吗？也许，两个儿童一起合作能够找到他们家的楼牌号。一旦他们找到了楼牌号，你就可以根据他们家的楼牌号给他们提供一些可以撕拉的数字，让他们粘贴到他们的衣柜上或者其他任何地方。其他与儿童个人有关的数字还包括他们的电话号码。你可以把它们印在卡片上，然后在卡片上扣上一个环，把它挂在戏剧游戏区，供儿童玩假装打电话的游戏。

计数游戏

在儿童真正开始点数物品之前，你可以带领他们玩计数游戏、唱数字歌和做手指游戏。通过这些游戏，幼儿知道了数字名称和数字顺序，而不是如何计数。你可以创编一些数字儿歌，也可以鼓励儿童创编一些。

计数物品

一旦儿童能够机械地数到10，他们可能就做好了计数物品的准备。这被称作"数量"，即对量的计数（Erikson Institute，2014）。这样的计数应该从计数具体的物品开始，然后才是使用电脑或听有关计数的故事。同样，将计数活动个性化，这样儿童不仅会享受其中，而且开始理解数字。他们能数出一只手上的手指数吗？两只手上的手指数呢？让他们数一只手和脚。他们穿了几只鞋子呢？给他们提供两个可撕拉的数字小贴纸1和2，分别把它们贴在每只鞋子上。他们也可以将这些数字小贴纸贴在手背上。

教室内还有什么东西可以用来数一数呢？鱼缸中的鱼、笼子中的豚鼠、窗台上的植物、拼图架上的拼图（这是一项很难的任务）以及水果篮中的蔬菜和水果都可以用来数一数。鼓励儿童把数字小贴纸贴在他们计数的物品上。此时是在每一个学习区的入口处向儿童引入数字符号的好时机。在此之前，你可能将挂钩、票或项链作为儿童自我调节的策略，使儿童能够自己控制进入每个学习区的人数。现在，你可以在每一个区的挂钩旁边贴上一个数字符号，并邀请儿童帮你选择正确的数字符号。

有关计数的图画书

在操作区/数学区投放计数类图画书（见表11.4），以便儿童阅读并将图书与计数活动联系起来。当你置身数学区时，给感兴趣的儿童读一本有关计数的图画书。有些计数类图画书讲述了故事，有些计数类图画书仅仅呈现了单个的数字，如《1、2、3，砰》。这本书的封面上是一个像漫画一样的超级英雄，它深深地吸引了儿童；在每页的右上方是一个加粗的数字，第一页是1个宇航员，接下来是一些人们耳熟能详且勇敢的其他人物形象。此外，书中还有一只戴着5个戒指、涂了颜色的大手，7种爆炸声，8个不同民族的超级英雄，18种发不同声音的动物，100只吠叫的狗，500扇明亮的摩天大楼的窗户，1000只气球以及10000颗星星。儿童如果不能把这些指出来，那就寻找美妙有趣的模式吧。

另一本肯定能引起儿童兴趣的图画书是《咔哒咔哒，哗啦啦：计数冒险之旅》，它讲述了一个农场里的动物趁农场主布朗睡觉的时候入侵他的房间（"一个农场主在睡觉，两只脚丫在爬行"），它们把装有10条鱼的鱼缸清空了，把鱼带到鱼塘边，大声倒数着把鱼放生了。

《豚鼠加起来》讲述了一个滑稽的故事，故事中，一位教师给班里的孩子们带来两只宠物——两只豚鼠，没想到它们很快就变成了20只。之后，家长们收养了这些豚鼠，班里一只也没有了。最后，教师给班里带了一只兔子先生，可没想到它原来是一位女士！

《零，无，没有：数不胜数》是另一个有关"爆炸"的故事。小兔子哈里正在为多皮多夫人的生日聚会吹100个气球，可是气球爆炸了。如果你打算在读这个故事时也给儿童提供一些气球，那么一定要注意，有些儿童可能害怕听到气球爆炸的声音。

电脑数字程序

与字母相比，学前儿童并不太容易识别电脑键盘上的数字，可能因为他们缺少数字的相关经验。你可以期望班上的孩子做得更好，因为他们已经在操作区/数学区操作过三维数字。在使用键盘操作电脑程序时，儿童经常找不到键盘最上面的数字。你也许需要组织儿童玩一个"寻找数字"的游戏。然而，大部分电脑程序需要儿童用鼠标点击屏幕上的数字。表11.7列出了一部分。

记住，在提供电脑程序的同时，一定要在其他学习区开展几种关于三维数字的活动。这样一来，对幼儿来说，学习就变得更加具体化，从而减少抽象成分。

表 11.7　电脑数字程序

- 《亚瑟的幼儿园》(*Arthur's Preschool*)（数字与计数，简单的运算）
- 《苏斯博士的幼儿园》(*Dr. Seuss Preschool*)（数字、计数、排序、分类）
- 《小熊幼儿园》(*Little Bear Preschool*)（计数和分类）
- 《米莉和贝利的幼儿园》(*Millie & Bailey Preschool*)（数学、计数、形状、模式）
- 《我的第一次数学探险》(*My First Math Adventures*)（计数和分类）
- 《聪明兔系列》(*Reader Rabbit Preschool*)（数字和计数，匹配与排序）

促进儿童语言发展的数学活动

语言发展涉及词汇。成人在与儿童谈论数学概念时，常常使用一些看似很简单的词语，却没有意识到儿童可能连最简单的词语都听不懂，例如，"更多""比……多""更少""比……少""很少""比……更少""太多"等。那么，你怎么知道他们理解什么呢？你怎样帮助他们理解这些词的意思呢？使用食物玩具、小恐龙玩具或一些其他有趣的物品与儿童一起玩一些简单的游戏吧！

例如，在数学区，给坐在桌边的三个儿童分发物品，每个儿童得到的数量都不一样：给埃琳娜3个苹果，给伊桑2根香蕉，给坦尼娅4个橙子。然后，问她们如下问题："谁的水果比伊桑的多呢？""谁的水果比埃琳娜的多呢？""谁的水果比坦尼娅的多呢？"在找出这些问题的答案后，请坦尼娅将多的水果依次分给伊桑和埃琳娜。然后，接着问："谁有更多的水果？"之后，再用"少""比……更少"进行提问。当你使用一个不同的词语时，如果儿童感到很困惑，那么每天只用这一个词语玩游戏直到儿童真正理解词义。为了帮助儿童进一步学习这些概念，你可以给他们读一些图画书。拉德、萨特怀特与兰伯特（Rudd, Satterwhite, & Lambert, 2010, p.37）鼓励教师制订明确的计划，将与数学相关的语言渗透到儿童的日常游戏活动，让儿童有大量机会发展数学能力！

全美幼儿教育协会认证指标 2.F.07 提到了幼儿听到但是可能并不理解的数学词汇——时间。你可以利用图画书来导入这样的数学活动，或者作为这类活动的延伸。

例如，在图画书《一秒就是打个嗝》中，作者用儿童的语言描述了时间词汇，如"秒""分"和"小时"。在过渡环节，你使用时间词汇，也有助于儿童理解它们。

> **2.F.07** 儿童在日常生活、一日作息和常规中有各种机会建构对时间的理解。

《就一分钟：智者的故事和计数的书》讲述了一个墨西哥的民间故事，同时它也是一本非常吸引儿童的计数类图画书。书中，面带笑意的比特尔奶奶对要带她走的骷髅说："就一分钟。"你班上的孩子是感到害怕，还是像书中为奶奶庆祝生日的九个孙子、孙女一样开心呢？骷髅非常喜欢庆祝生日，他决定明年再带走奶奶。

促进儿童社会性发展的数学活动

当两个儿童一起操作电脑时，他们可以继续探索数字。他们能了解到，一对或者一双就是两个东西在一起。他们可以在教室里寻找其他一双或者一对的东西。你可以将戏剧游戏区里的所有鞋子都装到一个袋子里，然后让儿童倒出来，并将其分成一双一双地摆放。教室里还有什么东西可以成为一对呢？例如，一把刀和一把叉子，一个杯子和一个茶碟，两只手套，两只靴子，等等。

人们也可以成为一对吗？什么使他们成为一对呢？结对的人是如何互动的？他们能互相分享吗？他们能一起走在街上或者走在大厅里吗？他们能轮流玩棋类游戏而不吵架吗？此时是讨论互相关爱和合作的好时机。

促进儿童创造力发展的数学活动

幼儿都喜欢玩假装游戏。他们在戏剧游戏区扮演他们所知道或曾经见过的人，并为这些人创设假想的情境。这些活动反过来会激发儿童的创造性想象。那么，这些活动又是如何涉及数学的呢？例如，在实地考察后，儿童的戏剧游戏将包含很多关于数字的活动。

正如全美幼儿教育协会认证指标 2.F.05 所提到的那样，测量概念的实际应用对儿童理解这些词汇的意义是很有必要的。在儿童实地考察了邮局后，教师应该在戏剧游戏区投放相应的道具，如邮票、信封、邮资计算器、邮差帽、邮包等，以激励儿童玩"邮局游戏"。儿童可以假装在计算器或天平上称信件的重量。邮票上有什么数字呢？这些数字代表什么意思呢？信封上的地址包含哪些数字呢？这些数字是什么意思呢？亨特-多尼格（Hunter-Doniger，2016，p.31）提醒我们，类似这样的创造力不仅赋予儿童的学习以价值和意义，而且促进儿童内在的学习动机的发展。

> 2.F.05　儿童有各种机会通过使用标准化和非标准化的测量单位来理解测量的概念。

称体重和量身高

儿童在参观了诊所后，可能想在戏剧游戏区扮演医生和护士。除了听诊器、白大褂（白帽子）和医生用的其他用品外，你还可以提供体重秤、卷尺或者码尺，然后帮助儿童称一称和量一量另一个儿童，或让他们假装这样做。你可以在图表中记录结果。儿童可能非常想知道这些与他们个人有关的数字。为什么称体重和量身高如此重要呢？这些数字意味着什么呢？每次都和小组中的儿童讨论这些问题。

儿童也可能想在积木区继续玩诊所游戏。你可以将邮资计算器或天平放在积木区，供儿童给玩偶称重（见图 11.5）。你也可以提供一张表格来记录这些重量。儿童可以用卷尺或直尺来测量玩偶的身高，并把结果记录在另一张表格上。在教室里，儿童还可以给什么称重或给什么量身高呢？他们可以称一称玩具娃娃或豚鼠有多重，或测量豆科植物长了多高。

密切关注在教室的不同学习区发生的假装游戏。你可以在适当的时候，将数学活动融入戏剧游戏。例如，在积木区，儿童正在假装进行汽车比赛，那么你可以为儿童提供一个秒表让他们计时。儿童喜欢操作和使用这样的设备。如果儿童对测量时间表现出更加浓厚的兴趣，那么你可以提供一个煮蛋器（计时三分钟），或把一个带木质指针的玩具钟表放到戏剧游戏区，供儿童动手探索。

图 11.5　儿童学习使用天平

教师在操作区/数学区的角色

玩数学游戏、拼数学拼图或者从 1 数到 20，这些活动对于幼儿理解数学是不够的。他们还需要思考和反思自己的行为。

反思性思维

儿童需要跟同伴和教师谈论他们为什么这样做，或者为什么事情是这个样子的。卡蜜在其经典著作《幼儿数的教育》（*Number in Preschool and Kindergarten*，Kamii，2005）中指出，儿童不是通过图片来学习数字概念的，也不仅仅是通过操作物体来学习数字概念的，他们是通过一边操作物体一边进行反思性思考来习得这些概念的。

她告诉我们，"在一个盘子上放一张餐巾纸"与"思考餐巾纸的数量和盘子数量之间的关系"是两回事。儿童能够很容易地在每一个空盘子上放一张餐巾纸，尽管他们经常会漏掉一个。但是，只有理解了一一对应的儿童才会数一数盘子的数量，然后再拿出相同数量的餐巾纸。

当你问儿童是怎么知道拿出多少张餐巾纸时，第一个儿童会告诉你，他先拿出一摞餐巾纸，然后在每个盘子上放一张，最后把剩下的餐巾纸放回去。但是，第二个儿童将会告诉你，他数了数有多少个盘子，然后拿出了相同数量的餐巾纸；这表明他真正懂得了一一对应。

教师需要仔细观察儿童在操作区/数学区的工作和游戏，以便了解儿童为什么会这样做，以及他们是怎样思考的。对你所看到的儿童的行为进行评论，往往能让儿童告诉你更多相关的信息。你也可以向儿童提一些开放式的问题，例如，"你为什么要那样做呢？""你认为将会发生什么？"你收集的答案越多，就越能了解儿童正在学习什么，以及你该如何帮助他获得进一步的发展。

观察儿童的发展水平

教师需要追踪观察数学区的每个儿童，以便确定他们的发展水平。那么，教师怎样才能判断儿童处于操作水平呢？处在这个水平的儿童会摆弄数学材料，但不会用它们做任何建设性的事情。比如，他们可能会把所有的小塑料熊都倒出来，但不会根据颜色对它们进行分类，也不会数一数它们有多少个。他们可能把它们放回容器中，然后再把它们倒出来，也可能把所有的拼图都拿出来，并把它们散落到各处。他们还可能把用来分类的胡桃仁和橡子倒在地板上或倒到另外一个容器里，然后拿着容器到处走。

当你看到儿童把玩具倒进倒出时，你就应该意识到这个儿童正处于与材料互动的第一种水平——操作水平。儿童需要许多这样的探索性活动，以便发现如何使用这些材料。在"儿童互动表"上记录儿童的行为，并在表格的背面写上建议，以帮助儿童向更成熟的互动水平迈进。

当儿童把小积木拼到一起、把珠子串起来、拼拼图、把积木堆叠起来或将多米诺骨牌排成一排时，他们就可能处于熟练水平。你可能需要靠近他们去观察，以确认你的判断（见图11.6）。他们是按照常规的方式使用材料，还是运用这些材料创造出属于自己的游戏？他们是否一遍遍地重复这个活动？

大部分儿童会通过这样的游戏方式来熟练掌握材料，但也有一小部分儿童可能超越熟练水平直接进入意义水平，即儿童会应用他们自己的创意，以新的或不寻常的方式使用材料。处于不同水平的儿童的不同表现，请参见表11.8。

不论儿童处于什么水平，你都要为他们提供充足的时间去使用材料。因为，一个擅长拼拼图的儿童可能完全不擅长玩拼插积木！

图 11.6 近距离地观察正在串珠子的儿童,以确认他们是否处于熟练水平

表 11.8 操作/数学活动:互动水平

操作水平
·摆弄本来用于分类、匹配和计数的物品
·把拼图倒出来
·把用于计数的物品装到容器里,再把它们倒出来
·把磁性数字拿出来,并将其散落到各处
熟练水平
·一遍遍地拼同一个拼图
·一遍遍地分类或者匹配物品
·长时间地串珠子或数纽扣
·聚精会神地玩收银机、电脑数学程序、算盘或多米诺骨牌
意义水平
·创编自己的电脑游戏
·以创造性的方式玩数数或分类游戏
·以创造性的方式玩多米诺骨牌、算盘和收银机
·教其他人如何使用电脑游戏、秒表、天平和其他材料

在"儿童互动表"上做记录:评价

在操作区/数学区一起玩的儿童,他们在与材料的互动方面可能处于相同或不同的发展水平。仔细地观察与记录儿童的表现,既有助于教师为一些儿童提供他们所需要的帮助,又有助于教师为那些希望参与更具挑战性活动的儿童制订计划。下面这则案例描述了一天早上莉萨与贝思在数学区"工作"时发生的事情。

莉萨从架子上取下一个收纳箱,里面装着用于计数的彩色带孔的大珠子,并将其倒在旁边的桌子上。她坐在桌边,然后用双手四处移动珠子,就好像在画手指画一样。她开始把它们堆叠起来,但是堆起来的珠子倒了,于是她用双手在桌面上再次将珠子混在一起。贝思进来看了会儿莉萨,然后从架子上取下一个带有木棍的木板。她说:"你要这样做。"她坐下来,开始根据珠子的颜色把它们套到每根木棍上。莉萨也尝试将珠子套在木棍上,但是她没有根据它们的颜色。贝思将木棍上所有的珠子取下来,重新开始。这次,她拒绝莉萨的帮忙。当她完成后,她拿掉木棍上的所有珠子,然后再次重新开始套。贝思站起身,离开了。附近的一位观察者将她的观察结果记录在"儿童互动表"上(见表11.9)。

观察者在"儿童互动表"的反面记录了她对这件事的理解,以及她为两个女孩制订的计划。在一天结束时,这张表格和其他观察表格一起被收集起来,用于制订班级一日活动计划和周计划。观察者写了如下内容:

成就
- 我看到莉萨迈出了与其他儿童一起游戏的第一步,她尝试将珠子套到贝思的木棍上。
- 贝思在堆叠珠子游戏中处于熟练水平。

需求
- 贝思在其水平上似乎需要更多的练习。
- 贝思也需要和他人一起玩游戏。
- 莉萨需要多和他人一起玩游戏,也许这样她才会更加自信。

计划

- 投放更多的堆叠性材料和彩色木条。
- 鼓励莉萨与另一个儿童一起玩这些材料，或许这个儿童处于操作水平（观察并找出他是谁）。
- 让贝思向其他儿童展示她是如何堆叠珠子的。

表 11.9　儿童互动表：数学

儿　童　莉萨和贝思	观察者　Q.B
学习区　操作区数学区	日　期　9/25

儿童与材料的互动	
操作阶段 （儿童漫无目的地四处摆弄材料） 　　莉萨在桌子上四处移动计数用的珠子，尝试将它们（在没有木棍的情况下）堆叠到一起，但它们倒了。 　　她用两只手将珠子混在一起。	行为 / 语言
熟练阶段 （儿童有目的地反复使用材料） 　　贝思开始按照颜色在木棍上套珠子，并说："你要这样做。"她多次将珠子拿下来又重新套上去。	行为 / 语言
意义阶段 （儿童以新颖且具有创造性的方式使用材料）	行为 / 语言
儿童之间的互动	
独立游戏 （儿童独自操作材料） 　　莉萨独自玩珠子（像往常一样）。贝思走进来开始在木棍上套珠子，她控制了这个游戏，不让莉萨玩（贝思通常也像这样独自玩）。	行为 / 言语

（续表）

平行游戏	行为/言语
（儿童挨着别人玩同样的材料，但不参与别人的游戏）	

合作游戏	行为/语言
（儿童与其他儿童一起共同玩相同的材料） 　　莉萨尝试将珠子套在贝思的木棍上，但没有按颜色放；贝思将它们拿了下来。	

在操作区/数学区与儿童互动

　　儿童经常独自操作材料，或者与坐在同一张桌子上的其他儿童平行游戏。日常观察将帮你了解，何时以及如何与儿童互动。如果蒂雷尔还像他在刚入园那会儿那样一直将彩色积木装到容器里再倒出来，你就需要坐在他旁边，问他还可以用积木做什么，以引发他的思考或促使他开始做其他的事情。如果有必要，你可以在他身边坐一会儿，操作一些积木。你可以尝试将所有的红色积木都挑出来，或把同一形状的积木堆叠到一起，还可以把它们串起来。如果他准备好了尝试不同的活动，那么他可以加入你的游戏或在你旁边做类似的活动。如果他还没有准备好，那么你可以继续观察他。你的存在向蒂雷尔传递了一个重要的非言语信息：老师很关心我，愿意花时间看我的活动。

　　你也许想评论一下这个学习区中其他儿童的行为，以便更多地了解他们的思考或他们正在学习的概念。描述他们的工作，比直接问问题更加适宜，例如，"米格尔，你正在把相同颜色的古氏积木排成一排。"米格尔的回答可能完全出乎你的意料："这些黄色的积木是胡萝卜条，我打算用它们喂我的小兔子。"但是通过他的回答，你能意识到米格尔的发展已经超越了分类或计数水平，进入到了用古氏积木进行探索的意义水平。改天，你可以给米格尔提供一些模式图，让他利用古氏积木建构模式。建构模式对许多儿童来说是一项超出他们能力的复杂技能，但是对米格尔来说是一项刺激的挑战。

介绍一个新活动

有一些操作/数学活动不需要教师特意介绍，儿童自己在操作区/数学区的架子上就能发现它们，并自行摸索出如何使用它们。其他的活动最好由教师介绍给儿童。如果你知道班上的孩子对某一个特定的主题感兴趣，并想进一步探究它，你就可以在数学区先向一组儿童介绍一个新活动。当天晚些时候或在接下来的日子里，等其他儿童来到数学区时，就由你或者已经了解了这个活动的儿童向他们介绍这个新活动。

例如，某一个班的儿童突然对测量东西很感兴趣，因为他们看到了一个木匠在为幼儿园自助餐厅的新门测量尺寸。教师无意间发现儿童在积木区玩"木匠"的游戏，他们搭建了一个需要一扇新门的建筑物。

教师决定向操作区/数学区的儿童介绍一些测量工具。在 5 个儿童进入这个学习区后，教师带着一个金属盒子和一本书走了进来。儿童已经习惯了教师经常带着一些出人意料的新东西到各个学习区，所以他们怀着巨大的期待聚集在教师身边。首先，教师给儿童读了图画书《我爱工具》（*I Love Tools*，Sturges，2006）。这本书用简单的图片呈现了各类木工工具，以及男孩、女孩、妈妈和爸爸用这些工具为小鸟建造一所房子的故事。

然后，教师告诉儿童金属盒中就有一些书中描述的工具。儿童当然想知道这些工具是什么。教师请他们猜一猜。一些儿童说是"锤子"或"螺丝刀"。但是，托尼请求把盒子拿起来，感受一下。小伙伴们都注视着托尼并等待他说出猜测的结果。托尼说："它不太重，里面可能是把直尺。"他猜对了一部分。箱子里装着一把平尺、一把折叠尺和一把金属卷尺。儿童们很兴奋，因为他们即将使用这些"很酷"的工具。教师也很高兴地看到，托尼使用了一种真正科学的探究方法，而不是盲目猜测。

接下来，儿童开始用每种工具测量他们教室的门（见图 11.7）。其他儿童看到操作区/数学区的小伙伴在做测量工作后，就知道当天的晚些时候或接下来的几天里，也会轮到他们做这个工作。教师把工具箱放到数学区的架子上，并给它贴了一个图文并茂的标签，表明它是"测量工具"。

这样一来，儿童都会对学习数字感到很兴奋：如何识别它们，用它们做什么，以及它们是怎样在生活中帮助我们的。

本 章 要 点

1. 培养儿童对数学的积极态度

    （1）引导儿童像探索积木一样探索数学的奥秘

    （2）享受数字带来的乐趣

2. 教授数学概念

    （1）为儿童提供游戏的机会去识别形状、大小、颜色，且一次了解一个概念

    （2）给儿童时间去学习

    （3）与儿童讨论他们正在做的事情

    （4）了解模式，有助于儿童预测接下来会发生什么

    （5）把儿童创造的模式拍下来做成一本书

    （6）用熟悉的物品进行计数

    （7）让教室成为数学丰富的环境

    （8）让儿童解决日常生活中自然出现的数学问题

3. 促进儿童小肌肉动作的发展

    （1）使用打孔机增强手指肌肉

    （2）把图片贴在卡片上，让儿童在上面打孔

    （3）在数学区的打孔板上展示卡片

    （4）开展为图片打孔的实地考察活动

    （5）在操作架上放一些带旋钮的材料

    （6）制作或使用几何板与钉板

4. 通过使数字个性化来促进儿童的数字概念的发展

    （1）让儿童戴上数字项链，变成"数字"

    （2）从与儿童个人有关的数字开始，如年龄

    （3）将三维数字与它们的轮廓图匹配起来

    （4）让儿童签上代表他们年龄的数字

    （5）在衣柜上贴上与儿童个人有关的数字

5. 促进儿童的计数概念的发展

（1）玩计数游戏、唱计数儿歌、玩手指游戏

（2）在操作区／数学区投放计数类图画书

（3）使用电脑键盘玩寻找数字的游戏

（4）在提供电脑游戏的同时，开展三维数字活动

（5）在儿童的手上或者鞋子上贴上数字，让计数活动个性化

（6）在每个学习区的入口处贴上数字符号

6. 促进儿童的数学语言和概念的发展

（1）用"比……多"或"比……少"等词语与儿童交谈

（2）使用时间词语和大的数词（百万、十亿）

7. 促进儿童的社会性发展

（1）通过鞋子活动教授儿童"一对"的概念

8. 通过戏剧游戏促进儿童的创造力发展

（1）提供邮资计算器，并给信件称重

（2）用天平称儿童的重量，用卷尺测量儿童的身高

（3）用邮资计算器给玩偶称重

（4）邀请儿童称玩偶或豚鼠的重量，测量植物的生长高度

（5）用秒表或煮蛋计时器为小汽车比赛计时

9. 理解教师的角色

（1）帮助儿童思考与反思他们正在做的事情

（2）观察，坐在儿童旁边，并问一些适宜的问题

10. 介绍一个新的活动

（1）介绍测量工具

（2）阅读图画书《我爱工具》

试 一 试

1. 在操作区／数学区提供多种富有吸引力的活动，分别促进儿童的分类、匹配、一一对应、排列、数字、计数、称重或测量技能的发展。除了架子上的材料，还要提供图书、电脑游戏和公告栏。

2. 带领一组儿童基于一个主题（动物、橡子、恐龙）开展计数活动。同时，给

儿童提供可动手探索的材料、一本适宜的图画书以及在其他学习区正在开展的活动，如美术活动或戏剧游戏。
3. 用贴有或画有物品图片的卡片，带领儿童开展一次实地考察活动，让他们通过给卡片打孔的方式计数物品的数量。
4. 带领儿童使用真正的工具进行一次称重或测量活动，并记下结果。
5. 向一组儿童介绍一个新的数学概念，并提供一个新的活动和新的材料供儿童探索。

第12章 科学区

学习目标

阅读本章之后,你将能够:

1. 理解幼儿园教室里的科学。
2. 促进儿童的感官探索。
3. 支持儿童的好奇心。
4. 创设科学区。
5. 理解科学探究的方法。
6. 提供促进儿童认知发展的科学活动。
7. 提供促进儿童情绪情感发展的科学活动。
8. 提供促进儿童语言发展的科学活动。
9. 提供促进儿童社会性发展的科学活动。
10. 提供促进儿童创造力发展的科学活动。
11. 理解教师在科学区的角色。
12. 记录儿童的学习。

幼儿园教室里的科学

在幼儿园教室里的所有活动中,几乎没有哪种活动能像科学一样生动地说明这个观点:幼儿是通过自我发现获得知识的。事实上,对幼儿而言,科学意味着调查和探究。它不仅仅与动植物或者天气、水有关,更是"发现"的过程。

科学是"发现"

学前儿童是如何发现他们周围的世界的呢?不是通过阅读,不是通过观看视频,也不是通过听教师讲,这些方法对大一点的孩子可能有帮助,但是对学前儿童来说,与他们所处环境中的物品进行实际互动才是更适宜的学习方式。这是一种"通过亲身体验来发现"的方法,需要五种感官参与进来。换句话说,对幼儿来说,科学就是一个发现的过程,他们通过探索性游戏去发现。

科尼齐奥和弗伦奇(Conezio & French,2002,p.13)告诉我们,成人可能认为科学是一个独立的知识体系。然而,对幼儿来说,科学就是发现他们周围的世界。这正是他们每时每刻、每天都感兴趣做的事情。

你所提供的自主学习环境,是学前儿童成为科学探索者的绝佳条件。特朗德尔和史密斯(Trundle & Smith,2017,p.81)解释说,儿童可以在戏剧游戏区中的假想露营区了解白天和夜晚的天空;在戏水桌上发现为什么有些东西会沉到水里,有些会浮在水面上;在积木区探索小汽车在斜坡上的运动。他们迫不及待地要去探索了!

儿童天生就是科学探索者。从出生起,他们就运用感官去探索他们所接触到的一切。爱泼斯坦(Epstein,2007)指出,在科学领域,我们可以利用儿童探索世界的自然倾向,在他们尝试了解这个世界是如何运作的过程中,引导他们参与科学探究。儿童天生就倾向于探索他们周围的环境。但是,他们需要我们为他们提供一个适合探究的丰富环境,同时将他们的发现逐渐转变为对科学是如何运作的理解(p.43)。

感官探索

全美幼儿教育协会认证指标 2.G.03 鼓励儿童运用他们的五种感官去探索,这也是适宜性实践课程所倡导的做法。当儿童降临到这个世界上时,他们就为探索周围的环境做好了充分的准备。他们具备五种奇妙而敏锐的感官能力(视觉、听觉、嗅觉、味觉和触觉),以及强烈的好奇心(见表12.1)。

2.G.03	儿童有各种机会和材料利用五种感官观察、探索、实验科学现象。

表 12.1　感官探索的工具

视觉	嗅觉	触觉
听觉	味觉	好奇心

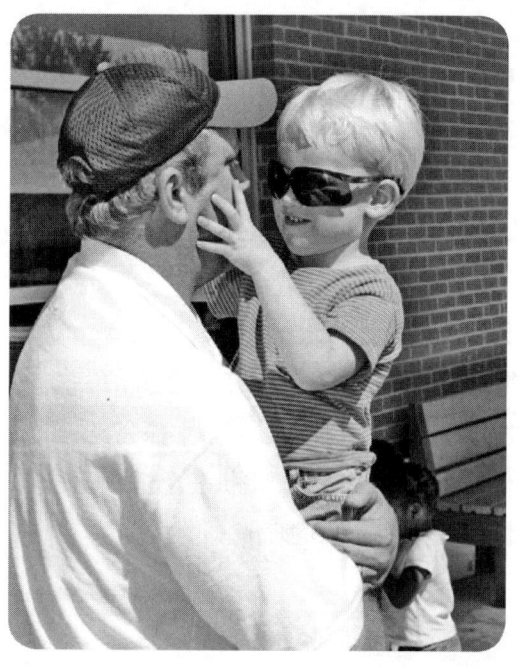

图 12.1　视力受损的儿童可能通过发展出特别敏锐的听觉或触觉来弥补这种缺陷

当婴儿探究物体时,他们的感官立即就会投入工作,他们首先用嘴来感知它是否能吃。学前儿童则专注于运用触觉:用手转动物体,并试图把遇到的每一个新物体都拆开。即使是有感觉障碍的儿童,如视力受损的儿童,他们也会通过发展出特别敏锐的听觉或触觉来弥补这种缺陷(见图12.1)。

适宜性实践课程通过利用儿童天生的感官探索模式,并给他们提供机会和工具使其运用每一种感官去探索迷人的物体,从而引导儿童成功地对他们周围的环境进行科学探究。

视觉

视觉以几种方式被应用于儿童的科学探究中。首先,儿童需要观察和注意他们所处环境中的事物。例如，如果他们在探究水，那么他们需要扫视一下他们所处的教室环境，看一看都有些什么水。当你和一组儿童坐在科学区时，问一问他们在教室里都看到了什么水。

儿童可能会指出：从一个水龙头滴到水池里的水，鱼缸里的水，戏水桌上的水，豚鼠盘子里的水，厕所里的水（肯定会有儿童这么说，尽管其他儿童有可能提出质疑：你从这儿看不到它！）。其他儿童可能会在美术区看到用来冲洗画笔的水或用来制作面团的水。你可以把这些水列在一张单子上，这样儿童就可以进一步探索他们的水了。

当儿童研究水的视觉特性时，他们可能想通过放大镜观察水。另外一些儿童可能想使用显微镜。他们还能借助哪些观察工具来更好地观察水呢？你可以问问儿童："像这样的双筒望远镜适合观察水吗？"让他们通过双筒望远镜观察，然后把他们的答案记录在"我们的水实验"表格中。许多儿童以前可能没有见过双筒望远镜，但是，也许有儿童会说："你用双筒望远镜看远处的水。"这个儿童可能在和家人一起旅行时使用过望远镜。

听觉

听觉可能是儿童会使用的下一个感官，尽管这取决于被探究的对象。"水发出的声音是什么样的？"你可以向小组儿童提出这一问题。有人会很快告诉你，水会"飞溅"。"飞溅的声音是什么样子的？"你可能会问。有人可能会说，水有各种各样的飞溅，所以你需要近距离地听水的声音。

其中一个儿童可能会打开水龙头（见图12.2），先是开得很小，然后再开大。邀请儿童闭上眼睛聆听。儿童能听出区别吗？有儿童能把水龙头开得足够小，使水滴下来吗？你可以把所有这些不同的水声录下来，稍后用于让儿童感受倾听和识别声音的乐趣。如果外面在下雨，你也可以让儿童到外面的水坑里嬉戏。如果你班上的儿童来自大城市，那么他们可能想听你为他们

图12.2 一个儿童把水龙头开得很大，然后听水流动的声音

读《滴答，滴答，隆隆》一书。这本图画书讲述了人们伴随着雷雨声，从楼梯入口处飞奔至下面的自动扶梯的故事。

雷雨声很可怕吗？你当然知道！问问孩子们雷雨声是什么样的声音，他们会害怕吗？不仅人会害怕雷雨声，宠物有时也会害怕。每次给一组儿童读图画书《轰隆隆！大大的雷声和一只小小的狗》（*BOOM! Big, Big Thunder & One Small Dog*，Ray, 2013），这本书讲述了小狗罗西很勇敢，不害怕各种可怕的声音。但是，当它听到轰隆隆的雷声时，它就会跑去躲起来。讲到这里时，停下来问问你的小听众们，他们认为罗西会躲在房子里的什么地方。然后，把故事的剩余部分读完。问问你的小听众们，他们有没有藏起来过。

儿童在家里时可能会在电视上看到暴风雨。有的儿童可能会提到龙卷风，无论他所在的地区是否出现过。你可能想就这些破坏性的暴风雨组织儿童进行一次小组讨论。《给孩子的第一套气象启蒙书：龙卷风》[①]是一本很好的图画书，它可以帮助儿童了解在暴风雨来临前人们需要采取哪些安全措施。儿童知道"预报员"这一词语吗？

一旦儿童被感官探索的魅力吸引，他们就停不下来。有的儿童可能想把洗画笔的水倒在排水管里，听它在排水管里流动时发出的声音。有的儿童可能想听鱼缸里水的起泡声，或者用吸管在戏水桌里吹泡泡发出的声音。当豚鼠喝水的时候，水会发出声音吗？

嗅觉

儿童会用嗅觉辨别身边的事物，成人也是。我们经常不承认我们对嗅觉的使用，也经常出于礼貌而漠视它的作用。然而，研究表明，妈妈们仅凭嗅觉就能从数件衬衫中分辨出哪一件属于自己的宝宝，婴儿也能通过嗅觉辨认出自己的妈妈。

你班上的孩子可能会喜欢闻一闻不同的水，了解它们的气味是否有所不同。他们可能发现不了教室里的水有很大的区别，尽管鱼缸里的水可能散发出海藻的气味。这样的活动能够帮助他们认识到，我们可以使用嗅觉来辨别看起来相似的不同物体。带领儿童进行一个收集水的实地考察活动，让他们闻一闻池塘里的水或小河里的水。他们还能用嗅觉辨别其他哪些液体呢？

[①] [美]迪恩，著．[美]考克斯，绘．北京：中国青年出版社，2017。——译者注

味觉

如果某样东西是可以吃的，儿童就想尝一尝。尽管3—5岁的儿童已经不太可能像婴儿那样把所有的新东西都放到嘴里，但是他们还是有兴趣品尝一下你所提供的各种水的样品，了解它们的味道是否有所不同。当然，你所提供的样品应是无毒无害的。超市里的瓶装水和自来水的味道一样吗？溶解了各种口味的饮料粉的水其味道变化了吗？儿童可能还会注意到，这些水的颜色也变了。食用色素溶解在水中会发生什么？除了水的颜色会变化，水的味道也会发生变化吗？邀请儿童尝试使用不同的食用色素并找出答案。

触觉

对学前儿童来说，通过触摸来探索物质也是一种刺激性的体验。在不引起儿童注意的情况下，把一杯温水倒到戏水桌的一角，并让儿童找出来。让不同的儿童以他们自己的方式继续这个游戏。水最终会发生什么变化？有没有儿童预测出，温水和冷水混合后很快就给人感觉一样了？如果有，就说明这个儿童特别擅长科学思考或感官探索，那么要多为这个儿童提供一些使用这项技能的机会。

在水龙头上安装一个可调节的喷头，让儿童感受不同水花的大小。他们能不能用语言来描述喷射出的水（从细雾到稳定的水流）带给他们的不同感觉？你可能需要给他们提供帮助。让他们在没有肥皂泡沫的情况下使用打蛋器搅动戏水桌里的水，水被搅动前后给人的感觉有什么不同吗？水很适合用来进行这种感官探索活动，但是儿童也需要探索室内外各种物体的感官特性。

对一些儿童来说，触摸像青蛙这样活的生物是很困难的。你需要向他们示范如何触摸（见图12.3）。你可以把青蛙放在手上，然后给儿童讲一个有关青蛙的故事，之后把青蛙递给那些希望认识它的儿童（见图12.4）。青蛙摸起来感觉如何？

儿童可以听、看、摸的一本图画书是《小兔子的五种感官》（*Five for a Little One*，Raschka，2006），它讲述了一只用黑色线条勾勒出来的、拥有毛茸茸耳朵的小兔子是如何了解五种感官的含义及其用途的故事。读完之后，把这本图画书放在科学区，提醒儿童如何运用感官去探索。

图 12.3　教师在帮助儿童认识青蛙

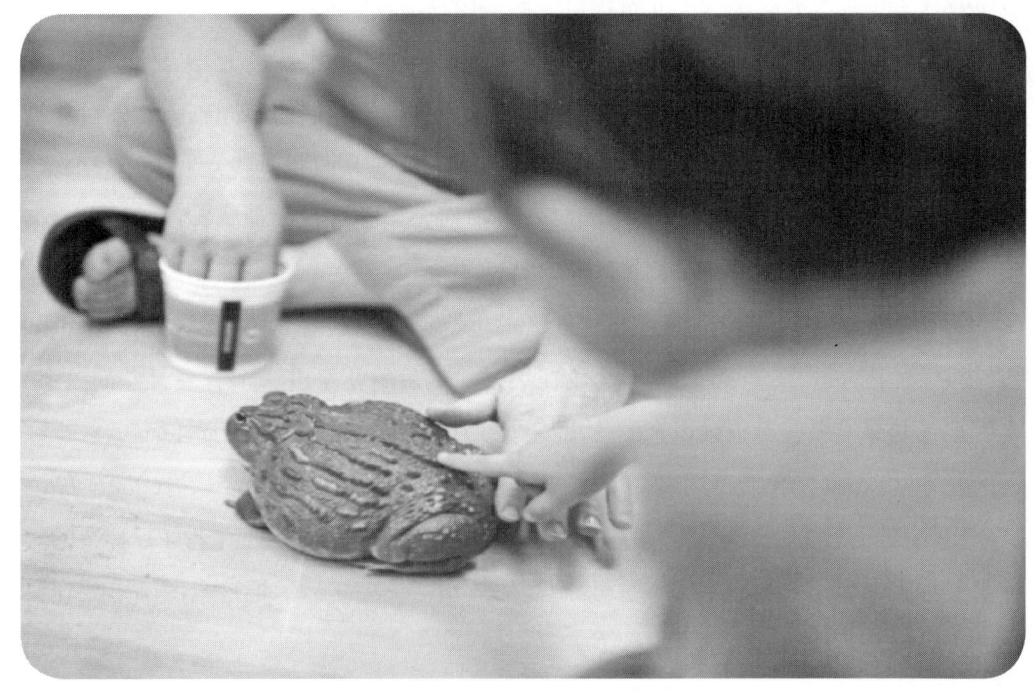

图 12.4　一些儿童试着触摸青蛙

好奇心

除了这些自然遗传的感觉器官外,儿童还有一种强烈的动力去发现周围世界中的一切,我们称之为好奇心。每个儿童都天生具有好奇心。然而,有些儿童似乎比其他儿童有更强的好奇心。这种探索和发现的动力在许多方面与幼儿的另一个与生俱来的动力——交流的动力相同。正是由于这种交流的动力,幼儿才会自然而然地学习语言。但是,他们必须要听到周围人说话,才能完全习得他们的母语。

同样,幼儿必须受到鼓励去探索他们的环境,以便获得有关环境的知识。此外,如果想让他们保有这种宝贵的好奇心,就不能总是阻止他们去探索。在家时,有些儿童可能会因为触碰物体而受到斥责。这些儿童在教室中出现越界行为,往往是因为他们在家里受到了过于严格的限制。

在教室中,还有一些儿童对周围的新事物毫无好奇心,可能也是由于他们在家中被限制得太厉害。如果是这样,你就应该考虑和这些儿童的父母谈一谈,告诉他们儿童是如何通过探索来学习的,以及他们在家里可以如何以有趣的方式探索事物。此外,你还应该想一些有趣的方法在教室里重新唤醒孩子们与生俱来的好奇心。幼儿探索和发现的内驱力需要得到滋养和鼓励。

探索行为的榜样

你可以先把自己变成儿童探索行为的榜样。假设你对环境中的物体知之甚少或一无所知,你会如何运用你的感官去探索它呢?跟儿童一起开启发现周围世界的伟大探险吧!你自己也将成为一名科学探索者。

布伦尼曼(Brenneman, 2009, p.58)认为,儿童通过参与实验成长为科学思考者,在儿童进行重复性实验之前和之后,我们可以评估他们设计探究活动以回答简单问题的能力。全美幼儿教育协会认证指标2.G.02a指出,科学课程应该提供关键的内容以帮助儿童成长为科学思考者。

> 2.G.02a 儿童有多种机会和材料学习科学领域的关键内容和原理,例如,生物与非生物之间的差别(如植物与石头之间的差别),不同有机体的生命周期(如植物、蝴蝶、人类等)。

创设科学区

为了成功地把所有儿童都吸引到科学区，你应该根据他们真正感兴趣的话题来创设科学区。正如你在音乐区所做的那样，你也应该使科学个性化。

使科学个性化

当科学探索活动聚焦于儿童自身和儿童周围的世界时，你就会吸引儿童的注意和兴趣。这就意味着要探索表 12.2 所示的主题。

表 12.2　探索儿童自身及其周围的世界

儿童自身	儿童的宠物	天气和季节	幼儿园和周围的公园
·他们的身体 ·他们的服装 ·他们的食物和水 ·他们的影子	·狗 ·猫 ·鱼 ·小鸟 ·兔子 ·蜘蛛 ·昆虫 ·蛇 ·沙鼠 ·豚鼠 ·寄居蟹 ·青蛙 ·蝴蝶	·风 ·雨 ·云 ·太阳 ·雪 ·秋天 ·冬天 ·春天 ·夏天 ·暴风雨 ·雷 ·闪电	·树 ·草 ·花 ·叶子 ·石头 ·小鸟 ·昆虫 ·青蛙 ·池塘 ·鸟窝

科学区的架子上应该摆放一些与当前探究的主题相关的图画书。之后，随着新主题的出现，再增添更多的图画书。这些图画书可以是故事书，由你读给儿童听；也可以是图解类科普书，供你自己和儿童欣赏。你可以首先为儿童提供关于以下主

题的图画书（见表 12.3）。

- 树
- 花
- 动物
- 小鸟
- 蝴蝶
- 两栖动物
- 蛇
- 贝壳
- 昆虫
- 云
- 太阳
- 星星
- 星球
- 水
- 暴风雨

表 12.3　相关图画书

- 《阿达想当科学家》
- 《轰隆隆！大大的雷声和一只小小的狗》
- 《被压扁的科学家夏洛特》
- 《小兔子的五种感官》
- 《给孩子的第一套气象启蒙书：龙卷风》
- 《滴答，滴答，隆隆》

你还需要为科学区提供各种各样的工具，用于研究、测量、盛放、收集和记录，表 12.4 可供你参考。

表 12.4　科学探究的工具

用于研究的工具	
· 可弯折的台灯	· 塑料管
· 台式放大镜	· 吸管
· 手持式放大镜	· 海绵
· 显微镜	· 滤纸
· 双筒望远镜	· 屏幕
· 镜子	· 筛子
· 棱镜	· 漏斗
· 锤子	· 镊子
· 剪刀	· 手电筒
· 磁铁	

（续表）

用于测量的工具	
·天平	·秒表
·邮资计算器	·弹簧秤
·直尺	·麻绳
·卷尺	·码尺
·沙漏	
用于盛放的工具	
·塑料盘	·鞋盒
·塑料罐	·胶带盒
·塑料瓶	·蛋托
用于收集的工具	
·纸袋	·塑料袋
·拉线袋	·广口瓶或盒子
·背包	·长柄勺
用于记录的工具	
·数码录音机	·记录纸
·数码相机	·线或绳子
·笔记本电脑或平板电脑	·透明胶带
·书写工具	·剪刀

此外，科学区还要有：用于存放探究工具的架子，用于放书的书柜或书架，用于展示收集物的架子或台板，用于工作的台面，用于放置鱼缸、盆栽、蚂蚁农场或豚鼠笼的空间，以及用于播种种子和插枝的盛有土壤的容器（见图12.5）。科学区的所有这些物品都要贴上图文并茂的标签，以便儿童识别。

图 12.5 这个科学区里有植物、笼子和工具

科学的方法

谢弗、霍尔和林奇（Shaffer，Hall，& Lynch，2009）描述了我们应该如何进行有效的科学教学。幼教工作者必须认可并支持儿童通过科学探究过程来扩展他们的好奇心，这一过程包括：提问、假设、收集数据、得出结论和产生引发新问题的想法（p.19）。

教师应该自己先读一遍《阿达想当科学家》这本精彩的图画书，然后再读给儿童听。3 岁的阿达快把她的父母逼疯了，直到她的父母意识到他们所拥有的是一个小科学家。起初，阿达一句话也不说。当她终于开口说话时，她说的却全都是"为什么""是什么""什么时候""怎么回事"等表示科学探究的词汇。她在墙上乱涂乱画。然后，她做了一些实验，想弄明白为什么她的小猫闻起来那么臭。最后，她的父母加入了她的探究行列。邀请你班上的孩子一起来探究吧。

你班上的孩子不能错过的第二本图画书是《被压扁的科学家夏洛特》，它讲述了一个令人愉快的故事。小兔子夏洛特是一个严肃的科学家，她有太多的兄弟姐妹，所以家里非常拥挤，她都没有地方做实验了。所以，她飞到了外太空，在一个行星上找到了属于她的空间。但是，她感到很孤独，于是最终回到地球来寻找自己的空间。她遵循科学的方法认真地解决了所有问题，即：(1) 提出问题；(2) 形成假设；(3) 进行实验；(4) 观察和记录；(5) 得到结论。你的小听众们需要听完这个故事，以了解小兔子的结论。儿童生来就准备好了运用所有的感官去探索和研究事物，所以我们很容易将他们的精力引导到真正的科学家的研究路径上来（见表12.5）。

表12.5　科学的方法

1. 提出问题
2. 猜想或预测如果……将会……
3. 进行探索或者研究
4. 观察、记录和收集数据
5. 得出结论
6. 记录结果

一个关于雪花的实验

在一个雪花飘舞的冬日早晨，安吉丽娜兴奋地走进教室，说起她爸爸在上学路上告诉她的事：每一片雪花都是不一样的，没有两片完全一样的雪花。这是真的吗？安吉丽娜和其他三个孩子想要通过科学的方法来验证这个观点。教师和他们以及其他人一起坐下来，讨论如何才能找出答案。教师倾听孩子们说的话，并记下他们的想法（见图12.6）。这位教师牢记全美幼儿教育协会认证指标2.G.02.c，所以能够及时抓住教育契机。

> 2.G.02.c　儿童应该有多种机会和材料学习科学领域的关键内容和原理，例如，物质的结构与特点（如软和硬、漂浮与下沉）、材料的性能（如固体通过溶解或融化变为液体）。

图 12.6　教师在倾听孩子们的发言

道格认为,这不可能是真的,因为世界上没有人能看到每一片雪花。安吉丽娜认为她爸爸说的是对的,因为他总是对的。洛丽不知道这是不是真的。乔纳森想去室外取一桶雪,然后带到屋里观察雪花。这时,教师提出了一些问题:"如果我们把一桶雪带到室内,会发生什么?我们能看到雪花吗?我们能分辨出它们是否不同吗?"孩子们认为他们能,所以最初提出想要做实验的4个小朋友穿好衣服,走到外面,取了一桶雪。

回到教室后,他们很快就明显地看到,大量积雪开始融化,但没有雪花。雪花在哪里呢?它们长什么样子呢?孩子们这时还没来得及脱下外套,乔纳森突然惊叫道:"我看见了一片雪花!在安吉丽娜的围巾上!还有一片!"但是,还没等到其他孩子凑近去看,雪花就已经融化在围巾里了。现在,该怎么办呢?

抓住一片雪花

和教师讨论后,孩子们得出了一个新的结论:把雪带进教室是不能看到雪花的,因为它们太小了,很快就会融化。所以,他们决定到外面去看雪花。"你必须在雪花飘落的时候抓住它们,"乔纳森说,"因为它们落到地上就会混到一起。"

"你可以用我的围巾抓住它们。"安吉丽娜建议道。但是,其他没有围巾的孩子该怎么办呢?他们怎么才能抓到雪花呢?"教室里有没有深色的布可以用来抓住雪花呢?"教师提出疑问。孩子们迅速在教室里寻找起来。道格从图书区拿了三块供单人使用的法兰绒板回到科学区。

"雪花那么小,我们能看到抓到的雪花吗?"教师问道。孩子们说他们能看见雪花,但他们不知道能否看出它们是否不同,因为它们实在太小了。他们决定,四个小伙伴每人都应该带着一面放大镜到外面去看雪花。于是,他们带上科学探究的设备又出去了。

这一次,每个孩子都抓住了雪花并把它们放到放大镜下观察。孩子们必须躲到屋檐下,这样落下的雪就不会盖住他们的法兰绒板和放大镜。他们惊叹于雪花的美丽形状,而且每片雪花确实都不一样!

记录他们的发现

回到教室后,四个孩子和教师讨论他们的发现。当他们总结每片雪花是否不同时,教师为孩子们拿出卡带式录音机和卡带来"记录"他们的发现。

安吉丽娜:我看到的所有雪花都是不同的。

洛丽:我看到了很多漂亮的雪花。

乔纳森:我的雪花都是成团的,所以我无法判断它们是否不同。

道格:我的雪花都是不同的,但是没有人能够看完世界上所有的雪花。

教师在卡带的外面写上"雪花研究:12/13"。也许其他孩子会想继续这项研究。

读一首著名的诗

然后,教师拿出一本关于雪的图画书——佛洛斯特的著名诗歌《雪晚林边歇马》[①],把它读给孩子们听。他们非常喜欢这本书的插画者苏珊·杰佛斯所画的关于雪的插图,尤其是书中给"毛绒绒的雪片"这句话所配的插图上那些像珠宝一样的雪花。

[①] [美]佛洛斯特,文. [美]杰佛斯,图. 余光中,译. 石家庄:河北少年儿童出版社,2015。

——译者注

安吉丽娜注意到，这些雪花都是不同的。乔纳森喜欢老爷爷在雪地里制作的天使翅膀，就像小鸟的翅膀一样。洛丽喜欢老爷爷把种子带到树林里喂小鸟，因为冬天树上没有种子。道格希望自己能像图片中的孩子一样去喂马。安吉丽娜说，她原先不知道马也需要盖毯子，书中老爷爷就给马盖了毯子（教师都没有注意到这一点！）。所有孩子都希望他们能像书中那样乘坐马拉的雪橇。教师决定偷偷研究一下进行这样一种实地考察的可能性。

即使教师每隔一页只读一两行字，孩子们还是花了很多时间看这本书。突然，道格发现，在老爷爷用雪制作天使的那页上，树林里藏着一些动物。听到道格这么说，所有的孩子都想看一看。教师说，插画家苏珊·杰佛斯喜欢在她的画中隐藏动物的轮廓。孩子们找到了七只兔子和一只鹿（虽然道格说，其中一只兔子其实是松鼠）。在另一页上，他们发现了两只兔子、两只鹿、一只松鼠、一只蓝松鸦和一只老鼠（教师甚至都没有注意到老鼠）。这本书很快成为班上每个人的最爱。

教师告诉他们，他还会给他们带来杰佛斯的另外一本隐藏了动物的图画书《西雅图酋长的宣言》[①]，以及杜利特尔的《看不见的森林：林中自然笔记》(*The Forest Has Eyes*, Doolittle, 1998)，这两本图画书里都隐藏了印第安人的身影。有关雪花的图画书，请参见表12.6。

表 12.6　有关雪花的图画书

- 《西雅图酋长的宣言》
- 《看不见的森林：林中自然笔记》
- 《我真的真的需要一双真正的滑冰鞋》
- 《下雪天》[②]
- 《雪晚林边歇马》

之后，孩子们都想在美术区剪雪花，所以教师向他们演示了如何折纸和剪纸（见图12.7）。有一个孩子发现，她在图书区最喜欢的一本有关查理和劳拉的书——《我真的真的需要一双真正的滑冰鞋》——其封底上就有雪花的图片。她直到"雪花

[①] [美]西雅图酋长，文. [美]杰弗斯，图. 柯倩华，译. 石家庄：河北教育出版社，2007. ——译者注

[②] [美]季兹，编绘. 上谊编辑部，译. 济南：明天出版社，2018. ——译者注

项目"开始后才知道那是什么。

自发性活动

请注意,关于雪花的整个科学活动完全是自发的。活动源自教师倾听儿童所说的话,然后用提问的方式追随儿童的浓厚兴趣。当教师愿意倾听孩子,认真地对待孩子们提出的问题,同时即使在不知道答案的情况下也愿意冒险去追随儿童的兴趣时,他们很快就会发现,科学活动会成为教室里最受欢迎的活动。

每个儿童都想参与其中,每个儿童对于如何研究这个主题都有自己的想法。你可能会发现,要想成为一名博物学家,你所需要的只是好奇心、探索欲及亲自发现大自然奇迹的渴望。加尔文(Galvin, 1994)总结道,幼儿是天生的博物学家,成人则需要更长一点的时间才能变成博物学家。

图 12.7 他们都想用纸剪雪花

促进儿童认知发展的科学活动

最适合学前儿童探究的认知概念包括物体的属性(形状、大小、颜色、质地、声音和气味);物体的运动(它们如何移动、反应、平衡、站立、生长、进食);以及物体间的异同。学前儿童不需要太关心"为什么"事物是现在的样子,而是应该关心事物的外形、活动和关系是"怎样的",尤其是事物与他们之间的关系。

教师知道,他们在学前儿童科学活动中扮演的是促进者角色。教师的职责是倾听儿童的评论和问题,为儿童创设科学区,以促使他们探索感兴趣的事物,或者帮助他们找到问题的答案。教师也意识到了,在学前儿童的科学活动中,一件事情会引发另一件事情;因此,教师的工作是倾听,然后跟随儿童的指引,尤其是当儿童的兴趣将他们引向一个似乎适宜的学习领域时,不管这是不是教师事先计划好的。

一个关于影子的实验

例如,当阿朗佐听到他最喜欢的故事《彼得的口哨》[①]时,他想知道如何像故事里的男孩彼得那样,从自己的影子里跳出来。孩子们和教师谈论了影子,每个人都有影子吗?你能逃离你的影子吗?教师并不知道所有的答案,但是他邀请一组儿童到科学区;然后,他关上百叶窗,把一张白纸贴在墙上,打开鹅颈灯(可弯折的台灯)。他把灯照在每个孩子举起的手上,这样每个孩子都能用手在白纸上投射出一个影子。

制作影子

有的儿童发现,他们可以使影子比他们真正的手大。孩子们很感兴趣,每个人都想试一试。之后,教师把台灯放在高高的架子上,并打开它,一个儿童的影子就出现在了地板上。他们能像书中的彼得那样从影子中跳出来吗?每个孩子都在尝试。

孩子们最感兴趣的是,影子可以比他们自身大。他们想把比自己的手大很多的手影画下来。可是,除非儿童让手静止不动保持一个姿势,否则很难沿着它的影子轮廓把它画下来。乔纳森像怪兽一样举着他的手。一些儿童想给他们的手影着色,所以他们把画好的影子轮廓带到美术区。教师意识到他已经引发了孩子们的共同兴趣,并决定扩展孩子们的经验。

第二天,他带来了另一本由艾兹拉·杰克·季兹所写的书《梦想》(*Dreams*, 1974),并读给制作手影的小组儿童听。书中讲述了一个名叫罗伯托的小男孩,他把自己在学校里制作的一只纸老鼠带回家,把它放在楼上开着窗户的窗台上。半夜,罗伯托被狗追猫的声音吵醒,他朝窗外看时,不小心把纸老鼠从窗台上碰了下去。纸老鼠从大楼的一侧翻着跟头滚了下去,降落的时候由街灯投射出奇怪的影子,吓走了狗。

制作老鼠木偶

孩子们高兴了起来,这次他们想制作一个跟罗伯托的纸老鼠类似的老鼠。教师早就准备好了,他给儿童提供了一些灰色的画纸,帮助儿童把纸卷成一个圆锥体,并用透明胶带固定好。孩子们参照书中纸老鼠的图片,决定把圆锥体的顶端折下来并用胶

[①] [美]季兹,编绘. 柳漾,译. 桂林:广西师范大学出版社,2018。——译者注

带粘好，作为老鼠的头和鼻子。然后，他们制作了粉红色的耳朵，并把它们粘在圆锥体上。最后，他们在上面点了黑点作为老鼠的眼睛和胡须。这样，纸老鼠就做好了。

教师再一次关上百叶窗，在墙上贴了一张白纸。鹅颈灯照亮了白纸，孩子们一个接一个地爬到灯前的椅子上，把纸老鼠举得高高的，然后让它掉下来。的确，纸老鼠翻着跟头下来的时候产生了影子。孩子们试着靠近光源，然后再靠近白纸，使影子变大、变小。后来，一位助教带来了罗伯特·路易斯·史蒂文森的经典著作《一个孩子的诗园》①，并朗读了其中的著名诗歌《我的影子》。教师们了解全美幼儿教育协会认证指标 2.G.02.b，并确信他们和儿童一起开展的影子活动符合这个标准。当然，孩子们对影子的研究并没有止步于此。一位家长在"家长简报"上了解了班级开展的影子实验之后，愿意作为志愿者来给孩子们演示如何制作动物手影。

2.G.02.b 儿童有各种机会和材料来学习科学领域的关键内容和原理，例如，大地和天空（如季节，天气，地质特征，光和影，太阳、月亮和星星）。

图 12.8　所有的孩子都想用手指制作动物手影

制作动物手影

教师用一条白床单把木偶剧院的台口盖上作为屏幕，让灯光从屏幕后面照过来。家长在屏幕后面用手指表现动物造型，同时灯光把它们的影子投射到屏幕上。坐在屏幕前的孩子们被深深地吸引住了，他们都想试着制作动物手影（见图 12.8）。

与此同时，孩子们在室内和户外继续寻找和发现各种东西的影子。当他们在户外看到太阳照射到他们身上、树木和游戏设施上而形成的影子时，他们兴奋不已。"有光才能有影子。"阿朗佐说。教师很高兴，因为他意识到孩子们的好奇心已经被影子研究活动激发出来了，而这反过来又将他们带向其他令人兴奋的方向。

---

① [英]史蒂文森，著. 文爱艺，译. 杭州：浙江文艺出版社，2017。——译者注

同时,他也明白,作为学前儿童科学活动的促进者,他的工作就是倾听儿童的评论和问题,为儿童创设科学区,促使他们探索他们特别感兴趣的事物。

一个主题引发另一个主题

这位教师继续倾听孩子们的问题和想法,以帮助他引领整个班级走向适宜的科学活动方向。在过去的一年里,他发现,一个主题确实会引发另一个主题。在这个活动中,当孩子们开始谈论晚上的影子有多么可怕时,它就引发了与情绪情感发展相关的活动。

促进儿童情绪情感发展的科学活动

孩子们关于影子的谈论,引发了对很多孩子来说更为可怕的事情:夜晚的黑暗。另一位教师引导儿童讨论了黑暗,因为她知道一些图画书可能对孩子们有所帮助。有些孩子不承认自己怕黑,但是他们不会让父母把卧室的灯关掉,即使他们的卧室里已经安装了夜灯。

这位教师把五个因特别怕黑而不敢谈论夜晚的孩子聚集到一起,她知道如何让孩子们克服大部分的恐惧,她引导孩子们用科学的方式减少恐惧(见表12.7)。

表 12.7　如何减少恐惧

1. 确认它(给这种恐惧取个名字)
2. 谈论它(与别人谈论这种恐惧)
3. 读一本关于它的书
4. 发现它的一个优点
5. 做一件书中人物所做的事

孩子们一个接一个地确认他们的恐惧:"我害怕黑暗。"大声地说出自己害怕黑暗,有助于分散黑暗的力量。在承认了他们的恐惧后,五个孩子都感觉好多了。他们发现,自己并不是唯一害怕黑暗的人,然后与别人谈论它,这使得他们对黑暗的恐惧进一步减少。接下来,他们开始听教师读一本书。

教师选了一本特别的图画书《最黑的黑暗》[1]，这本书讲述了一个加拿大宇航员克里斯·哈德菲尔德小时候害怕黑暗的真实故事。他以为卧室里的影子是来抓他的黑暗外星人。他决定去邻居家看电视上播放的1969年真正的宇航员登月。可是他的父母告诉他，除非他答应每天晚上自己躺在床上睡觉，不再抱怨害怕黑暗，他们才带他去邻居家看电视。他做到了，并且看到了登月。

他卧室的黑暗从未改变，改变的是他自己。他把关注点放在了黑暗的外太空中闪亮的星星和卫星上，从此不再害怕黑暗。成年后，他成为一名真正的宇航员和国际空间站的指挥官。

最初，这五个孩子在房间的一个角落里用纸箱建造了一艘飞船，在那里扮演宇航员。灯被关掉了，窗帘被拉上了，他们的"空间站"也被床单盖上以营造黑暗的氛围。可是，没有人感到害怕。

但是，《爸爸和恐龙》(Dad and the Dinosaur, Choldenko, 2017)一书中的主人公尼古拉斯会害怕。只有随身携带着一只小恐龙玩具，这个小男孩才不会害怕黑暗。后来，他在踢足球时把小恐龙玩具弄丢了，从此，对黑暗的恐惧就笼罩着他。最终，他的天文学家父亲猜到了问题所在，并在一个漆黑的夜晚带他去足球场。他们一直在那里寻找，最后找到了丢失的小恐龙玩具。

接下来，教师给孩子们读了另一个关于外太空的真实故事《关于星星：卡尔·萨根和宇宙之谜》(Star Stuff: Carl Sagan and the Mysteries of the Cosmos, Sisson, 2014)。这个故事讲述了一个有梦想的小男孩，他努力了解关于星星的一切。在他看来，星星就像挂在黑色电线上的灯泡。成年后，他成为一名天体物理学家，参与研发了旅行者1号和旅行者2号太空探测器，以探测太阳系，收集信息，并将信息从地球传送到其他行星。你的小听众们认为，火星上是否真的有生命？你可以给他们读一读图画书《我的火星探险》[2]，让他们为书中出人意料的结局做好准备。

此时，教室里的"空间站"正在展示各种各样的太空设备，包括悬挂在科学区上方绳子上的纸行星和太阳。此外，地板上的透写桌[3]可以在教室的灯被关掉时用来跟踪卫星（见图12.9）。

孩子们可能还喜欢另一本关于夜晚的图画书《触摸最亮的星星》(Touch the

---

[1] [加]哈德菲尔德，著. [美]范氏兄弟，绘. 黄伟芬，译. 南昌：二十一世纪出版社，2018。——译者注

[2] [美]艾吉，著绘. 柳漾，译. 桂林：广西师范大学出版社，2018。——译者注

[3] 在灯箱上面覆盖一层毛玻璃或者亚克力板制作而成。——译者注

Brightest Star，Matheson，2015）。可以让一两个听众坐得离书近一点，以便在有需要时可以触摸书中的图片。随着白昼的消逝，你可以要求小听众按压书中一只萤火虫的图片，这样下一页就会有更多的萤火虫出现。然后，你的小听众必须触摸最亮的星星，以采取更多的行动。最后，当你低语时，月亮会出现，猫头鹰也会飞进来。黑色的空白页面意味着小朋友们睡着了。当然，你的听众不会睡着，他们享受在所有页面上按压各种物体的乐趣。此时，儿童对黑暗的恐惧差不多消失了。可以把这些书留在科学区让其他儿童阅读。

孩子们都有自己的望远镜吗？给每个儿童提供一个纸筒，让他们自己装饰。每次带一组儿童在教室里假装看星星。他们看到了什么？他们可以在倾听区记录自己的发现，或者在美术区画一幅关于它们的画，或者在语言区创编一个关于它们的故事。

图 12.9 孩子们正在用彩色的水和吸管在透写桌上跟踪卫星

改天，可以引导儿童玩一个"绕太阳公转"的游戏。每个儿童代表一颗星球，并把代表该星球名字的标志戴在身上。一个儿童站在圆圈中间扮演太阳，手拿一根魔杖。其他儿童扮演行星，按照行星的运行顺序绕着太阳转。当扮演太阳的儿童用魔杖轻敲其中一个行星的扮演者时，这个儿童就必须说一件关于他所代表星球的事，否则他就得离开队伍。

促进儿童语言发展的科学活动

树也可以说话——也许不是很大声，但可以通过认养它的儿童说出来。一旦你让校园里的树变成孩子们的私人"财产"，你很快就会听到各种各样关于他们的树的故事，有口头说的，也有写下来的。在某一个班级中，最受儿童欢迎的个人科学活动是一个长达一年的项目活动——"认养一棵树"。这个班级所在幼儿园很大，里面种着很多枫树、橡树和一些松树。教师在一张大图表上画出每棵树的位置，并用不同颜色的圆圈将它们标记出来。

认养一棵树

九月初，每个孩子都选择了一棵树作为他们在这一年认养的树。教师给每棵被认养的树以及站在它旁边的认养者拍了一张合照。然后，教师将这张照片连同图表一起贴在墙上。

孩子们每周都会对他们的树进行一次特别的"拜访"。之后，根据孩子们的观察、问题以及兴趣会发生不同的事情（见图12.10）。教师给儿童提供了简单的工具（正如全美幼儿教育协会认证指标2.G.04所述），供他们开展研究，表12.8包含了其中的一些活动。

图12.10　一个女孩在她的松树下发现了很多松果，她将这些松果收集起来，并在科学区将它们按大小排列

2.G.04　儿童有多种机会使用简单的工具来观察事物和科学现象。

表 12.8　关于树的活动

- 选树，介绍自己，拥抱树
- 讨论如何照顾树，以及树对我们的帮助
- 每个孩子给自己认养的树起个名字
- 对树进行感官探究（闭上眼睛）：
  - 你的鼻子告诉了你什么？
  - 你的手指告诉了你什么？
  - 近距离观察树（使用放大镜和纸筒"望远镜"）
- 使用望远镜远距离观察树
- 给认养的树制作一本剪贴簿
- 用树皮拓印
- 收集树叶、针叶、细枝或掉落的树枝
- 用树叶拓印
- 将树叶压平，并把它们放在透明的食品包装袋里进行展示
- 比较不同树上的叶子或同一棵树上不同季节的叶子
- 在关于树的书里识别树
- 收集坚果、种子、豆荚或松果
- 对种子和松果进行计数、分类和称重
- 使用种子制作拼贴画
- 在不同的季节给树拍照
- 寻找在树上的东西：
  - 松鼠或松鼠的巢
  - 鸟、鸟窝或鸟蛋
  - 昆虫、蜘蛛、网或空的黄蜂窝
  - 毛毛虫或茧
  - 菌类、苔藓或地衣
- 关于松鼠、鸟、昆虫或毛毛虫的活动
- 让茧或蛹孵化蛾子或蝴蝶
- 制作小鸟喂食器
- 在冬天给小鸟投食种子或花生

（续表）

- 在春天投放绳子、纱线或布条，供鸟筑巢所用
- 把风吹树动的声音或鸟儿的歌声录下来
- 根据风吹树动的声音做创意运动
- 把爆米花串到一起装饰树
- 读关于树的故事
- 为自己的树创编故事
- 种下树种
- 在不同的季节，收集树周围的物体
- 感谢树为我们提供了阴凉、种子、氧气、美景，也感谢树为小鸟等动物提供了家园

他们的树有魔法吗？给孩子们读克里斯蒂·马西森的互动书《轻敲魔法树》[①]，让他们了解魔法苹果树的整个生命周期。当他们轻轻地敲击《轻敲魔法树》的页面时，光秃秃的棕色大树在冬天长出嫩绿的叶子，在春天开花，在夏天结果，最后在秋天再次落叶。孩子们能用照片和图画给自己的树也制作一本有关四季的书吗？

在迈克尔·霍尔的《奇妙之秋》（*Wonderfall*，Hall，2016）一书中，树真的说话了。这本书用简单的语言和生动的图片，描绘了这棵树在秋季的景象，从橡子发出叮当声、顽强支撑、沉重地坠落到平静、责任、助人、惊恐、感恩，再到第一场雪来临。这给你的孩子们为自己的树制作书提供了一些灵感吗？

雏鸟或小蝙蝠活动

当一只雏鸟从杰西认养的树上掉下来时，一个全新的科学活动开始了。孩子们把雏鸟放到一个用棉花和树叶铺好的盒子里，考虑该给它喂点什么。

隔壁班的教师是全美奥杜邦协会[②]的成员，她告诉孩子们最好把鸟放回发现它的地方。这样，当他们离开时，鸟妈妈就可以过来照顾它了。她说，这是一只小知更鸟。孩子们看着窗外，果然，过了一段时间，知更鸟妈妈来了，她把小知更鸟带到附近的灌木丛中。第二天早上，它们就不见了。这位教师告诉孩子们，雏鸟的父母

[①] [美] 马西森，著．郑悦琳，译．北京：新星出版社，2016。——译者注
[②] 以鸟类学家奥杜邦的名字命名的保护鸟类的美国民间组织。——译者注

最了解它们,人类很难饲养野生鸟类。

然后,孩子们想起了星月的故事。星月是一只小果蝠,在遭到猫头鹰攻击时从妈妈的怀里掉了下来,落到了一个鸟巢里。他们拿出《星月》①这本书,让教师再读一遍,听一听鸟妈妈如何让小果蝠像鸟一样吃虫子,头朝上地睡在鸟巢里,直到最后小果蝠被她的妈妈解救。还有一些孩子在网上找到了这本书,在线玩找动物的游戏或听这本书的音频。他们已经听了太多次这个故事了,几乎都能背熟了。

整合学习区的活动

美术区很快就被孩子们挤满了,一些孩子用棕色纸张制作蝙蝠的翅膀和面具,另一些孩子则剪出了小蝙蝠的形状——棕色的长椭圆形,并在下面夹上两个曲别针作为它的脚。他们用领带夹把这些小蝙蝠倒挂在教室各处。然后,孩子们创编了一个在黑暗的房间中"寻找小蝙蝠"的游戏。夜曲声中,两个儿童戴着面具、披着蝙蝠翅膀在房间中四处搜寻,在音乐停止之前努力搜寻尽可能多的小蝙蝠。

在书写区,孩子们也接受了有关蝙蝠的挑战。孩子们向教师口述故事,或者根据《苍蝇的日记》创编《蝙蝠的日记》,并把这个故事用涂鸦的方式写下来或者画下来。在音乐区,孩子们创作了蝙蝠之歌,比如,"在哪里?哦,小蝙蝠在哪里?"此外,其他适宜的图画书也一本接一本地出现,被教师阅读,被孩子们喜欢,并被整合到各个学习区。

谈论科学项目活动,学习事物的新名称和描述事物的新词语,听与科学主题有关的故事,创编关于植物、动物、鸟类和昆虫的故事,谈论谁将做某项特定的任务……所有这些都是能促进幼儿语言发展的科学活动。然而,与语言最直接相关的科学活动是孩子们对探索结果的记录。

记录

孩子们可以通过多种方式来记录结果。孩子们讨论项目结论,然后每个人都把自己的所学大声录下来。如果幼儿想要追踪植物或者动物(包括他们自己)的生长情况,那么他们可以制作简单的图表,用线条和标签在上面记录高度。此外,儿童也可以像科学家那样写一篇研究日记。

例如,"认养一棵树"项目中的每个儿童都有一本关于树的日记。他们在每周拜访过树之后,教师都会在日记本上写下日期,然后孩子们会在上面涂写、画画,或

---

① [美] 肯侬, 著绘. 阿甲, 审译. 石家庄:河北少年儿童出版社, 2011。——译者注

者向教师口述要写什么。当孩子们不知道该写些什么时，教师就会提出一些开放式的问题来提示他们，比如，"你的树今天看起来怎么样？"大多数儿童的回答都很简单："我的树看起来很冷"，或者"我的树看起来很湿"。但是，有一个孩子的日记上是这样写的（口述给教师，由教师写下来）："叶子开始长出来了，它们都蜷缩着。"孩子们也会把自己和树的合照贴在这些日记里。

孩子们还想写两个小组日记来记录两个蚂蚁农场。他们轮流做记录；有些孩子每天都有话要说。之后，孩子们经常回头看这些日记，并向其他孩子、他们的老师和父母解释它们。照片、图画和从杂志上剪下来的图片也被纳入了这些日记。一个孩子惊呼道："我们做了一本真正的书！"

促进儿童社会性发展的科学活动

一位教师指出，她班上的孩子们所探究的许多科学活动都是个人项目，比如"认养一棵树"项目。她觉得，科学活动也可以以社交为导向，所以她寻找机会让一组儿童共同参与一个需要他们运用社交技能的学习活动。她希望每个孩子都能与其他孩子一起活动，这样他们就必须轮流、等待、互相帮助。关爱环境、关爱他人是班级全年都致力的一个主题。然而，有时幼儿只想自己得到某样东西，忘记了别人。教师决定，首先让两个儿童一组开展活动（见图12.11）。

罐子里的宠物

图12.11 两个儿童一组使用一个放大镜来近距离观察昆虫

因为孩子们对寻找大树周围的昆虫表现出极大的兴趣，所以教师觉得"罐子里的宠物"可能是帮助孩子们学习合作的一个很好的项目活动。教师拿来了罐子，让每两个孩子用一个。她还给每组孩子提供了一个用来收集昆虫的网（一个适合用于鱼缸的捞鱼网）和一个放大镜。

在孩子们外出收集昆虫之前，教师给所有孩子读了图画书《甲虫字母表》（*The Beetle Alphabet Book*，Pallotta，2004）。这本书已经成为孩子们的最爱，书中的大幅写实插图让孩子们清晰地了解了甲虫的样子。但是，教师说这些图中的甲虫比真正的甲虫要大得多，他们要找的甲虫比它们小得多。书中有一幅图片将一种非洲的巨型甲虫放在一个人的手上作对比。

教师意识到，孩子们除了会发现甲虫，还会发现其他昆虫，所以她也给孩子们读了他们喜欢的另一本图画书《我喜欢虫子》（*I Love Bugs*，Dodd，2010）。这本书展示了各种各样的昆虫，但没有给它们命名，而是根据它们的运动进行分类。

另外，教师还和孩子们谈论了团队和团队合作。两个小朋友是一个团队，要一起通力合作收集昆虫。每个团队有一个用于收集昆虫的罐子和一个用于收集昆虫的网，两个人需要轮流工作。除了昆虫，他们还能把什么东西放到罐子里呢？孩子们想到了草、树枝、树叶、树皮、泥土。一个孩子说："无论如何一定要有虫子。""别忘了把罐子盖上，这样你的虫子就不会爬出来了。"另一个孩子提醒其他人。

孩子们希望把他们的虫子一直放在罐子里给别人观看，就像动物园里的动物那样。后来，教师给他们读了《虫子动物园》（*Bug Zoo*，Harkness，2016），这本图画书讲述了主人公本收集昆虫"建造"了昆虫动物园，但是无人前来参观。所以，他们就像本一样，只养了这些昆虫一天，观察它们，然后就把它们放走了，这样昆虫就不会死。教师和孩子们又一次一起谈论了关爱环境以及互相关爱。

这次收集昆虫的活动非常成功。孩子们比成人离地面近，对成人有时会忽略的微小事物有敏锐的观察力。他们发现了许多黑色的大木蚁和棕色的小蚂蚁、一只蜘蛛、一只蟋蟀、几条毛毛虫、一只蝴蝶、一只瓢虫、一个在树皮下的茧、一只黑色的小甲虫和一只小蟾蜍。

回到教室

回到教室后，他们谈论着自己在哪里发现了昆虫（或两栖动物），以及他们是如何收集的。只有一个小组的孩子说，他们在收集昆虫的过程中遇到了麻烦：布拉德说亚历克斯从他的手里抢走了网；亚历克斯回答说，要不是他动作那么快，蟾蜍早就跑掉了。此时，他对布拉德说："对不起。"

教师把网盖在罐子口上并把它扎紧，这样虫子既能呼吸到空气，又逃不掉。一些孩子想把他们收集到的昆虫多养几天，所以他们讨论在罐子里放一些合适的食物（树叶、面包屑）和水（一块潮湿的海绵）。他们知道蟾蜍需要吃昆虫，所以就把它放生了。

他们决定留下毛毛虫和茧，看看毛毛虫是否会结茧，然后是否会孵化成蝴蝶或蛾子。他们还决定，盛放这些昆虫的罐子属于整个班级，而不仅仅属于收集昆虫的小组。每个收集小组将负责自己的罐子，并从班级图书馆的图书中尽可能地查找有关他们收集到的昆虫的信息，再把这些信息告诉其他儿童（见图 12.12）。

图 12.12　每个小组负责自己的罐子，并向其他人说一说里面的昆虫

蚂蚁农场实验

孩子们把收集到的昆虫放生以后，希望在罐子里再放些东西来观察。教师建议孩子们收集更多的蚂蚁来建造一个蚂蚁农场。他们讨论了蚂蚁是怎样在地下的蚁巢中生活的，以及每只蚂蚁在蚁群中如何执行特定的任务。他们还谈到当人们住在一起时，大家是如何同样行事的。

这次并没有采用两人一组的方式，每个孩子都有一个罐子来装蚂蚁。教师告诉孩子们，她会带两个大容量的罐子来，这样他们就可以和其他小朋友一起建造两个蚂蚁农场了，他们想建造哪个就报名哪个。每一组儿童都有教师和他们一起建造蚂蚁农场。他们确定，这些蚂蚁不蜇人。在外出收集蚂蚁之前，他们还讨论了应该怎样建造一个蚂蚁农场。

1. 在罐子的中间放一块积木，迫使蚂蚁在靠近玻璃罐子的地方建造隧道，这样隧道就能被看到了。
2. 在罐子里装上大约一半的土。
3. 在地上找一个蚁丘或者蚁穴，把蚂蚁挖出来。除了蚂蚁，一定还要收集白色的蚂蚁卵、蚂蚁茧和蠕动的幼虫。寻找一只比其他蚂蚁都大的蚂蚁，那就是蚁后。把这些蚂蚁全都放到罐子里。
4. 在上面放一块湿棉花进行保湿。
5. 用细密的网盖住罐子口，并把它扎紧。
6. 把罐子带进教室，用一张黑色的画纸裹在罐子外面几天，以鼓励蚂蚁在靠近完全黑暗的玻璃壁建隧道。这样，在把纸拿掉后，你就能清楚地观察它们了。
7. 如果棉花干了，就再滴几滴水，但是也不要滴太多，以免发霉。
8. 罐子要远离阳光的直射和散热器。
9. 每隔一天喂蚂蚁一次，在纸板上放一些新的食物，同时把之前的食物拿掉。可以尝试给它们喂不同的食物，像面包屑、谷物、蔬菜、水果条、一勺蜂蜜，但是一次不要喂太多。
10. 一定要找到蚁后。如果蚁后不在罐子里，那么蚂蚁只会建造一段时间的隧道，最终都会死去。

在出去收集蚂蚁之前，孩子们对任务进行了分工。"就像蚂蚁一样！"一个女孩说。在蚂蚁农场建好之后，孩子们轮流喂蚂蚁，并报告发生了什么。他们把蚁群的聚居地命名为"地下城"和"隧道城"。

教师带来了一些关于蚂蚁的书，不时地读给孩子们听。其中，最受儿童欢迎的一本书是《蚂蚁》（*Ant*，Hawcock & Montgomery，1994），这是一本简单但有趣的折叠、弹出式图画书。他们从这本书中了解到，蚁巢中有墓地、垃圾场、托儿所和食品储藏室，所以他们试图在自己的蚂蚁农场中找到这些地方。此外，《找到蚂蚁安东尼》（*Find Anthony Ant*，Philpot & Philpot，2006）是一本有趣的计数类图画书，并配有歌曲"一群蚂蚁排着队在行进……"每隔两页，孩子们便要思考安东尼为什么停下来了，以及他正在页面下方的地下迷宫里做什么。总之，蚂蚁项目是一个非常成功的社交活动，持续了好几周。

促进儿童创造力发展的科学活动

创造力涉及看待事物和做事的新颖、独创的方式。科学区是教室中另一个可以促进儿童的创新意识绽放的区域。幼儿具有探索、实验和发现的怀疑精神和好奇心。即使幼儿缺乏好奇心和怀疑精神，他们也会受到你行为示范的鼓励而提出疑问并尝试找出原因，例如，为什么秋天树会落叶？为什么晚上天会变黑？

假装自己是昆虫

一位教师对孩子们在建筑物周围的地面上发现的虫子、蜘蛛、蝴蝶和蜻蜓印象深刻，于是她组织孩子们开展了一个迷人的活动——"如果……会怎样"。她知道，让科学尽可能地个性化，将有助于这些生物在孩子们的头脑中变得鲜活起来。那么，如果每个孩子都假装成自己收集到的昆虫会怎样呢？他会是什么样子的？他会吃什么？他会住在哪里？孩子们喜欢假装，而假装成某种生物可以得到教室里每个学习区的支持。

孩子们兴致勃勃地接受了这个新的挑战。他们想让美术区帮忙制作一件服装，让他们看起来像他们所假装的生物；让书写区帮忙写一个关于这个生物的故事；让音乐区帮忙创作一首关于这个生物的歌曲或儿歌；让戏剧游戏区帮忙把有关这个生物的戏剧游戏表演出来；让图书区帮忙找一本关于它的好书。教师搜寻到了一套完美的平装书来满足所有儿童的需求，即艾伦和汉弗莱斯（Allen & Humphries）的"后院系列"图书（Backyard Books）。这个班级使用的图书见表12.9所示。

表12.9　后院系列图书

- 《你是一只蚂蚁吗》（Are You an Ant，2002）
- 《你是一只蜜蜂吗》（Are You a Bee，2001）
- 《你是一只蝴蝶吗》（Are You a Butterfly，2003）
- 《你是一只蜻蜓吗》（Are You a Dragonfly，2001）
- 《你是一只蚱蜢吗》（Are You a Grasshopper，2002）
- 《你是一只瓢虫吗》（Are You a Ladybug，2000）
- 《你是一只蜗牛吗》（Are You a Snail，2000）
- 《你是一只蜘蛛吗》（Are You a Spider，2000）

这套书用简单的文字和生动的图片呈现了每一种生物、它的父母、它如何生长和变化、它吃什么,以及其他重要的事实。一旦每个孩子都选好了自己想成为的昆虫,教师就多次给他们读相应的故事。然后,由孩子们自己决定如何表现他们所假装的昆虫。例如,"小蜻蜓们"创编了一个手指游戏,他们头上戴着"触角",一边唱着歌,一边扇动纸翅膀飞走了。

> 蜻蜓啊蜻蜓,
> 快快吃,快快长;
> 蜻蜓啊蜻蜓,
> 不要慢下来;
> 蜻蜓啊蜻蜓,
> 呼呼扇动着翅膀;
> 蜻蜓啊蜻蜓,
> 飞走了!

"小蜘蛛们"用一瓶胶水和银粉在黑色的纸上织了一张网,然后拿来一个蜘蛛侠模型,让它爬上他们的网。"小瓢虫们"把瓢虫形状的磁铁藏在教室里的金属物品上,让其他孩子去找。"小蜻蜓们"把它们全都找到了!"小蝴蝶们"扇动着美丽的翅膀,随着音乐翩翩起舞。每个儿童都喜欢扮演昆虫,每当他们穿上昆虫的服装时都希望教师给他们再读一遍这些书,特别是当索曼和戴维斯出版了《瓢虫仙子和虫虫小分队》这本书后,因为书中小孩的穿着打扮和他们很像(见表 12.10)。

表 12.10　有关虫子的图画书

- 《蚂蚁》
- 《甲虫字母表》
- 《虫子动物园》
- 《找到蚂蚁安东尼》
- 《我喜欢虫子》
- 《瓢虫仙子和虫虫小分队》
- 《瓢虫露西》(*Lucy Ladybug*,King-Chai,2013)

小组户外活动

富有创造力意味着要以一种游戏化的、独创的方式进行探索、实验和操作。如果你没有这样的图画书，那么每次带一小组孩子出去，让他们"带路"。什么吸引了他们的注意？什么让他们感到兴奋？他们会问什么问题？在儿童的创造力发展中，探索过程本身是很重要的。让孩子们自由探索，给他们充足的时间深入探索。但最重要的是，让孩子们"带路"。

教师在科学区的角色

虽然儿童是通过自我发现来学习科学概念的，但是教师的角色也至关重要。如果教师不能深度参与，那么儿童的自我发现是不可能发生的。教师的深度参与如下。

- 创设科学区，以便儿童能自如地使用它进行探究活动。
- 仔细倾听儿童的评论和问题，以帮助儿童决定探索的方向。
- 通过将有趣的物品、合适的书籍、关于科学物体的猜谜游戏以及动物、昆虫、鸟类和鱼类等带入科学区，在科学区展示自然之美来激发儿童对周围世界的好奇心。
- 帮助儿童运用五种感官进行探索。
- 帮助儿童采用科学的方法探索。
- 在恰当的时机向新的方向拓展科学探索活动。
- 通过使科学个性化，让儿童对科学感兴趣。
- 帮助儿童记录他们的科学探索结果。

记录

赫尔姆、贝内克和斯坦海默（Helm, Beneke & Steinheimer, 2007, p.20）告诉我们，儿童学习的方式有多少种，记录儿童学习的方法就有多少种。他们提到，教师使用发展检核表、逸事记录、教师日记和儿童的作品来记录儿童的学习。另一方面，我们认为，在适宜性实践课程中，儿童的学习应该由他们自己来记录，因为是他们自己选择参加什么活动，也是他们自己创造性地展示着他们所学到的东西。他们可以使用表 12.11 中的一些记录方法。

表 12.11　记录的方法

·作品样本	·图片	·插图说明
·照片	·网络图	·叙事
·录音或录像	·演出	·访谈
·报告	·收集物	·清单
·书信	·模型	·对话
·图书	·雕塑	·观察值
·地图	·绘画作品	·陈述

你可能会想，为什么要把记录放在第一位呢？赫尔姆等人解释说，教师可以通过记录的内容让别人看到正在发生的发展适宜性教学和儿童的学习。儿童也希望看到记录的内容，因为他们对自己所做的事情和学习到的东西感到自豪，想与他人分享。

师幼讨论

教师需要与儿童讨论如何最好地记录他们的学习，以便其他人理解他们所做的事情。因为适宜性实践课程是围绕学习区构建的，项目活动起源于学习区，所以应该在这里进行记录。科学区就是一个很好的例子，因为很多项目活动和实验都起源于这里。

可以使用公告栏来展示平面作品，在公告栏前面放一张桌子展示三维作品。儿童知道这个展览是为所有人准备的，包括其他的教师、小朋友、家长，或者任何来幼儿园参观的人。儿童不仅希望这个展览充满魅力，而且希望吸引人们的注意。一个孩子解释说，就像电视广告一样。参与了项目活动的儿童可以轮流为参观者解释展品，回答参观者所提出的问题。

例如，在"认养一棵树"项目活动中，一个班的许多孩子都认养了后院的苹果树。为了展示他们所做的记录，他们把公告栏变成一棵有着棕色树枝的绿色大苹果树。他们把大树及其认养者的合照贴在红色的纸苹果上,然后让苹果树挂满了大苹果。他们在公告栏上用大字写着"摘一个苹果,读完关于它的所有内容"。参观者可以把纸苹果拿起来,读孩子们在苹果下面对照片所做的解释。

在公告栏旁边的桌子上,放着一篮子真正的苹果和一本小册子,小册子里面全是照片和儿童的"我们的苹果项目"故事。在这个展览中,最受欢迎的是儿童设计的一个游戏——"钓苹果"。儿童或成人参观者使用鱼竿、线和作为诱饵的半片魔术贴,从当作鱼塘的盒子里"钓"有另外半片魔术贴的纸苹果。

如果他们钓到的纸苹果上有数字,就可以从篮子里得到一个真苹果作为奖品。没有数字的纸苹果上则写着"对不起,请再试一次"。如你所料,这个活动取得了巨大的成功(见图12.13)。

图 12.13 "钓苹果"游戏给了参观者赢得真苹果的机会

但是,并不是所有儿童都准备好从这样的科学项目活动中获取意义;他们可能处在操作水平或熟练水平,而不是意义水平。然而,他们都将通过一起工作来学习。因此,教师在科学区观察儿童使用材料的情况,并在"儿童互动表"上记录他们的行为就显得非常重要。然后,教师可以通过解释这些数据来评估儿童个人或者小组,指出他们的成就、需求和计划。表12.12呈现了处于不同水平的儿童其在科学区可能的互动表现。通过分析这些数据，教师可以为科学区未来的活动制订计划。

当儿童开始引领科学探索活动时，例如，带来有趣的物品，建议去什么地方或者看什么，教师就意识到他们的科学课程真的起作用了。接下来，他们需要扮演追随者的角色，仔细倾听这些精力充沛的探索者的评论和问题，然后用他们都能遵循的奇妙新路径来支持他们无限的好奇心。

表 12.12 科学区的活动：互动水平

操作水平
- 用不适宜的方式摆弄放大镜、磁铁、棱镜、尺子或天平
- 把放大镜作为目镜使用
- 把磁铁作为玩具枪使用
- 从望远镜的另一端看
- 将发条尺拉出来，再让它弹回去
- 把物品装到用于收集的瓶子、盒子或袋子里，再把它们倒掉
- 敲打鱼缸的另一面，看看会发生什么
- 用手电筒照别人的脸

熟练水平
- 用适宜的方式使用放大镜、磁铁、棱镜、尺子或天平
- 把石头、贝壳等排成一行，用放大镜一个一个地观察
- 拉出发条尺，测量某个物体，再把它卷起来，多次重复这个过程
- 在天平两端堆放物品，直到它们达到平衡，然后把物体倒掉再堆放，不停地重复
- 用磁铁吸起钉子，然后取下钉子，再吸起钉子，不停地重复

意义水平
- 用放大镜观察昆虫，说一说它是什么样子的或者属于哪种
- 展示所收集到的贝壳或石头，谈论它们
- 通过双筒望远镜观察某个物品，描述一下看到了什么
- 测量某个物体，描述测量结果
- 为认养的树创编一个故事或制作一本书
- 识别鸟、鱼、昆虫或蝴蝶，在书上找到它的图片

本章要点

1. 运用视觉

（1）询问儿童在教室里看到了哪些水

（2）邀请儿童用放大镜观察水

（3）开展一次观察水的实地考察活动

2. 运用听觉

（1）让儿童倾听教室里的水声

（2）录下所有不同的水声，供儿童稍后识别

（3）用吸管在戏水桌里吹泡泡

3. 运用嗅觉

（1）邀请儿童闻一闻不同的水

（2）开展一次收集水的实地考察活动

4. 运用味觉

（1）品尝瓶装水和自来水

5. 运用触觉

（1）把温水倒入戏水桌的一角，让儿童找到它

（2）将喷头安装在水龙头上，让儿童感受并描述它

（3）让儿童在戏水桌里分别放入肥皂和不放入肥皂，用打蛋器搅动水

6. 重新唤起儿童的好奇心

（1）与家长谈一谈儿童是如何通过探索进行学习的

（2）做儿童探索行为的榜样

（3）让科学个性化

7. 创设科学区

（1）给科学区配备探究用的工具

（2）提供与探究主题相关的一系列图画书

（3）给鱼缸、盆栽和动物的家留出空间

8. 促进儿童的科学探究

（1）倾听儿童，记下他们的观点

（2）用黑色的布捕捉雪花，用放大镜观察它们

（3）谈论和记录儿童的发现和结论

9. 促进儿童的认知发展

　　（1）关注事物的外观和表现，而非原因

　　（2）在纸上和墙上制作手影

　　（3）鼓励儿童试着跳出他们的影子

　　（4）在家长简报上写一写儿童的科学探究活动

　　（5）邀请一位家长用手指呈现动物的影子

　　（6）倾听儿童的问题，开展相应的科学活动

　　（7）利用儿童的兴趣引入新的主题

10. 促进儿童的情绪情感发展

　　（1）让科学活动个性化

　　（2）邀请每个儿童都认养一棵树一年

　　（3）用纸制作蝙蝠翅膀和面具

　　（4）玩"找小蝙蝠"游戏

　　（5）帮助儿童克服对黑暗的恐惧

　　（6）了解害怕黑暗的宇航员

11. 促进儿童的社会性发展

　　（1）让小组儿童参与需要使用社交技巧的活动

　　（2）让团队儿童开展"罐子里的宠物"项目活动，分享工具

　　（3）谈论书上插图中昆虫的大小

　　（4）在收集活动中谈论团队和团队合作

　　（5）讨论保留几天昆虫后就把它们放生

　　（6）让两组儿童"报名"建造蚂蚁农场

　　（7）讨论建造蚂蚁农场的必要工作

　　（8）轮流喂蚂蚁，并报告正在发生的事情

12. 促进儿童的语言发展

　　（1）通过录音、图表或日志来记录科学探索的结果

　　（2）为认养的树写一篇日记

　　（3）为蚂蚁农场共同写一篇小组日记

13. 促进儿童的创造力发展

（1）为儿童读书来激发他们的好奇心

（2）使科学个性化

（3）让儿童假装成他们所收集的昆虫

（4）给儿童自由和时间，让他们自己去探索

试 一 试

1. 如本章所述，在你的教室里创设科学区，并配备探究工具、测量工具、容器、收集工具和记录工具。你也可以投放所有的工具，并向儿童演示如何使用它们。

2. 带领一组儿童开展一项活动，鼓励他们运用五种感官中的一种或多种去探索，一定要让有特殊需要的儿童参与其中。同时，记录下探索的结果。

3. 给一组儿童读一本图画书，激发他们对某一科学主题的兴趣，并做好用材料或他们能做的项目来跟进他们这一兴趣的准备。记录下结果。

4. 倾听儿童对正在进行的科学探究活动所做的评论和提出的问题，把它们记下来。然后，根据儿童的评论制订计划来扩展他们的活动。

5. 邀请家长参加一次收集昆虫的活动，并用本章提到的一种方法记录收集的结果。

第 13 章　课程计划

学习目标

阅读本章之后,你将能够:

1. 为即将发生的事情做计划。
2. 为儿童制订个人计划。
3. 制订整体计划。
4. 实施计划。
5. 发现课程网络图的优势。
6. 邀请儿童参与主题计划。
7. 召开月计划会议。
8. 基于 3-M 互动观察法为儿童制订计划。
9. 解释记录的信息。
10. 为个别儿童制订计划。
11. 召开周计划会议。
12. 制定个人学习目标。
13. 组织大组活动:圆圈时间。
14. 召开每日总结会议。

为即将发生的事情做计划

有句老话是这样说的:"如果你想让事情发生,你就必须为它的发生做计划。"不过,你还可以进一步补充说:"如果你想让儿童在你的教室里发生一些美妙的事情,你就必须制订美妙的计划。"的确是这样。虽然不制订大量正式的计划,你的早期教育项目也能推进,但是如果你不制订计划,你就不要期待特定的结果出现。

将教室划分为本书所描述的 10 个学习区,是持续计划的基础。它们阐释了适宜性实践课程的主题——"让环境来教"。

柯蒂斯和卡特(Curtis & Carter,2011)认为,环境是早期教育课程的基础。环境既要给儿童一种美感,又要培养儿童的好奇心和想象力。柯蒂斯和卡特邀请你蹲下来,从儿童的视角看整个空间(p.34)。自主性学习环境(见第 1 章)已经帮助你看到和创设这样一种环境。

现在,需要你、你的同事和你班上的儿童根据儿童的需要和兴趣计划活动,以促进他们的身体、认知、语言、社会性、情绪情感和创造力的发展。这样计划活动不是一件苦差事,而是一个挑战:为你和儿童一起追求的奇妙的学习冒险指明方向。和同事、儿童一起制订这样的计划,就像实施计划一样令人兴奋。全美幼儿教育协会认证指标 10.B.07 也提出了这样的管理标准。

> 10.B.07 早期教育项目应该有一个战略规划过程,以概述该项目将采取哪些行动来:(a)实现该项目的愿景和使命,(b)帮助儿童达到预期的结果,(c)为儿童和家庭提供高质量的服务,(d)提供长期资源以维持该项目的运作。

为儿童制订个人计划

在每个学习区,我们都关注儿童以及儿童与材料、活动和其他儿童的互动。我们已经观察到了儿童在互动水平方面的个体差异,并且讨论了一些能帮助儿童经由操作水平迈向熟练水平和意义水平的活动,使儿童通过探索性游戏来建构自己的知识。一直以来,我们注意到"个性化学习"是成功地帮助幼儿发展和学习的关键。

再一次,在制订课程计划时,我们必须要让计划聚焦于儿童个人。当材料和活动能与3—5岁的儿童进行个人"对话"时,这些儿童会做出最佳的反应。整个课程必须在个人层面上与儿童"对话"。之后,儿童会在个人层面上做出回应,并在自主性学习区中深入地进行自主学习(见图13.1)。

图13.1　当材料能与儿童个人"对话"时,儿童会做出最佳的反应

最成功的课程计划要从儿童开始,并向各个方向扩散开来。它们将涉及儿童的家庭、朋友、街区、邻居、社区,还有儿童周围的自然环境。你在制订这些计划时,需要以简单、直接的方式将它们写下来,以便你和同事看到和讨论它们。

创建个性化的课程网络图

格斯特维奇(2017)指出,创建一个课程网络图需要你和同事就"某一个探究活动可能将去向何方"进行头脑风暴,并列出潜在的相关联系。一件事情会引发另一件事情,一个想法连着另一个想法,就像一张大的蜘蛛网(p.93)。网络图总是对其他可能性开放。这是一个试探性的计划，是一切想法的起点。在新学年开始前，你可以和同事一起使用这样的网络图制订初步的计划。

以儿童为中心

聚焦于儿童，开始制订你的计划。首先，拿出一张白纸，在纸的中心位置写下"儿童"两个字。然后，围绕"儿童"以顺时针方向列出儿童生活中的主要影响因素。你或许会将前面提到的家庭、朋友、宠物、街区、社区和自然环境作为影响儿童个人的最重要因素。然后，在每个主题下面，邀请教师贡献出你可能希望在年内进行的相关子主题。

请确保，所有教师都对这张网络图的创建贡献了自己的想法。在初步制订课程计划的会议上，花时间和大家讨论每个想法。必要时，对网络图进行删减和增项。这仅仅是一个开始：没有什么事情是一成不变的。你所创建的是一张有关个人课程内容的网络图（见图13.2）。图上的每个条目都应该与儿童进行个性化连接。这样的网络图可以作为整个学年课程计划的基础。网络图上的任何一项都能转化成对儿童有意义、对你制订计划有帮助的课程主题。事实上，每一项都能成为自己课程网络图的主题。

在课程计划中使用这样的网络图，是全体教师为短期和长期计划做出贡献的一种有效方式。这样的网络图不仅是课程计划过程中的实用工具，而且这些网络图的创建者（你和你的同事们）可以一眼就看出活动之间是如何彼此关联的，以及活动是如何与儿童相关的。

制订整体计划

下一步，你和你的同事们要做的是从个性化的课程网络图中选择一个主题。新学年伊始，你或许决定选择"家庭"这个主题，因为它对儿童来说最熟悉。不过，有些早期教育项目更倾向于以"街区"这个主题为起点，因为儿童想要并且也需要了解这个他们将在白天逗留的新地方。

无论你选择哪个主题，这个主题和它的子主题都能使项目持续数周，这主要取决于你和儿童想要对此探究的详细程度。随着学年的推进，你、同事和儿童会再次根据儿童的兴趣和需要从个性化课程网络图中选择其他适宜的主题。

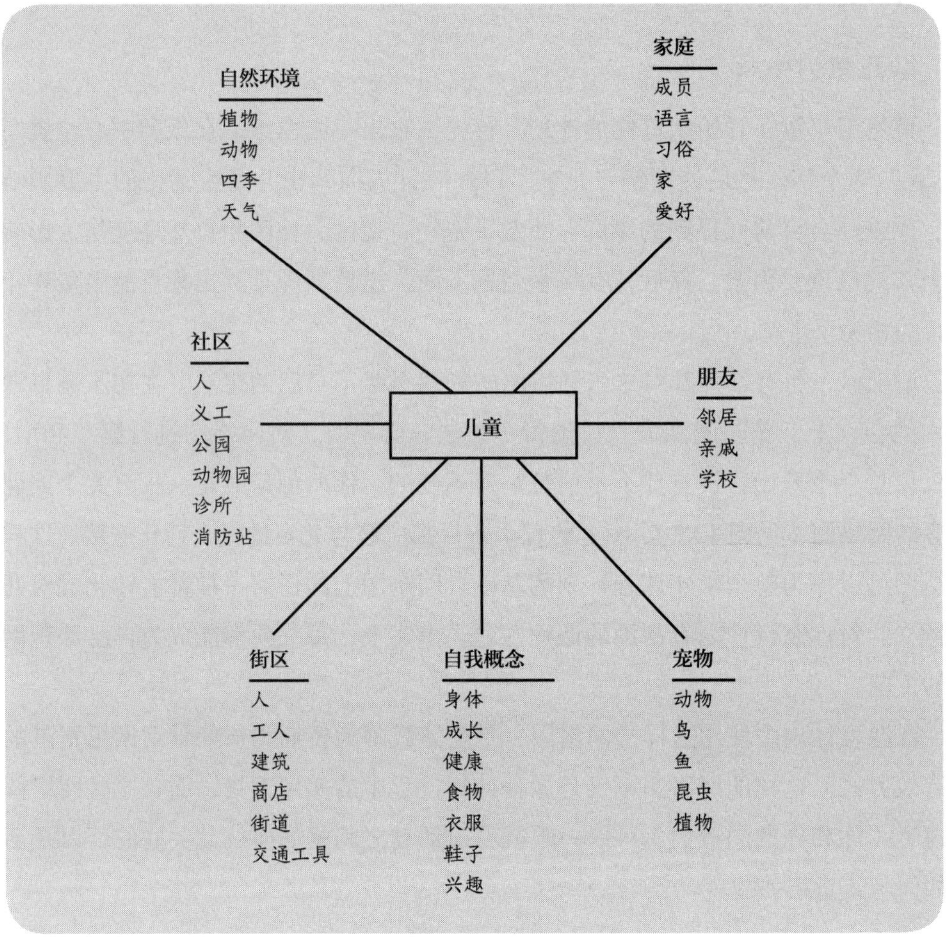

```
                自然环境              家庭
                 植物                 成员
                 动物                 语言
                 四季                 习俗
                 天气                 家
                                      爱好

        社区                                 朋友
         人                                  邻居
         义工                                亲戚
         公园          ┌──────┐              学校
         动物园  ─────│ 儿童 │─────
         诊所          └──────┘
         消防站

              街区        自我概念        宠物
               人          身体          动物
               工人        成长          鸟
               建筑        健康          鱼
               商店        食物          昆虫
               街道        衣服          植物
               交通工具    鞋子
                          兴趣
```

图 13.2　个性化的课程网络图

那么，你如何将这个主题和它的子主题整合到你的课程中？格斯特维奇（2017，p.67）告诉我们，一个整合式课程包含整合到一起的各学科领域（如科学、数学、社会研究、读写、美术和科技），而不是把学科领域作为单独的知识分支。戈登和布朗（Gordon & Browne，2017，p.317）补充说，在各种情境中体验同一个主题对儿童来说是一种自然而非人为的学习方式。这样的课程在儿童的自主性学习区中很有效。

创建另一个课程网络图

为了把所选的主题整合进 10 个学习区，你下一步要做的是以这个主题为中心创建另一个课程网络图。鼓励教师们贡献他们的想法。例如，一个基于"街区"主题的课程网络图应该以写在白纸中间的词开始，外围是每个学习区的名称。在每个学习区下，邀请教师们就这个学习区可以开展哪些活动来支持这一主题进行头脑风暴，集思广益。把他们的想法列出来。之后，你可以组织大家一些讨论这些想法，并通过增删活动将它们进行提炼和整合。基于"街区"主题的学习区网络图可能如图13.3 所示。

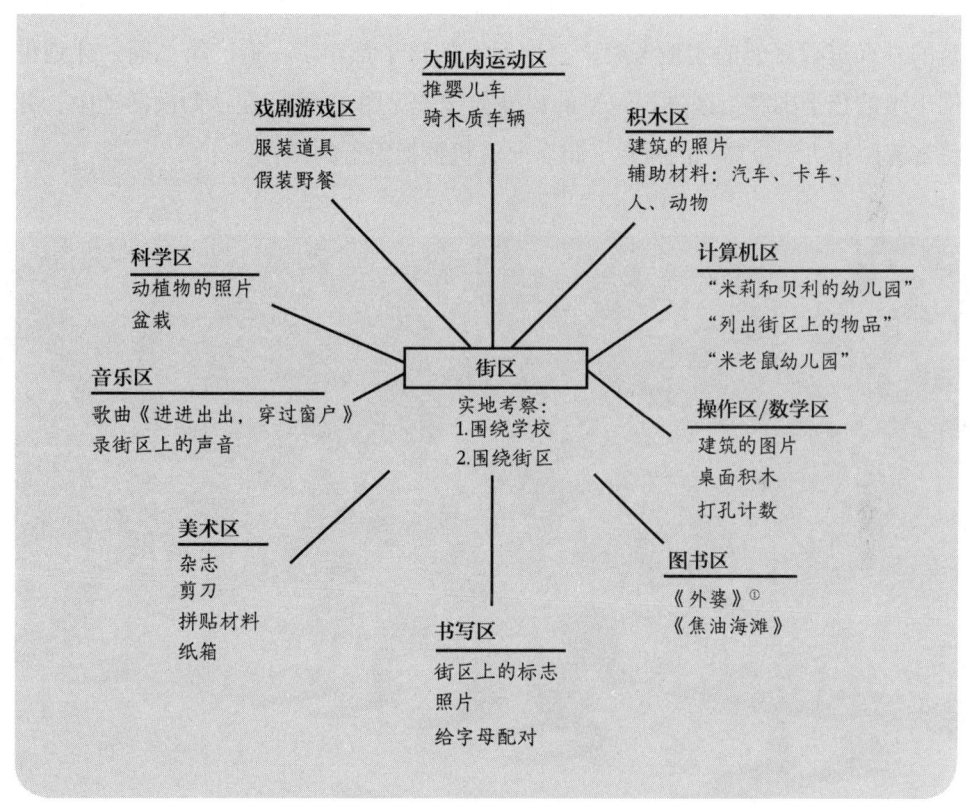

图 13.3　学习区网络图

---

① [美]多罗斯，著. [美]克莱文，绘. 陈红杰，译. 桂林：广西师范大学出版社，2018。——译者注

实施计划

一旦选定了主题并确定了每个学习区的活动,你就可以布置教室来支持主题的开展了。通常,一个新的主题从一个或多个学习区的特定活动开始。例如,在"街区"这个主题中,负责积木区的教师计划第一周每天带领不同小组的孩子在幼儿园建筑的外面进行短暂的实地考察,直到所有的孩子都轮了一遍。第二周,计划带领不同小组的孩子围绕街区进行短暂的户外徒步(见图 13.4)。在这两次活动中,儿童都将带着照相机记录周围的景色,带着录音机捕捉附近的声音。

图 13.4　小组儿童围绕着街区进行短暂的户外徒步

积木区

在积木区,展示从杂志上复印下来的建筑物图片,以及在实地考察过程中拍摄的建筑物照片,以激发儿童进行积木建构的兴趣。同时,提供用于积木建构的辅助材料,并且这些材料要与街区有关,比如,玩具汽车、卡车、救护车、人、社区义工、动物的玩偶,以及街道标志。不同幼儿园所在的街区不同,相应的辅助材料也是不同的。

当然,许多儿童并没有达到建构活动的熟练水平或意义水平,尤其是在新学年开始的时候,所以不要奢望他们能搭出建筑物。然而,"在街区观察到的建筑物能用积木表征出来"这一概念,对他们来说是适宜学习的。有些儿童会尝试搭建建筑物,有些儿童会观察或者仅仅把积木排成一排。其他的学习区也能以多种方式为"街区"这个主题做出贡献。

美术区

在这个月的某段时间,为儿童提供剪刀和杂志。儿童可能想把杂志上与他们在街区所看到的物体类似的图片撕下来或者剪下来。他们可以把这些图片贴在一起制作一幅有关街区的拼贴画。再过一周,你可以提供一个大纸箱,并在上面剪出一个门和一扇窗户,然后提供颜料让儿童给他们的房子涂色。

音乐区

儿童可以唱一首关于他们的房子和街区的歌。他们可以和着歌曲《进进出出,穿过窗户》(*Go In and Out the Windows*)的旋律编一些词,也可以一边唱着歌一边用肢体做动作,围成一圈或跟随领头人移动。

围着大楼走来走去
围着大楼走来走去
围着大楼走来走去
就像今天我们一直做的那样

图书区

当月,教师可以给小组儿童读一些关于建筑物的图画书。《早安,城市》[①]讲述了一个小女孩和他的父亲清晨沿着城市的街道走路去上学的故事,有助于帮助儿童开始搭建自己的建筑物。图画书《城市形状》能激发儿童进行一次使用纸筒"望远镜"识别建筑物的实地考察活动。图画书《这就是泰尼维利小镇》讲述了小镇上的居民

[①] [美] 斯尔韦曼, 著. [法] 弗尼耶, 绘. 梅思繁, 译. 武汉: 长江少年儿童出版社, 2017.——译者注

觉得他们需要一座新桥了，于是他们就建造了一座桥。你的小小建筑师们也可以尝试这样做。

书写区

这个学习区的儿童可以跟着教师走出去，寻找街区上的标志。教师把儿童看到的标志上的字写下来，或者拍下来。回到书写区后，把这些标志打印在海报上。儿童可以尝试使用磁性字母或者字母积木来寻找和匹配标志上的字母。

操作区 / 数学区

鼓励儿童使用成套的桌面积木（如乐高积木）建造房屋和其他建筑物。一定要给儿童和他们的建筑物一起拍张照片，并在学习区展示出来。改天，他们可以从窗户往外看，用打孔机给他们看到的汽车计数。

科学区

图 13.5　莫妮卡研究花朵

该学习区可以向儿童发出挑战，让他们找一找街区上有什么东西正在生长。如果是一个城市的街区，儿童会发现某家窗边的植物、公园里的树、人行道裂缝里的蒲公英或者空地上的杂草（见图 13.5）。可以用照相机把这些发现记录下来。儿童的问题和评论有助于引导教师开展后续活动，比如，制作一个盆景。

戏剧游戏区

该学习区可以让儿童扮演他们在街区所看到的人，如邮递员、警察、出租车司机或街区的居民。教师带来衣服和道具，供儿童装扮一番并假装参加街区的野餐。

大肌肉运动区

儿童在街区实地考察时发现了哪些运动呢？有人遛狗吗？有人骑自行车吗？有人驾驶卡车吗？有人推着婴儿车吗？儿童可以在"环

形跑道"上推着婴儿车玩上几天,或者戴上卡车司机或出租车司机的帽子驾驶着大型木质车辆在上面跑。

课程网络图的优势

教师或者儿童产生了新的需求和想法时,就可以创建新的学习区网络图,从而生成新的课程。柯蒂斯和卡特(2011,p.270)认为,课程网络图这一形式可以记录课程产生的过程;可以用一种颜色表示儿童的兴趣和反应,用另一种颜色表示教师的供给。

使用这样的网络图,使得课程计划成为日常生活中一个活跃、有趣的部分。每个人,包括儿童,对于新网络图的创建都有发言权(参见全美幼儿教育协会认证指标 1.D.02)。网络图是简单的、容易实现的、灵活的。一个主题应该持续多久并没有时间限制,因为儿童需要在主题上停留多长时间才能理解概念是不可预知的。但是,当主题进行不下去时,新网络图中的新主题能很轻易地取代它。

> 1.D.02 教师应为儿童提供机会,让他们通过参与班级规则、计划和活动的制订来建立班级共同体。

保存网络图

应该把网络图保存好,以便教师记录不同小组的儿童的哪些活动开展得顺利,哪些活动开展得不顺利。格斯特维奇(2017,p.93)也指出,网络图总是包含更多后续的可能性。如果网络图得以保存,那些有效的想法可以在下一年继续实施。

邀请儿童参与主题计划

当儿童用积木建构、进行实地考察、尝试新的想法或者就感兴趣的主题问问题时,主题就可以从儿童自己的兴趣中生发出来。不同学习区的教师必须仔细倾听儿童说的话、问的问题。教师也必须就活动向儿童问开放式的问题，并记下儿童的回答。例如，建构区的蒂法妮想知道："为什么新修的桥不会掉进河里？"她问的是他们在街区实地考察时看到一条河上正在新修的一座桥。

这位教师意识到，她自己关于桥梁建造的想法是从成人的视角出发的。她问了积木区的其他儿童，他们认为原因是什么。大部分孩子都不知道怎么回答，但是杰拉尔德说："它在桩子上。"迈克补充道："绳子拉着它。"通过这次讨论，教师决定在本周剩余的时间里改变建构区的计划，让儿童自己探索他们关于桥梁建造的想法。

儿童建造桥梁

儿童很兴奋地在教室里的一条假想的河流上尝试建造他们自己的桥梁（见图13.6）。他们建议用蓝色的纸制作一条河流。然后，他们就可以尝试用积木在河上建造桥梁了。大部分儿童处于建构水平的意义阶段：他们尝试各种积木配置方法，比如，把长的四倍单元积木或者短的积木放在几根柱子上。处于操作水平的儿童则可能让积木横穿蓝色的纸排成一排。

图13.6　这些男孩建造了一座中间坍塌的桥梁

与此同时，教师决定在接下来的一周甚至更长时间内继续开展"桥梁"的主题，直到所有儿童都有机会尝试他们的建造技巧。她给每组的桥梁都拍了照，并把照片挂在了积木区。之后，她时常带着小组儿童参观真正的桥梁建造工地，并带回有关工程进展的报告。

桥梁课程网络图

在接下来的教师计划会议上，负责积木区的教师建议教师们和儿童一起创建一个关于桥梁的课程网络图，并且一起为其他学习区如何支持这个主题进行头脑风暴。图13.7呈现了这个网络图最终的样子。

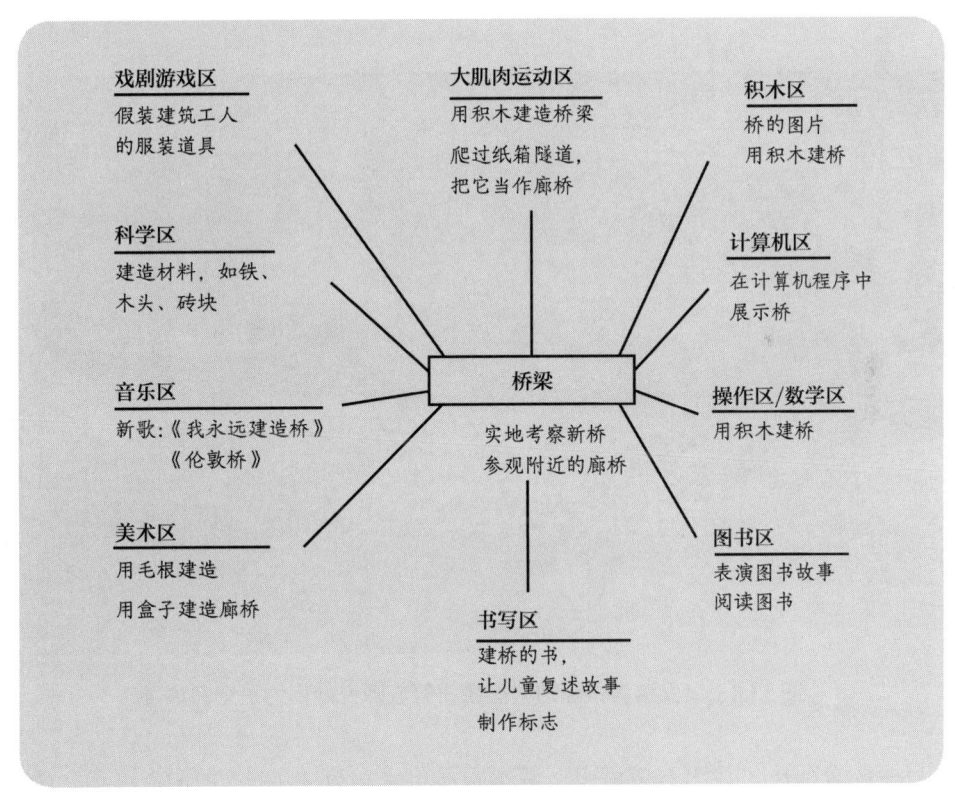

图13.7　学习区网络图：桥梁

有位教师质疑，该计划中每个学习区是否包含了过多关于桥梁的内容，也许应该在某些学习区做些其他的事情。儿童对这一建议是拒绝的，蒂法妮甚至想让下一周就叫"桥梁周"。每个儿童都同意蒂法妮的主意。这使得教师们在周末争分夺秒地为桥梁工程寻找可用的材料。他们甚至找到了一位桥梁建筑工人，他同意在午餐时间来教室，和儿童谈谈他有关建造新河峡大桥（New River Gorge Bridge）的工作。

从他们自己的书架上，教师找到了两本跟桥梁主题相关的书：《三只山羊嘎啦嘎啦》[①]和《焦油海滩》(*Tar Beach*, Ringgold, 1991)。在《焦油海滩》一书中，主人公凯茜想象着飞过乔治华盛顿大桥。之后，教师找到了一本最合适的图画书——《吊桥立起来了》(*The Bridge Is Up*, Bell, 2004)。它讲述了一个简单的故事：当一座吊桥立起来时，阻断了交通，一辆又一辆车停下了。儿童很乐意扮演这本书中的交通工具角色，如公共汽车、小汽车、自行车、卡车、摩托车、推土机和拖拉机。其他两个儿童变成了立起来阻碍交通、放下后让车辆通行的吊桥。一个儿童尝试用积木搭一座桥，但教师说这是个斜坡（见图13.8），他们讨论了二者的区别。

图13.8　小女孩尝试建造一座桥，但教师说她搭的是个斜坡

另一位教师从公共图书馆借来了两本跟桥梁主题有关的书：《桥梁》(*The Bridge Book*, Carter, 1992)和《兰登书屋图书——建筑物是如何被建造出来的》(*The Random House Book of How Things Were Built*, Brown, 1992)。前一本是有关世界各地桥梁的纪实类黑白图画书，后一本呈现了世界著名的建筑物和桥梁。儿童很快就

[①] [美]阿斯别约恩森，等，著．[美]布朗，绘．熊春，蒲蒲兰，译．南昌：二十一世纪出版社，2007。——译者注

从书中找到了英国第一座铁桥的图片,并且发现了人们是如何从桥的两端向桥的中间开始建造桥的。他们还找到了有巨大钢索和桥塔的金门大桥。

《桥梁》这本书中甚至有一幅廊桥的图片,并且用一个故事讲了为什么要这样建造它。教师给孩子们读了配图的文字。看了这本书,儿童知道没有两座桥是一模一样的。每座桥都诉说着它自己的故事,以及建造它的人和使用它的人的故事。

儿童制作桥梁书

儿童决定自制两本桥梁书:一本是关于幼儿园附近正在修建的桥梁,另一本是关于教室里他们自己搭建的桥梁。他们将口述自己拍摄的每一张照片的故事,然后把这些照片和故事都放进他们自制的书中。"不要忘了讲一讲使用桥的人的故事,"蒂法妮提醒正在讲述故事的伙伴们。

需要明白的一点是,一旦你让儿童参与制订计划,你就需要遵循他们的很多建议。但是,也要让儿童知道,并不是每个建议都可行。他们或许愿意投票决定哪些建议对他们来说是最重要的。对儿童来说,参与班级的运作是多么令人兴奋的经历啊!凯西和利普曼(Casey & Lippman,1991,p.52)指出,不管是在学业方面还是在生活方面,计划都是成功的重要因素。研究表明,即使3岁的孩子也能成为计划者。

月计划会议

给教师留出时间提前为下个月的课程做计划。可以选一个特定的下午,比如本月的最后一个星期五的下午。这个时间,全体教师集中在一起讨论过去的一个月里孩子们发生了什么事情,开展了哪些活动,并为下个月制订计划。许多早期教育项目发现,让一位教师一次负责一个特定的学习区一个月,这样效果最好。

早期教育项目中的每间教室通常配备2~3位教师:一位主班教师,一位配班教师,以及一位助理教师或志愿者。如果是这样,那么一位教师可以一次负责四个学习区一个月。负责一个学习区意味着为一天的活动创设环境,并观察(通常是在远处观察)活动进展得是否顺利。但是,这并不意味着教师必须花大量的时间待在这个学习区,因为让儿童自己与材料、同伴互动实际上更为适宜。

学习区的结合

如果早期教育项目空间有限,那么可以把学习区结合起来以节省空间,这样依然能给儿童提供各自独立的活动。例如,把音乐区和数学区结合起来或者把音乐区和书写区结合起来。擅长音乐的教师应该跟其他教师分享音乐方面的知识,以便其他教师也能帮助儿童享受音乐数学活动的乐趣。另一种安排是,把图书区和书写区结合起来。

教师们可以自己选择或被安排到某一学习区。主班教师或许从带领积木区的儿童实地考察街区来开始新的学年。之后,其他教师通过头脑风暴把自己的想法添加到学习区网络图上,以说明自己所负责的学习区每周是如何支持街区这一主题的。灵活性是关键,一些计划可能比其他计划提前完成。另外,不是每个计划都能成功。一些计划需要改进,还有一些计划需要教师反思。每月的计划会议可以用来讨论这样的议题。当儿童提出了新的计划时,你也可以将它们整合进学习区的活动中。

基于3-M观察为儿童制订计划

你和同事们已经对儿童在学习区与材料、其他儿童的互动情况进行了 3-M 观察,这是为儿童制订个人计划的基础。赖费尔(Reifel,2011)指出,尽管观察对于教师了解儿童是必要的,但是教师也要明白他们应该观察什么,以及如何将他们的反思融入教学。此外,他还告诉我们,新的研究同样关注教师对儿童发展的认识和对儿童游戏的观察(p.64)。

你要一直记录儿童的三种活动水平(操作水平、熟练水平和意义水平)和儿童的三种社交互动(独立游戏、平行游戏和合作游戏)。现在,你必须在"儿童互动表"的反面记录关于儿童发展的"成就"和"需求"方面的解释性信息。只有这样,你才能填写表格上的第三栏——"计划"。

为了使制订的计划满足儿童个体的需求，你必须解释记录在"儿童互动表"正面的信息。

解释记录的信息

儿童互动的水平，连同他们的行为和语言，是记录在表格反面"成就"一栏的信息的基础。紧随"成就"一栏的是"需求"一栏。观察者必须解释记录的信息，才能确定儿童的需求。除了记录的信息外，教师在解释时还需要参考儿童日常在教室里的行为。

例如，梅纳是一个4岁的孩子，她3个月前进入这所幼儿园。她在科学区的动物身上花了大量的时间。她观察鱼缸里的鱼，发表评论或提出问题。她喂养豚鼠，给豚鼠清理笼子，也喜欢抓起豚鼠并随身带着它。她还因为豚鼠发出的叫声而把它称作"吹哨者"。不过，她在科学区的每件事情都是独自做的。

梅纳的互动情况

教师查看了其他学习区记录的关于梅纳的信息，也向其他教师询问了梅纳的互动情况。教师发现，梅纳喜欢在美术区的画架上画画，在戏剧游戏区独自扮演妈妈来照顾洋娃娃，在操作区独自玩桌面游戏。梅纳从来没有在积木区、倾听区和书写区玩过，但有时候在图书区或科学区独自看书。

为了解释梅纳的行为，并为其制订相应的计划，教师决定把关于梅纳互动情况的累积记录汇总起来。在回顾了之前记录的关于梅纳的信息并与其他教师沟通之后，教师完成了"儿童互动表"（见表13.1）。

表 13.1　儿童互动表

| 儿　童 | 梅纳 | 观察者 | D.B. |

学习区　戏剧游戏区、操作区/数学区、图书区、美术区、科学区

日　期　9/15—11/15

儿童与材料的互动

操作阶段　　　　　　　　　　　　　　　　　　　　　　　行为/语言

（儿童漫无目的地四处摆弄材料）

熟练阶段　　　　　　　　　　　　　　　　　　　　　　　行为/语言

（儿童有目的地反复使用材料）

戏剧游戏区：给洋娃娃穿衣、喂饭，把洋娃娃放进婴儿车推着走。

操作区/数学区：操作小钉板，玩数字配对游戏。

图书区/科学区：看书，尤其是看有关动物的故事书。

美术区：在画架上画画——线条、圆圈、胡乱涂画（画了好多张纸）。

意义阶段　　　　　　　　　　　　　　　　　　　　　　　行为/语言

（儿童以新颖且具有创造性的方式使用材料）

科学区：观察鱼缸里的鱼，问："它叫什么名字？我能喂它吗？"喂豚鼠，和豚鼠说话，清理豚鼠的笼子，随身带着它，因为它的叫声给它起名"吹哨者"。

儿童之间的互动

独自游戏　　　　　　　　　　　　　　　　　　　　　　　行为/语言

（儿童独自操作材料）

独自在美术区、科学区、戏剧游戏区、操作区/数学区和图书区玩；和鱼、豚鼠、洋娃娃、教师说话；很少和其他儿童交流。

平行游戏　　　　　　　　　　　　　　　　　　　　　　　行为/语言

（儿童挨着别人玩同样的材料，但不参与别人的游戏）

参与一个美术项目活动——给戏剧游戏区用的纸箱房子涂色，但是与其他儿童平行游戏，没有交流。

（续表）

合作游戏	行为 / 语言
（儿童与其他儿童一起共同玩相同的材料）参加小组的歌唱活动、手指游戏，也参加教师主导的圆圈游戏；有时和其他参加游戏的儿童聊天，知道歌词和游戏指令词。	

基于这些信息，教师在这张"儿童互动表"的反面做了如下解释。

成就

- 对动物、动物的故事、动物的名字、画画、配对游戏、看书以及给动物和洋娃娃喂食很感兴趣
- 对教师、动物、洋娃娃讲话时能使用扩展句；能清晰地表达
- 在戏剧游戏、配对游戏和美术方面处于熟练水平；在科学活动和动物活动方面处于意义水平

需求

- 与其他儿童互动、交流和玩耍
- 尝试参加积木区、倾听区、书写区的活动
- 在美术活动、戏剧游戏和数学游戏方面提高到意义水平

为儿童个人制订计划

在为像梅纳这样的儿童个人制订计划时，教师需要考虑她的成就和需求。然后，教师要列出可能的活动，这些活动将利用梅纳的兴趣和发展成就来满足她的发展需求。比如，为了让梅纳和其他儿童一起玩，教师觉得先让她和一个儿童一起玩对她是有帮助的。如果这种互动有效，教师就要观察，梅纳是否也会和其他儿童建立联系，教师是否需要帮助她参与小组活动，或者梅纳是否需要更多的时间来适应班级环境。

接下来，教师要在一张纸上列出几个想法，这些想法将在每天的总结会议或每周的计划会议上被讨论，并可能在接下里的几天里得到实施。

计划

1. 将班级工作表由一人负责一项工作改为两人一组负责一项工作；在表格中添加工作，如"喂鱼""喂吹哨者"和"清理吹哨者的笼子"；两个儿童需要一起报名申请并完成一项工作。
2. 建议梅纳跟一个擅长操作电脑的儿童一起玩"龟兔赛跑"的电脑程序。她如果喜欢使用电脑，或许也会喜欢《星月》这本书。
3. 提供《萨米：教室里的豚鼠》(Sammy, the Classroom Guinea Pig)和《失而复得的补丁》(Patches Lost and Found)两本图画书，让梅纳和她的朋友一起看。
4. 建议梅纳用照相机给"吹哨者"拍张照片，并在教师的帮助下，在书写区制作一本关于豚鼠的书。

周计划会议

上述为梅纳制订的计划将有可能在周计划会议上被讨论和商定，然后，它们将被实施一段必要的时间。"儿童互动表"将被放回到周计划文件夹中，以便下周讨论其结果。计划成功了吗？梅纳至少和一个儿童互动了吗？还需要再花一周的时间实施这些计划，还是考虑实施其他的活动？

类似这样的计划会议不仅让全体教师有机会了解儿童个人的发展成就和需求，还让教师有机会对儿童个人进行持续的评价。计划有效吗？还要继续实施吗？有必要制订新的计划吗？教师们回看记录在"儿童互动表"反面的儿童发展需求，然后判断这些计划是否满足了儿童的需求。如果没有，就要为儿童制订新的计划。

个人学习目标

一些早期教育项目更喜欢在教室里的每个学习区为儿童个人制订长期计划。当儿童在班级中待了足够长的时间，得以让教师们足够熟悉他之后，教师们就可以翻阅"儿童互动表"上记录的信息，并制定一套学习目标。这些目标会在随后的月计划会议上被提及，并随着学年的推进而增加或改变。例如，"乔尔的学习目标"（10月1日记录）如下。

积木区
乔尔处于操作水平；帮助他在积木建构上发展到熟练水平。

倾听区
找到乔尔能"掌握"的程序，把他和了解该程序的儿童配对。

操作区 / 数学区
他会数筹码而不仅仅是摆弄它们吗？

图书区
帮助他静坐听完一个完整的故事。

书写区
让他对这个学习区感兴趣；至今为止，他还没有进过这个学习区。

美术区
让他对这个学习区感兴趣；至今为止，他还没有进过这个学习区。

音乐区
乔尔会听，但不会参与到音乐中；帮助他参与进来。

科学区
乔尔对昆虫和动物表现出了极其浓厚的兴趣，但是不能坚持足够长的时间来完成项目活动；帮助他和一个伙伴合作完成一个昆虫项目活动。

戏剧游戏区
乔尔似乎在回避这个学习区；让他和同伴一起扮演科学家或者丛林探险者的角色；他的语言技巧需要发展；需要更多的对话练习。

大肌肉运动区

乔尔喜欢在环形跑道上跑步；给他提供很多经验；让他帮助其他人完成跑步游戏。

像这样的学习目标每个月都被保存在乔尔的档案袋里。教师会在月计划会议上分享它们，或者在家长会上与家长分享。然后，在月计划会议上，教师们适时地更新目标。因此，早期教育项目整个学年都能对儿童个人的需求和兴趣做出回应。

大组活动：圆圈时间

在自主性学习环境中，是否有开展大组活动的场所？当然，肯定有。让儿童认识到自己是集体的一分子，也很重要。因此，你的计划中应该包括那些能让全班儿童一起开展的活动，比如，唱歌活动、手指游戏、讲故事（注意，不是读书，读书活动采用小组的形式更好）、音乐游戏、创意运动、大肌肉运动和圆圈时间。

因为"圆圈时间"本身为所有这些活动提供了一个框架，所以许多早期教育项目的一日活动中都包含圆圈时间。如果圆圈时间被安排在幼儿园一日生活开始的时间，那么它的目标就是迎接儿童入园，帮助他们完成从家到幼儿园的过渡，同时向儿童介绍不同的学习区可供开展的活动。如果圆圈时间被安排在一天的中间时间，那么它是为改变步调服务的：加快或减慢事情的进程，以帮助儿童将注意力集中在他们接下来要开展的活动上。一天结束时的圆圈时间，则可以帮助儿童回忆他们当天所做的事情，明确他们的问题或困惑，用再见歌曲或儿歌帮助儿童从幼儿园过渡到家庭。

帮助儿童集中注意力

无论何时开展，圆圈时间都应该用来帮助儿童集中注意力和兴趣于他们正在进行的活动上。研究表明，最成功的圆圈活动是讲故事和音乐活动，最失败的圆圈活动是展示和讲述（McAfee，1985）。不管怎样计划，圆圈时间都应该以一个全班儿童都感兴趣的活动开始，从而吸引每个儿童的注意。之后，类似手指游戏或故事讲述这样的活动能使儿童慢下来、平静下来，帮助儿童集中注意力于儿童个人想说的话。

在适宜性实践课程中，这类集体活动能在一天结束的时候把个人或小组在学习区进行的独立活动集中到一起，因为儿童会自愿报告他们这一天完成了哪些事情。儿童也会让教师知道哪些活动是他们最感兴趣的。这种交流帮助教师和儿童总结一天的成就。教师应该记下这些，以便在每日总结会议中使用。

每日总结会议

每天结束时，教师要对不同学习区的活动进行简要的评估。教师和儿童是否成功地开展了活动？儿童的反应如何？明天是否需要做出一些改变？活动想法和对活动做出的改变被记录在档案卡上，这些档案卡被放在一个文件盒中，以便在周计划会议和月计划会议中使用。

档案卡的使用体现了紧跟当下的精神，鼓励创造性的想法，使课程计划成为教师的挑战，而不是一件苦差事。对于效果特别好的活动，教师们会在档案卡上贴上贴纸，以便他们将来想使用时能注意到这些活动。因为每位教师都直接参与了日计划会议、周计划会议和月计划会议，所以每位教师都愿意花更多的时间和精力来制订这些计划。当每位教师都需要对自己负责的学习区每天所发生的事情负责时，创意之花就会随之绽放。

结语

请让我们再次回顾一下本书第1章的内容。关于适宜性实践课程，你当时期望获得的信息、理念和应用方法都有哪些？你获得它们了吗？把本书每章中你想要应用的想法列出来，和你的同事讨论，并邀请他们发表自己的想法。然后，开始实施这些新的想法，每次从一个学习区和对一个儿童的观察开始。

当你对自己和同事所提议的活动感到很兴奋时，整个早期教育项目就会焕发出新的生机。因此，适宜性实践课程既适用于教师，也适用于儿童。当教师对课程充满热情时，儿童也会对他们的学习表现出同样的热情。由此，教室对每个人来说就变成了一个令人兴奋的场所，由儿童自主学习所引发的兴奋涟漪就会扩散到每个儿童和每位教师的生活中（见图 13.9）。

图 13.9　当教师热衷于适宜性实践课程时，孩子们也会如此

本章要点

1. 制订年度计划

   （1）在年初与教师们讨论全部的主题

   （2）以儿童为中心制订计划

   （3）拿出一张白纸，在中间写下"儿童"两个字

   （4）为儿童制作个性化课程网络图

2. 确定学习区如何支持正在进行的主题

   （1）制作第二张网络图，指出每个区下面开展哪些活动

   （2）在书写区打印在街区发现的标志

   （3）在操作区/数学区用桌面积木进行建构

（4）在幼儿园周边进行实地考察，发现生长中的动植物

（5）在戏剧游戏区扮演街区上的居民并假装野餐

（6）在环形跑道上推着婴儿车

3. 让儿童参与主题计划

（1）倾听儿童问的问题

（2）和儿童一起制作网络图

4. 召开周计划会议和月计划会议

（1）留出时间提前制订周计划和月计划

（2）邀请一位教师负责一个学习区一个月

（3）要求每位教师负责四个学习区

（4）空间有限的话，将学习区整合起来

（5）教师们彼此分享专业知识

5. 基于 3-M 互动观察法为儿童个人制订计划

（1）基于观察结果为儿童个人制订计划

（2）基于儿童的兴趣和成就来满足他的需求

6. 召开周计划会议

（1）持续评价为儿童个人制订的计划

（2）为儿童个人制定学习目标，并与大家分享

7. 组织圆圈时间

（1）帮助儿童认识到自己是集体的一分子

（2）组织集体活动

（3）运用圆圈时间帮助儿童完成从家到幼儿园的过渡

（4）从儿童感兴趣的活动开始，随后是安静的活动

8. 召开每日总结会议

（1）在一天结束的时候花点时间和教师们分享

（2）评估学习区的各种活动

（3）每天在档案卡上记下对活动做出的改变

（4）在每周结束时把档案卡按学科归档

（5）为突出的活动贴上贴纸

（6）教师对课程充满热情，儿童也会如此

试 一 试

1. 自己制作一个以"家庭"为主题的课程网络图。
2. 与其他教师、儿童一起以"家庭"为主题制作一个课程网络图,比较一下两个网络图有哪些不同之处?有哪些相同之处?
3. 如果你制订的计划实施效果不好,儿童似乎对他们自己的想法更感兴趣,那么你会怎么做?
4. 每个学习区是如何为"儿童的宠物"这一主题服务的?
5. 参加周计划会议和月计划会议,根据记录在"儿童互动表"上的观察数据和你对此所做的解释写下为儿童个人制订的计划。

参 考 文 献*

第 1 章

Anderson, G. T., & Robinson, C. C. (2006). Rethinking the dynamics of young children's play. *Dimensions of Early Childhood,* 34(1), 11–16.

Beaty, J. J. (2017). *Skills for preschool teachers* (10th ed.). Columbus: Pearson.

Berk, L. E., & Winsler, A. (1995). *Scaffolding children's learning: Vygotsky and early childhood education*. Washington, DC: NAEYC.

Bottini, M., & Grossman, S. (2005). Center-based teaching and learning: The effects of learning centers on young children's growth and development. *Childhood Education,* 81(5), 274–277.

Bredekamp, S. (Ed.). (1986). *Developmentally appropriate practice in early childhood programs serving children from birth through age 8*. Washington, DC: NAEYC.

Bredekamp, S., & Copple, C. (Eds.). (1997). *Developmentally appropriate practice in early childhood programs* (Rev. ed.). Washington, DC: NAEYC.

Brillante, P., & Mankiw, S. (2015). A sense of place: Human geography in the early childhood classroom. *Young Children,* 70(3), 16–23.

Bruner, J. S. (1966). *Toward a theory of instruction*. Cambridge: Harvard University Press.

Bullard, J. (2017). *Creating environments for learning: Birth to age eight*. Columbus: Pearson.

Copple, C., & Bredekamp, S. (Eds.). (2009). *Developmentally appropriate practice in early childhood programs: Serving children from birth through age 8* (3rd ed.). Washington, DC: NAEYC.

Fortunati, A. (2016). Can design be sustainable? No, design must be sustainable. *Exchange,* 38(4), 56–61.

---

* 为了环保，也为了节省您的购书开支，本书参考文献不在此一一列出。如果您需要完整的参考文献，请通过电子邮箱 1012305542@qq.com 联系下载，或者登录 www.wqedu.com 下载。您在下载中遇到问题，可拨打 010-65181109 咨询。